經濟學原理

PRINCIPLES OF ECONOMICS

李志強 著

Market

Growth

Equilibrium

Choice

Demand

Supply

三民書局

國家圖書館出版品預行編目資料

經濟學原理 / 李志強著. －－初版一刷. －－臺北
市: 三民, 2015
面；　公分

ISBN 978－957－14－5964－6　（平裝）

1. 經濟學

550　　　　　　　　　　　　　　103019050

© 　經濟學原理

著 作 人	李志強
責任編輯	陳冠豪
美術設計	林子茜
發 行 人	劉振強
著作財產權人	三民書局股份有限公司
發 行 所	三民書局股份有限公司
	地址　臺北市復興北路386號
	電話　(02)25006600
	郵撥帳號　0009998－5
門 市 部	（復北店）臺北市復興北路386號
	（重南店）臺北市重慶南路一段61號
出版日期	初版一刷　2015年2月
編　　　號	S 552500

行政院新聞局登記證局版臺業字第○二○○號

有著作權·不准侵害

ISBN　978-957-14-5964-6　（平裝）

http://www.sanmin.com.tw　三民網路書店

序

　　在日常生活中，很多經濟概念常常指導著我們的行為，例如降價促銷的做法人人都懂，但談到經濟學，許多社會大眾總覺得太抽象或不實用。因此作為一本經濟學的入門教科書，本書的寫作目的是希望透過簡單易懂的說明和例子來解釋複雜的經濟理論，冀求讀者們都能掌握住經濟學的分析工具，小則可以改善我們生活上的抉擇品質，大則進一步提升國家經濟政策的執行效果，增進國民福祉。

李志強

經濟學原理

目次

第1章

經濟學與經濟活動

　　1976 年諾貝爾經濟學獎得主米爾頓‧傅利曼 (Milton Friedman) 曾經說過：「經濟學是一門迷人的學問。而最令人著迷的是，它的基本原理是如此簡單，只要一張紙就可以寫完，而且任何人都可以瞭解，然而真正瞭解的人又何其稀少。」這句話深刻地描述了經濟學的內涵。在本章中，我們先來介紹經濟學的基本概念，讓初學者瞭解經濟活動對我們切身生活的關聯性和重要性。

學習目標

1. 認識經濟學的定義、研究範圍和用途等性質。
2. 瞭解經濟學使用的工具及其限制。
3. 理解現代經濟社會中價格如何引導生產和分配。
4. 能分辨經濟體系的結構，以及資金與商品的流動方向。

一、經濟學的意義與性質

　　凡是任何運用資源 (Resource) 來滿足物質或精神上慾望的行為，都可稱為經濟活動，而資源就是可供利用的物品。從古代以狩獵、捕漁、食物採集等方式直接享用天然資源，到現代以機器設備和知識為主要生產工具，自有人類以來經濟活動就未曾停頓過。研究經濟活動的學問，理所當然的就稱為經濟學了。那麼經濟學具體的研究內容究竟是什麼？學了有什麼好處？經濟學用什麼工具來分析經濟活動？這些疑問，以下讓我們一一來跟各位解說。

經濟短波

米爾頓・傅利曼 (Milton Friedman, 1912–2006)

圖片來源: 維基百科

　　美國經濟學家，出生於紐約市工人階級的家庭，長年任教於芝加哥大學，曾擔任美國政府的經濟顧問。畢生提倡自由經濟，強調市場自由的運作，反對政府的過度干預。其與芝加哥大學經濟系的多位學者被稱為「芝加哥經濟學派」，在當今學術研究、政策制定上皆有很大的影響力。傅利曼另一主要的研究為貨幣供給，認為貨幣供給是造成通貨膨脹的主要因素之一，調整貨幣供給的速度即可抑制通貨膨脹的發生。1976 年傅利曼獲頒諾貝爾經濟學獎，以表彰他在消費分析與貨幣供給理論上的貢獻。

　　傅利曼留下許多著作，例如鼓吹人民應有自由選擇權利的《選擇的自由》(Free to Choose: A Personal Statement)、提倡自由市場的《資本主義與自由》(Capitalism and Freedom)、分析美國貨幣供給與經濟之間的關聯性的《美國貨幣史 (1867–1960)》(A Monetary History of the United States, 1867–1960)

等。傅利曼能以簡單的文字來傳達複雜的經濟理論，也因此廣受世人所知。

資料來源: 羅耀宗譯 (2008)，Milton Friedman & Rose Friedman 著，《選擇的自由》，

臺北市: 經濟新潮社。

(一)「經濟」的定義

提到「經濟」(Economy) 這一名詞，大家首先想到的可能是「便宜」和「節省」，例如「經濟艙」、「經濟客飯」、「經濟實惠」等。也有人會把經濟和賺錢的活動聯想起來，例如投資理財、工商業活動等等。

事實上，經濟一詞來自希臘文，原來的意思是家庭日常生活的管理。關於經濟學的內容，19 世紀著名的英國經濟學家阿爾弗雷德‧馬歇爾 (Alfred Marshall) 曾對經濟學下了一個簡潔的定義:「經濟學是關於人類一般生活事務的學問 (Economics is a study of mankind in the ordinary business of life)。」和經濟的希臘文原意大致上相同。以上這兩種解釋遠遠超過了我們一般的理解，「家庭日常生活的管理」的定義已經夠廣泛了，「一般生活事務的學問」更是抽象。到底怎樣去解讀這兩句話呢?

各位可以想想看，一個家庭每天都面對著許多決策，必須選擇一個最好的方案: 小至今天要吃什麼菜、飯後誰負責洗碗，大至子女要不要到海外升學、新房子要買在哪裡等。甚至在我們日常生活上，都涉及到許多決策的行為: 從起床開始，早餐要吃蛋餅還是三明治、穿什麼衣服出門、午餐吃麵還是吃飯，或人生中關於職業、婚姻、生涯規劃等議題，都必須作選擇。

不只是個人，社會上所有組織或機構都有選擇的問題。廠商為了賺錢，要常常在經營決策上作出選擇: 生產什麼東西? 用什麼原料生產? 生產出來後要賣多少錢? 政府在施政上，也要常常在不同經濟政策之間作抉擇，譬如說要不要調漲健保費? 要不要興建核電廠? 而所有選擇問題，都會直接或間接的影響到我們的生活。

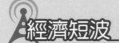

經濟短波

阿爾弗雷德‧馬歇爾 (Alfred Marshall, 1842–1924)

英國經濟學家，畢業於英國劍橋大學，並於劍橋大學擔任教授。馬歇爾認為利率是由資本的供給與需求來決定，而資本的需求則取決於資本的邊際生產力，他在 1890 年的著作《經濟學原理》(*Principles of Economics*) 中，將供需理論、邊際效用、生產要素等經濟學概念統整，構成現代經濟學的基礎。馬歇爾與其學生約翰‧凱因斯 (John Keynes)、亞瑟‧庇古 (Arthur Pigou) 等人的研究則被稱為劍橋學派。

圖片來源：維基百科

馬歇爾認為經濟學應該是與生活息息相關的，因此必須用淺顯的話語來表達，避免太多的專業術語。他認為撰寫經濟理論時應依照下列原則：

(1)將數學當成速記的語言，而不是主要的研究工具。

(2)利用這個方法把想法完全記下。

(3)把它們翻譯成英文。

(4)舉例說明這些想法在真實生活裡的重要性。

(5)把數學的部分燒掉。

(6)如果無法做到(4)，就把(3)也燒掉。

㈡選擇問題的根源

為什麼生活中避免不了選擇的問題呢？道理很簡單，因為我們的「資源有限」。比如說口袋裡的錢有限，買了 iPhone 就沒錢買 iPad；時間有限，去打工就沒辦法同時看電影，就算是富人每天也只有 24 小時，所以才需要有所選

擇。任何一個社會也跟個人一樣，面臨著資源有限這樣的稀少性 (Scarcity) 問題，例如政府預算有限，如果經費多用在國防支出可能就要減少對國民教育的補助。今天各國大力推動環保運動，也是因為地球上的資源愈來愈稀少。這並非說資源的絕對數量很少，而是相對於我們的「慾望無窮」而言，資源總是顯得不夠，於是就必須有所取捨，要把資源用在刀口上。換句話說，稀少性是一切經濟問題的成因。由於資源的稀少性，為了運用較少的資源滿足最大的慾望，就必須在各種可行方案中挑選最佳的選擇。

　　現在我們就可以更具體的來定義經濟學：「經濟學是研究社會中的個人、企業、政府和其他組織是如何在資源有限的前提下作出最佳選擇的學科。」並試圖瞭解這些選擇行為之間有什麼相互影響效果，有限的社會資源又是如何被有效利用，所生產的產品又是如何分配的。

㈢經濟學研究選擇的行為

　　由於經濟學專門研究人類的選擇行為，所以又稱為「選擇的科學」(The Science of Choice)，屬於社會科學的一門。所謂社會科學，就是以科學方法研究人類行為與社會現象的學科。一般人常以為經濟學屬於商學的分支，事實上，經濟學是商學的基礎，商學的許多基本概念都來自經濟學的領域，不論是企業內部的績效管理、組織架構、薪資結構，或是對外的產品訂價、競爭行為、市場行銷等往往都以經濟學理論為分析基礎，由此可見經濟學的重要性。

　　而且，今天經濟學的研究已不再侷限於生產、消費、分配等傳統經濟行為和活動，經濟學家甚至利用嚴謹的經濟分析方法應用到其他社會科學領域，包括政治、心理、教育、社會、法律等學科，分析諸如投票、婚姻、生育、求學、歧視、犯罪等問題。生活中大大小小的事情，只要是跟選擇有關，都可以納入經濟學的研究範圍，因此經濟學是一門兼具理論和實用性的學問。由於經濟學這種廣泛性和對各門社會科學的貢獻，使它自 1968 年起成為唯一被列為諾貝爾獎的社會科學。

經濟短波

以經濟的角度檢視政治：公共選擇

由詹姆斯‧布坎南 (James Buchanan) 與戈登‧圖洛克 (Gordon Tullock) 於 1962 年所出版的《共識的計算》(*The Calculus of Consent*) 一書，被視為公共選擇理論的開端。公共選擇理論主要是利用經濟學的分析方法，來探討各種政治決策的形成過程。在市場上，每一個個體可以依照自己的偏好做

圖片來源：Shutterstock

出私人選擇 (Private Choice)；但是在政治的決策過程中，必須將整個社會的偏好匯總 (Preference Aggregation)，才能做出符合集體利益的公共選擇 (Public Choice)。常見的投票、選舉，即為偏好匯總的方式之一，但透過這些方式所歸納出的偏好，與個人的偏好常會有很大的差異，而公共選擇理論主要的研究問題就是探討這些差異存在的原因與解決之道。

　# 二、經濟學的範圍與目標　

經濟學是一門範圍廣泛的學科，如同管理學分成財務管理、人事管理、行銷管理等分支一樣，經濟學也有分類。以研究對象來分，一般將經濟學研究分為個體經濟學 (Microeconomics) 和總體經濟學 (Macroeconomics) 兩種。

(一)個體經濟學

「個體」這個名詞來自於希臘語 "Micro"，是「小」的意思。個體經濟學的研究角度就是從「小」入手。這個「小」包括個人、家庭和企業等獨立

個體。個體經濟學以單一經濟主體為出發點，研究的就是個人、家庭和企業的經濟決策行為，以及這些經濟決策對市場價格和資源配置所產生的影響。比如每個人如何以有限的所得獲得最大的滿足？企業如何賺取最大的利潤？油價上漲為什麼會影響汽車的銷售量？為什麼電影院內賣的爆米花價格比較高？甚至結婚、養小孩、戀愛等都是研究領域。由於個體的經濟行為主要受到價格的影響，因此個體經濟學以價格為主要研究核心，又稱為價格理論 (Price Theory)。

(二)總體經濟學

「總體」一詞出自於希臘語 "Macro"，是「大」的意思。和個體經濟學相反，總體經濟學以整個社會的經濟為出發點，研究很「大」的總體經濟問題，包括經濟如何穩定成長、所得的組成與決定因素、經濟活動的波動、一般物價的漲跌、民眾的整體消費水準、就業狀況等。其中所得的成長和高低最能反映整個社會的經濟活動狀況，因此總體經濟學以所得為主要研究核心，又稱為所得理論 (Income Theory)。

這種「小」、「大」的分類並非是互相對立，反而是相互補充的。經濟個別單位是構成整體行為的基礎，而總體面也會影響著個體面的決策。兩者只是探討問題所切入的角度不同，這樣可以更周延的觀察事實真相。就比如研究對象是一片樹林：個體是探討樹林中的一樹一木，而總體則是探索樹林的整體生態和結構。例如「卡奴」的增加會降低社會的總體消費水準，導致景氣低迷，但整體的經濟景氣好壞也會影響個別民眾的收入。所以，個體經濟學與總體經濟學只是看待同一種事物的兩種方法，兩者不但並不互斥，反而是相互依存、相輔相成的，若只著重於其中一項，就會犯了「見樹不見林」或「見林不見樹」的毛病。

(三)經濟學的學習目標

經濟學關心的是社會的福祉和個人的幸福問題，可以說是現代社會必備的基本知識，研究經濟學的目標在於透過改善決策來提升我們的福祉和幸福

水準，學習經濟學能有以下的好處：

1.瞭解經濟活動的因果關係

經濟活動具有一定的規律性，例如「降價」就會「促銷」。學習經濟學可以讓我們更瞭解經濟活動中的因果關係，比如說一些經濟現象的起因、相關的影響以及其後的變化與結果等，有助於增進對周遭環境的認識，使我們瞭解整體經濟之變化方向及其中的互動關係。因為隨著經濟發展和經濟結構的轉變，未能察覺到這種因果關係的個人或企業，不但可能錯失發展契機，甚至會因延誤轉型而慘遭淘汰。瞭解經濟體系各個部門如何運作，如何相互影響，有助於我們在生活上、企業經營上以及政府政策上作出更明智的決策。

2.提供解決問題的思路

選擇的問題普遍存在於生活中各個層面，並不只限於經濟活動。對於各式各樣的選擇和資源分配問題，雖然經濟學並沒有直接告訴我們答案，也不具體說明什麼選擇方案比較好，但是它提供了一套解決這些問題的方法和思路：遇到問題時首先考慮到限制條件，在這不能改變的條件下，找出最好的解決方式；或者是用最小的代價去達到同樣的目標，在不同的選擇方案間作出理性的決策，這就是經濟學的思考邏輯。這套思考方法還可以延伸應用到政治、社會、教育、管理等基礎學科，熟悉經濟學的工具可以幫助我們在各種層面作出更好的選擇，提高解決各種問題的能力。

三、經濟學的方法與困難

經濟學是一門社會科學，研究的是個人和社會的選擇行為。沒有辦法像自然科學中的物理、化學一樣，在實驗室裡把溫度、濕度控制住，再細密及嚴格的反覆用實驗來驗證結果。而且每個人做決定的背後動機和背景不同，更何況社會上有數以千萬計的人口和企業，千百種價格和行業，在這種環境下探索經濟現象是很困難的。

(一)建立假設可簡化分析

為了簡化分析起見，經濟學的研究方法中最大的特色就是有許多假設，其目的在於把複雜的問題簡單化並得出最後結論。由於在研究時不可能把所有現實情況都考慮進去，因此必須從各種複雜的經濟關係中，抽取最重要的特質作為研究的基礎，這樣可以更容易解釋經濟現象。

尤其是影響人類行為的因素錯綜複雜，我們往往只能假設「其他情況不變」，把眾多影響因素「固定起來」，只觀察其中一種因素對人類行為的影響，這樣才能找出經濟行為的一對一因果關係及其規律性，並用以預測經濟行為的結果，這種簡化的因果關係稱為模型 (Model)。例如，為了研究消費者對產品價格的反應，我們可以假設，當「只有」該產品價格改變時，消費者的購買量如何變化。當然，現實世界中影響消費者購買量的因素很多，例如收入的多少、喜好、未來景氣好壞等。但透過假設「只有」價格改變的情況，我們可以更集中觀察價格和購買量的變化。一旦我們瞭解了價格和購買量的關係，就可以逐漸放寬假設，思考其他因素對購買量的影響，這樣可以讓我們更容易理解生活中的複雜世界。

㈡模型的優點與侷限性

有關經濟模型的用途和優點，就像無法環遊世界時，你可以去參觀「小人國」一樣，小人國中為數眾多的世界建築，雖然並非真正的世界名勝古蹟，且把許多內部細節也省略了，但無礙於我們利用這些模型去瞭解世界各國的旅遊景點，反而更能省時省力省錢的體驗世界各國的建築文化。經濟模型的好壞評價也是一樣，並非決定於模型結構的複雜與否，而在於能否解釋現象和具有預測未來的能力。

不過，由於模型本身是一種簡化的工具，雖然分析經濟現象相當方便，但卻經常被批評為不切實際。經濟學家在研究問題時，往往有不同結論，原因在於經濟學理論通常建立在「其他情況不變」的假設上，當經濟學家在討論問題時分別做了不同的假設，就會產生不同的結果。所以有人批評說：「三個經濟學家會有四種意見」。適當地運用假設，是經濟理論形成的重要方法，雖然所假設的某些條件往往並不符合現實，但沒有這些假設就很難推論出正

確的結果。在假設條件下得出理論，其實就像許多物理理論是在真空狀態的限定條件下才能推導出來的一樣。因此儘管常被批評為不切實際，也未損及經濟學的實用性和評價。

四、現代經濟社會的特質

看完了上面的說明，到現在大家應該知道經濟學是怎麼一回事了。經濟學的研究源自於資源有限、慾望無窮，造成我們必須有所選擇，以發揮資源的最大用途，所有有關選擇的問題都可以納入經濟學的研究範圍。

㈠經濟學的三大基本問題

其實不只是個人，任何社會也都面臨著資源稀少的情況，由此而衍生出經濟學的三大基本問題，包括生產什麼 (What to Produce)，如何生產 (How to Produce)，為誰生產 (For Whom to Produce)：

1.生產什麼

在資源稀少的前提下，生產一種產品就表示必須放棄另一種產品的生產，到底該生產什麼才是社會上最需要的？例如，水泥應該用於多蓋大樓還是鋪設公路？如果多蓋大樓，要蓋辦公大樓還是住宅大樓？

2.如何生產

許多產品都可以有各種不同的生產方式，例如我們常吃的蚵仔麵線，其中麵線可以用手工製造或機器製造，手工麵線吃起來較有彈性，機器做的沒有咬勁。但是機器製造比較能以更快的速度生產出更多的麵線。那麼，該選擇靠人力還是機器來製造麵線？

3.為誰生產

就算前兩個問題解決了，產品生產出來後，該如何分配給使用者？由誰來優先享用這些產品？是大部分聚集在少數人手裡，還是平均分配給社會的每一位成員？哪一種分配方式最適當？有沒有一套分配法則可以依循？

㈡價格機能解決資源分配

　　這三大問題看似簡單，實際上涉及的項目相當繁多。光是一個人的選擇問題就不少，更何況全世界有七十億人口，加起來豈不是天文數字！如果有一種簡單的方法能夠化繁為簡，解決千千萬萬個選擇問題，那就最好不過了。1776 年英國經濟學家亞當‧斯密 (Adam Smith) 出版了一本舉世知名的著作──《國富論》(*The Wealth of Nations*)，其中最重要的論調，是認為市場上有一隻看不見的手 (The Invisible Hand) 在運作，每個人的經濟行為雖然都為自己打算，卻為整個社會追求了最大的好處，市場能夠調和個人的「自利」與社會的「公益」。這隻看不見的手就是價格機能 (Price Mechanism) 或稱為市場機能 (Market Mechanism)，社會中的生產什麼、如何生產、為誰生產三大問題都可以透過市場上的價格解決。換句話說，價格可以自動的引導社會的生產和分配。

經濟短波

亞當‧斯密 (Adam Smith, 1723–1790)

圖片來源：維基百科

　　英國哲學家，曾於格拉斯哥大學教授邏輯學、倫理學等課程，1776 年出版《國富論》(*The Wealth of Nations*)，此書使經濟學成為一門獨立的學科，奠定往後經濟學研究的基礎。亞當‧斯密的論點強調個人主義，認為經濟體系應保障個人自由發展的權利，才能使社會福利最大化。而經濟的運作主要是依靠價格機能，由市場自行決定價格，自然能使資源達到最有效率的分配。

　　亞當‧斯密在《國富論》中強調每個人的行為動機皆源自於對本身利益的追求，但在另一本著作

《道德情操論》(*The Theory of Moral Sentiments*) 中，卻是探討人類出自於同理心的慈善行為，矛盾的兩種觀點也成為後代學術界一直想解開的一道謎題。

　　市場機能就是現代經濟社會的特質，而價格解決資源分配的方法包括：

1. 價格引導生產什麼

　　由於價格扣掉生產成本就是生產者的利潤，所以如果生產成本都相差無幾的話，生產者一定會選擇生產價格較高的產品，賺取更多的利潤。例如1990 年代後期發生過的「蛋塔效應」，當初葡式蛋塔引進臺灣之時，甚受消費者喜愛，引發全民瘋狂排隊大搶購，售價比一般普通蛋塔約高出四成，但成本上差不了太多，難怪在短短的幾個月內，平常做普通蛋塔的麵包店就如雨後春筍般爭相推出葡式蛋塔。

經濟短波

葡式蛋塔風潮

　　香港藝人彭偉華於 1997 年底將葡式蛋塔引進臺灣，在臺北市延吉街開立第一家販售葡式蛋塔的店面，隨即刮起一股蛋塔旋風。民眾大排長龍，甚至大打出手，只為了搶購剛出爐的蛋塔。許多業者看中此一商機，紛紛投入蛋塔市場，一時間街頭上蛋塔店林立，連預購

圖片來源：Shutterstock

都要等上數個月的時間才能收到商品。但不到一年的時間，民眾對蛋塔不再熱衷，蛋塔店一間間的倒閉，現在只剩少數的商店還有販售。

　　但值得思考的是一個相似的例子，2004 年，販賣甜甜圈的 Mister Donut 在臺北市天母地區開設第一家分店，當時也引起了一股甜甜圈的熱潮，這股

熱潮雖然也在不久後就消退了，但是 Mister Donut 卻仍穩定的經營，在各地陸續的開設分店，許多麵包店中也仍然可以見到甜甜圈的蹤影。甜甜圈與蛋塔都是點心類的商品，性質相似，但為何會有如此不同的命運？假設你是一位經濟學家，你會如何解釋兩者的差異？

2. 價格引導如何生產

從另一個角度來看，如果產品價格都差不多的話，生產者一定會採取成本較低的生產方式來提高利潤。戰後臺灣工資較便宜，麵條、包子等大都是手工製造，後來工資不斷上漲後，用機器自動化生產因為可以降低勞工成本，手工做的反而愈來愈少。可見如何生產的問題，是由資源價格的高低所決定的。

3. 價格引導為誰生產

在市場中，產品或資源的分配是以價格為競爭準則的，即平常我們說的「價高者得」。誰付得起產品價格東西就歸他所有，誰付的價格較高就有權利優先使用。例如兩、三百萬一坪的豪宅、上千萬一臺的保時捷，廠商是為付得起而且願意付這種價格的人生產的，不是看顧客的外貌、年紀、學問等。付不起或不想付那麼高價格的，也可以住小套房或者騎機車。至於社會資源分配給誰使用也是同樣的道理，比方說 2000 年時，美國洋基隊願意開出 201 萬美元的高價簽約金，王建民最後就被「分配」到洋基隊打棒球了。這就像在拍賣場上，拍賣品最終會落在出價最高者手上一樣，最後拍賣品就「分配」了給他。

 經濟短波

入札制度

入札制度 (Posting System) 是日本職棒聯盟針對球員赴美國大聯盟打球

的規定，是一種類似拍賣球員「議約權」的
制度，與簽約金相同，是在球員市場中價格
引導資源分配的例子。

　　由於日本職棒規定球員年資必須滿9年
才能取得自由球員資格（變成自由球員前，
球員屬於原球隊所有；變成自由球員後才得
與其他球隊自由接觸、議約），因此如果球員
尚未取得資格卻想到美國發展，可以向所屬
球隊提出申請，再向大聯盟球隊發出公告，

圖片來源：Shutterstock

由各隊競標與球員的議約權，出價最高的球隊才有權利與球員商談合約。但
這並不代表該球隊就已經確定能與球員簽約，合約必須在30天內完成協商
與簽訂，如果順利簽約，則該大聯盟球隊就必須支付當初競標的金額給該球
員的原球隊作為轉隊費，也稱為「入札金」；但如果合約未談成，則大聯盟球
隊不必支付任何費用，球員仍屬於原球隊，而且必須等到次年的球季結束後
（11月）才能再次提出申請。

　　而臺灣職棒的規定則是球員必須年資滿6年才能赴國外球隊打球，而國
外球隊則必須支付一筆球員年薪2.5倍的金額作為轉隊費，且轉隊後的年薪
不得低於原年薪的1.5倍。相較於臺灣職棒的規定，入札制度沒有限制轉隊
費的高低，使得不同球員間的轉隊費差異極大，等於是將「價格」完全交由
市場機能決定。此舉不僅能使低階球員的轉隊門檻降低，對於高階球員更能
突顯出球員的身價，例如2003年大塚晶則的入札金僅為40萬美元；2011年
達比修有的入札金則高達5,170萬美元。（入札制度已於2013年12月修改入
札金上限為2,000萬美元）

五、產品市場與要素市場

一般而言，經濟體系的構成可分成兩部分：一是市場，二是決策者。在這裡我們先討論市場。在經濟學上市場是一種機制，買方和賣方可以藉著這種機制由雙方共同決定價格並進行交易。傳統上認為市場必須是有形的，買賣雙方都集中在某一場所進行交易，一手交錢、一手交貨，例如菜市場、夜市等。不過，科技的進步讓愈來愈多的市場不是集中在某一地，也不需要具體的交易地點，例如就業市場、證券市場、外匯市場等，甚至網路上的買賣交易，只要雙方透過電子郵件或電話達成買賣協定，用郵寄和轉帳方式就可以完成金錢和產品的轉移，雖然這些市場沒有具體的場所，但卻有市場的交易功能。

一個經濟體系中的市場，至少可簡單的區別為產品市場和要素市場：

㈠產品市場

產品市場指提供買方最終直接使用的產品與勞務 (Service) 交易的市場，產品是摸得到的實物，例如漢堡和薯條。沒有實物的服務生產，例如醫生為病人看診、律師為客戶打官司等，則稱為勞務。

㈡要素市場

要素市場指用於作為生產要素的市場。所謂生產要素是指生產過程所需要的元素，即用於生產的資源，也稱為投入 (Input)。大體上，我們可以把生產要素分成四種：勞動 (Labor)、土地 (Land)、資本 (Capital) 和企業家精神 (Entrepreneurship)。勞動包括體力和腦力的付出；土地不單指地層表面本身，也包括土地上和土地下的所有自然資源，例如石油、煤炭、森林、海洋、各種礦產等；資本指人造的生產工具而非指金錢，例如機器、廠房等；企業家能力是指結合前三項生產要素的才華。至於如何分辨產品和生產要素，主要在於東西是否直接享用或再用於生產別的產品，如果開車的目的在於到處兜風，

享受駕駛的樂趣，車子就歸類為產品；若用於運載貨物，方便生產，就歸類為生產要素中的資本。

六、家計、企業與政府

　　除了市場以外，市場中的決策者也是經濟學研究的對象，經濟體系中的決策者可分為家計 (Household)、企業 (Firm) 與政府 (Government) 三種。任何一個市場都有買方與賣方，企業（或稱為廠商、生產者）與家計（或稱為家庭、消費者）分別是這產品市場和要素市場的供給者和需求者。

　　家計在產品市場中是需求者，為了滿足個人生理上與精神上的慾望，如購買柴、米、油、鹽等產品維持生活（生理上），或去看一部感人的電影（精神上），這種購買並使用的行為稱為消費 (Consumption)。而企業則為供給者，負責生產決策行為，生產產品並在市場上銷售以賺取利潤。所謂生產 (Production)，就是把資源經過加工、轉變成具有更高使用價值產品的過程，用以滿足家計的慾望。

　　在要素市場家計是資源的供給者，提供勞動、土地等給企業作生產之用，得到所得 (Income) 以應付在產品市場的支出。而企業則扮演要素需求者的角色，付給家計各種生產要素的報酬，例如工資 (Wage) 和地租 (Rent)，這些都是廠商的成本支出。當家計獲得所得後，可以在產品市場購買企業生產的產品，而企業則得到售出產品之收益。

　　市場中的價格可以作為一種有效率的資源配置工具，但市場機制並不是萬能的，它本身也有一些缺陷，經濟學中稱之為「市場失靈」(Market Failure)。比如說有些產品如果依靠市場自行運作，可能無法提供足夠的數量給社會使用，例如路燈就是典型的例子，這時候就需要政府的干預。而政府政務上的支出必須要有收入來因應，收入來源主要為對企業及家計課徵的租稅，但政府也會對企業補貼，例如對研發、生產方面的補助，對家計也有失業救濟金、老農津貼等移轉性支付。除此以外，政府也是產品市場與要素市場的供給者和需求者，例如在要素市場釋出國有土地給企業設廠生產，或僱

用勞動作為公務人員，同時也在產品市場上採購產品，例如政府單位的設備等，或提供其他收費產品或服務給企業和家計使用，例如公有停車場。

七、經濟活動的周流

要瞭解經濟體系如何運作，我們可以用經濟活動的周流圖來進一步解釋市場和決策者之間的互動關係，把前面的文字敘述加以圖型化和視覺化來加強學習效果，這也是在本書中跟大家介紹的第一個模型。在圖 1.1 中，經濟體系包括產品市場與要素市場，而市場的參與者有家計、企業與政府。其中實線箭頭代表生產要素和產品的流動方向和過程，虛線箭頭則代表貨幣的流通過程，代表家計、企業與政府的所得、銷貨收入和租稅。這就是市場上資源和產品的生產與分配流程。

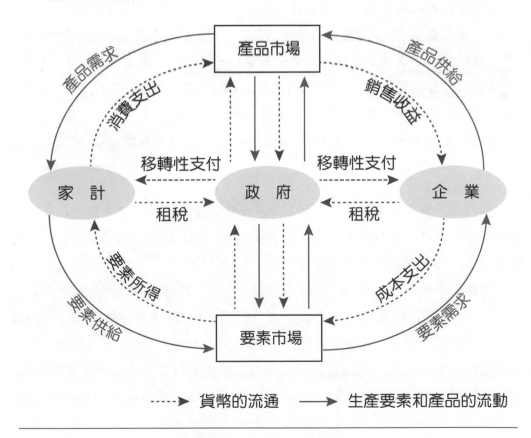

圖 1.1　經濟活動的周流

新聞案例

超商咖啡聯合漲價只能罰錢　不能強制降價

2011 年 10 月初，7-11、全家、萊爾富與 OK 四大超商業者，陸續聲稱由於近年鮮奶價格不斷上漲，導致成本增加，因此對含奶類的現煮咖啡，例如拿鐵、卡布奇諾等，每杯漲價 5 元，平均漲幅約為 10%。事件經公平會展開調查後，發現業者涉及聯合漲價行為，於是

圖片來源：Shutterstock

決定對四家超商罰款合計 2,000 萬元。（2013 年 12 月，臺北高等行政法院判決公平會敗訴，撤銷對超商業者的罰款，但公平會不服仍提出上訴）

　　但有立委認為，公平會只對業者罰款，超商只要一天就能把罰金賺回來，所以應該要求業者調回原價。公平會主委吳秀明表示，主管機關權責只能規範業者的聯合漲價行為，《公平交易法》並未授權該會可以強制廠商降價，目前各國對這類聯合漲價行為都只能重罰，而不能替業者決定價格，因為公平會不確定恢復原價到底合不合理，現煮咖啡價格應該由市場自己決定。

評　論

　　除非在「市場失靈」下，例如廠商聯合控制價格，市場缺乏競爭，價格不再由供需決定時，這時候才需要政府干預市場。但干預的方式不是人為的決定市場價格，而是以公權力排除價格自由浮動的障礙。

　　為什麼政府不應也不必干預市場價格呢？除了政府不知道「合理價格」是多少以外，首先，如果超商賣 45 元一杯的現煮咖啡擁有高利潤，就給了市場該「生產什麼」的訊號，其他廠商就會因利潤導向而進入市場，因為現煮咖啡並非高進入障礙的產品。當供給增加後，廠商間的競爭將導致現煮咖啡價格下跌，不再享有高利潤。其次，如果現煮咖啡價格真的太高，等於提供了「如何生產」

的訊號，很多以現煮咖啡為提神飲料的上班族可能以奶茶替代，現煮咖啡需求
減少後價格也會下跌，不需要政府傷腦筋。

　　最後，在市場中有不同價格的咖啡商品，付不起 45 元或嫌貴者可以買較便
宜的罐裝或紙盒裝咖啡，想喝高級品者也可以到 100 多塊一杯的咖啡店好好享
受，所以訂價在 45 元的超商咖啡事實上是為特定消費者服務，這群消費者如果
不接受漲價的話也可以有別的選擇，於是超商咖啡的價格解決了「為誰生產」
的問題。因此在市場經濟中，價格機能就像「一隻看不見的手」一樣在運作，
自動引導社會的生產和分配。

本章重點

1. 經濟學是研究經濟活動的社會科學，經濟活動則指運用資源來滿足物質或
   精神上慾望的行為。由於人類的「資源有限」但「慾望無窮」，因此在資源
   使用上必須有所選擇，所以經濟學也是研究人類選擇的行為。

2. 經濟學可分為總體經濟學和個體經濟學。前者探討單一經濟主體的經濟決
   策行為，以價格為研究核心，又稱價格理論；後者探討整個社會的經濟問
   題，以所得為研究核心，又稱所得理論。

3. 研究經濟學的目標在於透過改善決策來提升社會的福祉和幸福水準，好處
   包括：
   (1)瞭解經濟活動的因果關係。
   (2)提供解決問題的思路。

4. 經濟學的研究方法是假設「其他情況不變」，只觀察其中一種因素變化對人
   類行為的影響，這種簡化的因果關係稱為模型。但由於過度簡化，當有不
   同的假設時，往往產生不同的結果。

5. 任何社會都面臨經濟學的三大基本問題，包括：生產什麼、如何生產、為
   誰生產。這三大問題都可以透過市場上的價格解決，價格可以自動引導社

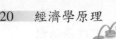

會的生產和分配，稱之為價格機能或市場機能，是現代經濟社會的特質。

6. 經濟體系由市場與決策者構成。市場包括產品市場和要素市場，前者指提供買方最終直接使用的產品與勞務交易的市場，後者指用於生產過程所需元素的市場。

7. 生產要素包括勞動、土地、資本和企業家能力。決策者可分為家計、企業與政府三種。企業是產品（要素）市場的供給（需求）者，家計則是要素（產品）市場的供給（需求）者，政府功能在於彌補市場失靈。在市場上，貨幣的流通方向與產品或要素的流動方向相反。

課後練習

( )　1. 經濟學研究的主要問題為何？　(A)如何管理企業　(B)如何省錢　(C)如何投資理財　(D)如何做選擇

( )　2. 在「慾望無窮」的前提下，選擇問題的根源來自於以下何者？　(A)優柔寡斷　(B)資源有限　(C)資訊缺乏　(D)知識缺乏

( )　3. 下列何者屬於個體經濟學的研究範圍？　(A)經濟成長　(B)菜價　(C)失業率　(D)景氣循環

( )　4. 下列處理問題的方法何者最符合經濟學的思考方式和邏輯？　(A)用最小的代價去達成同樣的目標　(B)不計代價的去達成同樣的目標　(C)先解決限制條件，再找出最好的解決方式　(D)只要有限制條件就要放棄達成目標

( )　5. 經濟學研究方法的特色在於使用了許多 ___。　(A)假設　(B)實驗　(C)訪談　(D)問卷調查

( )　6. 以下哪一項是經濟模型的優點？　(A)結論沒有爭議　(B)完全符合現實　(C)說服力最強　(D)簡化複雜的現實

( )　7. 下列何者不是經濟學的三大基本問題之一？　(A)為誰生產　(B)為何生產　(C)如何生產　(D)生產什麼

( )　8. 「看不見的手」是指經濟學的三大基本問題都可以透過下列何者解決？　(A)企業　(B)政府　(C)價格　(D)公益團體

( )　9. 下列何者不屬於要素市場中的生產要素？　(A)勞動　(B)土地　(C)資本　(D)企業

( )　10. 石油被歸類為哪一種生產要素？　(A)勞動　(B)土地　(C)資本　(D)企業家能力

( )　11. 當價格不能有效率的配置資源時，需要誰來干預市場？　(A)政府　(B)家計　(C)廠商　(D)公益團體

( )　12. 菜價大漲後蔬菜的供給量增加，這例子說明了價格可以引導以下何者？　(A)生產什麼　(B)如何生產　(C)為誰生產　(D)為何生產

（　）13.工資上漲後自動販賣機逐漸替代人工販售商品，這例子說明了價格可以引導以下何者？　(A)生產什麼　(B)如何生產　(C)為誰生產　(D)為何生產

（　）14.在產品市場上，下列何者屬於勞務？　(A)維修　(B)蛋糕　(C)咖啡　(D)電腦

（　）15.在要素市場上，家計與企業的關係為何？　(A)家計與企業都是供給者　(B)家計與企業都是需求者　(C)家計是供給者，企業是需求者　(D)家計是需求者，企業是供給者

輕鬆一下

一群功夫學校的學生要畢業了，老師諄諄告誡他們：「出去以後，千萬不能和經濟學家過招，因為他們都有一隻看不見的手。」

第2章

供需與彈性

在市場機制下，稀有資源的分配是由消費者的需求和廠商的供給共同決定的。本章將分別討論需求和供給的基本內容、市場價格與數量的決定、供需變化對價格與數量的影響，以及彈性的意義和測定等。讀完本章後，我們可以對市場的運作有基本的瞭解。

學習目標

1. 能分析價格與非價格因素如何影響消費者的購買量。
2. 能分析價格與非價格因素如何影響廠商的生產量。
3. 能應用供給與需求預測價格和數量的變動。
4. 瞭解市場上價格發揮資源配置機能的原理。
5. 能掌握彈性的概念以分析價格改變對數量的影響。

一、需求與需求法則

(一)需求的定義

　　任何一個市場的參與者都可簡單的分為買方與賣方。買方的購買行為稱為需求 (Demand)。生活經驗告訴我們，東西愈便宜，消費者就會買得愈多。降價促銷的現象就是因此而來的。

　　阿華很喜歡吃香雞排，不過，他每星期的零用錢有限，如果香雞排太貴，他只好少吃一點，便宜就可以多買一點。表 2.1 顯示了阿華一週內在不同香雞排價格下的需求量 (Quantity Demanded)。所謂需求量，簡單的說就是購買量，嚴謹的意義為：「其他情況不變時，在一定期間內與特定價格下，消費者願意而且能夠購買的產品數量」。「其他情況不變時」是經濟學常用的假設，即只觀察不同價格下消費者的購買量，而先不管非價格因素變動的影響。

表 2.1　阿華的香雞排需求表

價格（元／每塊）	需求量（塊）
70	1
60	2
50	3
40	4
30	5

　　如果把阿華的香雞排需求表畫成圖形，其中橫軸代表需求量，縱軸代表價格，再把表中價格與需求量對應的五個點連結起來，就得出了如圖 2.1 的需求曲線 (Demand Curve)，也簡稱為需求，代表了阿華在不同價格下對香雞排不同的需求量。當我們說需求時，指的是整條需求曲線；當我們說需求量時，指的則是需求曲線上某一點，代表了某一特定價格下所對應的需求量。

由於線是由點組成的，所以需求曲線反映的是完整的價格和需求量之間的對應關係。

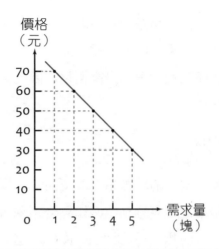

圖 2.1   阿華的香雞排需求曲線

㈡需求法則

從圖 2.1 的香雞排需求曲線可以看出，當價格愈高時需求量愈小，價格愈低時需求量愈大，即價格與需求量之間是呈現反向變動的關係，所以需求曲線是負斜率的，由左上方向右下方延伸，經濟學上稱為需求法則 (The Law of Demand)。

雖然我們平常的消費行為就是這樣的，不過有沒有更深層的理由可以解釋其中原因呢? 其實我們可以把價格下跌導致需求量增加的部分，分解為所得效果 (Income Effect) 與替代效果 (Substitution Effect) 兩種。首先，當 1 塊香雞排的價錢從 40 元跌到 30 元時，阿華原來只夠買 3 塊香雞排的 120 元零用錢當然就可以買 4 塊，表示與降價前比較，阿華更為「買得起」香雞排，一般就會多買一點，這種效果稱為所得效果。其次，當香雞排價格下跌而其他產品價格不跌時，香雞排就會比香雞堡、鹽酥雞等相對來得便宜，所以精

明的阿華當然會多買香雞排來替代香雞堡、鹽酥雞，這種效果稱為替代效果。兩種效果加總起來就造成了香雞排價格愈低，需求量愈高的關係。

對買方來說，由於是付錢的一方，同樣的產品和需求量下當然價格愈低愈好，所以對買方而言產品價格是沒有下限的，但如果買賣要成交，產品售價就不能高於買方的價格上限。因此，需求曲線還有一種特別的意義，代表了不同需求量下消費者所願意付出的最高價格，因此當價格等於或低於需求曲線時，才有成交的可能。

(三)需求法則的例外

不過，有少數產品是例外的，價格下跌反而需求量減少，比方說有些富人穿金戴銀是為了炫耀財富和身分地位，如果金銀珠寶的價格跌到和破銅爛鐵一樣，基於炫耀心態的需求量反而會減少，這種產品稱之為炫耀財 (Conspicuous Goods)。

也有一種產品剛好相反，價格上漲時需求量反而增加的，這種產品稱為季芬財 (Giffen Goods)。例如泡麵價格大漲，然而低收入者對於泡麵的需求量有時反而增加，這顯然違反了需求法則。究其原因，在於低收入者原先將大部分的所得優先花費在便宜的泡麵上，其餘剩下的才會用在便當或肉類等較高級的食品上，但是當泡麵價格大漲時，低收入者更沒有足夠的錢買便當和肉類，只好多買一些泡麵，使得泡麵的需求量不降反升。

(四)市場需求

就阿華的香雞排需求來說，只不過是個別消費者的案例。市場上還有很多其他人愛吃香雞排，如果把所有潛在消費者的需求加總起來，就可以得到整個市場對香雞排的需求，稱之為市場需求 (Market Demand)。假設市場上還有阿珠喜歡吃香雞排，如圖 2.2 所示，阿華和阿珠對香雞排的需求分別以 D_1 和 D_2 代表，則把每一價格下兩個人的需求量加總後就得出了香雞排的市場需求量。所以市場需求曲線等於把個別消費者的需求曲線與縱軸的水平距離加總而成。

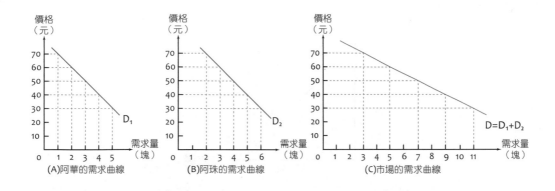

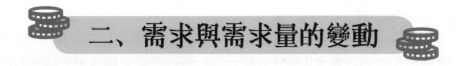 市場需求等於個別需求的水平加總

二、需求與需求量的變動

(一)需求與需求量的區別

　　需求與需求量的不同定義在前面已經介紹過，這裡有進一步討論的必要。需求量有其對應的價格，因此當我們說需求量變動時，是指價格改變後需求量改變的現象，即價格和需求量的組合在同一條需求曲線上移動，而價格以外的因素則假設不變。例如在圖 2.3 中的需求曲線 D_1 上，當價格為 P_1 時，需求量為 Q_1，如果價格下降為 P_2 時，需求量增加到 Q_2，即價格和需求量的組合由 a 點到 b 點，這稱為需求量的增加。

　　而如果說需求的變動，指產品本身價格以外的因素改變了，使得在任何價格下需求量都變動的現象，或者說在任何產量下消費者願意付的最高價格改變了，因此整條需求曲線都會移動。在圖 2.3 中，如果需求曲線由 D_1 右移到 D_2 時，則稱為需求的增加，因為在任何價格下 D_2 的需求量都比 D_1 來得多。反之，需求減少表示需求曲線左移。這是由於在平面上只能顯示價格和需求量之間的關係，當價格不變，但其他非價格因素變動導致需求量改變時，就會使得整條需求曲線移動。

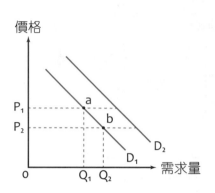

圖 2.3　需求量的變動與需求的變動

(二)影響需求變動的因素

當價格以外的因素發生變化，即「其他情況不變」的假設不成立時，需求就會變動。大體而言，影響需求的因素包括：

1. 所　得

除了陽光、空氣等非稀少性的物品外，幾乎任何東西都得花錢購買才能擁有，因此影響需求的最重要因素就是所得。如果阿華父母親每個月給他的零用錢增加了，或者阿華開始在外打工，有了額外的收入，即使香雞排的價格沒有下跌，他也可以多買 1、2 塊。在一般情況下，需求會隨著所得上升而增加，即在同樣價格下可以購買更多的數量，或者說在同樣數量下願意付出更高的價格購買，這樣會使整條需求曲線右移。反過來說，需求也會隨著所得下降而減少。這類產品我們稱為正常財 (Normal Goods)，大部分產品都屬於這一類。

不過也有一些產品例外，所得增加反而會使需求下降，稱之為劣等財 (Inferior Goods)。這是因為手上錢多了就會吃好一點、用好一點，原先購買的產品都被更高等級的產品取代了。例如與香雞排相比，阿華更喜歡吃肯德基的炸雞套餐，只不過預算不夠吃不起。如果收入增加了，可能就會減少買

路邊攤的香雞排，改去肯德基坐下來舒舒服服的吃炸雞套餐，這時候路邊攤的香雞排就變成了劣等財。

2.相關產品的價格

如果香雞排和鹽酥雞這兩種產品對阿華來說可提供幾乎相同的功效，具有相互替代關係，我們稱之為替代品 (Substitute)。當香雞排價格上漲，阿華就會以鹽酥雞替代香雞排，因而增加鹽酥雞的需求，減少香雞排的需求量。其他替代品的例子包括：牛肉和豬肉、飯和麵、紅茶和綠茶等。

除了替代關係以外，有些產品的關係是互補的。如果吃香雞排時必須要喝汽水，這兩種產品同時享用才能帶來功效，個別消費就無法完全發揮功能，則稱為是互補品 (Complement)。因為香雞排只可以填飽肚子，汽水只能解渴，一起享用才能滿足食慾。這時候當香雞排價格上漲，根據需求法則，阿華對香雞排的需求量就會減少，連帶對汽水的需求也會降低。其他互補品的例子包括光碟機和光碟片、手電筒和電池、手槍和子彈等。

3.消費者偏好

當消費者對產品的偏好改變後，對產品之需求也會變化。假如阿華發現香雞排是高脂肪、高鹽分與高熱量的三高食物，吃多了會造成肥胖、高血壓與心血管疾病等，他就可能會減少吃香雞排的數量，於是對香雞排的需求就會下降，又如塑化劑事件也會影響民眾對飲料的需求。有時偏好的改變只是潮流的變化，當流行的風潮過去後，產品需求就隨之改變，典型的例子包括衣服、鞋子等時尚產品。

4.消費者人數

農委會為了推廣國產黃金雞胸肉，曾舉辦「臺灣黃金雞排嘉年華」，以豐富的行銷方式宣導，刺激民眾對香雞排的消費。由於市場需求是由個別消費者需求的水平加總組成，如果香雞排的消費者人數增加了，市場需求自然也就隨之增加，香雞排的市場需求曲線就會右移。

5.對未來的預期

對未來的不同預期也會影響到目前的消費行為。如果阿華想專心學業，

下個月起不再兼差賺外快，當預期未來所得下降，現在就要開始省吃儉用，少買幾塊香雞排，這將使得他對香雞排的需求曲線左移。又或者阿華暑假將出國遊學兩個月，預期短期內吃不到夜市的香雞排，就會趁出國前多吃幾塊，這就使得他對香雞排的需求增加。

經濟短波

塑化劑事件

圖片來源：Shutterstock

　　2011 年 3 月，衛生署食品藥物管理局在檢驗一項食品是否摻有安非他命成分的過程中，意外發現可疑的成分，經過進一步檢驗後，確認該成分為在食品中不該出現的塑化劑。追查來源後發現，原因在於有不肖廠商在製造合法食品添加物「起雲劑」時，在其成分中使用廉價的塑化劑來取代原本的棕櫚油，以降低成本，而許多企業都向這些廠商購買起雲劑，使得遭到汙染的食品範圍愈來愈大，包括果汁、餅乾、麵包等，甚至是健康食品。

　　衛生署也開放民眾自行將有疑慮的食品免費送檢，同時規定往後相關的五大類食品，包括「運動飲料」、「果汁飲料」、「茶飲料」、「果醬、果漿或果凍」、「膠囊錠狀粉狀之型態」的食品，若未經檢驗則不得販賣，並針對這些食品進行全國性的稽查，共計稽查商店 13,667 家，要求下架的產品達 21,488 件。

資料來源：行政院衛生福利部食品藥物管理署。

三、供給與供給法則

㈠供給的定義

在買賣交易中，有買方必然有對應的賣方，賣方有時又稱為供給者、廠商或生產者等，其出售產品的行為稱為供給 (Supply)。供給的目的是為了獲利，因此一般而言，價格愈高供給者就供給愈多。

滿妹在夜市裡賣香雞排，如果香雞排價格上漲，她就會多賣一點，反之則少賣一些。表 2.2 顯示一週內滿妹在不同價格下香雞排的供給量 (Quantity Supplied)。從定義上來說，供給量是「其他情況不變時，在一定期間內與特定的價格下，生產者願意而且能夠供給的產品數量」。

表 2.2　滿妹的香雞排供給表

價格（元／每塊）	供給量（塊）
70	5
60	4
50	3
40	2
30	1

我們可以把滿妹的香雞排供給表畫成圖形，其中橫軸代表供給量，縱軸代表價格，再把表中價格與供給量對應的五個點連結起來，就得出了如圖 2.4 的供給曲線 (Supply Curve)，也簡稱為供給，代表了滿妹在不同價格下對香雞排不同的供給量。當我們說供給時，指的是整條供給曲線，當我們說供給量時，指的是供給曲線上某一點，代表了某一特定價格下所對應的供給量。由於線是由點組成的，所以供給曲線反映的是完整的價格和供給量之間的對應關係。

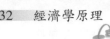

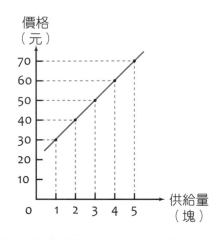

圖 2.4　滿妹的香雞排供給曲線

㈡供給法則

　　從圖 2.4 的香雞排供給曲線可以看出，當價格愈高時供給量愈大，價格愈低時供給量愈小，換句話說，價格與供給量之間是呈現同向變動的關係，所以供給曲線是正斜率的，經濟學上稱為供給法則 (The Law of Supply)。

　　為什麼會有價格愈高,供給量就愈大這樣的關係呢? 其原因有兩點: 一是價格上漲後，香雞排變得更為有利可圖，利之所在，原來生產香雞排的攤販就會多生產一點，而且還會吸引其他業者進入這個市場，例如本來賣蚵仔麵線、烤香腸的都改賣香雞排了。二是為了要多生產香雞排，往往會導致雞肉等生產成本上升，因此售價必須提高。

　　對賣方來說，由於是收錢的一方，在同樣的成本和供給量下，價格當然愈高愈好，所以對賣方而言價格是沒有上限的，但如果買賣要成交，產品售價就不能低於賣方的價格下限。因此，供給曲線還有一種特別的意義，代表不同供給量下生產者所願意收取的最低價格，所以當價格高於或等於供給曲線時，產品才有成交的可能。

㈢市場供給曲線

　　市場上通常還有其他生產者，如果知道了個別生產者的供給曲線後，全體市場生產者的供給曲線就可隨之得出。如圖 2.5 所示，假設市場上除了滿妹以外，還有阿亮在賣香雞排，只要把他們個別的供給曲線 S_1 和 S_2 作水平加總，即在各不同價格下，把兩人的供給量相加起來就可以得出市場的供給曲線。

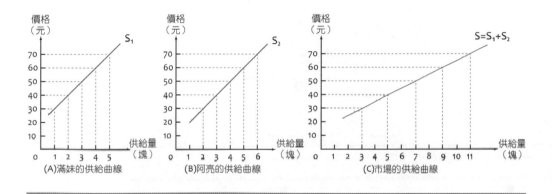

圖 2.5　市場供給等於個別供給的水平加總

 # 四、供給與供給量的變動

㈠供給與供給量的區別

　　如同需求量和需求的關係，當我們說供給量變動時，指價格改變後供給量改變的現象，即價格和供給量的組合在供給曲線上移動。例如在圖 2.6 中，供給曲線為 S_1，當價格為 P_1 時，供給量為 Q_1，如果價格上漲為 P_2 時，供給量增加到 Q_2，即價格和供給量的組合由 a 點到 b 點，這稱為供給量的增加。

　　而如果說供給的變動，指產品本身價格以外的因素改變了，在任何價格

下供給量改變的現象，或者說在任何產量下生產者要求的最低價格改變了，因此整條供給曲線都會移動。在圖 2.6 中，如果供給曲線由 S_1 右移到 S_2 時，稱為供給的增加。因為在任何價格下 S_2 的供給量都比 S_1 要多。反之，供給減少表示供給曲線左移。

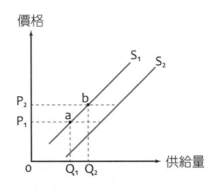

圖 2.6　供給量的變動與供給的變動

(二)影響供給變動的因素

當非價格因素變動導致供給量改變時，就會使得整條供給曲線移動。影響供給變動的因素，大致上可歸納為以下幾項：

1.相關產品的價格

一種資源往往可用於多種產品的生產，當其中一種產品的價格上升，導致其供給量增加，於是資源就會流入該產品的生產，但其他產品則因原料短缺而供給減少。例如雞肉可以同時做香雞排和手扒雞，當手扒雞比較受到消費者歡迎時，雞肉食材都會流向手扒雞的生產了，香雞排業者買不到雞肉，香雞排的供給自然就會減少。這時候香雞排和手扒雞稱為生產上的替代品 (Substitutes in Production)。

另外，也有一些產品是由同一資源生產出來的，稱為生產上的互補品 (Complements in Production)。當其中一種產品價格上漲，另一產品的供給就

會增加。例如當香雞排價格大漲，雞隻的供給也會增加，由於香雞排只用到雞胸肉部分，所以滷雞翅、滷雞爪的供給也會隨之增加。

2. 生產成本

做香雞排的材料包括雞胸肉、蔥、薑、蒜等十多種。如果任何一種材料或電力、瓦斯價格上升，香雞排攤販的生產成本就會增加，當售價不變時利潤將減少，當然就會少生產一些，或者說在同樣供給量下，他必須提高「願意接受的最低價格」——即漲價反映成本的上漲，這會使得供給減少，供給曲線左移。當然，如果生產成本下降，供給就會增加，供給曲線將右移。

3. 生產技術改進

科技進步往往使同樣的投入生產更多產品，導致供給增加。例如使用機器自動切割雞排，就較人工切割雞排來得快，這樣在同樣的價格下攤販可生產更多的香雞排，使得供給曲線右移。

4. 課　稅

如果政府認為炸香雞排的油煙會造成環境汙染，對民眾健康傷害大，於是對攤販生產的每單位香雞排課稅，課稅的效果如同成本增加，生產者願意接受的最低價格必須上漲才能保有原來利潤，這會使得供給曲線左移。

5. 自然災害

天災的發生往往最直接導致供給的減少，例如禽流感和 H1N1 病毒的蔓延會導致雞隻死亡或被撲殺，香雞排的供給當然也就減少，即在每一價格下供給量都較少，這會使供給曲線左移。

6. 供給者人數

如果滿妹的香雞排有獨家的醃漬配方，不但自己生意很好，還進一步發展成連鎖店的經營方式並開放加盟，由於市場供給曲線是由個別供給者的供給曲線水平加總而成的，當加盟者數量增加，市場的供給當然就會增加了。

7. 對未來的預期

如果氣象局的天氣預報說下週會有颱風襲臺，攤販預期逛夜市的民眾人數將下降，於是就會少備點香雞排材料，因此香雞排的供給就會減少。

經濟短波

狂牛症

禽流感使民眾對雞肉、雞蛋等產品望之卻步；而在牛肉方面，則有狂牛症的影響。

狂牛症的全名為牛海綿狀腦病 (Bovine Spongiform Encephalopathy, BSE)，1986 年在英國首次被發現，曾造成數以萬計的牛隻死亡。狂牛症的潛

圖片來源：Shutterstock

伏期短為數個月、長可達數年，發病的牛隻首先會出現易怒、驚恐的行為，漸漸的行動困難、虛弱，從發病到死亡不過短短數星期。

研究發現狂牛症可能是透過食用遭到感染的牛隻所製成的食品（例如飼料）而傳播開來，不同動物間也有可能互相傳染。人類也有類似的病症，稱為庫賈氏病 (Creutzfeldt-Jakob Disease, CJD)，發病症狀與狂牛症相似，首先出現憂鬱、焦慮的感覺，進而產生行動困難、智力下降的情形，但目前仍無直接證據證明狂牛症會經由牛肉或牛肉製品傳染給人類。

但為了安全起見，世界各國紛紛禁止輸入來自狂牛症疫區的牛肉與牛肉製品，尤其是牛的內臟、脊髓、骨頭等部位，因為這些部位容易受到引起狂牛症的病變蛋白質汙染。根據農委會 2013 年 8 月公告的「動物傳染病非疫區及疫區之國家（地區）」，發生狂牛症之國家包括：日本、以色列、荷蘭、法國、丹麥、芬蘭、瑞典、奧地利、西班牙、波蘭、英國、比利時、捷克、義大利、愛爾蘭、德國、瑞士、葡萄牙、盧森堡、列支敦斯登、希臘、斯洛伐克、斯洛維尼亞、美國、加拿大與巴西。

資料來源：行政院農業委員會動植物防疫檢疫局。

五、均衡價格及數量的 決定與變動

㈠均衡價格及數量的決定

　　市場的存在，最重要的功能在於決定交易價格和數量。平常我們常說「物以稀為貴」，這句話的前面應該還要加上一句「需求不變的情況下」才成立。換句話說，產品的價值必須考慮到消費者的評價，如果消費者不喜歡的東西，即使在世上很稀少，也沒什麼價值。可見價格是由市場上供給和需求共同決定的，就像剪刀一樣，要兩個刀柄同時運作才能剪東西。

　　現在我們把圖 2.2 (C) 和圖 2.5 (C) 的市場供需兩條曲線放在一起，來分析價格與數量的決定。如圖 2.7 所示，香雞排的市場供給曲線和需求曲線有一個交點 e，這個交點稱之為均衡點 (Equilibrium Point)，均衡點有其對應的市場價格 P_e 和數量 Q_e，我們稱為均衡價格 (Equilibrium Price) 和均衡數量 (Equilibrium Quantity)。如果「其他情況不變」，均衡價格和均衡數量就不會變動，這時候就達到了市場均衡 (Market Equilibrium) 的狀態。

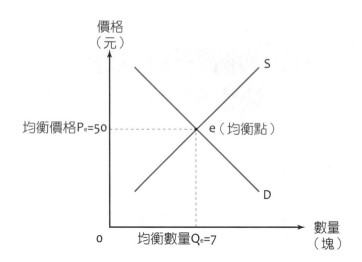

價格
（元）

均衡價格Pe=50

e（均衡點）

S

D

O   均衡數量Qe=7

數量
（塊）

圖 2.7　供給與需求決定香雞排市場的均衡價格和均衡數量

　　所謂市場均衡是指市場上的供給量和需求量相等，生產者想賣的數量和消費者想買的數量相同，由於價格和供需的數量都有著對應關係，這時候供給的價格也和需求的價格相等，表示生產者想賣的價錢和消費者想付的價錢相同，此時若影響供給與需求變動的因素沒有改變，那麼價格和數量就不會再變動。所以廣義來說，均衡是指一種狀態，不同力量之間達成了平衡，這種狀態形成後，除非有外力的影響才會改變。而在均衡點以外的任何地方，都不是處在均衡狀態，價格和數量都會再變動，直至最後回到均衡點才會停止下來。

　　為什麼均衡點以外的價格與數量最終會回到均衡點呢? 如果供給與需求不均衡時，市場又如何的變化? 以下我們可以分別從價格和數量的調整來探討其中原因:

1.以價格分析

　　在圖 2.8 中，假設原來香雞排的市場均衡價格及均衡數量分別為 P_e 和 Q_e，當市場價格 P_1 高於 P_e 時，所對應的供給量為 Q_s，而需求量為 Q_D，顯然 Q_s 大於 Q_D，這種現象稱為供過於求，而供給量大於需求量的部分則稱為超額供給 (Excess Supply) 或過剩 (Surplus)。

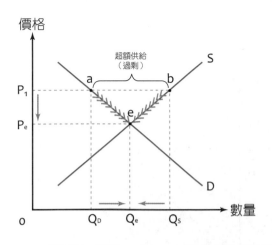

圖 2.8　供過於求時，價格與數量的調整

　　當市場上出現供過於求後，香雞排價格就會下跌，原因是攤販有很多庫存雞排賣不出去，這些庫存雞排當初攤販都花了錢進料，賣不掉就有損失，只好削價出售拼現金。當價格下跌時，根據供給法則，攤販覺得香雞排跌價後利潤減少，於是就會減少生產，同時有些攤販決定退出生產香雞排行列，改賣別的產品，所以供給量會隨著價格下跌沿著供給曲線由 b 點向左下方減少。另一方面，根據需求法則，價格下跌後，因為消費者覺得香雞排變便宜了就會多買一些，同時原來沒買的也會因減價而加入購買的行列，所以隨著價格下跌，需求量會沿著需求曲線由 a 點向右下方增加。

　　於是供給量與需求量的調整會使香雞排的超額供給減少，供過於求的情況得到紓緩。不過只要還有產品賣不出去，生產者就只好繼續降價促銷，供給量減少、需求量增加的情況又再重複出現，最後只有當價格下跌到 P_e 時，供過於求完全消失後，價格才不會再下跌。這時候供給量和需求量才會相等，如圖 2.8 中的 Q_e。

　　反過來說，如圖 2.9 所示，假設現在香雞排價格為 P_2，低於均衡價格 P_e，在 P_2 的價格下，供給量為 Q_S，需求量為 Q_D，而且 Q_D 大於 Q_S，這種現

象稱為供不應求，需求量大於供給量的部分稱為超額需求 (Excess Demand) 或短缺 (Shortage)。

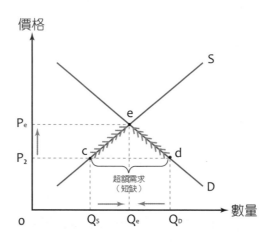

圖 2.9　供不應求時，價格與數量的調整

　　供不應求出現後，香雞排價格就會上漲。這是因為當攤販看到香雞排供不應求，心想既然有許多消費者買不到香雞排，儘管調高價格多賺一點也不愁賣不出去，於是就會漲價。當香雞排價格上漲時，根據供給法則，市場上供給量就會增加，因為對攤販而言，香雞排漲價當然要增產多賺一點，而且也會有新的攤販加入香雞排行列，所以供給量會沿著供給曲線由 c 點向右上方增加。另一方面，根據需求法則，價格上漲後，需求量就會減少。因為部分消費者覺得香雞排變貴了開始少買一點，所以隨著價格上升，需求量會沿著需求曲線由 d 點向左上方減少。

　　以上這兩種市場力量會使香雞排的超額需求減少，最後當香雞排價格上漲到 P_e 時，供不應求完全消失後，價格才不會再上漲，這時候供給量和需求量才會相等於 Q_e，在其他情況不變下，均衡價格和均衡數量就不會再變動。

2. 以交易數量分析

　　除了價格以外，我們也可以用交易數量來分析為什麼 Q_e 是香雞排的均

衡數量。前面已經提過，需求曲線代表不同需求量下消費者願意付出的最高價格，供給曲線代表生產者願意收取的最低價格。換言之，可能交易的價格和數量必定在圖 2.10 的陰影面積內，但最後的均衡數量一定是 Q_e。原因是當交易數量低於均衡數量 Q_e 時，例如在 Q_1，消費者願意付出的最高價格 P_D 高於攤販願意接受的最低價格 P_S，這時候買賣交易一定會發生，就像店家要五毛你想給一塊，當然他願意把東西賣你，而且還想多賣一點。不過，香雞排的實際交易價格最後會在 P_D 和 P_S 之間，要看雙方的議價結果而定，只要交易價格在 P_D 和 P_S 之間，買賣雙方都覺得拿到好處，市場交易就會一直進行下去。隨著交易數量的增加，P_D 會由 a 點往右下方下降，P_S 則會由 b 點向右上方上升，但只要 P_D 仍大於 P_S，市場交易就不會停止，直至到達 Q_e 時，P_D 和 P_S 都等於 P_e，交易數量才不再增加，於是 Q_e 就是香雞排的均衡數量。

　　反過來說，香雞排的交易數量不會超過 Q_e。道理很簡單，在 Q_e 的右方時，因為 P_D 都小於 P_S，等於店家要一塊你只想給五毛，買賣當然不會成交，這時候除非雙方願意妥協，賣方降低價格，買方提高價格，直至價格一致時交易才成交，所以在均衡數量 Q_e 的右方交易不會發生。

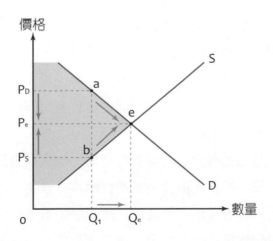

圖 2.10　買價高於賣價時交易會持續進行

㈡價格的資源配置機能

　　透過價格調整使得供需平衡的機制是市場特性，這稱為市場機能或價格機能。價格除了可以作為一種訊息，引導廠商「生產什麼」及「如何生產」以外，也使得產品能夠有效的分配，分配原理是這樣的：願意出高價的消費者優先得到產品，願意賣低價的廠商可優先出售產品。而且每個人都在追求自己的利益：消費者以有限預算，要購買價廉物美的產品節省支出。廠商為了追求利潤，會研發新技術、新製程和新產品，不斷降低成本和售價，滿足消費者的需要。當每個人都在追求自己財富的同時，也使社會達到最大的福利水準。這就是亞當・斯密所說的市場上有「一隻看不見的手」。因此他認為政府不需要干預市場，應致力於維持市場秩序，讓價格機能得以充分發揮。

　　譬如說智慧型手機是當前的熱門產品，假設原來各品牌之間品質相差無幾，而且一支的市場價格為 2 萬元，則成本高於 2 萬元的廠商就會有虧損，長期來說就不得不倒閉，只有成本低的廠商留在市場內，消費者才能買到便宜的手機。而留在市場內的廠商，為了提升利潤，除了透過研發改善產品功能和品質外，同時也要想出節省勞動力、資本或原料投入的生產方式，提供更低的市場價格，一方面要留住原來的消費者，另一方面要搶奪競爭對手的客戶。因此，市場的優勝劣敗不斷淘汰無效率的廠商，企業間的競爭關係本身就具備了節省資源的機能，省下來的資源就可以用在社會上其他產品的生產，這種以自利心為出發點的競爭，反而使消費者用同樣的所得享用到更多的產品，提升了物質生活水準。

　　在需求方面，價格也有篩選購買者的功能，如果使用智慧型手機帶來的滿足水準低於其售價 2 萬元，消費者就不會購買或者等跌價後再買，因此生產出來的手機最後只賣給滿足水準高於 2 萬元的消費者，所以有限的社會資源將優先分配給滿足水準高的人使用。可見價格具有自動揭露消費者對產品主觀評價的功能，社會上的資源分配就不需要做民意調查，由於消費者在市場上要付出代價（產品價格）來表達他的購買意願，因此就不會有造假的行為，也不會有不勞而獲的不公平現象。而廠商為了擴大市場，多賣一些產品，

長期下來會設法降低成本，把智慧型手機的價格進一步壓低，爭取那些原本滿足水準低於 2 萬元的潛在消費者。

㈢均衡價格及均衡數量的變動

　　瞭解了供需決定均衡價格和均衡數量後，我們在這裡可以暫時先拿掉「其他情況不變」的假設，進一步分析當供需變動時對價格和數量有什麼影響，以及市場又是如何重新回到均衡狀態。

1.需求不變而供給變動

　　假設原來香雞排的市場供給 S_0 與需求曲線 D_0 決定了均衡價格 P_0 和均衡數量 Q_0，如圖 2.11 (A) 所示。如果雞肉價格下跌，攤販成本下降，供給就會增加，供給曲線會往右移至 S_1，在原來的均衡價格 P_0 下，供給量就會大於需求量，這時供過於求的壓力會使價格下跌，最後下降至 P_1 時，供給量又重新等於需求量，而 P_1 和 Q_1 為新的均衡價格和均衡數量，與供給曲線變動前比較，均衡價格下降但均衡數量增加。相反的，如果用來炸雞排的酥炸油價格上漲，導致香雞排供給減少，供給曲線會往左移至 S_2，如圖 2.11 (B) 所示，在原來的均衡價格 P_0 下供給量會小於需求量，供不應求的壓力會使價格上升，最後上升至 P_2 時，供給量與需求量又重新相等，P_2 和 Q_2 為新的均衡價格和均衡數量，與供給曲線變動前比較，均衡價格上升但均衡數量減少。

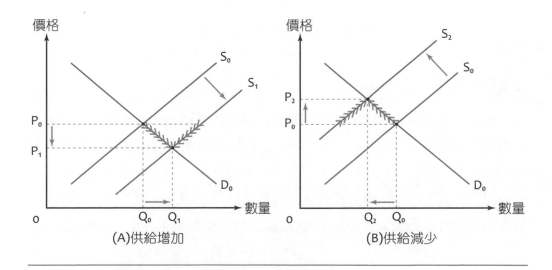

圖 2.11　供給變動對均衡價格及均衡數量的影響

2.供給不變而需求變動

　　如圖 2.12 (A) 所示，當香雞排供給不變時，如果消費者所得上升，導致需求增加，則需求曲線 D_0 會往右邊移動至 D_1，在原來的均衡價格 P_0 下，供給量小於需求量導致供不應求，供不應求的壓力會使價格上升，最後均衡價格上升至 P_1、均衡數量則增加至 Q_1。相反的，如果消費者偏好開始改變，比如說覺得香雞排太油膩，吃太多有礙健康，導致需求減少，則需求曲線往左邊移動至 D_2，如圖 2.12 (B) 所示，在原來的均衡價格 P_0 下，供給量大於需求量導致供過於求，最後會使均衡價格下降至 P_2，均衡數量減少至 Q_2。

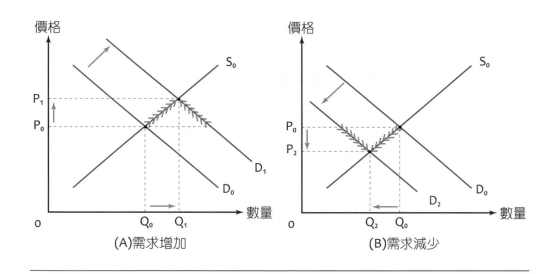

圖 2.12　需求變動對均衡價格及均衡數量的影響

3.供給與需求同時變動

　　當香雞排的供給與需求同時變動時，最後均衡價格和均衡數量的變動方向則視供需變動的方向和相對大小而定。例如在圖 2.13 中，如果滿妹的香雞排生意開放加盟，且逛夜市的人潮多了，於是供給與需求同時增加，但逛夜市的民眾不見得每個人都買香雞排，假設供給增加幅度比需求大，最後的淨效果相當於需求不變而供給增加的情況，使得均衡價格下降但均衡數量增加。

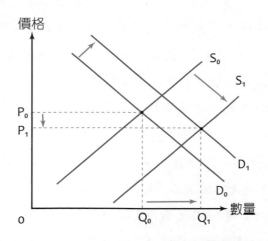

圖 2.13 供給增加大於需求增加時對均衡價格及均衡數量的影響

其他情況各位也可以自行繪圖得出結果，總之，最後的均衡價格和均衡
數量決定在新的供需曲線的交點。如果我們能夠掌握住供給與需求的變動方
向和相對大小，就可以透過觀察新的均衡點來預測市場上價格和數量的變動，
及早做好因應措施。例如中東戰爭對油價有什麼影響？油價上漲後一般產品
的價格和產量是否減少？這些問題的答案都可以透過供給和需求的變動來分
析。

經濟短波

戰爭與原油價格

國際原油價格的波動受到許多因素的影響，戰爭是其中很重要的一個因
素，尤其是石油生產地區所發生的戰爭。根據統計，2012 年全球每天生產約
7,286 萬桶的石油，而中東地區一直以來都是石油的重要產地，其產量約占
全球產量的 33.1%（北美洲 10.7%、歐洲 21.4%），戰爭會破壞油井、輸油管

線，或因為戰略上的考量而減少石油的輸出，使得石油價格升高。

　　中東地區的局勢一直處於動盪的狀態。1973 年，埃及與敘利亞向以色列發動戰爭，石油輸出國家組織 (Organization of the Petroleum Exporting Countries, OPEC) 為了打擊以色列，宣布暫停出口石油，使石油價格由 3 美元左右漲到超過 10 美元（見圖 2.14），這段時間也被稱為「第一次石油危機」。

　　1980 年，伊拉克與伊朗爆發戰爭，國際油價從 1979 年開始飆漲，由 14 美元左右上升至 35 美元，被稱為「第二次石油危機」。1990 年伊拉克侵略科威特，爆發波灣戰爭，也使國際油價在短時間內大幅上漲，但相較於兩次石油危機，油價上漲所持續的時間較短，對世界經濟的影響也相對較小。2001 年後石油價格飆漲，除了因 2001 年以美國為主的反恐戰爭開打，亞洲需求大量增加（以中國大陸為首）也有密切的關係。

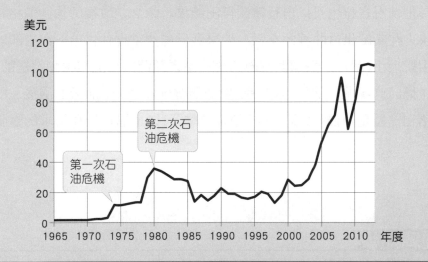

圖 2.14　國際油價走勢（年均價，1965–2013）

資料來源：1.經濟部能源局。

　　　　　2. OPEC(2013), Annual Statistical Bulletin。

經濟短波

我國的油價調整機制

國際油價的計價主要以美國西德州中級原油 (West Texas Intermediate, WTI)、英國北海布蘭特原油 (Brent North Sea Crude) 與阿拉伯灣杜拜原油 (Dubai Crude) 的價格為標準。台灣中油公司會依據國際原油的平均價格來調整國內油價，中油所採用的計算方式為：

圖片來源：Shutterstock

$$國際原油均價 = 杜拜原油價格 \times 70\% + 布蘭特原油價格 \times 30\%$$

而調整的幅度則須視國際平均油價的變動幅度以及匯率來決定，且為了緩和油價的變動，國內油價調整的幅度只有國際油價變動幅度的 80%。調整的價格於每週日中午 12 點公布，次日凌晨 12 點生效。調整幅度可用下列公式計算：

$$調整幅度 = \frac{本週原油均價 \times 本週平均匯率 - 上週原油均價 \times 上週平均匯率}{上週原油均價 \times 上週平均匯率} \times 80\%$$

舉例來說，如果上週國際平均油價為 105.5 美元，新臺幣兌美元匯率為 30.5，本週國際平均油價為 108.3，新臺幣兌美元匯率為 31.2，假設上週的油價為 31 元新臺幣，則本週油價的計算方式如下：

$$調整幅度 = \frac{108.3 \times 31.2 - 105.5 \times 30.5}{105.5 \times 30.5} \times 80\% \approx 4.01\%$$

$$本週油價 = 31 \times (1 + 4.01\%) = 32.24$$

資料來源：台灣中油網站 (www.cpc.com.tw)。

六、彈性的意義與測定

㈠需求彈性的定義與測定

　　需求法則和供給法則只說明了價格跟數量之間的變動方向，例如價格愈低，需求量就愈多，所以降價促銷這句話一定是對的。但到底降價後需求量會增加多少？需求法則並不能讓我們知道結果，這時候就可以用需求價格彈性 (Price Elasticity of Demand) 來分析。

　　需求價格彈性也常簡稱為需求彈性，是用來衡量當價格變化時，需求量改變的幅度，用以測量需求量對價格變化的敏感程度。它的定義是這樣的：當價格變動百分之一時，需求量變動的百分比。即：

$$需求價格彈性 = \frac{需求量變化的百分比}{價格變化的百分比}$$

　　需求彈性又可依衡量方法分為弧彈性 (Arc Elasticity) 和點彈性 (Point Elasticity) 兩種：

1. 弧彈性

　　假如在需求曲線上 a 點的 P_1 和 Q_{D1} 是原來的價格及需求量，b 點的 P_2 和 Q_{D2} 為變動後的價格及需求量，則需求彈性可寫成：

$$e_D = \left| \frac{\dfrac{Q_{D2} - Q_{D1}}{\dfrac{(Q_{D1} + Q_{D2})}{2}}}{\dfrac{P_2 - P_1}{\dfrac{(P_1 + P_2)}{2}}} \right|$$

　　上式有別於一般的方法。通常在計算變動率時，是以變動量除以原先的數值來計算，但是這種演算法會使從 a 點到 b 點計算的彈性和從 b 點到 a 點

計算的彈性不一樣。

　　我們先回到阿華的例子，假如 a 點對應的價格與需求量分別是 60 元和 2 塊，b 點對應的價格與需求量分別是 40 元和 4 塊，則從 a 點到 b 點價格下降了 33%，需求量增加了 100%，顯示需求彈性為 0.33，相反的，從 b 點到 a 點價格上漲了 50%，需求量減少了 50%，需求彈性為 1，這表示在同一段需求曲線上的兩點，價格上漲和下跌會計算出不同的需求彈性，這是很不合理的，因此折衷的辦法就是採取中點法 (Midpoint Method) 來計算，將價格變化 ($P_2 - P_1$) 除以變動前價格和變動後價格的中點，即兩者的平均數 $\dfrac{(P_1 + P_2)}{2}$，得出價格的變化幅度。需求量方面也是採用同樣方法，將需求量變化 ($Q_{D2} - Q_{D1}$) 除以變動前數量和變動後數量的中點 $\dfrac{(Q_{D1} + Q_{D2})}{2}$，得出需求量的變化幅度。以上例來說，依中點法計算的價格變化幅度為 $-\dfrac{20}{50} = -40\%$，需求量變化幅度為 $\dfrac{2}{3} = 66\%$，因此需求彈性為 1.67。以中點法計算需求彈性的優點是，不管價格是上升或下跌，最後計算出來的結果都是相同的。

　　因為價格下跌，需求量就會增加，價格與需求量呈現反向變動，所以需求彈性一定是負數的，不過負數會很容易引起混淆。例如有兩種產品其需求彈性分別為 −1 和 −2，從數學上來說 −1 比 −2 大，但從對價格的變動幅度來說則後者大於前者，於是為了避免負數會產生相反的結果，我們對需求彈性只取絕對值作比較。

　　同時，需求彈性本身是沒有單位的衡量工具，因為上式中分子和分母都是數值而非價格或數量單位，這樣就可以只算出需求量對價格變化的反應程度，否則單位不同會難以比較。

2.點彈性

　　當價格變動較大時，弧彈性用以表示需求曲線兩點之間的一段弧形距離的彈性。但如果價格的變化非常微小且趨近於零，幾乎相當於在需求曲線上某一點上移動，其彈性則稱之為點彈性，這時候就沒有價格變動前和後的問題了。點彈性可以寫成：

$$e_D = \left| \dfrac{\dfrac{\Delta Q_D}{Q_D}}{\dfrac{\Delta P}{P}} \right|$$

　　其中 ΔQ_D 表示需求量的變化，ΔP 表示價格的變化。在弧彈性的計算上，中點法是取兩點的算術平均數，實際上相當於測定兩點中點的點彈性。通常我們可以把需求彈性依大小分成五種類型，如圖 2.15 所示。

⑴**完全無彈性 (Perfectly Inelastic)**

　　價格改變不會引起需求量的變化，需求曲線為一條垂直線。由於 $\Delta Q_D = 0$，因此 $e_D = 0$。

⑵**完全彈性 (Perfectly Elastic)**

　　需求量的任何變化都不會造成價格的改變，需求曲線為一條水平線。由於 $\Delta P = 0$，因此 $e_D = \infty$。

⑶**單一彈性 (Unit Elastic)**

　　需求量改變的百分比等於價格改變的百分比，需求曲線為一條直角雙曲線，即線上任何一點對應的 P 與 Q 之乘積為固定常數，由於 $\dfrac{\Delta Q_D}{Q_D} = \dfrac{\Delta P}{P}$，因此 $e_D = 1$。

⑷**缺乏彈性 (Inelastic)**

　　需求量改變的百分比小於價格改變的百分比時，由於 $\dfrac{\Delta Q_D}{Q_D} < \dfrac{\Delta P}{P}$，因此 $e_D < 1$。

⑸**有彈性 (Elastic)**

　　需求量改變的百分比大於價格改變的百分比時，由於 $\dfrac{\Delta Q_D}{Q_D} > \dfrac{\Delta P}{P}$，因此 $e_D > 1$。

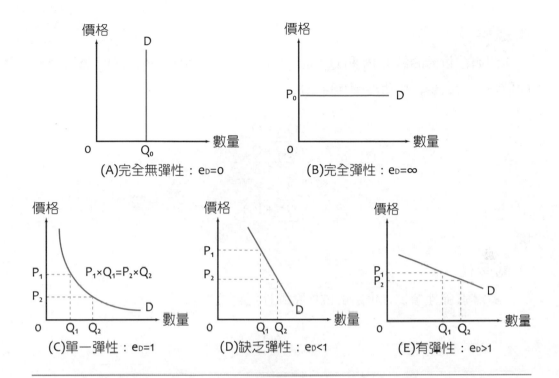

圖 2.15　需求價格彈性的五種類型

㈡供給彈性的定義與測定

供給法則告訴我們，當價格變化時，供給量也會改變，不過往往供給量改變的幅度並非一樣的。供給價格彈性 (Price Elasticity of Supply) 可以讓我們瞭解當價格變化時供給量的變化程度，它的定義是：當價格變動百分之一時，供給量改變的百分比。即：

$$供給價格彈性 = \frac{供給量變動的百分比}{價格變動的百分比}$$

供給價格彈性也常簡稱為供給彈性，與需求彈性一樣，本身是沒有單位的，也可分為弧彈性和點彈性兩種衡量方式：

1. 弧彈性

假如在供給曲線上 P_1 和 Q_{S1} 是原來的價格及供給量，P_2 和 Q_{S2} 為變動後的價格及供給量，則供給彈性可寫成：

$$e_S = \dfrac{\dfrac{Q_{S2} - Q_{S1}}{\dfrac{(Q_{S1} + Q_{S2})}{2}}}{\dfrac{P_2 - P_1}{\dfrac{(P_2 + P_1)}{2}}}$$

2. 點彈性

與需求彈性類似，供給的價格點彈性可寫成：

$$e_S = \dfrac{\dfrac{\Delta Q_S}{Q_S}}{\dfrac{\Delta P}{P}}$$

根據供給法則，供給量與價格是同方向變動的，所以一般情況下 e_S 是正數，和需求彈性一樣，供給彈性也可分為五種，如圖 2.16 所示：

(1) 完全無彈性

表示無論價格如何變動，供給量都固定不變，供給曲線為一垂直線。由於 $\Delta Q_S = 0$，因此 $e_S = 0$。

(2) 完全彈性

供給量的任何變化都不會造成價格的改變，供給曲線為一條水平線。由於 $\Delta P = 0$，因此 $e_S = \infty$。

(3) 單一彈性

供給量變動的幅度等於價格變動的幅度，供給曲線為通過原點的直線，由於 $\dfrac{\Delta Q_S}{Q_S} = \dfrac{\Delta P}{P}$，因此 $e_S = 1$。

⑷缺乏彈性

　　供給量改變的百分比小於價格改變的百分比時，由於 $\dfrac{\Delta Q_S}{Q_S} < \dfrac{\Delta P}{P}$，因此 $e_S < 1$。

⑸有彈性

　　供給量改變的百分比大於價格改變的百分比時，由於 $\dfrac{\Delta Q_S}{Q_S} > \dfrac{\Delta P}{P}$，因此 $e_S > 1$。

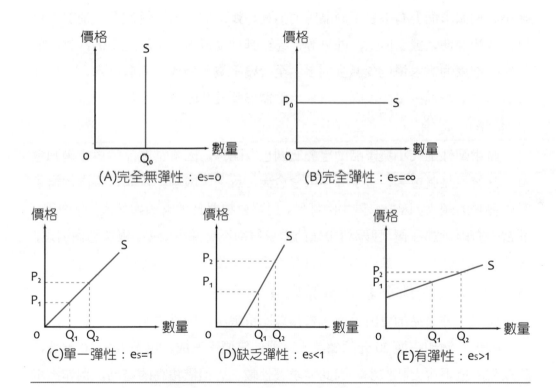

圖 2.16　供給價格彈性的五種類型

七、彈性的決定因素

㈠需求彈性的決定因素

1.替代品的數量

　　當產品價格上漲時，如果其替代品很多，消費者容易轉買別的沒漲價的替代品，結果該產品的銷售量就會下降很多，因此其需求彈性較大，反之則較小。例如市面上有許多不同品牌的泡麵，如果統一的泡麵漲價，消費者可以改買康師傅，或者味王、味丹等，甚至其他從日本、韓國進口的泡麵，於是統一泡麵的需求量就會減少很多。至於幾乎沒有替代品的自來水，一旦漲價需求量不會減少多少，因此自來水的需求彈性會較統一泡麵小很多。

2.市場的定義

　　需求彈性的大小與產品的定義範圍也有關係，因為當產品的界定範圍愈窄，其替代品就愈多，需求彈性就會愈大，反之則較小。例如，牛肉的需求彈性會較肉類大。因為一旦牛肉漲價，民眾會轉買其他肉類如豬肉、雞肉等，而當所有肉類都漲價，民眾對肉類的需求量卻不會減少太多。根據這個道理，食物的需求彈性比肉類更小，因為食物是完全沒有替代品的。

3.產品支出占消費者的預算比重

　　如果一種產品的支出占消費者預算比重較小，則其需求彈性也較小，反之則較大。例如一瓶 20 元的礦泉水，即使售價漲五成，也不過多 10 塊錢，所以需求量不會大幅減少，因此需求彈性較小。但價格高的產品，例如汽車至少要好幾十萬一輛，漲幅一成就要多付幾萬塊，需求量的減少較多，所以汽車的需求彈性較大。

4.產品的種類

　　價格彈性也視產品對消費者的重要性而定，如果比較重要的日用必需品例如洗髮精、肥皂等，價格彈性較小，因為我們每天都要洗頭、洗澡，即使

價格上漲較多但需求量仍不會大幅減少。重要性較低的小裝飾品如手機吊飾，因為可有可無，需求彈性就較大。

5. 時間的長短

如果時間較長，消費者將有較多時間尋找替代品或選擇其他因應措施，因此需求彈性就較大，反之則較小。例如坐計程車要比坐公車來得貴，但趕時間者沒有其他選擇，所以對計程車的需求彈性較小。如果時間充裕，就可以慢慢等公車，或者坐捷運，甚至自己走路來替代，對計程車的需求彈性就較大。

㈡供給彈性的決定因素

1. 生產的投入是否具備多種用途

一般而言，如果廠商的生產設備容易調整，當價格改變時，供給量也可以隨之調整，則供給彈性較大，反之則較小。例如當禽流感發生時，民眾不敢吃雞肉，造成香雞排價格大跌，滿妹同樣的推車和設備不賣香雞排時可以改賣炸花枝，這樣香雞排的供給彈性就很大。

2. 生產成本對產量的敏感性

產品價格上漲時廠商到底會增加多少產量，也決定於增產後生產成本會上升多少。如果增產後生產成本上升很多，比如說香雞排漲了 5 塊，但增產後帶動材料上漲 4 塊半，幾乎抵消了價格的上漲幅度，由於利潤不會增加多少，將降低攤販的增產意願，供給量的增加就有限，供給彈性就較小。反之，如果增產後香雞排材料只上升 1 元，攤販的增產意願就較高，供給量的增加就比較多，供給彈性就較大。

3. 時間的長短

當時間愈短，供給的價格彈性愈小；時間愈長，供給的價格彈性就愈大。原因是當價格變化時，供給量的調整幅度可隨時間拉長而擴大。例如滿妹的香雞排經過電視臺飲食節目介紹後人氣飆升，就算客人願意多付點錢買香雞排，但短期內餐車的設備固定、油鍋大小有限，也沒有其他人手幫忙等，所

以沒辦法滿足全部客人的需求。但如果時間拉長，她就有足夠時間擴張設備、買更大的油鍋、多聘幾個員工、甚至進一步搬入店面、發展成連鎖店等，提供更多的香雞排。

八、彈性與總支出及斜率的關係

㈠彈性與斜率

在圖 2.15 中不同的需求彈性，所對應的需求曲線斜率並不相同，直覺上告訴我們需求彈性和需求曲線的斜率一定有關，但其實不管是需求曲線或是供給曲線，其價格彈性除了受到曲線的斜率影響以外，也和價格與數量在曲線上的「位置」有關，兩者一起決定了需求和供給的價格彈性，以下先來證明這種關係，為了簡便說明，我們只用點彈性為例，其道理也適用於弧彈性。

1.需求彈性與斜率

根據定義，需求價格點彈性可寫成：

$$e_D = \left| \frac{P}{Q_D} \times \frac{\Delta Q_D}{\Delta P} \right|$$

上式中，需求曲線的斜率為 $\frac{\Delta P}{\Delta Q_D}$，因此需求彈性可改寫成：

$$e_D = \left| \frac{1}{斜率} \times \frac{P}{Q_D} \right|$$

從上式可知，在其他情況不變下，需求彈性和需求曲線的斜率成反比，但和價格數量比 ($\frac{P}{Q_D}$) 成正比。因此需求彈性並非只決定於斜率，還和價格

與數量在曲線上的「位置」有關。如圖 2.17 所示，當兩條需求曲線同時穿過同一點時，由於價格與數量相同，斜率較大的需求曲線 D_1 在 c 點有較小的價格彈性。不過如果在不同點就不易比較，例如 a 和 b 點，因為即使 D_1 的斜率較 D_2 大，但 a 點的價格數量比則較 b 點為大。

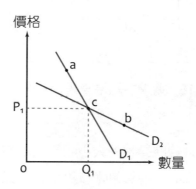

圖 2.17 需求價格彈性與斜率的關係

當需求曲線為直線時，斜率為一固定的常數，因此需求彈性完全決定於價格數量比，即在需求曲線上的「位置」。如圖 2.18 所示，當 $Q_D = 0$ 時，$\dfrac{P}{Q_D} = \infty$，需求彈性也為 ∞。隨著在需求曲線上由左上端部分往右下端部分移動，價格不斷下降，需求量也持續增加，$\dfrac{P}{Q_D}$ 逐漸變小，因此需求彈性也逐漸變小，在需求曲線的中點時，由於需求量 Q_0 也是原點到 b 點的中點，因此 Q_0 到 b 點的距離等於原點到 Q_0 的距離，$\dfrac{P_0}{Q_0}$ 會剛好等於需求曲線的斜率，所以價格彈性為 1。由此得出一項結論：在需求曲線中點左上端部分的價格彈性大於 1，在需求曲線中點右下端部分小於 1。當 $P = 0$ 時，$\dfrac{P}{Q_D} = 0$，需求彈性也為 0。

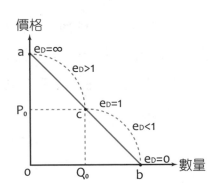

圖 2.18　需求曲線為直線時的價格彈性

　　由此可見，需求為直線時彈性的大小和價格的高低成正比。這其實不難理解，因為當價格比較高時，購買量本就不多，所以降價就比較能吸引消費者多買一點；價格比較低時，原來的購買量就很高了，再降價刺激買氣的效果就很有限。例如在不景氣時，我們只會看到高級餐廳打折，卻幾乎沒看過路邊攤減價，就是這樣的道理。

2.供給彈性與斜率

　　根據定義，供給價格點彈性可寫成：

$$e_S = \frac{P}{Q_S} \times \frac{\Delta Q_S}{\Delta P}$$

上式中供給曲線的斜率為 $\frac{\Delta P}{\Delta Q_S}$，因此供給彈性可改寫成：

$$e_S = \frac{1}{斜率} \times \frac{P}{Q_S}$$

　　在其他情況不變下，價格彈性和供給曲線的斜率成反比，但和價格數量比 ($\frac{P}{Q_S}$) 成正比。和需求曲線一樣，供給彈性並非只決定於斜率，還和價格

與數量在曲線上的「位置」有關。當兩條供給曲線同時穿過同一價量位置時，斜率較大的供給曲線在該點有較小的價格彈性。不過如果在不同點就不易比較，其道理和前面討論需求曲線時相同。

　　當供給曲線為直線時，斜率為不變的常數，因此供給彈性完全決定於價格數量比。但由於價格與供給量成正比，當價格高時，供給量也高，價格數量比到底較大或較小不能直接判斷，但不同供給曲線之間仍可根據 $\dfrac{P}{Q_S}$ 與斜率的相對大小作比較。如果供給曲線穿過原點，如圖 2.16 (C) 所示，則線上任何一點的 $\dfrac{P}{Q_S}$ 其實就是供給曲線的斜率，因此供給彈性等於 1。當供給曲線與橫軸相交，如圖 2.16 (D) 所示，斜率較大，所以 $\dfrac{P}{Q_S}$ 小於供給曲線的斜率，供給彈性小於 1。如果供給曲線與縱軸相交，如圖 2.16 (E) 所示，斜率較小，則 $\dfrac{P}{Q_S}$ 大於供給曲線的斜率，供給彈性大於 1。

㈡需求彈性與總支出的關係

　　需求彈性不只能讓生產者知道降價後促銷的強度，還可以知道降價後收益是否增加。根據需求法則，降價一定可以促銷，不過生產者的收益卻不見得會同步增加。我們先回到滿妹賣香雞排的例子，假設滿妹關心的是收入數字。如果香雞排價格從 70 元降到 60 元，阿華的需求量從 1 塊增加到 2 塊，需求彈性為 4.33，滿妹的總收益（等於阿華對香雞排的總支出）則從 70 元（＝70 元×1）增加到 120 元（＝60 元×2），這時候降價促銷是值得的，但如果香雞排的價格從 40 元降到 30 元，阿華的需求量從 4 塊增加到 5 塊，需求彈性為 0.78，滿妹的總收益則從 160 元（＝40 元×4）減少到 150 元（＝30 元×5），這時候降價促銷就划不來。

　　為什麼在不同價格下的降價行為會有不同的結果呢？由於消費者對產品的總支山等於所付的價格乘以購買量，即 P×Q，也等於生產者所拿到的總收益。在需求曲線上，價格與需求量是呈現反向關係，當價格下降，需求量就

會上升，最後消費者的總支出是否增加，就要看價格下降所直接引起的總支出減少的多，還是因購買量增加帶來的總支出增加的多。當價格改變時，對消費者總支出的影響可分為以下三種情況。

1. 需求彈性 > 1

表示需求量的變動率大於價格變動率，降價後需求量增加所帶動的總支出增加大於因降價直接導致的總支出減少，因此降（漲）價會使總支出增加（減少），如圖 2.19 (A) 所示。

2. 需求彈性 = 1

即需求量的變動率等於價格變動率，降價後需求量增加所帶動的總支出增加等於因降價直接導致的總支出減少，兩者相互抵消，因此降（漲）價會使總支出不變，如圖 2.19 (B) 所示。

3. 需求彈性 < 1

表示需求量的變動率小於價格變動率，降價後新增加需求量所帶動的總支出增加小於因降價直接導致的總支出減少，因此降（漲）價會使總支出減少（增加），如圖 2.19 (C) 所示。

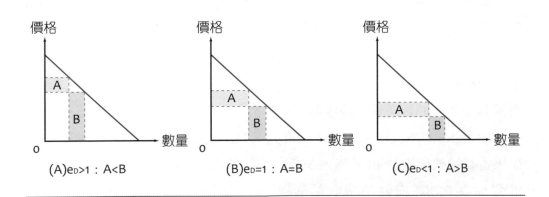

圖 2.19　不同彈性下，價格改變對總支出的影響

新聞案例

國際油價容易暴漲暴跌

圖片來源：Shutterstock

　　2011 年 2 月，北非阿拉伯世界發生的「茉莉花革命」蔓延到利比亞，甚至全國陷入內戰危機之中，由於利比亞是主要石油生產國，且受到中東地區日漸混亂的政治局勢影響，導致國際石油價格暴漲三天，漲幅超過 12%。但到 8 月初，由於美國景氣復甦緩慢，歐洲深陷債務危機，加上之前日本「311 地震」後經濟受到重創，加深了全球經濟衰退的疑慮和預期，石油市場需求轉弱，油價在兩個交易日暴跌近 10%。

　　事實上，國際油價在 2004 年突破每桶 30 美元後，一直上升到 2008 年 7 月的 147.27 美元，9 月全球金融海嘯爆發後，隨即在 12 月又暴跌至 33.87 美元，只剩高點的 23%，幾乎回到之前的起漲點。全球經濟復甦以後，油價又再度激升，2011 年 4 月最高反彈到 113.93 美元。總之，由過去幾年走勢來看，油價常常都大起大落。

評　論

　　油價頻繁的大幅波動，最大原因是石油的供給與需求彈性都很小。由於石油幾乎沒有替代品，油價攀升後汽油需求量並不會減少太多，因此需求彈性很小，而且全球石油的蘊藏量固定，煉油廠專業設備的數量短期內又不容易調整，當油價上升時，供給量無法馬上大量增加，因此供給彈性也很小。彈性小的供需曲線都較陡直，只要供給或需求稍有變動，價格的反應往往會比數量來得大，導致當影響石油供需的因素發生時，油價就容易暴漲暴跌，由於這項特性，便成為市場投機買賣的標的。其實不止是石油，其他原物料例如黃豆、小麥、玉米，貴金屬的黃金、白銀等都有供需彈性較小的性質。

　　不過，彈性的大小和時間長短有關，如果把時間延伸到二、三十年後，供需彈性都會較目前來得大，因為市場有充裕時間尋找石油的替代品；各種替代性能源例如太陽能、氫能可能普及起來，省油汽車進一步發展，石油需求量就會減少較多；加上石油業者大力開發新油田、新廠商的加入市場、煉油廠也有充裕時間調整產能設備等，供給量也會增加較多。當彈性變大時，供需曲線都較為平緩，如果供給或需求有變動，數量的反應會比價格要大，油價的波動幅度就會縮小。

本章重點

1. 需求量是在特定價格下的購買量；需求則是在不同價格下的需求量。

2. 需求法則指價格與需求量呈現反向變動關係，但炫耀財和季芬財例外。需求曲線是負斜率，代表不同需求量下買方願意付的最高價格。

3. 市場需求是把每一價格下所有買方的需求量加總得出。

4. 需求量變動指價格改變後需求量的改變，即在需求曲線上點的移動；需求變動則指價格以外的因素改變，使整條需求曲線移動。

5. 影響需求變動的因素有：
   (1)所得。
   (2)相關產品的價格。
   (3)消費者偏好。
   (4)消費者人數。
   (5)對未來的預期。

6. 需求與所得呈現正（反）向變動關係的產品稱為正常財（劣等財）。

7. 當甲、乙兩種產品提供類似的功效稱之為替代品。甲的價格上漲，乙的需求就增加。

8. 當甲、乙兩種產品必須同時使用稱之為互補品。甲的價格上漲，乙的需求

就減少。

9. 供給量是在特定價格下供給的數量；供給則是在不同價格下的供給量。

10. 供給法則指價格與供給量呈現同向變動關係，供給曲線是正斜率的，代表不同供給量下賣方願意收取的最低價格。

11. 市場供給曲線是把每一價格下所有供給者的供給量加總得出。

12. 供給量變動指價格改變後供給量的改變，即在供給曲線上點的移動；供給的變動指產品價格以外的因素改變，使整條供給曲線移動。

13. 影響供給變動的因素有：

(1) 相關產品的價格。

(2) 生產成本。

(3) 生產技術改進。

(4) 課稅。

(5) 自然災害。

(6) 供給者人數。

(7) 對未來的預期。

14. 市場供給和需求的交點稱為均衡價格和均衡量。當市場價格高（低）於均衡價格，供給量大於（小於）需求量導致市場價格下跌（上升），然後供給量減少（增加），需求量增加（減少），當供給量等於需求量時，價格才不會再變動，此時稱為市場均衡。

15. 當需求不變而供給增加（減少），價格下跌（增加）但數量增加（下跌）；當供給不變而需求增加（減少），價格和數量都增加（下跌）。

16. 需求彈性 $(e_D) = \dfrac{需求量變動率}{價格變動率}$，用以測量需求量對價格變化的敏感程度。

依大小分成五種：

(1) 完全無彈性：$e_D = 0$，需求為垂直線。

(2) 完全彈性：$e_D = \infty$，需求為水平線。

(3) 單一彈性：$e_D = 1$，降價會使總支出不變，需求為直角雙曲線。

(4) 缺乏彈性：$e_D < 0$，降價會使總支出減少。

(5)有彈性：$e_D > 1$，降價會使總支出增加。

17.供給彈性 $(e_S) = \dfrac{供給量變動率}{價格變動率}$，用以測量供給量對價格變化的敏感程度。

　　依大小分成五種：

(1)完全無彈性：$e_S = 0$，供給為垂直線。

(2)完全彈性：$e_S = \infty$，供給為水平線。

(3)單一彈性：$e_S = 1$，供給為通過原點的直線。

(4)缺乏彈性：$e_S < 1$，供給與橫軸相交。

(5)有彈性：$e_S > 1$，供給與縱軸相交。

18.需求彈性的大小決定於：

(1)替代品的數量。

(2)市場的定義。

(3)產品支出占消費者的預算比重。

(4)產品的種類。

(5)時間的長短。

19.供給彈性的大小決定於：

(1)生產的投入是否具備多種用途。

(2)生產成本對產量的敏感性。

(3)時間的長短。

20.需求彈性可寫成：$e_D = \left| \dfrac{1}{斜率} \times \dfrac{價格}{數量} \right|$，即和需求曲線斜率成反比，但和價格數量比成正比。

21.當需求曲線為直線時，由左上端部分往右下端部分移動，需求彈性會逐漸變小。

22.供給彈性可寫成：$e_S = \dfrac{1}{斜率} \times \dfrac{價格}{數量}$，即和供給曲線斜率成反比，但和價格數量比成正比。

課後練習

(　) 1.根據需求法則，當價格下跌時會引起下列何種變化？　(A)需求量增加　(B)需求量減少　(C)需求增加　(D)需求減少

(　) 2.供給曲線上的每一點對生產者來說，所代表的意義為何？　(A)願意付出的最高價格　(B)願意付出的最低價格　(C)願意收取的最高價格　(D)願意收取的最低價格

(　) 3.季芬財的特性是當價格上漲時，會引起下列何種變化？　(A)供給量增加　(B)供給減少　(C)需求量增加　(D)需求減少

(　) 4.如果橘子與柳丁是替代品，當柳丁價格上漲時，其帶來的影響為何？　(A)橘子需求會減少　(B)柳丁需求量會增加　(C)柳丁供給量會減少　(D)柳丁汁供給會減少

(　) 5.以下何項產品具有「所得增加反而會使需求下降」的特性？　(A)正常財　(B)劣等財　(C)互補品　(D)替代品

(　) 6.如果汽油價格上漲時，汽車需求下降，我們可以將這兩種產品歸類為何種產品？　(A)正常財　(B)劣等財　(C)互補品　(D)替代品

(　) 7.如果可口可樂與百事可樂為替代品，在可口可樂價格下跌，且其他條件不變的情況下，百事可樂受到的影響為何？　(A)需求增加　(B)需求減少　(C)需求量增加　(D)需求量減少

(　) 8.如果供給增加但需求減少，則一定會發生下列何種現象？　(A)均衡價格上漲　(B)均衡價格下跌　(C)均衡量上升　(D)均衡量下降

(　) 9.當市場價格低於均衡價格時，會產生何種現象？　(A)供不應求　(B)供過於求　(C)價格將下跌　(D)供需平衡

(　) 10.與時間較短的情況相較，需求彈性和供給彈性在時間較長時會如何變化？　(A)需求彈性和供給彈性都較大　(B)需求彈性和供給彈性都較小　(C)需求彈性較小但供給彈性較大　(D)需求彈性較大但供給彈性較小

(　) 11.需求價格點彈性的數值會介於以下哪個區間中？　(A) 0 與 ∞

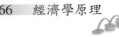

(B) −∞ 與 ∞　 (C) 0 與 1　 (D) −1 與 1

( )12.當需求曲線為直線時,以下哪一種情況下的需求彈性為 0?　(A)需求量為 0　(B)價格為 0　(C)在需求曲線中點上　(D)需求曲線同時是水平線

( )13.當供給曲線為直線且與橫軸相交時, 此時供給彈性的大小為何?　(A)小於 1　(B)大於 1　(C)等於 1　(D)小於 0

( )14.當蘋果價格為 10 元時需求量為 8 個, 價格上漲到 20 元時需求量降為 4 個, 則蘋果的需求彈性為何?　(A) 2.0　(B) 1.5　(C) 1.0　(D) 0.5

( )15.如果需求彈性小於 1,總支出會如何受到價格的影響?　(A)因漲價而增加　(B)因漲價而減少　(C)因降價而增加　(D)因降價而減少

輕鬆一下

第一天, 上帝創造了光明, 接著魔鬼創造了黑暗; 第二天, 上帝創造了愛情, 隨後魔鬼創造了婚姻; 第三天, 上帝創造了一位經濟學家, 魔鬼思考了很久, 也創造了一位經濟學家。

第 3 章

消費理論

負斜率的需求曲線雖然是一般的行為法則，但仍然不能回答為什麼每個人的消費組合不盡相同的問題。因為除了價格以外，影響消費者購買行為的主要因素還有偏好和所得，這一章再加入個人偏好的不同和所得的限制，來進一步分析消費行為以及其背後的特定意義，並說明當價格改變後，如何透過消費者的偏好和所得限制推導出需求曲線。

學習目標

1. 瞭解消費者預算和滿足水準的意義。
2. 理解購買行為的額外好處——消費者剩餘的概念。
3. 能分辨鑽石與水的價值矛盾。
4. 能分析消費者如何在預算限制下極大化滿足水準。
5. 能預測價格或所得變動對消費者選擇的影響。

一、效用的意義

由需求法則我們知道，如果產品價格愈便宜，市場需求量就愈大。但平常可以發現，有時候一些產品就算不斷降價，部分消費者就是不買，譬如說素食者不吃肉，不管肉類的價格如何下跌，對他們的需求量也不會有任何影響。有人生性節儉，從來就不買名牌東西；有人卻寧願成為卡奴也要買高價包包。有人愛吃臭豆腐；有人卻受不了它奇臭無比的味道，可見個人偏好在消費活動中的重要性。

消費行為會帶來一定程度的滿足感，但由於個人偏好的不同，這種滿足的感覺，是高是低會因人而異，可以說是一種主觀的感受，就算是同一個消費者，不同時期的偏好也不一樣，有人青少年時喜歡搖滾樂，中高齡就愛上古典音樂。但問題來了，主觀的滿足感是否可以衡量？消費行為到底會帶來多少的滿足感，我們必須有一個客觀的指標來衡量，才能做到精打細算，把錢花在刀口上。如果滿足感可以像長度一樣，只要用尺量一下就知道物品的長短寬窄，事情就好辦多了，於是物理學家用溫度去衡量東西的冷熱，氣象學家用濕度衡量天氣的乾濕。在經濟理論上，為了衡量和比較滿足的感覺，經濟學家採用了效用 (Utility) 這個概念來代表消費者的滿足水準。當效用的單位愈高，表示滿足水準也就愈高。

不過，溫度和濕度是對物品的客觀測量標準，而效用的高低卻是個人主觀認定的評價，如人飲水，冷暖自知。即使效用無法精確的客觀測量，我們仍然可以用排序的方式代表滿足程度的高低，就像做問卷調查時，選擇的答案往往是從 1 到 5 來代表滿意程度的強弱。同樣的道理，產品給我們的滿足水準也可以用數字的高低來表示偏好的強度，如果你喝一杯奶茶的滿足感是 10 個效用單位 (Utility Unit)，喝一杯咖啡的滿足感是 8 個效用單位，則可以說你比較喜歡喝奶茶。

二、邊際效用遞減法則

㈠邊際效用的定義與特性

　　一般來說，消費愈多，得到的滿足感就愈多。例如很多人喜歡吃麻辣火鍋，其中一個原因是大部分店家都採用「吃到飽」的收費方式，只要付三、四百塊就可以不斷續盤，無限暢吃，帶來很大的滿足感。不過各位應該都有這樣的經驗，即使續盤免費，我們不可能真的吃「無限」盤，因為每一盤火鍋料帶來的滿足感並不是相同的，反而是隨著盤數的增加而逐漸降低，最後甚至為零。

　　為什麼即使是同樣的料理，每一盤火鍋帶來的滿足感不一樣呢？其實道理很簡單，當我們肚子很餓時，食慾最高，第一盤要應付飢餓的基本生理需求，所以滿足的感覺最高，吃第二盤時飢餓感已初步緩解了，滿足的感覺當然比不上第一盤，到第三盤時，因為已經不餓了，帶來的滿足感當然比不上前一盤，如此類推，到第四盤已經沒什麼感覺了，吃第五盤只會胃痛，帶來負的效用，因此理性的消費者就不會吃到第五盤，畢竟消費是為了追求快樂而不是痛苦。

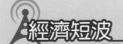

大胃王比賽

　　根據邊際效用遞減法則，如果一直吃同一樣食物，帶來的效用會愈來愈低，甚至為負，但有些人卻以吃下愈多數量的食物為目標。難道邊際效用遞減法則在他們身上並不適用嗎？事實上，他們正在參加大胃王比賽。

　　最廣為人知的比賽莫過於每年在 7 月 4 日美國國慶日所舉辦的熱狗大胃王比賽，來自日本的小林尊 (Takeru Kobayashi) 在 2001 年以 12 分鐘吃下

50 份熱狗打破該比賽的紀錄，並連續
6 年獲得冠軍，但此紀錄在 2009 年已
被切斯納 (Joey Chestnut) 以 68 份熱狗
打破，目前最高的記錄為切斯納在
2013 年創下的 69 份熱狗。

圖片來源：Shutterstock

　　在大胃王比賽中，吃下最多食物的
人可以獲得獎金或獎品，此時參賽者的
效用已經不只是食物帶來的美味或飽
足感，還必須加上獎金或獎品 (或許還
有成就感) 的價值了，所以雖然吃了太多的食物會覺得噁心、不適，使邊際
效用遞減甚至為負，但只要總效用仍大於 0，小林尊等人還是會繼續努力的。

　　從這例子可以看出，在一段時間內，每增加一單位消費時，該單位消費
所帶來的效用會愈來愈少，這稱為邊際效用遞減法則 (The Law of
Diminishing Marginal Utility)。邊際效用 (Marginal Utility, MU) 指的是多增加
一單位消費量 (Q) 時，該單位本身所產生的效用，如果把各單位的邊際效用
加總起來則稱為總效用 (Total Utility, TU)。依照這樣的定義，如果用數學式
來表示，即 $MU = \dfrac{\Delta TU}{\Delta Q}$，其中 ΔTU 表示總效用的變化，ΔQ 表示消費量的變
化，因此邊際效用也等於多增加一單位消費時，所產生的「額外」總效用。

　　我們可以用表 3.1 進一步說明總效用和邊際效用的關係，阿華在麻辣火
鍋店用餐時，由於邊際效用遞減法則的原故，第一盤到第五盤火鍋料帶給他
的效用分別是 30、20、10、0 和 −10 單位，我們可以把盤數和邊際效用的對
應關係畫成邊際效用曲線，如圖 3.1 (A) 所示。當阿華吃第一盤時，帶來的滿
足水準是 30 單位的效用，這時邊際效用和總效用都是 30 單位，因為他只吃
了第一盤。第二盤的邊際效用是 20 單位，但總效用是第一盤的邊際效用加上
第二盤的邊際效用，也就是 30 + 20 = 50 單位，如此類推，當吃到第四盤時，
總效用是第一盤到第四盤邊際效用的加總，或者說是第三盤的總效用加上第

四盤的邊際效用，即 60 單位，把盤數和總效用的對應關係畫成一條線就得出總效用曲線，如圖 3.1 (B) 所示。

表 3.1　邊際效用和總效用的關係

火鍋料盤數 (Q)	邊際效用 (MU)	總效用 (TU)
1	30	30
2	20	50
3	10	60
4	0	60
5	−10	50

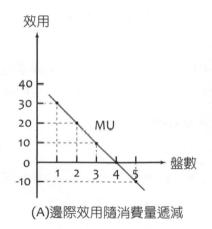

(A)邊際效用隨消費量遞減

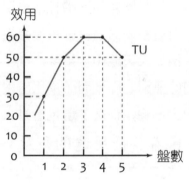

(B)總效用是邊際效用的加總

圖 3.1　邊際效用和總效用的關係

　　從圖 3.1 可看出兩個特點:

1. 雖然邊際效用隨消費量的增加而遞減，但只要邊際效用仍然是正數，總效用還是一直在增加的，因為總效用是邊際效用的加總。如果邊際效用為負數，則總效用會因而下降，但理性的消費者不會消費到邊際效用為負數的數量，就阿華的例子來說，他不會吃第五盤火鍋料。

2. 從數學上來說，$MU = \dfrac{\Delta TU}{\Delta Q}$ 表示邊際效用是總效用曲線的斜率，因為邊際效用遞減的關係，所以總效用曲線的斜率也遞減，呈現出曲線愈來愈平滑，增速愈來愈慢的現象，最後在斜率（邊際效用）為零時總效用達到最大。所以阿華要不要吃第四盤火鍋料其實沒差，因為他的總效用已經不能再增加了。

㈡邊際效用遞減的原因

　　邊際效用遞減的道理，其實不難理解，經濟學家一般從兩個角度來說明背後的原理：

1. 人的生理和心理角度

　　認為隨著相同產品連續性的享用，消費者對每一單位產品所感受到的滿足程度和對重複刺激的反應程度是遞減的，這就是我們平常所說的「會膩」的感覺。例如天天吃山珍海味，久了也會食不下嚥，偶而一餐青菜豆腐，反而令人回味無窮。即使開始享用時邊際效用會有遞增的現象，例如新買的電玩玩幾次才上癮，但久了還是會進入遞減的階段。

2. 產品具備多種用途的角度

　　認為消費者基於「資源有限」，對稀少性資源的使用會有優先順序的安排，總是把第一個單位要享用的產品放在最重要的用途上，第二個單位放在次要的用途上，如此類推。這樣，消費品的邊際效用，就會隨著產品用途重要性的遞減而遞減。例如在旱災時水資源不足，當然優先把水分配在飲用及煮食上以維持生命，這時候水的邊際效用就最高，之後再用在洗臉、刷牙、洗澡等維持個人衛生的需求上，等到不缺水時，才會用在洗車、澆花等相對不重要的用途上，所以水帶給我們的邊際效用就會隨著使用量的增加而遞減。

　　不過，邊際效用遞減法則如果要成立，前提必須是一定時間內連續性的消費，如果是間斷性的消費且相隔很久，則每單位的消費都等於是第一次，帶來的邊際效用就很高，「會膩」的感覺就不易出現，我們每天吃飯都不會膩就是這個原因，俗語說「小別勝新婚」也是這樣的道理。

經濟短波

報紙自動販賣機

在國外的街頭,常可見到一整排的
報紙販賣機,外表是不起眼的鐵箱,投
下硬幣後,可以將蓋子打開,從裡面整
疊的報紙中自行拿取,可以只拿一份,
也可以整疊抱走,但報紙商似乎並不擔
心有人拿走整疊報紙,不然街頭上應該
就再也見不到報紙販賣機了。

圖片來源:Shutterstock

為何不會有人拿第二份甚至整疊
的報紙呢?原因可以從邊際效用遞減法則來解釋。每一份報紙所能提供的資訊
是完全相同的,第二份報紙不會有額外的資訊,但多攜帶一份報紙會占據空
間,還得煩惱要如何丟棄。因此,消費者的總效用在拿第一份報紙時就已經達
到最大,拿第二份報紙反而減少了總效用。這也是為何大部分的人不會拿第二
份報紙的原因(這邊不考慮拿報紙去包便當、擦玻璃、回收賣錢等情況)。

㈢價值的矛盾

除了生活上的經驗以外,邊際效用遞減法則也可以解釋經濟活動中一個
有名的現象——價值的矛盾 (Paradox of Value)。這個矛盾是這樣的:水對我
們的生命很重要,如果幾天不喝水就沒辦法活下去,平常洗臉、刷牙也需要
水,水是那麼的有用,但價格卻很便宜。與之相反,鑽石在生理上對人體沒
什麼幫助,其他用途也有限,不過鑽石卻是價值連城。

要解釋這種「矛盾」現象,可以借用「供需決定價格」和邊際效用遞減
法則。鑽石在用途上比不上水,相較之下需求不大,之所以昂貴是因為它的
稀少性,在地球上供給量很少,所以價格很高且消費量不多。水比鑽石有用,

需求很大，但水的供給更多，地球上有四分之三的面積是海洋，加上水循環的作用，可以說是取之不盡的資源，所以價格很低但消費量龐大，如圖 3.2 所示。

因此，當產品的供給不多，消費量少時，邊際效用就很高，消費者願意出較高的價格購買。反之，如果供給很豐富時，消費量很多，邊際效用就很低，消費者只願意出較低的價格購買，鑽石與水的價值矛盾就是典型的例子。由此我們可以知道，價格決定於邊際效用而非總效用，水的總效用很高是因為我們的用水量很多，但其邊際效用卻遠低於鑽石，因此價格很低。

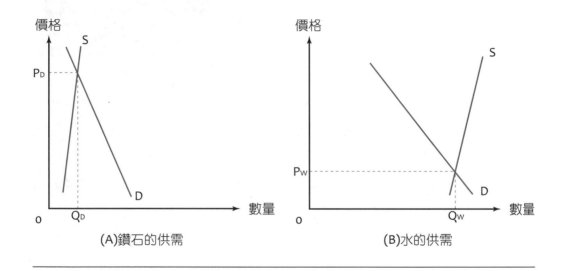

(A)鑽石的供需　　　　　　　　(B)水的供需

圖 3.2　鑽石與水的價值矛盾

　　鑽石價格的決定是根據鑽石的 4C，即克拉 (Carat, ct.)、色澤 (Color)、淨度 (Clarity) 與切割形式 (Cut) 來決定。克拉為重量的單位，1 克拉等於 0.2 公克，愈重價值愈高；色澤可分為 23 個等級，依偏黃的程度從英文字母 D（無色）到 Z（淺黃色），顏色愈接近無色價值愈高；淨度則以鑽石內部及表面是否有瑕疵來區分，分為 FL（完美無瑕疵）、IF（內部無瑕疵）、VVS（在放大鏡下有很不容易看見的瑕疵）、VS（在放大鏡下有瑕疵）、SI（有肉眼很不容易看見的瑕疵）、I（有肉眼可以看見的瑕疵）等級，瑕疵愈少價值愈高；最後，切割形式有許多種，但都以能增加光線的反射為目的，一般最常見的為圓形 (Round)，其他還有梨形 (Pear)、橢圓形 (Oval)、公主方形 (Princess)、心形 (Heart) 等，各種切割形式的價格不一。

　　鑽石的報價表會依鑽石的型態分類，不同型態有不同的報價表。下表為一部分的模擬報價表，最上方的一行說明這份報表是針對 0.9～0.99 克拉的鑽石，左方標示代表不同的色澤，上方標示代表不同的淨度。要計算鑽石的價格時，先根據鑽石重量找出正確的報價表，再依據色澤與淨度從報表中找出對應的數字，由於報表中的單位為「百美元」，而且是指 1 克拉的價格，所以找出數字後必須乘以 100，再乘以手中鑽石的重量即為該鑽石的價格。

　　舉例來說，一顆 0.95 克拉的鑽石、色澤為 F，淨度為 VS1，根據以下報表，其價格即為 5,320 美元。計算方式如下：

$$鑽石價格 = 56 \times 100 \times 0.95 = 5,320（美元）$$

表 3.2　鑽石報價表

0.9～0.99 ct.						
	IF	VVS1	VVS2	VS1	VS2	SI1	SI2
D	86	68	66	62	56	53	45
E	68	66	62	59	54	50	42
F	66	62	58	56	51	47	41
G	62	58	56	54	48	45	38

資料來源：RAPAPORT 網站 (http://www.diamonds.net/)。

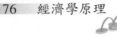

 # 三、消費者的均衡

㈠消費者的均衡條件

需求法則只能表達同一種產品價格與需求量的關係，當有兩種或以上產品可以同時選擇，並考慮到偏好時，消費者該如何取捨呢? 介紹過邊際效用遞減法則後，我們就可以應用來分析消費者均衡。消費者均衡是指在預算和各種產品價格既定的限制下，消費者該怎樣選購一組最佳的消費組合，以追求最大的效用水準。

在邊際效用遞減的前提下，如果消費者可以免費享用一種產品，他就會享用到邊際效用為零的數量，這時候他的總效用達到最大化。但如果有 X 和 Y 兩種產品可供選擇，而且要付出代價（即產品價格）才能使用時，消費者要獲得最大的滿足水準，他必須依循邊際效用均等法則 (The Law of Equimarginal Utility) 這個條件:「用在 X 的最後 1 元得到的邊際效用等於用在 Y 的最後 1 元得到的邊際效用。」用數學式表示，就是:

$$\frac{MU_X}{P_X} = \frac{MU_Y}{P_Y}$$

上式稱為消費者的均衡條件，其中 MU_X 和 MU_Y 分別代表消費 X 和 Y 的邊際效用，P_X 和 P_Y 分別是 X 和 Y 的價格。為什麼消費行為滿足這項條件就可以獲得最大的效用水準呢? 以下我們可以用反證法來證明:

假設現在 $\frac{MU_X}{P_X} > \frac{MU_Y}{P_Y}$，表示花在 X 的 1 塊錢所增加的效用大於花在 Y 的 1 塊錢所增加的效用，顯然這並非均衡狀態，因為消費者只要減少 1 塊錢對 Y 的消費，把省下的那 1 塊錢多消費 X，多消費 X 所增加的效用超過了少消費 Y 而減少的效用，所以改變 X 和 Y 的消費組合對消費者來說是值得的。

有趣的是，因為邊際效用是隨著消費量的增加而遞減，當少消費 Y 而多

消費 X 的時候，MU_X 就會下降而 MU_Y 就會上升，這樣會使 $\dfrac{MU_X}{P_X}$ 與 $\dfrac{MU_Y}{P_Y}$ 的差距縮小，但只要 $\dfrac{MU_X}{P_X}$ 還是大於 $\dfrac{MU_Y}{P_Y}$，消費者就會繼續少消費 Y、多消費 X，於是 MU_X 下降、MU_Y 上升的情況再度發生，如此類推，最後直至 $\dfrac{MU_X}{P_X} = \dfrac{MU_Y}{P_Y}$ 時，消費者再也無法透過調整消費組合來增加效用水準，調整行為才會結束，這時候他的效用水準最大。

　　同樣的理由，如果 $\dfrac{MU_X}{P_X} < \dfrac{MU_Y}{P_Y}$，則消費者只要減少 1 塊錢在 X 的消費，並移轉到 Y 的消費上，就可以提高總效用，這種調整直至 $\dfrac{MU_X}{P_X} = \dfrac{MU_Y}{P_Y}$ 時才會結束。如果其他情況不變，消費者就沒有任何誘因再調整其消費組合，因為不管是多消費 X 或多消費 Y，都會使得 $\dfrac{MU_X}{P_X}$ 不再等於 $\dfrac{MU_Y}{P_Y}$ 而降低了總效用。

㈡均衡條件的性質

　　關於消費者的均衡條件，這裡有幾點值得進一步討論：

1. 上述條件還可以擴展至兩種以上的產品。如果有 n 種產品，消費者總效用最大化的均衡條件，仍然是「用在每種產品最後 1 元所得到的邊際效用要均等」，即：$\dfrac{MU_1}{P_1} = \dfrac{MU_2}{P_2} = \dfrac{MU_3}{P_3} = \dfrac{MU_4}{P_4} = \cdots = \dfrac{MU_n}{P_n}$，其理由和前面所討論的相同。

2. 之所以要強調「最後 1 元」，是因為「最後 1 元」之前每元取得的邊際效用是不相等的，因此消費者才需要透過改變每元的支出方向來調整消費組合，直至「最後 1 元」得到的邊際效用均等為止。

3. 當均衡條件不成立時，消費者只需要透過調整消費組合就可以增加效用水準，但他的總支出並沒有增加。其實平常我們都有些類似的生活經驗，例

如在吃到飽餐廳用餐時，即使續盤免錢，但還是受到食量的限制，於是就會各種料理都拿一些，各嚐幾口，維持每種料理帶來較高的邊際效用，這樣總效用就可以達到最大化。

4. 上述均衡條件是利用最後 1 元所帶來的邊際效用來作比較的，而不是以最後一單位產品帶來的邊際效用來直接衡量，其中一個原因在於避免產品單位定義的不同所衍生的問題，例如吃一個西瓜和喝一瓶汽水的邊際效用就不容易作比較，因為一個西瓜可能是 2 斤也可能是 3 斤，汽水可以是大瓶的也可以是小瓶的，即使標準化為 1 斤西瓜和 1 公升汽水，但「斤」是重量單位而「公升」是容量單位，兩者還是不同。如果簡化成每元所帶來的邊際效用，這時候產品就有了統一的比較基礎。

5. 利用最後 1 元的邊際效用來作比較的另一原因，其實是說明了消費者會善用其資源——手中的每一塊錢，來追求最大的滿足，而不是只考慮到產品本身帶來的效用。其中的意義就等於平常買東西時考慮到的性能價格比，例如上大飯店吃一頓大餐的邊際效用當然比吃路邊攤來得高，但前者的價錢可能是後者的十倍，如果對某人而言在大飯店用餐的邊際效用只有路邊攤的五倍，考慮到價格的差異後，即使兩種價格他都付得起，最後還是會選擇吃路邊攤的。所以我們常看到低品質、沒品牌、功能少的產品充斥市場，即使這些產品所帶來的邊際效用較低，不過卻比較便宜，考慮了價格差異後還是有很多人買，就是這樣的道理。

㈢消費者均衡與需求曲線

　　上述消費者的均衡條件也可以用來推導出需求曲線。從圖 3.1 (A) 看出邊際效用曲線和需求曲線同樣是負斜率的，只不過前者表示邊際效用會隨消費量遞減，而後者表示消費者願意付出的最高價格會隨消費量下降。實際上，兩條曲線有著緊密的關係，如果一件產品能帶給消費者較高的滿足水準，當然他就願意付出較高的價格購買。因此，需求曲線是由消費者的邊際效用曲線導引出來的，以下我們可以利用消費者均衡條件來證明。假如我們把 Y 產

品當作貨幣 (M)，則均衡條件變成：

$$\frac{MU_X}{P_X} = \frac{MU_M}{P_M}$$

由於貨幣的價格為 1 元，因此 $P_M = 1$，則上式可改寫成 $P_X = \frac{MU_X}{MU_M}$。假設貨幣的邊際效用為固定不變的常數，由於 X 產品的邊際效用隨消費量增加而減少，因此 $\frac{MU_X}{MU_M}$ 也跟著遞減，最後導致 P_X 也會隨消費量的增加而降低。由此我們就可以由 X 產品的邊際效用曲線得出其需求曲線。其中 $P_X = \frac{MU_X}{MU_M}$ 稱為需求價格 (Demand Price)，即之前常提到的消費者願意付出的最高價格，或稱為邊際效益 (Marginal Benefit)，是以貨幣來表示產品的邊際效用。邊際效益的優點在於以統一的貨幣為單位，這樣就可以客觀的比較不同消費者之間的邊際效用。

以表 3.1 為例，假設現在阿華吃的是逐盤計算的臭臭鍋，而且他覺得 1 塊錢給他的邊際效用 (MU_M) 固定為 0.1 單位，這樣他對臭臭鍋的需求價格就可以算出如表 3.3 所示，圖 3.3 顯示了邊際效用曲線和需求曲線的對應關係。

表 3.3　邊際效用和需求價格的關係

盤　數	邊際效用 (MU_X)	需求價格 ($P_X = \frac{MU_X}{0.1}$)
1	30	300
2	20	200
3	10	100
4	0	0

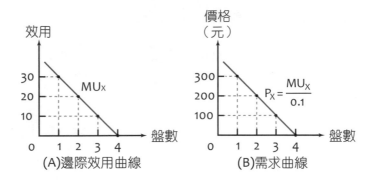

圖 3.3　由邊際效用曲線導出需求曲線

四、消費者剩餘

㈠消費者剩餘的意義

　　每天我們的消費行為，小至買一份報紙，大至買一棟房子，都賺到了額外的好處，經濟學上稱之為消費者剩餘 (Consumer Surplus)，指的是消費者為購買一種產品願意付的最大支出減去實際支出的剩餘部分。我們可以以阿華吃臭臭鍋的例子來說明，就圖 3.3 (B) 的需求曲線來看，第一盤火鍋料阿華願意付的最高價格為 300 元；第二盤給他的邊際效用較低，所以最高只願意付 200 元；第三盤的邊際效用更低，最高只願意付 100 元。如果一共吃三盤，他願意支付的最大支出就是 600 元。

　　不過在實際的市場交易中，價格並非按不同購買量而不同，而是以交易的最後一單位所對應的需求價格來計算全部購買量，所以通常只有一種價格。由於需求價格隨購買量遞減，所以最後一單位購買量所對應的需求價格是所有購買量中最低的，因此消費者就賺到了想付卻不用付的支出。比如說一盤臭臭鍋的價格為 100 元，吃三盤臭臭鍋的實際支付費用是 300 元，那麼阿華就賺到了 600 元 – 300 元 = 300 元的消費者剩餘。

　　我們可以圖 3.4 來表示消費者剩餘的意義，假如市場供需決定了價格和數量分別為 P^* 和 Q^*，當消費 Q_1 時消費者願意支付的最高價格為 P_1，但實際上支付的價格只有 P^*，因此 Q_1 可產生 $(P_1 - P^*)$ 的消費者剩餘，由圖中可知，由於需求價格遞減的緣故，每單位消費帶來的消費者剩餘同樣是遞減的，直至到最後一單位 Q^* 時，消費者願意付的最高價格剛好是市場價格 P^*，因而沒有得到消費者剩餘。

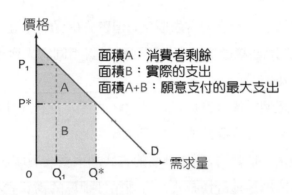

圖 3.4　消費者剩餘

　　因此，全部的消費者剩餘相當於圖 3.4 中需求價格高於市場價格 P^* 的三角形面積 A。其中 A + B 的面積為消費者願意支付的最大支出，B 的面積為實際上的支出。從圖中可以看出，消費者剩餘會受到市場價格和數量的影響。例如當供給曲線右移，導致市場價格下降，交易數量上升時，面積 A 就會增加。反之，當供給曲線左移，導致市場價格上升，交易數量下降時，面積 A 就會減少。在鑽石與水的例子中，水的邊際效用雖低，但因為價格也低，加上使用的數量很大，所以帶給我們的消費者剩餘也很多。反之，鑽石的邊際效用雖高，但價格也高，加上享用的數量很少，所以帶來的消費者剩餘也很少。

㈡消費者剩餘普遍存在

　　聰明的你也許馬上會想到，既然需求價格會隨消費量遞減，如果賣方按

照消費者不同購買單位的需求價格逐個計價，那賣方不是可以賺更多嗎? 理論上的確沒錯。不過在大部分的實際買賣過程中，如果售價按消費者的需求價格逐個計價會有以下的困難:

1. 買方的需求價格是以貨幣計算的邊際效用，屬於一種私人訊息 (Private Information)，賣方無法直接得知，即使要取得這種資訊也要相當成本，例如要做市場調查，所以賣方不容易知道個別消費者對不同單位產品的需求價格。

2. 即使賣方知道個別消費者的需求價格，但賣方的顧客不止一個，如果有 10 個客人同時上門，同樣的產品賣方不可能針對不同客人賣 10 種不同價格，否則會引起消費糾紛。

3. 當銷售量大時逐個計價太麻煩，如果 100 個客人各買 5 件產品，就可能會有 500 種需求價格，反而造成賣方算帳時的困擾。

4. 市場上通常不止一個賣方,逐個計價的方式讓消費者實際支付的費用增加，除非每個賣方都用這種計價方式，否則精打細算的消費者必然會跑到其他地方買。

5. 就算不採取逐個計價，賣方也同樣可以賺到額外的「剩餘」，我們稱之為生產者剩餘 (Producer Surplus)，因此以市場均衡價格銷售產品，反而是「雙贏」的，至於生產者剩餘的意義，我們將在第 4 章討論。

　　有些屬於高單價和耐久性的產品例如房子，即使我們只買一個單位，其實也可以享受到消費者剩餘的好處。因為市場上有無數的消費者，房子對每個人的邊際效益不同，所願意支付的最高價格是有差異的。由於廠商無法知道哪一個消費者的需求價格較高等上述原因，所以只好把所有消費者視為一體，一律賣同一市場價格。而市場需求曲線就是按個別消費者需求價格的高低排序形成的，即使只買一個單位，只要消費者的需求價格高於市場價格，就會選擇購買這種產品，最後還是得到了消費者剩餘。其中需求價格最高者得到的消費者剩餘最高，只有最後一位消費者，其所願意支付的最高價格等於市場價格，享受不到消費者剩餘的好處，不過也沒有吃虧，因為他並沒有以高於自己願意支付的價格去購買產品。

五、無異曲線的意義及特質

㈠無異曲線的意義

對消費者來說，消費行為是為了得到滿足，但是每一個消費者都面臨到其財富和收入多寡的限制，如果消費者進行選擇時有一套工具可以運用，這樣就能做出最佳的消費決定。預算線 (Budget Line) 和無異曲線 (Indifference Curve) 就是經濟學最常用來分析消費者行為的工具。

我們先來介紹無異曲線。顧名思義，「無異」表示「無差異」、「相同」的意思。其定義是這樣的：假設兩種產品可以完全替代，不同的消費組合可提供相同的總效用，把這些不同的消費組合連結起來的曲線就稱之為無異曲線。例如阿華很喜歡聽音樂會和看電影，他每個月的消費組合可以如表 3.4 中的 a、b、c、d、e 五種，他可以每個月聽 1 場音樂會、看 14 場電影，或者聽 2 場音樂會、看 9 場電影，如此類推，不管選哪一種組合，這五種組合同樣給他相同的總效用。如果把這些不同消費組合連結起來，則可以得出無異曲線如圖 3.5 所示。

表 3.4　總效用不變下的不同消費組合

消費組合	音樂會場數	電影場數
a	1	14
b	2	9
c	3	6
d	4	5
e	6	4

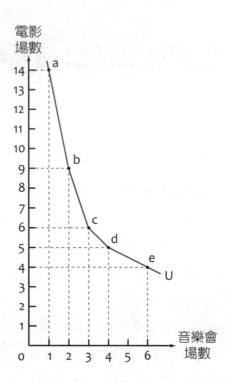

圖 3.5　阿華的無異曲線

㈡無異曲線的特質

　　為方便討論起見，我們分別以 X 和 Y 代表音樂會和電影這兩種產品。一般而言，無異曲線具有以下特性：

1.愈在右上方的無異曲線代表滿足水準愈高

　　一般情況下消費者是理性的，不會消費一種產品到邊際效用為負的數量，所以產品「消費數量愈多，總效用就會愈高」。由於在右上方的無異曲線，比左下方的無異曲線上其中一點消費更多的 X 和 Y，因此愈在右上方的無異曲線也代表了有更高的總效用，例如在圖 3.6 中的無異曲線 U_1 和 U_2 上，a 點比 b 點多消費 X 和 Y，因此通過 a 點的無異曲線的總效用就比通過 b 點的無異曲線的總效用來得高。雖然 c 點的消費組合中比 a 點有更多的 X，但由於

b 點和 c 點在同一條無異曲線上，因此 a 點的總效用也比 c 點高，表示愈在
右上方的無異曲線代表愈高的滿足水準。從這一點可以看出，與前面的邊際
效用曲線相較，無異曲線的優點在於不必要測量出效用的具體數值，只需分
辨出消費組合的總效用順序就能分析消費者行為，因而避開了效用是否可以
測量的爭議。

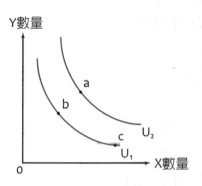

圖 3.6　右上方的無異曲線代表較高的滿足水準

2. 無異曲線是負斜率的

在無異曲線上不同的消費組合可以提供給消費者同樣的滿足水準，在產
品帶來的邊際效用為正的合理假設下，如果要增加 X 的消費，必須以減少 Y
的消費為前提，才能維持住同樣的總效用，因此 X 與 Y 的消費量具有反向變
動的關係，也就是說無異曲線是負斜率的。其餘正斜率、垂直或水平的無異
曲線，都違反了上述「消費數量愈多，總效用就會愈高」的情況，因此不符
合無異曲線該有的形狀。

3. 無異曲線不會相交

當產品數量可以細分，任何一種 X 和 Y 的消費組合都會產生特定的效用
水準，也表示一定會有一條無異曲線通過，但卻不會有兩條無異曲線相交於
該消費組合的情況。如果兩條無異曲線相交，則會產生同樣的消費組合具有

不同總效用的矛盾，我們可以利用圖 3.7 以反證法來說明。圖中 U_1 和 U_2 兩
條無異曲線相交於 a 點，因此有著同樣的消費組合，也會產生同樣的效用水
準。但 b 點與 a 點都在 U_1 上，根據無異曲線的定義，b 點與 a 點有相同的總
效用。同樣的道理，c 點與 a 點都在 U_2 上，則 c 點與 a 點也有相同的總效
用。由此可以推論，c 點與 b 點也有相同的滿足水準。不過與 b 點相較，c 點
消費較多的 X 和 Y，這顯然違反了上述「消費數量愈多，總效用就會愈高」
的情況。所以 c 點應較 b 點有較高的滿足水準，但如此一來則表示在 a 點同
樣的消費組合會有兩種不同的效用水準，因此只有「無異曲線不會相交」才
可以避免以上矛盾的現象。換言之，不同的無異曲線對消費者來說代表了不
同的效用水準。

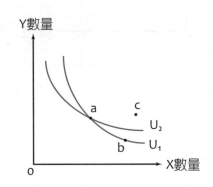

圖 3.7　無異曲線相交的矛盾

4.無異曲線凸向原點

　　在上述各圖中，我們都把無異曲線繪製成凸向原點、而非凹向原點的曲
線或任何負斜率的直線，因為無異曲線的斜率不是常數，斜率的絕對值會隨
著 X 消費的增加而下降，所以無異曲線的形狀才會凸向原點，原因是「邊際
替代率遞減法則」所致，在下一節我們再詳細說明。

六、邊際替代率及邊際替代率遞減法則

(一)邊際替代率遞減的意義

　　無異曲線之所以會凸向原點，其中有更深一層的意義，這其實是跟邊際效用遞減法則有關。由於在無異曲線上如果要增加 X 的消費，就一定要減少 Y 的消費，但是 Y 減少的程度會因 X 消費量的高低而有所不同。

　　我們以圖 3.8 中的無異曲線為例來說明，在圖中 a 點的消費組合上，消費者已經消費了很多的 Y，但只有少量的 X，所以根據邊際效用遞減法則，在 a 點上 Y 產生的邊際效用較低而 X 的邊際效用較高，這時候如果消費組合從 a 點移到 b 點，則必須放棄多一點的 Y 來換取 1 單位的 X，才能維持總效用不變。

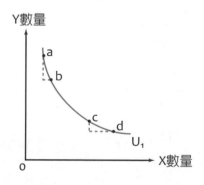

圖 3.8　邊際替代率遞減

　　同樣的道理，圖中的 c 點表示消費者已經消費很多 X，但只有少量的 Y，所以根據邊際效用遞減法則，在 c 點的消費組合中，X 的邊際效用較低而 Y

的邊際效用較高，如果消費組合從 c 點移到 d 點，且要維持總效用不變，這時候只需要放棄少量的 Y 就可以換取 1 單位的 X。

在總效用不變的情況下，增加 1 單位 X 的消費時，要放棄多少單位 Y，這種替代關係稱為邊際替代率 (Marginal Rate of Substitution, MRS)。由定義可知，邊際替代率事實上就是無異曲線的斜率，如果用數學式表示就是 $MRS_{XY} = -\frac{\Delta Y}{\Delta X}$。由於 X 和 Y 是反方向變動，所以 $\frac{\Delta Y}{\Delta X} < 0$，為了使得 MRS_{XY} 為正以方便比較就加上了一個負號。

㈡邊際替代率遞減法則

從圖 3.8 可以發現，隨著 X 消費的增加，每增加 1 單位 X 的消費時，要放棄的 Y 會愈來愈少，這稱為邊際替代率遞減法則 (The Law of Diminishing Marginal Rate of Substitution)。由於在無異曲線上總效用不變，當沿著曲線移動時，增加消費 X 所帶來的總效用增加 (ΔTU_X) 必定會與減少消費 Y 導致的總效用減少 (ΔTU_Y) 相互抵消，用數學式表示可寫成：

$$\Delta TU_X + \Delta TU_Y = 0$$

上式可改寫成：

$$(\frac{\Delta TU_X}{\Delta X})\Delta X + (\frac{\Delta TU_Y}{\Delta Y})\Delta Y = 0$$

其中 $\frac{\Delta TU_X}{\Delta X} = MU_X$，$\frac{\Delta TU_Y}{\Delta Y} = MU_Y$，因此我們得出：

$$MU_X \Delta X + MU_Y \Delta Y = 0 \quad , \quad 或 \quad -\frac{\Delta Y}{\Delta X} = \frac{MU_X}{MU_Y}$$

所以：

$$MRS_{XY} = \frac{MU_X}{MU_Y}$$

因此，邊際替代率也可定義為：「在總效用不變下，要增加 1 單位 Y 的邊際效用時，需要放棄多少單位 X 的邊際效用。」由這個定義我們更容易理解為什麼邊際替代率會遞減，只需要直接比較無異曲線上各點 X 與 Y 的邊際效用比率就可以了。由於邊際效用與消費量成反比的關係，在圖 3.8 中的 a 點，Y 的消費較多而 X 較少，使得 Y 產生的邊際效用較低而 X 的邊際效用較高，導致 MRS 較大。反之，在 d 點時因為 Y 的消費較少而 X 較多，於是 Y 產生的邊際效用較高而 X 的邊際效用較低，因而 MRS 較小，所以 X 與 Y 的邊際替代率是隨 X 消費量的增加而遞減的。

七、預算線

㈠預算線的定義

就算消費者對某一產品有著相同的喜好，其購買量也會有所不同。除了偏好以外，影響消費者需求的最重要因素就是所得。如何把有限的所得用在最適當的產品組合上，獲得最大滿足，是消費行為的最終目標。介紹完代表「慾望無窮」的無異曲線後，還有一個名詞要討論的，那就是代表「資源有限」的預算線。

阿華每個月零用錢只有 3,000 元，他可以用來聽音樂會或者看電影，假如 1 場音樂會的票價是 500 元，電影票價是 1 場 250 元，這時候他該如何選擇消費組合呢？首先他必須先知道可能買得到的消費組合再來做決定，如果把 3,000 元全花在聽音樂會，可以去聽 6 場，全用來看電影則可以看 12 場。當然也可以聽 3 場音樂會和看 6 場電影，或者其他組合，如表 3.5 所顯示。不過不管他的組合如何，合計的花費都不能超過 3,000 元，這可以說是他的預算限制。

表 3.5　預算限制下的不同消費組合

消費組合	音樂會場數 (X)	電影場數 (Y)
a	6	0
b	4	4
c	3	6
d	2	8
e	0	12

　　假設阿華想把錢用光，反正下個月又會有零用錢，則預算限制可以寫成 500 元 × X + 250 元 × Y = 3,000 元，其中 X 代表音樂會的場數，Y 代表電影的場數。把表 3.4 的消費組合畫在圖 3.9 中，則可得出一條直線，這稱為預算線。如果合計的花費低於 3,000 元，當然他也買得起，所以預算線上以及線內的面積代表了消費者可以購買的產品組合，線外則代表消費者買不起的產品組合。假如我們把預算限制式寫成一般式，則可以得出：

$$P_X \times X + P_Y \times Y = M$$

　　其中 P_X 是 X 產品的價格，P_Y 是 Y 產品的價格，M 代表所得，如果完全把所得用來買 X，在 Y = 0 的情況下，可購買 X 的數量為 $\dfrac{M}{P_X}$，也等於橫軸的截距。如果只買 Y，在 X = 0 的情況下，則最多可購買 Y 的數量為 $\dfrac{M}{P_Y}$，也等於縱軸的截距。而預算線的斜率 $-\dfrac{\Delta Y}{\Delta X}$ 就是縱軸截距除以橫軸截距，即 $-\dfrac{\Delta Y}{\Delta X}$ $= \dfrac{P_X}{P_Y}$，等於是 X 與 Y 的價格比。因為在預算不變時，增加 X 的購買必須減少 Y 的購買才能達成，所以 $\dfrac{\Delta Y}{\Delta X} < 0$，為了使得預算線斜率為正以方便比較就加上了一個負號。

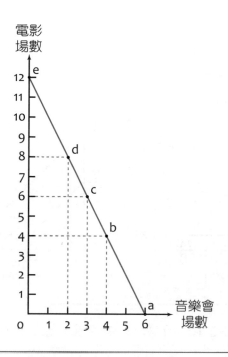

圖 3.9　阿華的預算線

㈡預算線的移動

預算線並非固定不變的，在下列兩種情況下會移動：

1. 所得變動

如果消費者的所得增加，整條預算線就會往右上方平行移動；反之，所得減少則往左下方平行移動。例如所得由 M 增加至 2M，則橫軸的截距由 $\frac{M}{P_X}$ 同比例增加至 $\frac{2M}{P_X}$。縱軸截距也由 $\frac{M}{P_Y}$ 同比例增加至 $\frac{2M}{P_Y}$。但斜率仍然為 $\frac{P_X}{P_Y}$，因為斜率與所得無關，在斜率不變下，新的預算線是平行外移的，如圖 3.10 (A) 所示；反之，如果所得由 M 減少至 $\frac{M}{2}$，預算線會往內平行移動，如圖 3.10 (B) 所示。

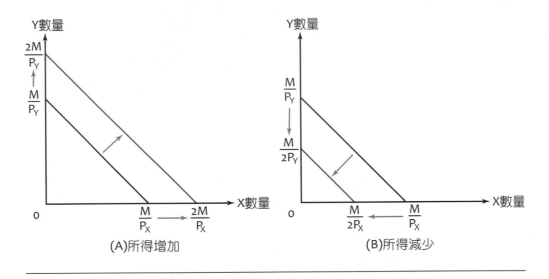

圖 3.10　所得變動會使預算線平行移動

2.相對價格變動

　　由於預算線的斜率為 $\dfrac{P_X}{P_Y}$，當 X 和 Y 的相對價格變動預算線的斜率就會

改變，而截距也會跟著改變。例如 X 的價格由 P_X 下跌一半至 $\dfrac{P_X}{2}$，但 Y 的

價格不變，則新斜率為 $\dfrac{P_X}{2P_Y}$，預算線會變得較平緩，橫軸的截距由 $\dfrac{M}{P_X}$ 增加

至 $\dfrac{2M}{P_X}$，但因為 Y 的價格沒有改變，縱軸截距仍維持在 $\dfrac{M}{P_Y}$，於是預算線會

向外旋轉，如圖 3.11 (A) 所示。反之，如果 X 的價格由 P_X 增加至 $2P_X$，則

新斜率為 $\dfrac{2P_X}{P_Y}$，預算線會向內旋轉，如圖 3.11 (B) 所示。

　　不過，如果兩種產品的價格同比例改變時，由於 X 與 Y 的價格比不變，

因此斜率也不變，但縱軸和橫軸的截距都有變化，因此預算線會平行移動。

例如 X 與 Y 的價格都減半，則在所得相同的情況下縱軸和橫軸的截距都增加

一倍，相當於圖 3.10 (A) 所得倍增時的情況。

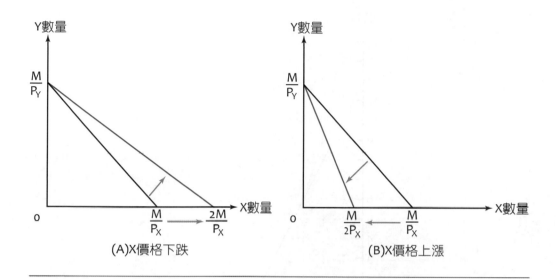

圖 3.11　相對價格變動會使預算線斜率改變

八、效用最大的消費者選擇

　　現在我們可以把圖 3.5 和圖 3.9 阿華的無異曲線和預算線一起放在圖 3.12 中，從圖形很直接的看出，在每個月 3,000 元零用錢的限制下，聽 3 場音樂會和看 6 場電影（消費組合 c）是阿華效用最大的消費選擇。原因很簡單，在無異曲線上的五種消費組合中，只有消費組合 c 落在預算線上，是他付得起的唯一組合，而在他付得起的預算線上儘管也有五種消費組合，但只有消費組合 c 給他的效用水準最大，所以無異曲線和預算線的切點是阿華的消費均衡點。

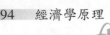

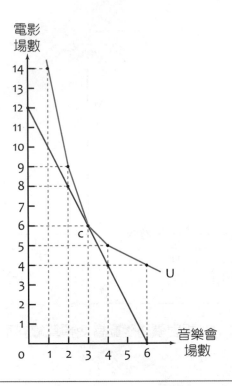

圖 3.12 阿華的消費選擇

現在我們再用一般化的圖形來分析為什麼消費組合必須在無異曲線和預算線的切點上,消費者的總效用才能最大化。如圖 3.13 所示,由於只有在預算線上或線內任何一點才是消費者可以達到的消費組合,因此我們先在預算線內隨便找一點 a,a 點的組合有一無異曲線 U_1 通過,但 U_1 並沒達到最大的滿足水準,因為我們仍可以找到另一條無異曲線 U_2,U_2 在 U_1 的右上方,代表 U_2 有較高的滿足水準。如此類推,只要消費組合在預算線內,我們就可以再找出另一條代表較高滿足水準的無異曲線,因此總效用最大化的無異曲線 U_3 必然落在預算線上的切點 c,c 點的消費組合也稱為消費者的最適選擇 (Optimal Choice)。

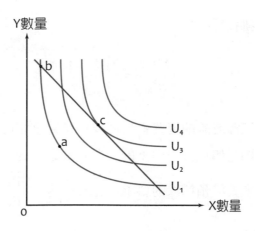

圖 3.13　預算限制下效用最大的最適選擇

　　當然，我們可以找到比 U_3 有更高滿足水準的無異曲線例如 U_4，但必然位於預算線之外，是消費者無法買到的組合。至於其他無異曲線與預算線的交點例如 b 點，雖然是消費者可以買到的組合，但通過 b 點的無異曲線 U_1 在 U_3 的左下方，表示 b 點的花費雖然與 c 點一樣，但其滿足水準較低，因此，聰明的消費者當然會選擇 c 點的組合，所以只有無異曲線與預算線的切點才是消費者在預算限制下效用最大的均衡點。

　　在 c 點的時候，無異曲線和預算線剛好相切，表示兩者的斜率相等，因此消費者在預算限制下獲得最大滿足水準的均衡條件為：

無異曲線斜率 = 預算線斜率

　　其中，無異曲線斜率 $= -\dfrac{\Delta Y}{\Delta X} = \dfrac{MU_X}{MU_Y}$，預算線斜率 $= -\dfrac{\Delta Y}{\Delta X} = \dfrac{P_X}{P_Y}$，由此得出：

$$\frac{MU_X}{MU_Y} = \frac{P_X}{P_Y}$$

把上式重新安排後得出：

$$\frac{MU_X}{P_X} = \frac{MU_Y}{P_Y}$$

上述等式與第三節討論的消費者均衡條件是完全相同的，由此我們就知道邊際效用均等法則是如何推導出來的。在 c 點之外的消費組合例如 b 點，因為無異曲線的斜率大於預算線的斜率，表示 $\frac{MU_X}{MU_Y} > \frac{P_X}{P_Y}$，因此得出 $\frac{MU_X}{P_X} > \frac{MU_Y}{P_Y}$，消費者應多消費 X 而少消費 Y，最後就會重新回到 $\frac{MU_X}{P_X} = \frac{MU_Y}{P_Y}$ 的均衡條件，所以用圖形來分析消費者的選擇行為，其結果和之前的邊際效用均等法則是完全一樣的。

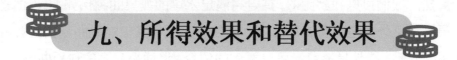

九、所得效果和替代效果

㈠最適選擇與需求曲線的關係

在第 2 章討論需求法則時，我們曾提到為什麼價格下跌後需求量會增加，原因在於當價格變動後會產生所得效果和替代效果。所得效果指購買產品的能力（簡稱購買力）因物價變動引起的需求量變化，替代效果則指相對價格改變後降價的產品會替代沒降價的產品。

例如在上述阿華的例子中，假如現在主辦單位以半價 250 元促銷音樂會，則原來 3 場音樂會和 6 場電影的消費組合只需要花 2,250 元就夠了，阿華就可以省下 3,000 元 – 2,250 元 = 750 元。由於音樂會和電影都是正常財，阿華可以把省下的錢都用於多購買這兩種產品，這就是所得效果。但同時音樂會比電影變得更便宜了，他也可能以多聽音樂會替代看電影，這稱為替代效果。至於他最後會多看或少看電影，就要看哪一種效果比較大。

現在我們就可以用無異曲線和預算線來推導出需求曲線，並分析所得效

果和替代效果。如圖 3.14 (A) 所示，假定消費者要購買 X 和 Y 兩種產品，原來的價格分別為 P_X^1 和 P_Y^1，而所得為 M，這時候最大滿足水準的均衡點為無異曲線 U_1 與預算線 B_1 相切的 a 點，a 點所對應的消費組合為 X_1 和 Y_1。

如果現在 X 的價格從 P_X^1 下降到 P_X^2，則預算線在 X 軸的截距會從 $\dfrac{M}{P_X^1}$ 右移至 $\dfrac{M}{P_X^2}$，新的均衡點會落在新預算線 B_2 與更高的無異曲線 U_2 相切的 c 點，所對應的消費組合為 X_2 和 Y_2。於是我們就可以得出 X 價格由 P_X^1 下降至 P_X^2 後，需求量由 X_1 增加至 X_2，由此導出了需求曲線如圖 3.14 (B) 所示。X 需求量的增加是因為 X 價格的下跌，這稱為價格效果 (Price Effect)。

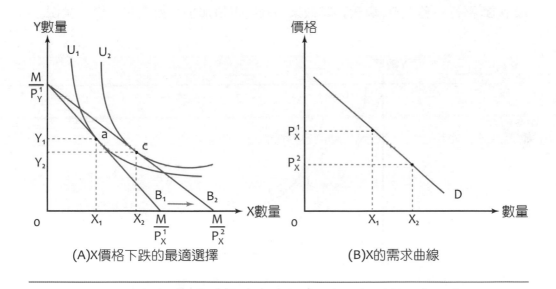

圖 3.14　由最適選擇導出需求曲線

㈡所得效果和替代效果的區別

從上述推導過程可看出，需求曲線上的每一點都能滿足消費者在預算限制下效用最大化的條件。接著我們要把價格效果拆分成所得效果和替代效果

兩部分，首先假定 X 和 Y 都是正常財，需求量會隨所得增加而上升。在圖 3.15 中當 X 的價格下跌後，我們只讓 X 和 Y 的相對價格改變，而維持消費者的實質所得不變，則 X 消費量的增加稱為替代效果。要讓實質所得不變，我們可以畫一條虛擬的預算線 B'，B' 的斜率與 B_2 相同，表示 X 和 Y 的相對價格已改變，但 B' 與原來無異曲線 U_1 相切在 b 點，代表消費者保持原來之滿足水準，因為 b 點與 a 點在同一條無異曲線上，顯示 a 點與 b 點實際所得到的總效用相同，我們用總效用相同來表示實質所得不變。

在 b 點對應的消費組合為 X' 和 Y'，因此 X 的消費由 X_1 增加至 X' 部分稱為替代效果，完全是因為相對價格改變（X 變得便宜）所引起的。而由 X' 增加至 X_2 則稱之為所得效果，因為滿足水準由 b 點上升到 c 點，純粹是預算線由 B' 平行右移至 B_2 導致，其效果如同所得增加但相對價格不變的情況。

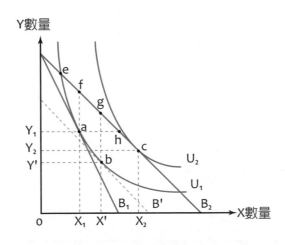

圖 3.15　所得效果和替代效果

至於 Y 的消費倒不一定是減少的，因為替代效果雖然使 Y 的購買量由 Y_1 減少至 Y'，但所得效果使 Y 的購買量由 Y' 增加至 Y_2，在圖 3.15 中因為所得效果小於替代效果，Y 的最終消費還是減少了。不過如果所得效果足夠大，增加的購買量大於替代效果導致的購買量減少，則在 X 降價後 Y 的消費

還是有可能增加的，這時候均衡點會落在預算線 B_2 之上的 gh 線段中間，消費者都同時增加 X 和 Y 兩種產品的購買。

許多百貨公司、大賣場常常推出一些超低價產品也是這樣的道理。他們不需要所有產品都打折優惠，也可以達到促銷其他產品的效果。當消費者買了超低價產品後覺得賺到了，省下來的錢相當於所得的增加，通常也會多買其他產品，即使這些產品並沒有特價。

當然，所得效果不一定為正的，如果 Y 是正常財但 X 是劣等財，所得增加反而會使 X 的需求量下降。當預算線由 B′ 平行右移至 B_2 時，新的均衡點會落在 B_2 之上的 fg 線段中間，表示 X 購買量反而因所得上升而減少。如果消費組合落在 ef 線段中間，表示所得效果導致 X 的減少超過了替代效果引起 X 的增加，因此 X 降價反而使其購買量比原來的 X_1 還來得少，即價格與需求量成正向變動，顯示 X 不只是劣等財而且是季芬財了。從以上分析可得出一項結論：季芬財一定是劣等財，但劣等財卻不一定是季芬財。

新聞案例

國際金價創歷史新高　臺灣空氣汙染太嚴重

1. 黃金價格在 2001 年最低時只有每盎司 250 美元，2011 年 9 月，國際黃金價格一度飆升到 1,923.7 美元的歷史天價，10 年間漲幅高達 6 倍多。不少要結婚的新人大嘆吃不消，為了買黃金飾品而增加一大筆預算。雖然說黃金可以保值，但價格正處在近年來的

圖片來源：Shutterstock

高峰，可能購買後會有跌價損失，於是有些銀樓業者趁機推出結婚金飾出租的服務，搶占商機。

2. 世界衛生組織 (WHO) 在 2011 年 9 月公布各國空氣品質報告，結果臺灣空氣品質之差，竟然與常受沙塵暴威脅的內蒙古與戰火連天的黎巴嫩差不多。

細懸浮微粒 (PM2.5) 濃度在 38 個國家中排名第 32。即使是 PM2.5 指數最低的臺北市，也在 565 個世界城市中排名第 551，顯現臺灣空氣汙染的嚴重性。醫學研究顯示，PM2.5 與肺病、心血管疾病有密切關係。

評　論

　　黃金的實際用途雖然不大，自古以來一直是珍貴的商品，目前更是價值連城，但人體呼吸所需要的空氣卻是免費的。這樣的價值矛盾其實和「鑽石與水」的例子幾乎相同：黃金的世界蘊藏量有限，供給量很少，當消費量少時，邊際效用就很高，消費者願意出較高的價格購買，由此也帶動了以黃金炫耀財富的需求。加上近年來物價上漲，民眾購買黃金來保值的需求大增，在供給不變但需求大增下，當然價格就不斷創新高了。

　　反之，空氣的需求儘管很大，但供給更多，也不需要像食用水一樣要經過處理，所以消費量很多，邊際效用就很低，更何況價格為 0 時供給量也是無窮無盡，消費者就不需要付出任何代價購買，因此空氣是免費的。當然，在今天工業汙染嚴重的臺灣，乾淨的空氣不再是無限量的供給了。當供給有限、消費量較少時，邊際效用就較高，消費者也願意付費去享受乾淨或新鮮的空氣，以避免健康受到威脅，例如買一臺空氣清淨機淨化室內環境、付較高租金住高一點的樓層，甚至花大錢買臺北市陽明山的住宅。前幾年有日本商人把來自郊外、富含氧離子的空氣裝進易開罐出售，銷路居然不壞，可見清新的空氣已經不再是免費的了。

本章重點

1. 效用代表消費者的滿足水準。邊際效用指多增加 1 單位消費量時，該單位本身所產生的效用，把各單位的邊際效用加總就是總效用。

2. 邊際效用遞法則指在一定時間內，每增加一單位消費時，邊際效用會愈來愈低。因為消費者會：

⑴對每一單位產品的滿足程度遞減。

⑵對稀少性資源的使用會有優先順序安排，邊際效用隨著產品用途重要性降低而遞減。

3.鑽石與水的價值矛盾是由於價格決定於邊際效用而非總效用。當產品供給豐富，消費量多，邊際效用就很低，消費者只願意出低價購買；若產品供給不多，消費量少，邊際效用仍很高，消費者則願意出高價購買。

4.消費者均衡指在預算和產品價格既定的限制下，消費者要選擇最佳的消費組合以追求最大的效用水準。如果有 X 和 Y 兩種產品，其均衡條件則是：用在 X 的最後 1 元得到的邊際效用等於用在 Y 的最後 1 元得到的邊際效用。當均衡條件不成立時，消費者只要調整消費組合就可以增加效用水準。

5.消費者的均衡條件可以推導出需求曲線，只要把貨幣當作 Y 產品，則對 X 產品的需求曲線可由 X 的邊際效用曲線導引出來。X 的需求價格（即消費者願意付的最高價格）又稱邊際效益，是以貨幣表示產品的邊際效用。

6.消費者剩餘指消費者購買產品願意付的最大支出減去實際支出的剩餘部分，相當於需求曲線高於市場價格的三角形面積。

7.若兩種產品可完全替代，不同消費組合可提供相同的總效用，則把消費組合連結起來的曲線稱為無異曲線。其特性有：

⑴愈在右上方效用愈高。

⑵負斜率。

⑶不會相交。

⑷凸向原點。

8.邊際替代率是無異曲線的斜率，指在無異曲線上增加 1 單位 X 的消費要放棄多少單位的 Y。也定義為：在總效用不變下，增加 1 單位 Y 的邊際效用時，需要放棄多少單位 X 的邊際效用。隨著 X 消費的增加，要放棄的 Y 會愈來愈少，稱為邊際替代率遞減法則。

9.在預算線上以及線內的面積代表消費者可購買的產品組合，線外則表示買不起的產品組合。預算線斜率等於縱軸截距除以橫軸截距，相當於兩種產品的價格比。

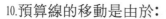

10.預算線的移動是由於：

　⑴所得變動：整條預算線會平行移動。

　⑵相對價格變動：預算線的斜率與截距會改變。

11.無異曲線和預算線的切點是消費者在預算限制下效用最大的均衡點，在均衡點上無異曲線斜率等於預算線斜率，而且 X 與 Y 兩種產品每 1 元的邊際效用都相等。

12.價格下跌後需求量的變化稱為價格效果，又可分成替代效果和所得效果。替代效果指維持消費者的實質所得不變，只讓產品相對價格改變導致的消費量變化；所得效果指價格效果減掉替代效果的剩餘部分，純粹是預算線的變動所引起，其效果如同所得增加但相對價格不變的情況。

13.形成季芬財的原因是產品價格下跌後，所得效果使需求量減少，且減量大於替代效果的增量，導致最終需求量會減少，所以季芬財一定是劣等財，但劣等財不一定是季芬財。

課後練習

（　）1.邊際效用遞減法則不適用於下列何種情況？　(A)不花錢的消費　(B)花錢的消費　(C)間斷性的消費　(D)連續性的消費

（　）2.當邊際效用為負時，總效用會如何變動？　(A)繼續增加　(B)開始減少　(C)達到最大　(D)維持不變

（　）3.在邊際效用遞減下，總效用的變化會呈現何種特性？　(A)加速度增加　(B)減速度增加　(C)加速度下跌　(D)減速度下跌

（　）4.以下哪一項不是無異曲線的特性？　(A)愈在右上方的代表總效用愈高　(B)負斜率　(C)不會相交　(D)凹向原點

（　）5.下列關於鑽石比水昂貴的原因，何者正確？　(A)鑽石的邊際效用很高　(B)鑽石的總效用很高　(C)水的邊際效用很高　(D)水的總效用很高

（　）6.以下關於預算線的描述，何者正確？　(A)是負斜率的直線　(B)是正斜率的直線　(C)是凹向原點的曲線　(D)是凸向原點的曲線

（　）7.以下關於無異曲線的描述，何者正確？　(A)負斜率　(B)正斜率　(C)凹向原點　(D)凸向原點

（　）8.如果阿華想買柳丁，下表為他對第 1 到第 5 個柳丁願意付的最高價格：

數量（個）	最高願付價格（元）
1	20
2	16
3	12
4	8
5	4

若現在柳丁市場價格為 8 元，請問他最多可得到的消費者剩餘總計為多少？　(A) 56 元　(B) 40 元　(C) 24 元　(D) 12 元

（　）9.對消費者來說，消費者剩餘的意義為何？　(A)願意付的最大支出減

去實際支出　(B)願意付的最大支出　(C)購物的實際支出　(D)購物後剩下的餘錢

( )　10.我們平常買東西都可以享有消費者剩餘，除了下列何種情況例外？(A)第 1 單位的商品　(B)最後 1 單位的商品　(C)只買 1 單位的商品(D)有折扣的商品

( )　11.假設市場上只有蘋果和香蕉兩種商品可供購買，當所得不變時，下列何種情況下預算線會平行往左邊移動？　(A)蘋果價格上漲 1 倍(B)香蕉價格下跌一半　(C)兩者價格都上漲 1 倍　(D)兩者價格都下跌一半

( )　12.消費者的均衡條件是指各種商品達到以下何種狀況？　(A)消費數量要相等　(B)總效用要均等　(C)邊際效用要均等　(D)最後 1 元取得的邊際效用要均等

( )　13.如果饅頭和吐司可以相互替代，饅頭的邊際效用是 6 單位而價格是 3 塊，吐司的邊際效用是 8 單位而價格是 4 塊，則消費者應該　(A)多買饅頭，少買吐司　(B)少買饅頭，多買吐司　(C)兩者都多買　(D)不需調整消費組合

( )　14.假設市場上只有汽水和豆漿兩種商品可供購買,當汽水價格下跌時，替代效果會導致以下何種現象？　(A)汽水購買量增加　(B)汽水購買量減少　(C)豆漿購買量增加　(D)兩者購買量同時增加

( )　15.如果泡麵是劣等財，而漢堡是正常財，當泡麵價格下跌時，所得效果會導致以下何種現象？　(A)泡麵購買量增加　(B)泡麵購買量減少(C)兩者購買量同時減少　(D)兩者購買量同時增加

第4章

生產理論及成本結構

　　除了需求面以外，影響市場價格的因素還有供給面。討論完消費者行為後，這一章再來介紹廠商短期與長期的生產行為，以及其背後的特定意義。一般而言，廠商以追求最大利潤為生產目的，而影響利潤的因素，除了總收益外就是成本，但不管是總收益或成本的高低，都直接受到廠商的生產所影響。因此這一章的前半部分先來分析廠商的生產行為，後半部分再探討廠商的各種成本結構，並進一步分析廠商如何在一定產量下達到成本最小化的目標。

學習目標

1. 瞭解要素投入與產出之間的生產關係。
2. 能分析生產者如何在產量固定下極小化成本。
3. 理解成本與產出之間的關聯性。
4. 能區別各種短期成本的特性。
5. 能分辨長期與短期成本結構的差異。

一、邊際報酬遞減法則

㈠邊際報酬遞減法則的意義

　　一般來說我們都以為當投入的生產要素愈多，產量就會愈多。「一分耕耘、一分收穫」，這句話應用在生產上並不完全正確，因為即使是同樣的生產要素，不同單位所生產出來的產量其實都不一樣的。譬如說我們在準備考試時都有這樣的經驗，如果持續性的在讀書，第一個小時的讀書效率最高，第二個小時差一點，第三個小時吸收能力就更下降，第四個小時有點念不下去，如此類推，到第八個小時恐怕就頭昏腦脹了。顯然同樣的「一分耕耘」，前面的收穫較多，後面的收穫較少。

　　接下來我們具體的以一家披薩店的生產為例來做說明。短期而言，披薩店的生產要素可分成不可變動與可變動的兩種：前者包括店面、冷凍設備、烤箱、爐具等短期內大都是固定的資本投入。如果要擴大營業規模，老闆必須花時間找新店面，找到後還要請人設計與動工裝潢店面，買新設備與烤箱也要下訂單、裝機、測試等，至少要一、兩個月以上時間才能完成，所以資本是短期內不能變動的生產要素。但是採用臨時工、工讀生或日薪制等薪資制度，員工的數量就比較容易調整。因此我們假設在披薩店設備短期內都固定不變的情況下，只增加員工的數量來觀察產量的變化。

　　表 4.1 顯示在不同員工數量 (L) 下的總產量 (Total Product, TP)、邊際產量 (Marginal Product, MP) 和平均產量 (Average Product, AP)。總產量是指全體員工所生產的產品數量；平均產量指總產量除以員工數量，即平均每一個員工生產的產量；邊際產量指多增加一個員工所引起的總產量變化，即個別員工生產的產量，把每個員工的邊際產量加總起來就是總產量。如果用數學式表示，就是：

$$邊際產量 = \frac{總產量的變化}{員工數量的變化}，\quad 即： \quad MP = \frac{\Delta TP}{\Delta L}$$

$$平均產量 = \frac{總產量}{員工數量}，\quad 即： \quad AP = \frac{TP}{L}$$

表 4.1　員工數量與披薩產量的關係

單位: 人; 片

員工數量 (L)	總產量 (TP)	邊際產量 (MP)	平均產量 (AP)
1	20	20	20
2	50	30	25
3	90	40	30
4	124	34	31
5	140	16	28
6	150	10	25
7	154	4	22
8	152	−2	19

從表 4.1 可以看出，當披薩店設備都是固定時，如果只增加員工數量，員工的邊際產量是先上升再下降的，邊際產量下降的現象我們稱之為邊際報酬遞減法則 (The Law of Diminishing Marginal Returns)。其定義是：「當其他生產要素固定時，多增加 1 單位可變動的生產要素，所增加的產量會較前 1 單位減少。」就像前述考前讀書的例子一樣。

㈡邊際報酬遞減的原因

邊際報酬遞減跟我們談到消費者行為時介紹的邊際效用遞減法則有點類似。但兩者不同的是邊際產量往往在最初增加投入時會出現遞增的階段，例如在表 4.1 中邊際產量在聘用三個員工之前都是遞增的。之所以如此，是因

為許多生產過程需要有最低數量的投入才能運作，而未達到這最低數量投入之前，邊際產量是呈現增加的。例如披薩店的經營至少需要好幾個員工：有人當廚師、有人負責接待和結帳、有人負責端盤子和洗盤子等。如果沒有一定數量的員工，只有老闆一人當櫃檯兼廚師，既浪費時間在轉換工作上，又無法發揮分工的功能，當然效率就不高。

假設開披薩店至少需要三名員工，則第二個員工的加入可以分擔端盤子和結帳的工作，讓第一個員工專心烤披薩，因此第二個員工的生產力較第一個高，第三個員工的加入又分擔了端盤子的工作，讓第二個員工專心收錢，所以第三個員工的生產力又較第二個高，但超過三個後，因為只有一個烤箱，無法兩人同時使用，即使再加入員工幫忙端盤子或接待客人，但在烤披薩速度和數量難以提升下，他的作用也有限，因此第四個員工的產量就比第三個低；如此類推，在沒有增加烤箱和爐具等設備的情況下，到了第八個員工時，他可能已經沒事可做，甚至整天聊天打混，這名員工對總產量的貢獻——邊際產量，反而是負的，所以精打細算的老闆最多只會請七個員工。

從這例子可看出，邊際報酬遞減現象的發生，是因為一般的生產行為需要各種生產要素一定程度的配合才能發揮功能，而且不只發生在增加勞動上，如果把勞動數量固定，只增加資本也會有同樣的現象。例如一臺貨車至少要一個司機才能開動運貨，如果只增加貨車的數量，不增加司機的人數，多增加的貨車也只是閒置下來，不會增加運貨量，因為一個司機不能同時開兩臺貨車。

事實上，邊際報酬遞減是所有生產過程中普遍存在的定律。我們可以用反證法來證明這項定理的存在：「如果邊際報酬最後不會遞減，我們只需要專心耕種一塊土地，在這塊地上僅靠增加肥料的投入，最後就會滿足所有人類的糧食需求。」這顯然是不符合常理的，不然世界上許多地方也不會發生饑荒。反過來說，饑荒的出現就證明了邊際報酬遞減的存在。所以我們平常考試前 K 書，每隔一陣子要起來聽聽音樂、散散步輕鬆一下，工作一陣子也要出國旅遊或休假一番，就是要避免邊際產量變成負數。

二、生產的三個階段

㈠總產量、邊際產量和平均產量的關係

　　如果把表 4.1 的數據畫在圖 4.1 中，再把各點連結起來成為平滑的曲線，就可以得到總產量、邊際產量和平均產量三條曲線。根據其定義，各曲線的特性和相互關係如下：

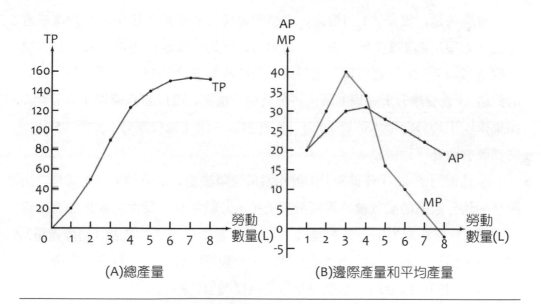

　　　　　　　　(A)總產量　　　　　　　　(B)邊際產量和平均產量

　　　　圖 4.1　勞動投入與產量的關係

1. 如上文所述，因為有最低投入量的限制，以及邊際報酬遞減的作用，所以邊際產量曲線是呈現先上升再下降的倒 U 型。

2. 由於總產量是個別員工邊際產量的加總，當邊際產量開始遞增時，總產量的增加速度就比較快，當邊際產量達到最大時，總產量的增加速度也最快。之後隨著邊際產量遞減，總產量的增加速度就愈來愈慢，但只要邊際產量

仍然是正數，總產量就會繼續增加。當邊際產量為負值時，總產量就會開始下降。從數學定義來說，邊際產量是總產量曲線的斜率，所以總產量曲線的斜率也是先增加再下降，當斜率為 0，即邊際產量等於 0 時，總產量也達到最大值。

3. 從定義上看，平均產量是總產量除以員工數，因此在圖 4.1 的總產量曲線上某一點與原點之間所形成的直線，其斜率 = ($\frac{總產量}{員工數量}$) 就是平均產量。

如果從原點出發沿著總產量曲線往右上方移動，這條直線的斜率也是先上升再下降的，因此平均產量同樣是先遞增再遞減的倒 U 型曲線。

　　有趣的是，從圖 4.1 可發現，當邊際產量大於平均產量時，平均產量處在上升階段；當邊際產量小於平均產量時，平均產量處在下降階段。為什麼會有這種關係呢？其實道理不難理解，例如許多同學都有選修「營養學分」的經驗，「營養學分」課程的最大特色就是分數高，可以拉高學期平均分數。如果學期平均分數原本估算 80 分，現在多修一門「營養學分」拿到 95 分，當然就會拉高平均成績。

　　在這個例子中，「營養學分」就相當於邊際產量，是新加進來的數量，比原來平均分數高的話就會使重新計算的平均分數墊高，反之，如果加選的課被當，就會使原來的平均分數變低。換言之，當新加進來的數據（邊際產量）高於原來的平均數據（平均產量）時，平均數據就會上升，反之則下降。

　　而且我們可以發現，當邊際產量開始遞減但仍高於平均產量時，平均產量仍在增加但增幅變小，所以邊際產量的最高點會出現在平均產量的最高點之前，當邊際產量與平均產量兩條曲線相交時，平均產量就不會變動並達到最大值，直至邊際產量低於平均產量時，平均產量就由上升反轉為下降。

㈡最適生產階段

　　透過上述對總產量、邊際產量和平均產量三者之間關係的瞭解，接下來我們想問，在短期內資本固定的情況下，廠商該僱用多少員工對他才最有利呢？或者說最適產量該在哪一階段呢？我們可以根據三種產量曲線的關係，把

生產過程分為三段，即生產的三個階段 (Three Stages of Production)，如圖 4.2
所示。

1. 第一階段是勞動數量從 0 增加到 L_0 這一階段，平均產量一直遞增直到在
　 L_0 時達到最大值，邊際產量先遞增再遞減，但仍然大於平均產量。

2. 第二階段是從勞動數量從 L_0 增加到 L_1 這一階段，邊際產量繼續遞減直到
　 L_1 時等於 0。

3. 第三階段是指勞動數量大於 L_1，邊際產量轉為負值。

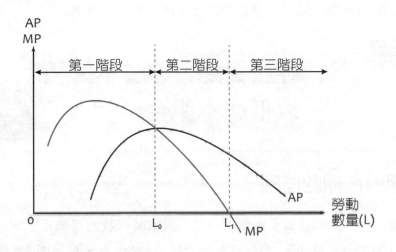

圖 4.2　生產的三個階段

　　在以上三個階段中，直覺告訴我們廠商最不可能在第三個階段生產，因
為勞動的邊際產量為負，表示和不變的投入資本相比，勞動投入太多了，導
致總產量反而減少，這時候即使勞動是免費的，廠商也不願意增加勞動數量，
因為這時只要減少勞動投入量，就可以增加總產量，當然理性的廠商不會在
這一階段進行生產。

　　至於在第一階段中，邊際產量先遞增，表示與可變動的生產要素勞動相
比，不能變動的生產要素資本顯得太多，因而增加勞動數量是有利的，可以

使資本的功用得到充分發揮。雖然邊際產量隨後遞減，但仍然大於平均產量，即 $MP > AP$，或 $\frac{\Delta TP}{\Delta L} > \frac{TP}{L}$，這不等式可改寫成 $\frac{\Delta TP}{TP} > \frac{\Delta L}{L}$。表示當勞動數量增加 1% 時，總產量的增加大於 1%，即總產量的增加速度高於勞動數量的增加速度，任何理性的廠商都不會把勞動的使用量限制在這一階段內，而應該僱用超過 L_0 的勞動量，所以第一個階段也不是廠商最適產量的落點區域。

　　綜合以上所述，廠商生產進行到第二個階段最為合適，在這一階段總產量以遞減的幅度增加，一直到 L_1 時達到最大值。但是勞動數量的僱用到底應在第二個階段的哪一點上，還是要結合生產成本來作考慮。

三、等產量線、等成本線與最低成本組合

㈠短期與長期的區別

　　前面在分析披薩店員工數量對生產的貢獻時，我們都假定店面、烤箱等資本項目短期內不易變動。那到底多久才是短期？多久才是長期呢？經濟學上的長短期並非以一年半載的特定期間來作切割，因為不同產業之間資本的調整差異甚大，例如面板廠、晶圓廠等可能需要兩年，但小吃店也許只花一個月就夠了，所以長、短期的區別是看生產要素可否全數變動來判斷。

　　經濟學上的短期是指廠商至少有一種生產要素不能變動的時期，長期則指所有生產要素都能變動的時期。所以在長期，披薩店老闆有時間擴充店面和訂購新烤箱，他的生產要素選擇就不限於員工。他可以重新選擇店面地點、坪數、烤箱數量等原來是固定的生產要素，我們稱為規模 (Scale) 的變動。如果增加一臺烤箱，原來的員工可能就不敷所需，因為往往員工和烤箱數量要相互配合，這時候可能僱用到第九個員工時才會發生邊際產量為負的現象。如果店面坪數、烤箱數量不斷增加，要相互配合的員工也要不斷增加，員工

邊際產量為負的情況就不會發生，因此當所有生產要素同時改變時，邊際報酬遞減的法則就不成立。

㈡等產量線

　　影響廠商利潤的因素，除了生產之後銷售產品所帶來的總收益外，另外就是成本。在討論消費者行為時，我們利用無異曲線和預算線作為分析工具，推導出消費者如何在所得限制下選擇其最適消費組合，以極大化他的效用水準。當探討生產者行為時，我們也有相對應的分析工具 —— 等產量線 (Isoquant) 和等成本線 (Isocost Line)，用以說明廠商在既定的產量下，如何選擇其最適要素組合，用最小的成本生產，以達到極大化利潤的目標，接下來先介紹等產量線的意義和特性。

　　長期而言，由於廠商可以改變所有生產要素，因此機器設備等資本投入都可以調整，而且在生產過程中勞動和資本都有某種程度的替代性，例如麵線、衣服等都有機器生產或手工製造之分，因此廠商可以選擇成本最低的生產要素組合，以生產同樣的產量。表 4.2 顯示出廠商在不同勞動和資本組合下的總產量，而且呈現三點特性：

表 4.2　不同勞動和資本組合下的總產量

		資本數量 (K)				
		1	2	3	4	5
勞動數量 (L)	1	20	50	90	124	140
	2	50	100	130	150	160
	3	90	130	160	180	190
	4	124	150	180	200	210
	5	140	160	190	210	220

1. 出現邊際報酬遞減的現象

　　只要固定住其中一種生產要素而只增加另一種投入，最後就會出現邊際

報酬遞減的現象。例如當勞動數量為 1 單位時，資本使用量由 1 單位增至 5 單位，其邊際產量分別為 20、30、40、34 和 16 個單位，所以邊際報酬遞減的現象不只發生在勞動投入上，資本投入也會有同樣的情況。

2. 呈現出不同的規模報酬類型

在表 4.2 中我們容許勞動和資本都可按同一比例改變，這種生產要素同時的變動稱為生產規模的變動，但是所引起的總產量變動其實並不相同。我們可以根據兩者相對變動的大小分成三種類型。如果總產量的變動大於生產要素變動時，稱為規模報酬遞增 (Increasing Returns to Scale)，例如勞動與資本數量各由 1 單位增加 1 倍至 2 單位時，總產量由 20 單位增加 4 倍至 100 單位。當產量的變動剛好等於生產要素變動時，稱為規模報酬不變 (Constant Returns to Scale)。例如勞動與資本數量各由 2 單位增加 1 倍至 4 單位時，總產量由 100 單位也增加 1 倍至 200 單位。當產量的變動小於生產要素變動時，稱為規模報酬遞減 (Decreasing Returns to Scale)。例如勞動與資本數量各由 4 單位增加 25% 至 5 單位時，產量由 200 單位只增加 10% 至 220 單位。至於規模報酬不同的形成原因，我們留待到第七節再討論。

3. 生產要素之間可以替代

在表 4.2 中勞動和資本存在著替代性，如果要生產 160 單位的總產量，廠商分別可以用 2 單位勞動和 5 單位資本來達成，也可以用 3 單位勞動和 3 單位資本、或 5 單位勞動和 2 單位資本的要素組合來生產，如果把橫軸和縱軸分別代表勞動和資本的數量，則這三種不同組合分別以 a、b、c 三點代表，並聯結起來就得到一條等產量線如圖 4.3 所示。等產量線類似消費者的無異曲線，無異曲線表示不同的商品組合可以給消費者同樣的滿足水準，而等產量線則代表不同的要素組合可以給生產者帶來同樣的產量水準。

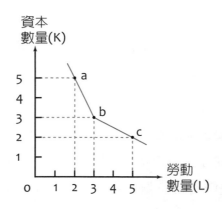

圖 4.3 等產量線

在前面我們分析過廠商最有利的生產區間是在生產的第二階段，因此在每種生產要素的邊際產量遞減但大於零的情況下，等產量線的許多特性和無異曲線是相同的：

⑴愈在右上方的等產量線代表產量水準愈高

由於在右上方的等產量線，比左下方的等產量線上其中一點耗用更多的勞動和資本，因此愈在右上方的等產量線也代表了更高的產量水準。

⑵等產量線是負斜率的

在等產量線上，由於總產量不變，如果減少勞動投入就必須增加資本投入來替代，因此勞動與資本的使用量具有反向變動的關係，也就是說等產量線是負斜率的。在總產量不變的情況下，增加 1 單位勞動投入時，要放棄多少單位資本，這種要素之間的替代比例稱為邊際技術替代率 (Marginal Rate of Technical Substitution, MRTS)。

⑶等產量線不會相交

如果兩條等產量線相交，則會產生同樣的要素組合具有不同總產量的矛盾，其道理和無異曲線不會相交相同。換句話說，不同的等產量線對廠商來說代表了不同的產量水準。

⑷等產量線凸向原點

邊際技術替代率並非固定不變的，會隨著要素組合的使用量而變化。例如在圖 4.3 中從 a 點到 b 點，減少 2 單位的資本必須增加 1 單位的勞動來替代，這時候以勞動替代資本的邊際技術替代率等於 2；但從 b 點到 c 點，減少 1 單位的資本卻要增加 2 單位的勞動來替代，邊際技術替代率降為 0.5。由此可見，隨著勞動投入的增加，每增加 1 單位的勞動投入時，要放棄的資本會愈來愈少，這稱為邊際替代率遞減法則 (The Law of Diminishing Marginal Rate of Substition)。

在圖 4.3 中 a 點的要素組合上，廠商已經使用了較多的資本，但只有少量的勞動，所以根據邊際報酬遞減法則，a 點上資本的邊際產量較低而勞動的邊際產量較高，這時候如果要素組合從 a 點移到 b 點，則必須減少多一點的資本來換取 1 單位的勞動，才能維持總產量不變。同理，圖中的 c 點表示廠商已經使用較多勞動，但只有少量的資本，因此勞動的邊際產量較低而資本的邊際產量較高，如果要素組合從 c 點移到 b 點，且要維持總產量不變，這時候就需要減少 2 單位的勞動才能換取 1 單位的資本，所以等產量線是凸向原點的。

由定義可知，邊際技術替代率事實上就是等產量線的斜率，如果用數學式表示就是 $MRS_{KL} = -\dfrac{\Delta K}{\Delta L}$，因為 L 和 K 是反方向變動，所以 $\dfrac{\Delta K}{\Delta L} < 0$，為了使得 MRS_{KL} 為正以方便比較就加上了一個負號。

由於在等產量線上總產量不變，當沿著線上移動時，增加勞動投入所帶來的總產量增加 (ΔTP_L) 必定會與減少資本投入導致的總產量減少 (ΔTP_K) 相互抵消，用數學式表示可寫成：

$$\Delta TP_L + \Delta TP_K = 0$$

上式可以改寫成：

$$(\frac{\Delta TP_L}{\Delta L})\Delta L + (\frac{\Delta TP_K}{\Delta K})\Delta K = 0$$

其中 $\dfrac{\Delta TP_L}{\Delta L} = MP_L$，$\dfrac{\Delta TP_K}{\Delta K} = MP_K$，$MP_L$ 為勞動的邊際產量，MP_K 為資本的邊際產量。

因此我們得出：

$$MP_L \Delta L + MP_K \Delta K = 0 \quad，\text{或} \quad -\dfrac{\Delta K}{\Delta L} = \dfrac{MP_L}{MP_K}$$

所以：

$$MRTS_{LK} = \dfrac{MP_L}{MP_K}$$

㈢等成本線

等成本線類似消費者的預算線，指廠商花費同樣的總成本但可以購買不同生產要素組合的軌跡。以上述討論勞動與資本兩種生產要素為例，我們可以把廠商的等成本線寫成：

$$w \times L + r \times K = TC$$

其中 w 是勞動的價格，r 代表資本的價格，TC 代表總成本。如圖 4.4 所示，如果完全把總成本用來僱用勞動，在資本數量為零的情況下，可購買勞動的數量為 $\dfrac{TC}{w}$，等於等成本線在橫軸的截距。如果購買資本，在勞動數量為零的情況下，則最多可購買的數量為 $\dfrac{TC}{r}$，即等成本線在縱軸的截距。而等成本線的斜率 $-\dfrac{\Delta K}{\Delta L}$ 就是縱軸截距除以橫軸截距，即 $-\dfrac{\Delta K}{\Delta L} = \dfrac{w}{r}$，相當於勞動與資本的價格比。在總成本不變時，增加勞動的僱用必須減少資本的使用才能達成，所以 $\dfrac{\Delta K}{\Delta L} < 0$，但為了使得等成本線斜率為正以方便比較就加上了負號。等成本線線上以及線內的面積代表了廠商可以購買的要素組合，線外則代表廠商買不起的生產要素組合。

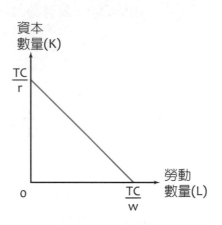

圖 4.4　等成本線

如同預算線一樣，等成本線並非固定不變的，在下列兩種情況下會移動：

1.總成本變動

如果廠商花費的總成本增加，整條等成本線就會往右上方平行移動；反之，總成本減少則往左下方平行移動。因為當要素價格不變時，等成本線斜率仍然是 $\frac{w}{r}$，與總成本的變化無關，新的等成本線是平行外移的。例如總成本由 TC 增加至 2TC 時，橫軸的截距會由 $\frac{TC}{w}$ 同比例增加至 $\frac{2TC}{w}$。縱軸截距也由 $\frac{TC}{r}$ 同比例增加至 $\frac{2TC}{r}$，如圖 4.5 所示。反之，如果總成本減少，等成本線就會往內平行移動。

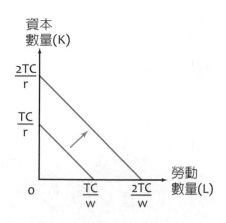

圖 4.5　總成本增加會使等成本線平行移動

2. 要素相對價格變動

　　由於等成本線的斜率為 $\frac{w}{r}$，當勞動與資本的相對價格變動時，等成本線的斜率就會改變，而截距也會跟著改變。例如當資本的價格不變，勞動的價格由 w 下跌至 $\frac{w}{2}$ 時，新斜率為 $\frac{w}{2r}$，等成本線會變得較平緩。橫軸的截距由 $\frac{TC}{w}$ 增加至 $\frac{2TC}{w}$，因為勞動變得更便宜而可以多僱用一些，但資本的價格並沒有改變，所以縱軸截距仍維持在 $\frac{TC}{r}$，於是等成本線會沿著橫軸向外旋轉，如圖 4.6 所示。反之，如果勞動的價格上漲，則等成本線會向內旋轉。當然，如果兩種要素的價格同比例上漲時，由於相對價格不變，因此斜率也不變，但縱軸和橫軸的截距都會縮小，因此等成本線會平行內移。

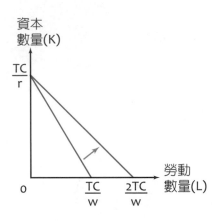

圖 4.6 勞動價格下跌會使等成本線斜率改變

(四)最低成本組合

現在我們可以把等產量線和等成本線一起放在圖 4.7 中，來探討生產者在特定產量下，如何選擇最適要素組合來達到成本最小化的目標，其推導過程和分析消費者均衡時很類似。在圖 4.7 中，我們以等產量線 Q 代表特定的產量水準，然後在勞動與資本價格不變的情況下，可以找出三條平行的等成本線 TC_0、TC_1 和 TC_2，分別代表三種不同的總成本。其中 TC_0 最靠近原點，表示總成本最低，但等產量線在 TC_0 的右上方，表示 TC_0 上的要素組合無法生產出 Q 的總產量，而能生產出這種產量的要素組合又並不是 TC_0 的總成本所付得起的。

TC_2 與等產量線相交於 a 點和 b 點，TC_1 也和等產量線相切於 c 點，這三點在同一條產量線上表示三種要素組合都可以生產相同的總產量，但 TC_2 在 TC_1 的右上方，表示總成本較高，因此只有 TC_1 可生產 Q 的產量水準但成本卻最低，c 點的要素組合才是生產者的最適選擇。在 c 點的時候，等成本線和等產量線剛好相切，表示兩者的斜率相等。

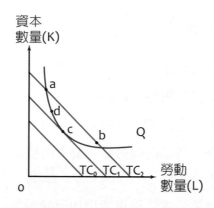

圖 4.7　產量固定下成本最低的最適要素組合

因此廠商在產量固定下成本最小化的均衡條件為：

等產量線斜率 = 等成本線斜率

其中，等產量線斜率 $= -\dfrac{\Delta K}{\Delta L} = \dfrac{MP_L}{MP_K}$，等成本線斜率 $= -\dfrac{\Delta K}{\Delta L} = \dfrac{w}{r}$，由此得出：

$$\frac{MP_L}{MP_K} = \frac{w}{r}$$

把上式重新安排後得出：

$$\frac{MP_L}{w} = \frac{MP_K}{r}$$

　　上述等式表示要達到成本最小化的要素組合，廠商必須使用每一種生產要素到最後一元所得到的邊際產量相等，這稱為邊際產量均等法則 (The Law of Equi-marginal Product)，如果不滿足等式時，廠商就會調整要素組合以極小化其成本。例如在圖 4.7 中的 a 點，等產量線 Q 的斜率大於等成本線的斜

率，即 $\dfrac{MP_L}{MP_K} > \dfrac{w}{r}$，或寫成 $\dfrac{MP_L}{w} > \dfrac{MP_K}{r}$，表示用於勞動的 1 塊錢所增加的產量大於用在資本的 1 塊錢所增加的產量。顯然這並非均衡狀態，因為廠商只要減少對資本的購買但多雇用勞動，要素組合沿著等產量線 Q 由 a 點往右下方移動到 d 點時，由於 d 點在 TC_2 左方，表示 d 點的總成本較 a 點低，在產量不變下總成本可下降，所以改變勞動和資本的要素組合對廠商來說是有利的。

由於邊際產量是隨著要素使用量的增加而遞減的，當廠商少用資本而多用勞動時，MP_L 就會下降而 MP_K 就會上升，這樣會使 $\dfrac{MP_L}{w}$ 與 $\dfrac{MP_K}{r}$ 的差距縮小，但在 d 點等產量線 Q 的斜率仍然大於等成本線的斜率，只要 $\dfrac{MP_L}{w} > \dfrac{MP_K}{r}$，廠商就會繼續少用資本、多用勞動，於是 MP_L 下降、MP_K 上升的變化就會持續。如此類推，最後直到在 c 點時 $\dfrac{MP_L}{w} = \dfrac{MP_K}{r}$，廠商再也無法透過調整要素組合來降低總成本，調整行為才會結束，這時候在產量不變下其總成本最小。至於在 b 點時 $\dfrac{MP_L}{w} < \dfrac{MP_K}{r}$ 的不均衡情況調整也是同樣的道理，這與第 3 章中消費者均衡條件的調整邏輯是類似的。

四、生產擴張線

以上討論的是在總產量不變下生產者如何追求最小成本的行為，在廠商長期成本決策中，當產量規模擴張時，該如何調整其要素組合呢? 以圖 4.8 為例，假設生產要素價格不變，等成本線為 TC_0，當等產量線為 Q_0 時原來成本最小化的要素組合在 a 點，由於每一條等產量線代表不同的總產量，當總產量增加時等產量線就往右上方移至 Q_1，由於 Q_1 在 TC_0 的右上方，這時候 TC_0 上任何的要素組合都不能生產 Q_1 的產量，生產者必須付出較高的總成本才可以買到 TC_0 以外的要素組合，於是我們可以找到另一條較高的等成本線

TC_1 與 Q_1 相切於 b 點，如果有更高的產量水準 Q_3，就有一條更高的等成本線 TC_2 與 Q_2 相切於 c 點，如此類推，當產量擴張時就會形成不同的生產者均衡點，如果把所有不同產量下成本最小化的要素組合均衡點連結起來，就可得出一條穿過 a、b、c 三點的曲線，稱為生產擴張線 (Production Expansion Line)。

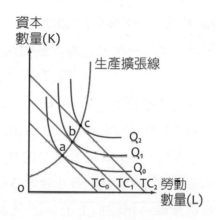

圖 4.8　生產擴張線

　　生產擴張線是廠商進行長期生產計畫時必須遵循的路線，因為只有在長期下所有生產要素才能自由變動。但如果是在短期，廠商則不會遵循這一條路線擴張，原因是短期內資本不能變動。由於要素價格維持不變，廠商的均衡條件又是 $MRTS_{LK} = \frac{w}{r}$，所以在生產擴張線上任何一點的邊際技術替代率都是相等的，表示廠商可以用最小的成本生產特定產量，所以願意沿著這條軌跡擴大生產，雖然其他軌跡也能擴大產量，但並不是成本最低的軌跡，只有沿著生產擴張線增加產量才是最適當的路徑。但廠商到底會把生產增加到擴張線上的哪一點上，單憑擴張線是不能確定的，還要考慮到市場上需求的狀況。

五、機會成本

㈠機會成本的意義

分析完生產行為後，我們就可以進一步討論廠商的成本。俗語說「不用錢的最貴」，這句話告訴我們「天下沒有白吃的午餐」，要有收穫必須要先耕耘，而「耕耘」其實只是成本的一部分，為什麼呢？因為在經濟學上成本的定義有更深的意涵。

日常我們所講的成本大都是會計成本 (Accounting Cost)，指只考慮帳面實際支付的貨幣成本，又稱為外顯成本 (Explicit Cost)，也就是實際上付出去的支出。比如說音樂會票價是 500 元，聽音樂會的會計成本就是 500 元。經濟學上所說的成本叫做機會成本 (Opportunity Cost)，也稱為經濟成本 (Economic Cost)。機會成本除考慮帳面上的外顯成本外，還包括隱藏成本 (Implicit Cost)，隱藏成本指放棄了其他最高價值用途的成本。換句話說，當我們選擇做某件事情所放棄的貨幣支出和其他最佳選擇的價值，就稱為機會成本，這才是我們真正付出的成本。所以：

機會成本（經濟成本）＝外顯成本（會計成本）＋隱藏成本

以念大學為例，會計成本包括四年的學雜費、書本費、離家住外的房租等，但考慮到機會成本的話，除了會計成本外，還包括四年下來沒有外出工作所少賺的錢、工作經驗、資歷、對將來升遷的影響等隱藏成本，所以機會成本不一定要以金錢的形式表現出來。

又例如阿華花了 500 元聽一場 3 小時的音樂會，他的機會成本應該是 500 元的會計成本，再加上犧牲了那 3 小時可以做別的事情的隱藏成本，這才是他總共付出的代價。之所以稱為機會成本，是因為成本中包括放棄了另一活動的機會。如果阿華不聽音樂會的話會在便利商店打工，1 小時可賺到

115 元基本工資，那麼他犧牲了 345 元的收入，這是他的隱藏成本，所以他的機會成本應該是 845 元而不是 500 元。

　　值得注意的是，因為不做某件事的話我們可以做的事情還有很多，如果每一項都算進機會成本就會沒完沒了，所以機會成本只算放棄的最高代價。比如說阿華不聽音樂會的話最想去打工，其次依序的是看電影、看電視和運動，他放棄的最高代價是打工而不包括其他三項，因此只有打工才算進他聽音樂會的機會成本中。

　　一般而言資源具備多種用途，機會成本在生活中可說是無所不在。當我們在進行一項活動時，一定會放棄同時做另一件事。除非我們真的可以有分身和本尊，同一時間去做不同的事情，否則機會成本一定存在。由此可見，機會成本的產生是由於資源的稀少性，為了善用資源，我們必須選擇最高價值的活動去做，並放棄其他活動。只有在沒有任何選擇的時候才沒有機會成本，因為我們並沒有放棄任何東西。

　　學會了機會成本的概念後，我們就可以對人的經濟行為進一步瞭解。很多建築師都會打字，為什麼還要花錢請秘書呢？因為自己打字的機會成本很高。建築師接的建案都以億元計算，如果自己來打字，肯定會少賺很多。請秘書雖然要另外花錢，算一算還是很划得來的。這樣我們就可以理解，為什麼有人不想省錢坐火車而要花高價坐高鐵、為什麼人們要外食而不在家裡煮飯、為什麼市場上那麼多代辦公司、以及請保姆帶小孩而不自己帶等等。

㈡生產者剩餘

　　接下來我們要討論另一個與機會成本有關的概念。在第 3 章我們介紹了消費者剩餘，其實在一項買賣過程中，不止是買方得到了消費者剩餘，賣方的生產者也賺到了額外的好處，稱之為生產者剩餘 (Producer Surplus)。生產者剩餘指的是生產者出售一種商品實際收到的總收益超過了他願意接受的最低總收益的剩餘部分。「願意接受的最低總收益」就是生產者的機會成本，除非生產者實際收到的總收益超過他的機會成本，否則廠商是不願意生產的。

　　如圖 4.9 所示，由於供給曲線代表生產者願意接受的最低價格，正斜率

的供給曲線表示隨著供給量的增加，生產者願意接受的最低價格是遞增的。假如現在市場供需決定了價格和數量分別為 P^* 和 Q^*，當生產 Q_1 時，生產者願意接受的最低價格為 P_1，但實際上拿到的價格卻是 P^*，因此 Q_1 可產生 $(P^* - P_1)$ 的生產者剩餘，由圖中可知，由於生產者願意接受的最低價格遞增的緣故，所以每單位生產帶來的生產者剩餘是遞減的，直到最後 1 單位 Q^* 時，生產者願意接受的最低價格剛好是市場價格 P^*，因而沒有得到生產者剩餘。

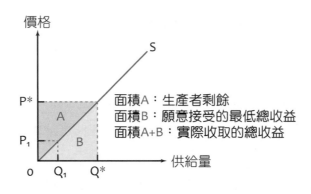

圖 4.9　生產者剩餘

因此，全部的生產者剩餘相當於圖 4.9 中市場價格 P^* 高於供給曲線價格的三角形面積 A。其中 A＋B 的面積為生產者實際收到的總收益，B 的面積為生產者願意接受的最低總收益，也就是他的機會成本。

六、短期成本結構

㈠產量與成本的關係

由於成本的高低決定於生產要素的使用量，生產要素的使用量又和產量有關，因此成本和產量之間的關係也是密不可分的。我們延續表 4.1 披薩產量的例子，假如披薩店的烤箱和爐具等固定資本的成本是 20 萬元，一個員工

月薪是 4 萬元，根據表 4.1 員工數量和披薩產量的資料就可以算出廠商的各種成本內容如表 4.3 所示，一般而言廠商不會僱用員工到其邊際產量為負的數量，所以表 4.3 只考慮到 7 個工人時的情況。

　　因為披薩店擁有烤箱和爐具等固定不變的資本，所以我們討論的是短期成本，其中短期總成本 (Short Run Total Cost, STC) 是由兩部分組成：一是固定成本 (Fixed Cost, FC)，即短期不易變動的烤箱和爐具的成本，不管披薩產量多少都是 20 萬元；二是變動成本 (Variable Cost, VC)，指短期容易變動的員工的成本，會隨員工數量的增加而增加，例如請一個員工的變動成本是 4 萬元，請兩個員工的變動成本就是 8 萬元，如此類推，所以不同產量下短期總成本是由所對應的固定成本和變動成本加總而成的。

■ 表 4.3　披薩產量與短期成本的關係

單位：片；萬元

員工數量 (L)	產量 (Q)	短期總成本 (STC)	固定成本 (FC)	變動成本 (VC)
0	0	20	20	0
1	20	24	20	4
2	50	28	20	8
3	90	32	20	12
4	124	36	20	16
5	140	40	20	20
6	150	44	20	24
7	154	48	20	28

　　如果把表 4.3 的成本數字再分別除以所對應的產量，則可以得到表 4.4 中的短期平均總成本 (Short Run Average Total Cost, SATC)、平均固定成本 (Average Fixed Cost, AFC) 和平均變動成本 (Average Variable Cost, AVC)，而且還可以算出各產量下的短期邊際成本 (Short Run Marginal Cost, SMC)，短期邊際成本指增加 1 單位產量引起的短期總成本變化，換句話說，個別產量的邊際成本加總起來就是短期總成本。

表 4.4　披薩產量與各種平均成本、邊際成本的關係

單位: 片; 萬元

產量 (Q)	短期平均總成本 (SATC)	平均固定成本 (AFC)	平均變動成本 (AVC)	短期邊際成本 (SMC)
20	1.20	1.00	0.20	0.20
50	0.56	0.40	0.16	0.13
90	0.36	0.22	0.13	0.10
124	0.29	0.16	0.13	0.12
140	0.29	0.14	0.14	0.25
150	0.29	0.13	0.16	0.40
154	0.31	0.13	0.18	1.00

利用表 4.4 的資料就可以繪出圖 4.10 各種成本與產量的關係。

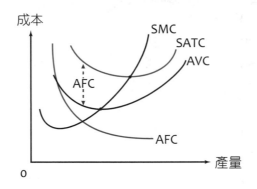

圖 4.10　產量與各種平均成本、邊際成本的關係

如果用數學式表示, 各種成本的關係如下:

短期總成本＝固定成本＋變動成本: STC＝FC＋VC

$$短期平均總成本 = \frac{短期總成本}{產量}：SATC = \frac{STC}{Q}$$

$$平均固定成本 = \frac{固定成本}{產量}：AFC = \frac{FC}{Q}$$

$$平均變動成本 = \frac{變動成本}{產量}：AVC = \frac{VC}{Q}$$

$$短期平均總成本 = 平均固定成本 + 平均變動成本：SATC = AFC + AVC$$

$$短期邊際成本 = \frac{短期總成本的變化}{產量的變化}：SMC = \frac{\Delta STC}{\Delta Q}$$

　　圖 4.10 中各種成本曲線的形狀都是一般性的，並非只在這個例子才呈現出來，對照圖 4.1 和圖 4.10，我們可以發現平均短期總成本以及平均變動成本，和平均產量的形狀剛好相反，前兩者是先下降再上升的 U 型，後者是先上升再下降的倒 U 型，這是因為當工資固定不變時，成本和產量是呈現反向的關係，產量愈高則成本愈低。

　　例如麵包店請了阿 Ken 和納豆兩位師傅，月薪都是 5 萬元，如果阿 Ken 的產量較高，一個月可做出 1 萬個麵包，表示平均生產 1 個麵包的薪資成本是 5 元，但納豆師傅的產量較低，一個月只做出 5 千個麵包，則平均做 1 個麵包的薪資成本是 10 元。短期邊際成本和邊際產量的形狀也有這種相反關係，以下我們可以用更嚴謹的推理來證明。假設勞動和資本的價格固定不變，廠商的短期總成本可寫成：

$$STC = w \times L + r \times K_0$$

　　其中變動成本為 $VC = w \times L$，固定成本為 $FC = r \times K_0$，K_0 為短期不變的資本數量。由此可以導出：

$$AVC = \frac{VC}{Q} = \frac{w \times L}{Q} = \frac{w}{AP}$$

$$SATC = AFC + AVC = AFC + \frac{w}{AP}$$

$$SMC = \frac{\Delta STC}{\Delta Q} = \frac{\Delta(w \times L + r \times K_0)}{\Delta Q} = \frac{w\Delta L}{\Delta Q} = \frac{w}{MP}$$

由上述三個等式可以得出，當勞動的價格 w 不變時，AVC 和 AP 成反向變動關係，此外，由於固定成本 $r \times K_0$ 也是常數，因此 SATC 和 AP 也會反向變動，當 AP 上升，AVC 和 SATC 就會下降，SMC 和 MP 也有這樣的關係。

㈡各種短期成本的特性

從圖 4.10 還可以看出三個特性：

1. 平均固定成本會隨著產量的增加而遞減，因為短期內固定成本不會變動，產量愈多則每單位產品分攤到的固定成本就愈低。就像我們平常去「吃到飽」餐廳一樣，當收費是固定時，吃的盤數愈多，平均每盤就愈便宜一樣。不過，因為固定成本為正數，即使平均固定成本隨產量增加而遞減，但不會為 0。

2. 當短期邊際成本小於（大於）短期平均總成本或平均變動成本時，平均短期總成本或平均變動成本會處在下降（上升）階段，理由其實跟前面討論邊際產量與平均產量的關係時是一樣的。

3. 由定義可知，短期平均總成本和平均變動成本之間的差距為平均固定成本。由於平均固定成本會隨著產量的增加而遞減，所以在圖中短期平均總成本和平均變動成本之間的差距也隨著產量的增加而遞減。

根據以上的討論，我們就可以畫出短期總成本曲線如圖 4.11 所示，之所以有這樣的形狀，是因為：

1.當產量為 0 時，廠商不必買原料、僱工人，因此變動成本也為 0，但廠商仍然有機器設備等固定成本，所以短期總成本並不是從原點開始上升，而是從固定成本之上增加的。圖中產量為 0 時總成本等於固定成本，但只要產量大於 0，變動成本就為正數。

2.短期邊際成本是先下降再上升，從數學的定義來看，由於邊際成本是總成本曲線的斜率，因此短期總成本曲線的斜率也是先下降再上升，表現在圖上就是短期總成本先以遞減的速度增加，再以遞增的速度增加。

3.短期邊際成本雖然會先下降，但不會為負值也不會等於 0，只要產量增加，短期總成本就會增加，因此短期總成本沒有最大值。

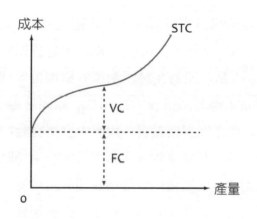

圖 4.11　短期總成本曲線

七、長期成本結構

(一)短期總成本與長期總成本

　　長期而言，由於所有生產要素都可以變動，廠商沒有固定成本，所以廠商可以尋找最適當的廠房面積和機器數量來降低成本，因此就某一特定產量

來說，所對應的長期總成本 (Long Run Total Cost, LTC) 不會高於短期總成本，原因是短期內資本是固定的，但這時候資本的數量不見得是最適的數量，對應的短期總成本就不一定是長期最低的了。

以圖 4.12 為例，圖中有三條等產量線 Q_0、Q_1 和 Q_2 代表不同的產量水準，當短期資本固定在 K_1 時，其成本最低的要素組合分別為 a、b、c 三點，對應的短期總成本就是通過 a、b、c 三點的 TC_0、TC_1 和 TC_2。很明顯可以看出，只有在 b 點時，TC_1 與等產量線 Q_1 相切，因此長期來說不需要調整資本使用量，所以 TC_1 也是 Q_1 產量水準下的長期總成本，而 TC_0、TC_2 並沒有分別和 Q_0、Q_2 相切，表示在 Q_0、Q_2 產量水準下 a、c 兩點所對應的短期總成本高於長期總成本。

如果在長期，廠商可以調整其資本至最適使用量，在 Q_0 產量水準下資本數量要減少至 K_0，Q_2 產量下要增加至 K_2，於是長期成本最低的最適要素組合將分別是 d、e 兩點，因為在這兩點都有對應的等成本線 TC_0'、TC_2' 與 Q_0、Q_2 相切，其總成本都分別低於 TC_0、TC_2，原因是相對於 d 點而言，a 點所使用的資本太多，所以在長期就會少用資本多用勞動；相對於 e 點而言，c 點所使用的資本卻太少，長期來說就會多用資本少用勞動。因此我們從以上分析知道，除非短期資本使用量剛好等於長期時的最適使用量，否則短期總成本一定高於長期總成本。如果把 d、b、e 三點連起來，其軌跡就是前面介紹過的生產擴張線。

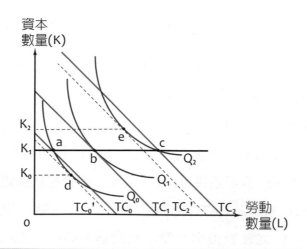

圖 4.12　短期總成本與長期總成本的關係

㈡短期平均總成本與長期平均總成本

　　從以上討論可看出，長期總成本是由不同產量下成本最小的最適要素組合得出的，對最適要素組合內的最適資本量，必然有一對應的以該最適資本量為固定成本的短期總成本，例如在圖 4.12 中 b 點為 Q_1 的最適要素組合，我們就可以 K_1 為固定成本，得出 Q_0、Q_1、Q_2 和 TC_0、TC_1、TC_2 相互對應的產量與短期總成本關係，而這種長短期關係，可以透過長期平均總成本和短期平均總成本來做進一步說明。

　　表 4.3 和 4.4 是假設固定成本在 20 萬元時，各不同產量下披薩店的成本狀況，並得出其短期平均總成本曲線 SATC。在不同固定成本下，廠商的短期平均總成本曲線就會有所不同。以前面圖 4.12 為例，當固定成本在 K_0 時，有其對應的短期平均總成本曲線 $SATC(K_0)$，如果固定成本增加為 K_1 和 K_2 時，也分別有兩條對應的曲線 $SATC(K_1)$ 和 $SATC(K_2)$，如圖 4.13 所示。

　　如果把任何產量下短期平均總成本曲線的最低點連結起來，就得到了長期平均總成本曲線，可供廠商選擇最適當的規模。長期平均總成本是指每單

位產量的長期總成本，即 $LATC = \dfrac{LTC}{Q}$。如果產量低於 Q_0' 時，廠商應該選擇固定成本在 K_0 的規模，因為這時候 K_1 規模的平均成本反而比較高，廠商就不應該買新機器和廠房擴張規模；如果產量在 Q_0' 與 Q_1' 之間，則應該選擇 K_1 的規模，因為平均成本較低；如果產量超過 Q_1'，當然是 K_2 規模的平均成本最低。如果廠商對規模有更多選擇，則圖 4.13 中每個規模的 SATC 被納入 LATC 的線段會變短，假設規模可以無限細分，則會有無數條對應的 SATC，每個規模的 SATC 被納入 LATC 的線段縮減成只有一點，即這兩條曲線的相切點，因此 LATC 就會變得很平滑，我們稱 LATC 為 SATC 的包絡曲線 (Envelop Curve)，如圖 4.14 所示。

根據 LATC 與各 SATC 之間的相切關係，還可以得出長期邊際成本 (Long Run Marginal Cost, LMC) 曲線，是由與各切點對應的短期邊際成本連接而成，如圖 4.14 中 f、g、h 三點的連線。

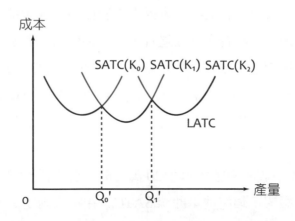

圖 4.13　短期平均總成本與長期平均總成本的關係

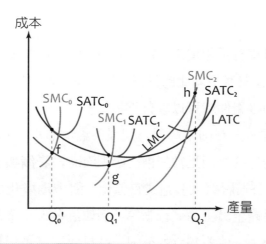

圖 4.14　長期平均總成本是短期平均總成本的包絡曲線

㈢規模經濟與規模不經濟

　　從圖 4.14 可以看出，長期平均總成本是先隨產量增加而下降，接著會隨產量的增加而上升。長期平均總成本下降的階段稱為規模經濟 (Economies of Scale) 或規模報酬遞增，形成的主要原因是：

1.專業化分工

　　由於擴大生產規模可導致專業化分工，廠房、機器、工人都多了以後比較容易調度各種工作，生產上更有彈性，比如說有好幾臺機器後，可以輪流維修保養而不至於使生產停頓下來。

2.降低平均設備成本和充分利用設備

　　許多行業如半導體和液晶面板業，廠房投資動輒幾百億元新臺幣，機器設備不但昂貴，且必須一起運作才能形成有效率的生產線，不能分割為細小獨立的單位，如果只生產少量產品，每單位分攤的設備成本很高，因此平均成本也很昂貴，如果大規模量產則可把巨額的設備成本分攤到較低水準，有些行業如自來水、電力、固網電話，也有同樣的性質。由於邊際成本不高，這些產業大都呈現長期平均總成本不斷下降的情況。

3.採購成本

　　大規模生產可享有折扣優惠，當廠商規模較大，零組件供應商只做一筆生意金額就很龐大，營業成本比應付好幾個小型客戶低，也願意回饋大客戶，因此廠商所採購的零組件就可以享有折扣優惠。

　　長期平均總成本上升的階段稱為規模不經濟 (Diseconomies of Scale) 或規模報酬遞減，產生的原因是當規模已經很大時，繼續擴大生產規模反而使管理愈來愈困難：公司層級太多造成官僚化、對市場變化反應緩慢、員工眾多協調不易、容易產生員工偷懶行為等。例如許多大企業常把一些逐漸壯大的部門分割獨立出去，成為獨立的公司，就是要縮減規模使企業管理更有效率。

　　長期平均總成本有時候會出現水平不變的階段，稱為固定規模報酬或規模報酬不變，形成的原因是擴大生產規模的利弊剛好抵消所致，此時長期平均總成本達到最低點，所對應的產量水準稱為最適規模 (Optimal Scale)，廠商就不需要再擴張或緊縮規模。

　　當外在因素變化時，會使長期平均總成本移動。例如技術進步使效率提升導致各種成本下降，則圖 4.14 的各種成本都會向下移動，包括短期的成本曲線，因為長期平均總成本是短期平均總成本的包絡曲線。反之，如果生產要素價格上升，則各種成本都會往上移動。

新聞案例

富士康將以百萬機器人取代低技術大陸勞工

　　2011 年 8 月，鴻海集團宣布其在大陸的子公司富士康，將預計斥資新臺幣約 4,500 億元加快推動機器人計畫，1 年內將開始起用 1 萬個機器人，到 2012 年增加到 30 萬個，3 年後將引進百萬個，未來單調重複的工作將交給機

圖片來源：Shutterstock

器人處理，以提高生產效能。

　　富士康強調，引進機器人不是為了裁減僱員，而是為了減少員工枯燥、簡單工作的重複程度。例如噴塗、焊接、裝配等比較枯燥且相對簡單的重複性作業程序，而富士康目前已經投入使用的 1 萬個機器人也主要用於這些環節。對於被機械人替換的員工，富士康會進行再培訓，人力將被轉移到更高附加價值的使用上，成為操作機器人的高技術勞工，將會有更高的工資。

評　論

　　機器人是資本設備的一種，與勞動之間具有一定的替代性，由於短期而言資本設備增加不易，但長期來說廠商可以調整資本規模，就會選擇價格相對較低的生產要素，以節省總成本，所以富士康要以 3 年時間才能完成機器人計畫。

　　我們可以利用邊際產量均等法則的均衡條件：$\frac{MP_L}{w} = \frac{MP_K}{r}$，來解釋富士康要素組合的改變。假設原來鴻海在臺灣的要素組合是處在均衡狀態，由於中國大陸擁有充沛的勞動力，過去的工資較低，一旦鴻海赴中國大陸投資後就打破了原來的均衡條件，導致 $\frac{MP_L}{w} > \frac{MP_K}{r}$。因此富士康在中國大陸就會多用人力而少用機器，迅速擴展成為全球最大的代工企業，高峰時在中國大陸總計有 150 萬名員工，僅深圳一地就超過 40 萬人。但近年來中國大陸工資持續上漲，2010 年富士康深圳廠的工人底薪由每月不到 1,000 元人民幣調高一倍以上，工資的大幅上漲導致原有的均衡又被打破，但這次是 $\frac{MP_L}{w} < \frac{MP_K}{r}$，於是富士康就開始多用資本（機器人）而少用勞動從事低階工作。

　　富士康的案例說明，當一種生產要素很多、價格很便宜時，廠商就會多用這種生產要素而少用其他的，電影中人山人海的場景就是一個典型例子；中國大陸因為工資相對便宜，所以《赤壁》中的戰爭畫面都用真人上場拍攝，反之，美國資本相對便宜，《阿凡達》中的同樣場景就會利用電腦特效製作。

本章重點

1. 邊際產量指多增加 1 單位要素所引起的總產量變化，把每單位要素的邊際產量加總就是總產量，平均產量指總產量除以要素數量。

2. 只增加一種要素而其他要素固定時，邊際產量曲線與平均產量曲線都是先上升再下降的倒 U 型。邊際產量先遞增是因為生產需要最低數量的投入，其後邊際產量會愈來愈低，稱為邊際報酬遞減法則。

3. 當邊際產量大於（小於）平均產量時，平均產量處在上升（下降）階段。當兩者相交時，平均產量達到最大值。

4. 廠商的最適生產階段應在邊際產量遞減但大於 0 的範圍。

5. 短期是指廠商至少有一種要素不能變動的時期；長期則指所有生產要素都能變動的時期，也稱為規模的變動。

6. 等產量線代表不同的要素組合可以生產同樣的產量水準，其特性有：
   (1)愈在右上方產量水準愈高。
   (2)負斜率。
   (3)不會相交。
   (4)凸向原點。

7. 在總產量不變下，增加 1 單位 X 投入時，要放棄多少單位 Y 投入，這種要素間的替代比例稱為邊際技術替代率，也是等產量線的斜率，會隨著 X 投入的增加而遞減，稱為邊際替代率遞減法則。

8. 等成本線指廠商同樣的總成本但可購買不同生產要素組合的軌跡，線外代表廠商買不起的要素組合。等成本線的斜率等於縱軸截距除以橫軸截距，相當於兩種要素的價格比。

9. 等成本線移動是因為：
   (1)總成本變動：整條線會平行移動。
   (2)要素相對價格變動：斜率和截距會改變。

10. 廠商在產量固定下成本最小化的均衡條件為：等產量線斜率等於等成本線斜率，即廠商使用每一種要素到最後 1 元所得到的邊際產量相等，稱為邊際產量均等法則。如果不滿足條件時，只要調整要素組合就可極小化成本。

11. 把不同產量下成本最小化的要素組合均衡點連起來稱為生產擴張線，代表廠商長期生產時所遵循的路線，但在短期時因資本不變，所以廠商不會依循此路線擴張產量。

12. 機會成本等於外顯成本加上隱藏成本，其中外顯成本指實際付出的支出，隱藏成本指放棄了其他最高價值用途的成本。

13. 生產者剩餘指生產者出售產品實際收到的總收益超過了他願意接受的最低總收益的剩餘部分，相當於市場價格高於供給曲線的三角形面積。

14. 各種成本的關係為：

   (1) 短期總成本 (STC) = 固定成本 + 變動成本。

   (2) 短期平均總成本 (SATC) = $\dfrac{短期總成本}{產量}$。

   (3) 平均固定成本 (AFC) = $\dfrac{固定成本}{產量}$。

   (4) 平均變動成本 (AVC) = $\dfrac{變動成本}{產量}$。

   (5) 短期平均總成本 = 平均固定成本 + 平均變動成本。

   (6) 短期邊際成本 (SMC) = $\dfrac{短期總成本的變化}{產量的變化}$。

15. 短期邊際成本（短期平均總成本）和邊際產量（平均產量）的形狀完全相反，前者是先下降再上升的 U 型，後者是先上升再下降的倒 U 型，這是因為當工資固定時，成本和產量是呈現反向變動關係。平均固定成本則會隨產量增加而遞減。

16. 當短期邊際成本小於（大於）短期平均總成本時，短期平均總成本處在下降（上升）階段。當兩者相交時，短期平均總成本達到最小值。

17. 把任何產量下短期平均總成本曲線的最低點連起來就得出長期平均總成本曲線，是短期平均總成本的包絡曲線。

18. 長期平均總成本的形狀是 U 型：先隨產量增加而下降的階段稱為規模經濟；進入水平不變階段稱為固定規模報酬，對應的產量稱為最適規模；最後隨產量增加而上升的階段稱為規模不經濟。

課後練習

( )　1.邊際報酬遞減現象的發生原因為何？　(A)只增加一種生產要素　(B)全部生產要素都有增加　(C)生產要素減少　(D)生產技術沒有進步

( )　2.當邊際產量低於平均產量時，會導致以下何種現象？　(A)平均產量正上升　(B)平均產量正下降　(C)邊際產量正上升　(D)總產量正下降

( )　3.當總產量達到最大值時，以下敘述何者正確？　(A)平均產量達到最大值　(B)邊際產量為 0　(C)平均產量為 0　(D)邊際產量達到最大值

( )　4.經濟學上的「長期」代表的意義為何？　(A) 1 年或以上　(B)至少有一種生產要素不能變動的時期　(C)所有生產要素都可以變動的時期　(D)所有生產要素都不能變動的時期

( )　5.當所有生產要素增加 1%，產量的增加小於 1% 時，表示該產品有何種特性？　(A)邊際報酬遞減　(B)規模報酬遞增　(C)規模報酬遞減　(D)規模報酬不變

( )　6.當廠商選擇最適要素組合時，其均衡條件為何？　(A)等產量線與等成本線要相交　(B)等產量線與等成本線要相切　(C)各生產要素的邊際產量要均等　(D)各生產要素的價格要均等

( )　7.如果資本的邊際產量是勞動的 3 倍，而價格是勞動的 2 倍，則廠商應如何調整生產要素組合？　(A)多用勞動，少用資本　(B)少用勞動，多用資本　(C)兩者都多用　(D)不需要調整

( )　8.生產擴張線上的任何一點代表何種意義？　(A)相同總成本下的最適要素組合　(B)固定產量下的最適要素組合　(C)不同要素價格下的最適要素組合　(D)不同產量下的最適要素組合

( )　9.以下關於機會成本的敘述，何者正確？　(A)等於外顯成本加上會計成本　(B)只包括隱藏成本　(C)只包括會計成本　(D)等於外顯成本加上隱藏成本

( )　10.下列何種情況下的生產者剩餘最小？　(A)供給曲線是水平的　(B)供給曲線是垂直的　(C)需求曲線是水平的　(D)需求曲線是垂直的

（　）11.邊際產量曲線和邊際成本曲線分別為下列何種形狀？　(A) U 型和倒
U 型　(B)倒 U 型和 U 型　(C)都是 U 型　(D)都是倒 U 型

（　）12.在短期平均總成本曲線的最低點時，邊際成本具有下列何種特性?
(A)大於短期平均總成本　(B)等於短期平均總成本　(C)小於短期平均
總成本　(D)也在最低點

（　）13.長期成本一定具有何項性質？　(A)高於短期成本　(B)不高於短期成
本　(C)等於短期成本　(D)包括固定成本

（　）14.以下何者必然會隨著產量的增加而遞減?　(A)短期總成本　(B)短期
平均總成本　(C)平均變動成本　(D)平均固定成本

（　）15.經濟學如何稱呼「長期平均總成本下降」的階段？　(A)規模經濟
(B)規模不經濟　(C)固定規模報酬　(D)邊際報酬遞減

 輕鬆一下

一位經濟學家回到他的母校，並對現在的考試題目很感興趣。於是他請曾經
教過他的老師拿出考題，但現在的考題與他十年前答的題一模一樣! 他問老
師為什麼會這樣，老師回答說:「問題雖然沒變，但答案變了。」

第5章

市場類型及廠商收益

　　影響廠商利潤的因素除了成本以外就是總收益，在不同的市場類型下廠商的成本結構型態大致上相同，不過總收益以及各種廠商行為卻大有差別，本章先介紹各種市場類型的特性，再探討不同市場類型下廠商的生產、訂價、競爭或聯合等行為，並相互比較市場間的異同，透過對廠商行為的討論，可以讓我們對現實世界的經濟現象有更深刻的理解。

學習目標

1. 能辨別不同的市場類型、特性及形成原因。
2. 瞭解廠商收益與產量間的關係。
3. 能掌握不同市場下廠商的訂價與生產行為。
4. 能分析長短期廠商行為的差異。
5. 能比較不同市場下的經濟效率與福利水準。

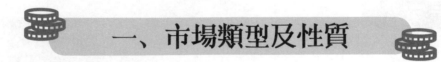

一、市場類型及性質

　　每天翻閱報紙、雜誌和打開電視，經常看到的大部分是服裝、3C 產品、日用品等廣告，而很少看到稻米、小麥、雞蛋和蔬菜，更從來沒看過臺鐵、台電、高捷或北捷的廣告，到底是什麼原因呢? 此外，為什麼台灣中油和台塑加油站對消費者都只送贈品而不直接降價? 為什麼汽車廣告都只強調安全舒適而不主打車價低廉? 為什麼大部分國家的電力公司都受到政府管制? 為什麼遊樂場內的飲料賣得比外面貴? 這些疑問我們都可以用市場類型與性質來解釋，由於廠商生產與銷售產品所處的市場類型不同，他們的各種經營行為也都有差異。一般來說，市場類型是以下列特點來區分的:

1. 廠商的家數。
2. 產品的差異化程度。
3. 廠商的進退障礙。

　　這三個特點相互關連而且反映了市場上的競爭程度。如果廠商家數愈多，或者當產品性質愈接近，相互的替代性就很高，消費者就可以選擇不同的廠商購買; 當進入和退出市場都很容易時，只要產品有利可圖廠商數目就會增加，廠商之間自然就會競爭激烈。

　　根據市場上競爭程度的高低，我們可以把市場依序分為表 5.1 的四種類型: 完全競爭 (Perfect Competition)、獨占性競爭 (Monopolistic Competition)、寡占 (Oligopoly) 和獨占 (Monopoly)。以下我們先介紹這四種市場的特性。

表 5.1　不同市場類型及基本性質

市場類型	完全競爭	獨占性競爭	寡　占	獨　占
廠商家數	無數多	很多	幾家	一家
產品性質	完全相同	不同但類似	不同但類似	沒有完全替代品
進退障礙	完全沒有	低	高	非常高

(一)完全競爭市場的特性

完全競爭市場必須滿足以下四個條件：

1. 市場上有無數的廠商。
2. 廠商生產完全相同的產品。
3. 長期而言，廠商進入或退出市場都完全沒有障礙。
4. 買賣雙方對產品品質和價格都有完全的訊息 (Perfect Information)。

完全競爭最大的特點在於價格由市場決定，這是因為廠商數量有無數多，每家廠商的市場占有率都極低，因此任何一家廠商都完全影響不到市場價格，一旦價格由市場供需決定後，所有廠商都是價格的接受者 (Price Taker)，表示個別廠商面對的需求曲線是水平的。

從以上條件看來，要找到合乎完全競爭市場特性的產業是不可能的，因為它要求太多的「完全」，而在現實世界中，往往是「不完全」的居多。例如「完全相同」的產品，也稱為同質產品 (Homogeneous Product)，要求的不止是產品本身的款式、尺寸、重量和功能等物理性質一模一樣，在消費者心理上也要沒有差異才行，這樣嚴格的標準在真實生活中是不存在的。例如每臺ATM 領出來的新臺幣都完全一樣，但是我們一定會走到最近的那一臺去領錢，這表示在消費者心中不同 ATM 提供的鈔票是「不一樣」的。

農產品是少數比較接近完全競爭市場的產品，以稻米為例，全世界有數以億計的農民種植稻米，沒有一個農民可以單獨影響國際米價。稻米的品種也不多，不同品種之間變化甚少，正因為幾乎沒有差別，所以個別農民沒有必要為其產品打廣告。而且幾乎沒有什麼進入和退出障礙，只要有土地搭配勞動，不需要太高的技術或資金門檻就可以投入這個市場，其他農產品例如黃豆、小麥、玉米等都有這樣的特性。

(二)獨占性競爭市場的特性

獨占性競爭是最普遍出現的市場類型，一般的消費品大部分都屬於這種市場。它的特性包括：

1.市場上有很多廠商，每家的市場占有率都非常低。

2.廠商生產不同但彼此替代性很高的產品。

3.長期而言，廠商進入或退出市場的障礙都很低。

　　這個市場之所以稱為「獨占性競爭」，是因為廠商的產品有點獨占能力，但市場又非常競爭，只是程度上不如完全競爭激烈。飲料是最典型的例子，以大類來分，就有汽水、咖啡、茶飲、果汁、礦泉水等，再細分下去種類更多，光是汽水就有可樂、沙士、蘋果或橘子口味等，又分罐裝或瓶裝，高熱量和低熱量等。由於每個消費者的口味不同，各種飲料都可以自己的產品特色建立一批忠實粉絲，形成一定程度的獨占地位。但因為不同的飲料還是可以互相替代的，於是這種獨占又很脆弱。所以廣告是最常用的行銷方法，強調產品的獨特性，培養消費者的忠誠度，這就是為什麼每天看到的廣告都是消費性產品例如服裝、飲料、日用品的原因。

　　由於獨占性競爭下的產品只是類似而非完全相同，每項產品都有其獨特性，這種特質讓廠商面對的是負斜率的需求曲線，但需求彈性較大，表示當廠商漲價時，其銷售量會減少很多，但不會完全失去客戶，因為他的商品與其他廠商不完全相同。例如同樣是茶，即使無糖綠茶比有糖綠茶每瓶貴上 2、3 元，正在減重者可能還是會照買，不過如果貴了一倍，原購買者為了省錢可能就轉買有糖綠茶，寧可喝了後多做運動，畢竟兩種茶還是有很強的替代性。

㈢寡占市場的特性

　　顧名思義，寡占市場就是只有少數幾家廠商在市場中，或者由少數廠商掌控了大部分市場，例如臺灣加油站市場的中油和台塑；連鎖便利商店的 7-11、全家、萊爾富和 OK；飛國際航線的華航和長榮；行動通訊的中華電信、台灣大哥大和遠傳。一般而言，像石油、半導體、汽車、航空等產業都屬於寡占市場，因為這些產業的固定成本都非常龐大，而且需要先進的技術才能生產，導致進入或退出市場都有高度障礙。

　　寡占下產品的替代品雖然不多，但因為市場只有少數幾家廠商，一舉一

動都會互相影響，所以各種決策都要顧及到市場上其餘競爭者的反應。要降
價搶客戶，如果對手們也跟進，最後只會數敗俱傷，得不償失，所以在寡占
下，廠商一般都以非價格競爭居多。比如說汽車廣告都強調車子性能好、舒
服、安全，很少強調車價便宜，又如中油和台塑加油站通常都以送贈品促銷，
而非直接降價回饋給消費者。

㈣獨占市場的特性

　　獨占市場最大的特色是只有一家廠商，例如電力市場的台電、每個縣市
的自來水廠。由於市場上沒有完全的替代品，因此廠商漲價銷量也不會減少
太多，導致需求彈性較小。如果任由廠商自行訂價，價格可能過高而傷害到
消費者權益，因此獨占廠商常受到政府管制。不過市場上還是有功能接近的
產品，例如瓦斯某種程度上可以替代電力，加上市場是否屬於獨占也要視地
區範圍而定，遊樂場內賣飲料是獨占，走出場外則有競爭者，所以獨占廠商
也不能無限制的漲價。由於沒有直接的競爭者，獨占廠商就不必打廣告搶客
戶了。獨占市場形成的原因在於高度的進入障礙 (Entry Barrier)，這些障礙包
括：

1.特許權

　　指政府以法律規範限制某些產業只能獨家經營，常見的有能源、運輸和
通訊等基礎設施產業，透過特許權的保護可以保障獨占廠商的利潤，希望能
加快國家經濟的發展，代表性的例子如過去的中油、臺鐵和中華電信。基於
管理方便、提供社會服務、國家安全、避免私人企業訂價太高而傷害民生福
利等理由，通常這種獨占產業都由國營企業經營。

2.專利權

　　為鼓勵廠商進行創新和研發，政府在法律上都會給予研發成果專利權的
保護，在一定時間內其他廠商不能生產相同的產品，於是新產品就會形成獨
占市場，例如大部分個人電腦都採用微軟的視窗作業系統。

3.規模經濟

　　有些產業的總成本中固定成本所占比例甚高，變動成本相對較小，當產

量增加時長期平均總成本可以持續降低，具有規模經濟的特性。如果早已有一家廠商在市場內，即使開放競爭者加入，也會因新廠商需要時間開拓客源，未能及時量產以達到規模經濟，難以和已經在低成本生產的舊廠商競爭，所以舊廠商很自然的成為獨占者，這種市場稱為自然獨占 (Natural Monopoly)。例如過去中華電信在全臺鋪設了電纜線和電話線，購置了大型通訊設備，要再接到各家庭使用室內電話，只需多付少數變動成本則可，所以中華電信就獨占了固網電話市場。即使是新的產業而原來沒有舊廠商在市場內，政府也常以特許權只容許一家廠商進入經營，以免產量被瓜分而無法降低成本。但為了防範獨占廠商訂價太高而損害消費者權益，通常產品價格都要受到政府管制。

4.資源獨占

有些國家得天獨厚，擁有世界上稀有的資源，例如中東的原油蘊藏量最高，阿拉伯國家又聯合起來控制油價和產油量，因此在全球就如同石油的獨占廠商。

 # 二、廠商收益

㈠總收益與經濟利潤

在討論廠商的其他收益前，我們要先介紹相關的概念——經濟利潤 (Economic Profit)，又稱為超額利潤 (Excess Profit)，所謂超額，就是比正常情況還要多。經濟利潤是總收益扣掉機會成本，而會計利潤 (Accounting Profit) 則指帳面上看到的利潤，即總收益減去會計成本，但經濟利潤還要考慮隱藏成本，這樣才能真正反映廠商賺到的利潤。隱藏成本的概念在第 4 章已介紹過，又稱為正常利潤 (Normal Profit)。因此各種利潤和成本的關係如下：

經濟利潤（超額利潤）＝總收益－機會成本（經濟成本）

　　　　　　　　　　＝總收益－外顯成本（會計成本）

　　　　　　　　　　－隱藏成本（正常利潤）

　　　　　　　　　　＝會計利潤－隱藏成本（正常利潤）

　　如果經濟利潤等於零，不表示廠商沒有賺到錢，只是說他的會計利潤剛好等於正常利潤，這正常利潤就是他經營企業的隱藏成本。

　　例如志明與春嬌辭掉原來月薪各 2 萬元的工作，以 100 萬元自有資金開漫畫店，店面是自家透天厝的一樓，兩夫妻也不領薪水，把總收益扣掉進貨、設備、水電等實際支出後一個月的利潤是 5 萬元，這 5 萬元是帳面上看得見的利潤，稱為會計利潤。如果要計算經濟利潤，則必須把隱藏成本算進去。志明與春嬌的隱藏成本至少包括三部分：

1. 不開店的話可以把錢放銀行生利息，如果年利率是 1.2%，一個月的利息就是：$\dfrac{100 \text{萬元} \times 1.2\%}{12} = 1{,}000$ 元，開店後這 1,000 元利息就拿不到了。

2. 兩人辭職後沒有在外面上班所犧牲的薪水收入共：2 萬元 × 2 ＝ 4 萬元。

3. 自有店面如果租給別人可以有租金收入，假設月租 1 萬元，則這 1 萬元放棄的租金收入也是隱藏成本。

　　三項加起來總共是 5 萬 1,000 元，所以經濟利潤其實是 －1,000 元。兩相比較之下，志明與春嬌不應該開店，因為開店並沒有比上班賺得更多。如果進一步把其他額外的付出也考慮進去，例如當老闆壓力大，投入時間更多，又要事必躬親，週六、日不能休假，可能有虧損風險等，則經濟利潤會更低，這時候最好還是回去當受薪階級好了。

㈡總收益、平均收益和邊際收益

　　收益和成本是對應的概念，在討論成本結構時我們介紹過總成本、平均成本和邊際成本，在收益上也有對應的總收益、平均收益和邊際收益。其中總收益 (Total Revenue, TR) 等於產品價格乘以產量。以總收益除以產量，就

得到了平均 1 單位產量的收益，稱之為平均收益 (Average Revenue, AR)，其實也等於產品價格。邊際收益 (Marginal Revenue, MR) 則指產量變動 1 單位時所引起的總收益變化，從數學定義看，邊際收益就是總收益曲線的斜率。如果以數學式表示，即：

$$總收益 = 價格 \times 產量：TR = P \times Q$$

$$平均收益 = \frac{總收益}{產量}：AR = \frac{TR}{Q} = \frac{P \times Q}{Q} = P$$

$$邊際收益 = \frac{總收益的變化}{產量的變化}：MR = \frac{\Delta TR}{Q}$$

三、收益曲線相互間之關係

㈠完全競爭的收益曲線

在不同市場下，廠商面對的需求曲線有差異，收益曲線相互間之關係也因此並不相同。完全競爭下，產品價格是由市場的供給與需求決定，個別廠商只能接受市場價格，由於廠商規模太小，無論生產多少都不足以影響價格，所以廠商面對的需求曲線 D 是一條水平直線，其需求彈性是無窮大，如圖 5.1 (A) 所示。正如在第 4 章討論到邊際產量與平均產量的關係一樣，當平均收益（價格）不變時，一定是邊際收益等於平均收益，於是也隱含著在完全競爭下廠商的邊際收益其實就是價格，即：

$$P = AR = MR$$

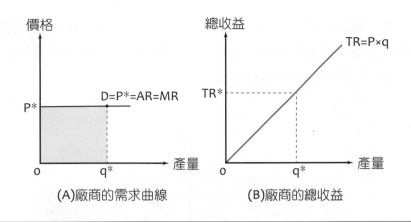

(A)廠商的需求曲線   (B)廠商的總收益

圖 5.1   完全競爭下廠商的需求曲線和總收益

　　如果廠商的產量是 q*，則總收益為 P*×q*，等於圖中方形的陰影面積，
而總收益和產量的關係則可畫在圖 5.1 (B) 中，因為價格是不變的常數，所以
總收益是隨產量的增加而增加的，且增加的速度都一樣，使得總收益曲線是
一條遞增的直線。

㈡非完全競爭的收益曲線

　　至於非完全競爭市場，包括獨占性競爭、寡占和獨占下的產品並非完全
相同，表示廠商多少對價格有影響力，漲價後銷售量不會為 0，因此面對的
需求曲線是負斜率的。由於需求曲線代表消費者願意付的最高價格，價格又
等於平均收益，所以平均收益曲線其實就是需求曲線，廠商的平均收益曲線
也會隨產量增加而遞減，既然平均收益持續下降，一定是邊際收益一直小於
平均收益的原故，如圖 5.2 (A) 所示，所以在非完全競爭下價格（平均收益）
一定大於邊際收益，即：

$$P = AR > MR$$

　　由於總收益是邊際收益的加總，當邊際收益大於 0 時，總收益會隨產量
遞增，如圖 5.2 (B) 所示。邊際收益等於 0 時，總收益達到最大值；邊際收益

小於 0 則會導致總收益下降。所以在非完全競爭下，廠商的總收益並非隨產量遞增的，因為要增加銷售量，廠商就必須降價促銷，在需求曲線右下方彈性小於 1 時，總收益就會因降價而減少。

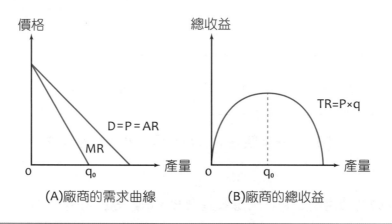

圖 5.2 非完全競爭下廠商的需求曲線和總收益

㈢利潤最大化的均衡條件

分析了廠商的總收益後，接下來就可以討論廠商如何最大化他的利潤。儘管有不同的市場類型，廠商的收益曲線因而也不一樣，但廠商利潤最大化的條件其實都是相同的。由於利潤 = 總收益 − 總成本，所以：

多增產 1 單位的利潤 = 邊際收益 (MR) − 邊際成本 (MC)

當邊際收益 (MR) 等於邊際成本 (MC) 時，多增產 1 單位也不能增加利潤，表示這時候廠商達到利潤最大化的產量，因此均衡條件可寫成：

$$MR = MC$$

在這均衡條件下，廠商再也無法透過調整產量來增加他的利潤。如果當 MR 不等於 MC 時，廠商就應該增產或減產以回到最適產量水準。以下我們

可以用反證法來推導 MR = MC 的均衡條件:

如圖 5.3 (A) 和 5.3 (B) 所示。如果在產量 q* 的左邊時,邊際收益大於邊際成本,表示增產 1 單位可增加利潤,於是廠商就會增產,但在增產的同時,邊際收益會隨著增產下降(在非完全競爭下)或不變(在完全競爭下),而邊際成本卻因增產而上升,表示增產帶來的利潤會逐漸縮小,但只要邊際收益還是大於邊際成本時,廠商增產還是會繼續增加利潤,這時候就會進一步增產,直到產量增加到 q*,邊際收益等於邊際成本時,增產不能再增加利潤,增產才會停止。

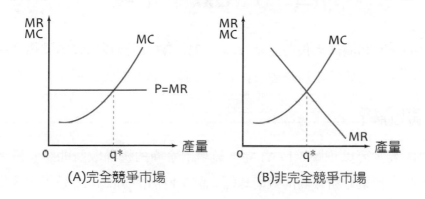

圖 5.3　利潤最大化的均衡條件

反之,假如在 q* 的右邊時,邊際收益小於邊際成本,而且差距會隨產量同步變化,表示廠商增產只會使虧損增加,但減產卻可以減少虧損,因為在減產時,邊際收益會隨著減產上升(在非完全競爭下)或不變(在完全競爭下),而邊際成本卻隨著減產而下降,於是廠商每單位的虧損可以減少。只要邊際收益仍然小於邊際成本,減產還是可以持續縮小虧損,直至產量下降到 q*,邊際收益等於邊際成本時,廠商已經轉虧為損益兩平,就沒有必要再減產了。

從以上分析可以看出,在利潤最大化的前提下,廠商要增產或減產並非

決定在他已經賺了多少，而是決定在他能否繼續多賺一些。不管是在哪一種市場類型下，廠商都會依循著 MR = MC 的法則選擇產量。至於在訂價方面，完全競爭下廠商是價格的接受者，所以只能選擇產量的多寡，且因為價格等於邊際收益，所以 P = MC 也是利潤最大化的均衡條件。而在非完全競爭下，價格大於邊際收益，當廠商選擇了最適產量後，就可以根據負斜率的需求曲線來找出其對應的價格。接下來我們將進一步深入探討在不同市場種類下廠商的生產和訂價行為。

四、完全競爭市場

由於廠商利潤最大化的生產行為，會因為短期與長期成本結構之不同而有區別，因此在分析市場均衡時，我們也區分為短期與長期兩方面來探討。

㈠短期分析

現在我們可以把圖 5.1 (A) 完全競爭下廠商的邊際收益曲線和短期成本曲線放在一起來分析廠商的短期均衡。圖 5.4 中市場價格 P_0 是由市場供需決定，在完全競爭下廠商面對的價格就等於邊際收益，所以當 P_0 等於短期邊際成本時廠商的利潤達到最大化，所對應的產量就是 q_0。在 q_0 的左邊邊際收益大於短期邊際成本，廠商應該增產；在 q_0 的右邊短期邊際成本大於邊際收益，廠商就應該減產；只有在 q_0 時才達到均衡。由於價格等於平均收益，所以每單位利潤就是價格高於短期平均總成本的部分，即 $(P_0 - SATC)$，而廠商的總利潤就是 $(P_0 - SATC) \times q_0$，這時候廠商的經濟利潤大於 0。

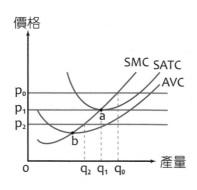

圖 5.4 完全競爭下廠商的短期均衡

　　如果市場價格因供給增加或需求減少而下跌至 P_1，剛好等於短期平均總成本的最低點 a 時，因為短期邊際成本也會穿過這點，這時 a 點也滿足 P_1 = SMC 的均衡條件，但 P_1 = SATC 讓廠商沒有經濟利潤，所以 a 點稱為損益平衡點 (Breakeven Point)。

　　當價格持續下跌至 P_2，低於短期平均總成本但高於平均變動成本時，廠商就有了虧損，這時 q_2 產量下 P_2 = SMC 的均衡條件還是可以讓廠商的虧損減到最小。但為什麼在有虧損下廠商還要生產呢? 原因是在廠商的成本結構中，有一部分是固定成本，反映在每單位產量上就是平均固定成本，即圖中 SATC 與 AVC 之間的距離，當價格低於 SATC 但高於 AVC 時，廠商的每單位虧損 (SATC − P_2) 只是 AFC 的一部分，廠房、設備等固定成本在開業時已經付出去了，是一種既往成本 (Sunk Cost)，對廠商目前營運影響不大，只要 P_2 仍然高於 AVC 的最低點 b 時，表示廠商的原料成本、員工薪水等支出都可以收回並有餘，所以短期內可以忍受這種虧損，如果等到市場價格能夠回升，就有機會轉虧為盈。

　　以志明與春嬌的漫畫店為例，即使開張後生意不怎樣好，也不會幾個星期後就結束營業的，因為當初進了一批漫畫書，買了書架、沙發、電腦等，裝潢與設備也花了不少錢，停業的話能拿回的老本不多，總得先熬過幾個月看看景氣變化再說。不過，如果這種情況長期都沒有改善，漫畫店還是要退

出市場的，因為固定成本的價值會隨著時間因折舊或設備過時而愈來愈低，如果不停業的話最後能拿回的本錢就更少了。

當價格進一步跌破 AVC 的最低點 b，這時候廠商虧損更大，不但完全賠掉已經支付的固定成本，甚至連原料成本、員工薪水等隨產量增加的變動成本都收不回來，表示廠商生產愈多賠得愈多，此時的最適產量就是 0，停止生產並退出市場反而是廠商最好的選擇，所以 b 點稱為廠商的停業點 (Shutdown Point)。

從以上討論中可以發現，由於在完全競爭下廠商的短期均衡條件是 $P = SMC$，由此就可以推導出廠商的短期供給曲線。當價格由 P_0 下跌至 P_1 和 P_2 時，為滿足 $P = SMC$ 的條件，對應的產量也沿著 SMC 由 q_0 分別減少至 q_1 和 q_2，顯示價格和產量之間在 SMC 上有著一對一的正向變動關係，這正是供給曲線的定義，所以高於平均變動成本最低點的那一段短期邊際成本曲線就是廠商的短期供給曲線。如果要得出市場的短期供給曲線，就如第 2 章討論過的，只要把市場上所有廠商的短期供給曲線水平加總就可以了。

㈡長期分析

由於廠商的生產規模短時間內難以變動，因此新、舊廠商短期內都不能進出市場，而且其短期成本不會低於其長期成本。但長期而言，所有生產要素都可以變動，因此完全競爭下會有兩種調整：一是廠商會增減生產規模以降低成本；二是廠商如果有經濟利潤或虧損，就會有新廠商加入或舊廠商退出市場。

1.廠商生產規模的調整

如圖 5.5 (A) 所示，市場供需決定了價格 P_0，假定廠商短期內有固定的生產規模，其平均總成本和邊際成本分別為 $SATC_0$ 和 SMC_0，如圖 5.5 (B) 所示。廠商最大利潤的產量為 $P_0 = SMC_0$ 下的 q_0，而且此時 $P_0 > SATC_0$，表示廠商享有經濟利潤 $(P_0 - SATC_0) \times q_0$。

不過，很明顯的廠商不是在長期均衡狀態，因為長期平均總成本 LATC

處在下降階段，表示當廠商擴張規模時，在價格不變但平均成本下降後，利潤一定會增加。但即使廠商規模擴張到 LATC 的最低點，也並非利潤最大化的產量，雖然這時候平均每單位的利潤最高，但總利潤並未達到最大值，因為價格（邊際收益）仍然高於長期邊際成本 LMC，表示增產可繼續增加利潤，直到產量在 q_L 時價格等於長期邊際成本，利潤不能再增加，生產規模的擴大才會停止，在 q_L 下雖然平均每單位的利潤並非最大，但由於產量較高，總利潤可達到最大，所以廠商長期均衡必須滿足 P＝LMC 的條件。

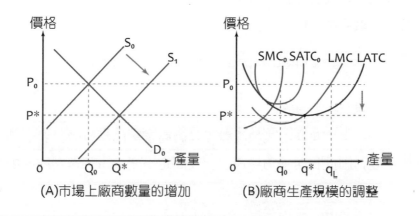

(A)市場上廠商數量的增加   (B)廠商生產規模的調整

圖 5.5   完全競爭下廠商與市場的長期均衡

2.廠商數量的調整

由於長期來說固定成本可以改變，完全競爭下的廠商進入或退出市場都沒有任何障礙，當廠商有經濟利潤時，會吸引新的廠商競相加入市場，廠商數量的增加會使得市場的供給曲線右移，供給增加後市場價格下降，個別廠商的產量也下跌，這時候經濟利潤雖然因價格和產量都下跌而減少，但只要價格仍高於長期平均總成本，經濟利潤仍大於 0 時，新廠商的加入市場就不會停止，一直到供給曲線持續右移至 S_1，價格下跌到 P^* 等於長期平均總成本最低點，經濟利潤為 0 時，新廠商的加入才會結束，這時候市場供給量從 Q_0 增加至 Q^*，但廠商的產量卻由 q_L 減少至 q^*。

　　反之，如果新廠商加入過多，讓價格跌到低於長期平均總成本時，廠商就會有虧損，於是就有廠商要退出市場，供給減少後價格就會回升，直至價格回升至長期平均總成本最低點時，廠商從虧損轉為損益兩平，廠商數量與市場供給的調整才會停止。

　　從上述分析可看出，當進入市場完全沒有障礙時，經由廠商數目的調整，長期而言廠商就無法享有經濟利潤，但也不會有虧損，最後每家廠商都只有正常利潤。從圖 5.5 (B) 中可以看出，在長期的均衡產量 q^* 時，廠商不但達到利潤的最大化，而且在長、短期平均總成本的最低點生產，由此我們就得出完全競爭下廠商的長期均衡條件為：

$$P^* = MR = SMC = SATC = LATC = LMC$$

3. 產業的長期供給曲線

　　在上述分析個別廠商的規模改變以及廠商家數的調整時，我們都假設資源的價格不變，因此長期平均總成本也就固定不變。由於個別廠商的規模太小，規模增加也不會影響資源的價格。但當所有廠商都增產，而且又有很多新廠商加入這產業時，市場產量的大幅上升必然增加對廠房設備、工人等各種生產要素的需求，進而導致資源價格產生變化，其中最普遍的是長期平均總成本的上升，而產生正斜率的長期產業供給曲線，這種產業我們稱為成本遞增產業 (Increasing Cost Industry)。

　　如圖 5.6 (A) 所示，假設原來市場在長期均衡狀態，廠商沒有經濟利潤，市場均衡點為 e_0，價格和數量分別為 P_0 和 Q_0。當需求曲線由 D_0 增加至 D_1，價格上升至 P'，P' 大於長期平均總成本 $LATC_0$ 的最低點 a，這時候所有廠商都有經濟利潤，於是個別廠商會擴大規模，產量由 q_0 增至 q'，如圖 5.6 (B) 所示，使市場產量沿著 S_0 增加至 Q'，但經濟利潤會吸引新的廠商加入市場。

　　當資源稀少時，新廠商的加入會增加對資源的需求，拉動資源價格的上升，在任何產量下廠商的平均成本都增加，因此長期平均總成本會整條往上移動，但只要價格仍高於長期平均總成本的最低點，經濟利潤仍在，新廠商

就會持續加入，資源價格就不斷上升，最後直至供給曲線增加至 S_1，市場均衡點為 e_1，價格下降至 P_1，剛好等於 $LATC_1$ 的最低點 b 時，廠商才沒有經濟利潤，市場重新回到長期均衡狀態，這種調整才會結束。

如果我們把 e_0 和 e_1 連結起來，就可以繪出一條往右上方延伸的產業長期供給曲線 LS，其供給彈性較 S_0 和 S_1 來得大，因為當產品價格上升後，長期而言新廠商的加入生產可以使市場產量增加更多，但是個別廠商的產量倒不一定比之前增加，因為當 $LATC_0$ 上升至 $LATC_1$ 後，b 點所對應的產量不一定大於 a 點的。由於資源稀少是普遍性的現象，所以大部分產業的長期供給曲線都是這樣的形態。

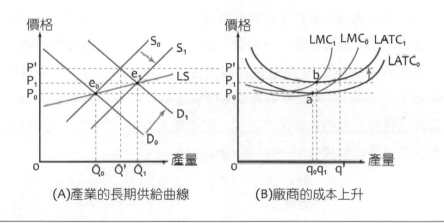

(A)產業的長期供給曲線　　(B)廠商的成本上升

圖 5.6　成本遞增的產業

如果在資源非常豐富的情況下，市場產量的增加並不會使資源價格上升，因此長期平均總成本和市場的長期均衡價格仍維持在 P_0 不變，於是產業的長期供給曲線就是一條水平的直線，稱為成本不變產業 (Constant Cost Industry)，如圖 5.7 所示。個別廠商最後的產量也和之前一樣不變，因此市場供給量由 Q_0 增加至 Q_1 完全是由新加入市場的廠商所貢獻的。

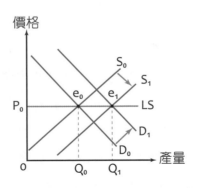

圖 5.7   成本不變產業的長期供給曲線

　　當市場產量的增加帶動了產業原料或零組件的成長，使得資源供給的增加大於需求，這時候資源價格反而會下降，導致長期平均總成本下移，最後市場的長期均衡價格從 P_0 降至 P_1，產業長期供給曲線成為一條負斜率的曲線，如圖 5.8 所示，這種產業稱為成本遞減產業 (Decreasing Cost Industry)，許多新興或科技產業都有這樣的特性，例如個人電腦和手機，長期以來使用的數量愈來愈多，但價格卻一年比一年便宜。

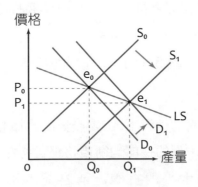

圖 5.8   成本遞減產業的長期供給曲線

㈢完全競爭與經濟效率

　　完全競爭是四種市場種類中最特別的，因為要符合這個市場的條件太嚴苛了，在現實中都找不到完全一致的屬性，所以它具有虛擬的性質，但在各種市場類型中卻是效率最高的。所謂效率，在經濟學上有兩種標準：

1.生產效率 (Productive Efficiency)

　　指廠商是否在平均成本的最低點生產，可以節省稀有的資源。完全競爭下經由產業內廠商家數的調整，廠商最終會生產在長期平均總成本的最低點，所以合乎生產效率的標準。

2.配置效率 (Allocative Efficiency)

　　指產品價格是否等於其邊際成本，使社會福利 (Social Welfare) 達到最大。完全競爭市場中有無數的生產者和消費者，如果把他們個別的供給曲線與需求曲線作水平加總，就得出了市場的供需曲線如圖 5.9 所示，其中需求曲線代表消費者願意付的最高價格，也就是邊際效益，供給曲線則代表生產者的邊際成本。市場供給與需求決定了價格 P* 和數量 Q*，消費者得到了三角形 abP* 的消費者剩餘，廠商得到了三角形 bcP* 的生產者剩餘，兩種剩餘加起來合稱為社會福利，即三角形 abc。

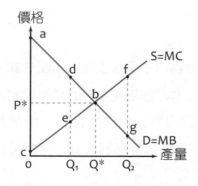

圖 5.9　完全競爭的經濟效率

　　如果產量在 Q_1 時，社會福利會從三角形 abc 減少為梯形 adec，而小三角形 dbe 則稱為無謂損失 (Deadweight Loss)，之所以稱為「無謂」，是因為這一塊減少的社會福利沒有人拿走，所以也稱為絕對損失。在 Q_1 下邊際效益大於邊際成本，表示增產 1 單位的效益大於成本，如果多生產就可以提升社會福利水準，一直增產到 Q^* 時邊際效益等於邊際成本，此時社會福利達到最大值。如果繼續增產到 Q_2，小三角形 fgb 也是無謂損失，因為這一塊面積都是邊際效益小於邊際成本，如果減產至 Q^* 則可以消除這一塊損失。因此，只有在 Q^* 下社會福利才能最大化，這時候 P＝MB＝MC，而在完全競爭市場下，廠商不管是長期或短期的均衡條件都要求 P＝MC，所以完全競爭市場也同時符合配置效率的標準。

　　在完全競爭下，價格機能能夠充分發揮，沒有任何的資源浪費或無謂損失，這種競爭結果相當「完美」，這也是為什麼英文叫 "Perfect Competition" 的原因。有了這個虛擬但理想的市場，在評價其他市場種類的效率時，就可以完全競爭作為比較標準，找出其他市場有待改進的地方。

五、獨占市場

㈠短期分析

1.短期均衡

　　獨占廠商面對的是負斜率的需求曲線，如圖 5.10 (A) 所示，當產量在 Q^* 時，邊際收益等於邊際成本，這時候廠商的利潤達到最大化，在最適產量 Q^* 決定後，由需求曲線可找出對應的價格為 P^*。由於價格高於短期平均總成本，獨占廠商處在獲利狀態，經濟利潤為 $(P^* - SATC) \times Q^*$，如圖 5.10 (A) 陰影面積。

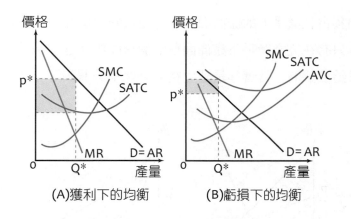

圖 5.10　獨占廠商的短期均衡

　　不過，獨占市場下雖然只有一家廠商經營，但不一定能賺取暴利，甚至有可能虧損，因為消費者還是可以選擇其他接近的替代品，或是少買一些，當市場需求太低時，有可能獨占廠商的短期平均總成本曲線高於需求曲線，如圖 5.10 (B) 所示，這時候不管如何訂價都會有虧損，不過當邊際收益等於邊際成本時虧損還是最小的，圖中陰影面積為虧損金額，只要價格仍然高於平均變動成本，短期內獨占廠商還是會留在市場經營。

2.獨占廠商沒有供給曲線

　　當獨占廠商面對的需求曲線不是水平時,就無法推導出短期的供給曲線。因為負斜率的需求曲線下價格會大於邊際收益，廠商會生產在 $P > MR = MC$ 的產量，這時候價格和產量就沒有一對一的對應關係。如圖 5.11 (A) 所示，假設原來市場需求曲線及邊際收益曲線分別為 D_1 與 MR_1，獨占廠商利潤最大化的產量為 $MR_1 = MC$ 下的 Q_1，對應的價格為 P_1，如果現在市場需求曲線變為 D_2，最適產量卻仍然是 Q_1，因為 MR_2 也穿過原來 MR_1 與 MC 的交點，但對應的價格則下降為 P_2，表示當價格改變時，產量並沒有變化。

　　同理，圖 5.11 (B) 顯示同一價格下獨占廠商可以有不同的產量。從這兩個圖可發現，只要需求曲線是負斜率時，價格和產量缺乏一對一的對應關係，廠商就沒有短期的供給曲線，同理也不會有長期的供給曲線。不只是獨占廠

商，寡占和獨占性競爭下的廠商面對的都是負斜率的需求曲線，因此都沒有供給曲線。只有在完全競爭下廠商面對的需求曲線才是水平的，所以當我們畫出一條供給曲線時，其實都是建立在完全競爭的假設下。

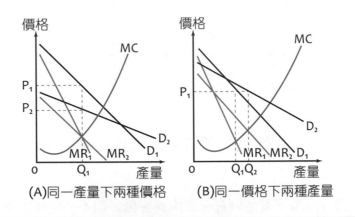

(A)同一產量下兩種價格　(B)同一價格下兩種產量

圖 5.11　獨占廠商沒有供給曲線

㈡長期分析

　　由於各種進入障礙的存在，沒有新的競爭者可加入市場，獨占廠商的短期經濟利潤長期仍然可以享有，但會調整生產規模以降低長期成本。如圖 5.12 所示，獨占廠商短期的最適產量為 MR = SMC 均衡條件下的 Q_0，對應的價格為 P_0，長期則會擴大生產規模至 Q^*，價格降為 P^*，以滿足 MR = LMC 的利潤最大化條件，進一步提升獲利。至於短期有虧損的情況下，如果需求曲線也低於長期平均總成本曲線，這時候獨占廠商不管如何調整生產規模都會有虧損，由於是市場內唯一的廠商，無法透過等待競爭者的退出來減少供給，藉以拉升價格達到轉虧為盈的效果，因此獨占廠商最終也必須退出市場。

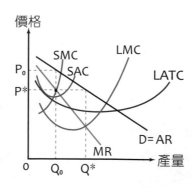

圖 5.12　獨占廠商的長期均衡

㈢差別訂價

　　獨占廠商除了缺乏競爭者而可能長短期保有經濟利潤外，也可以透過差別訂價 (Price Discrimination) 的方式來增加利潤。差別訂價是指對同樣成本和同樣品質的產品，因購買量、時間、地點等不同而分別訂出不同價格。廠商如果要採用差別訂價，必須有三項條件：

1. 需求曲線是負斜率的，即廠商是價格的決定者。
2. 要能夠有效區隔不同的消費者。
3. 要能夠避免低價買入者可以轉售獲利。一般而言，消費者在購買時必須直接消費、不能保存的產品或勞務比較容易採取不同價格。

　　只要合乎上述條件，其實不止是獨占，寡占和獨占性競爭下廠商都可以採取差別訂價的。以種類而言，差別訂價可分成第一級到第三級三種：

1. 第一級差別訂價

　　第一級差別訂價 (First Degree Price Discrimination) 指廠商完全掌握消費者的需求曲線，以每單位產品買方願意付的最高價格來訂價，所以又稱為完全差別訂價 (Perfect Price Discrimination)。以圖 5.13 為例，為方便比較起見，假設邊際成本是水平的，則平均總成本也是水平且兩者相等。沒有差別訂價下獨占廠商會生產在 $MR = MC$ 下的 Q_M 而價格為 P_M，如果是完全競爭市場，

最適產量應該是 $P = MC$ 下的 Q_D。

　　當廠商採取第一級差別訂價，第一個單位若以需求曲線上的價格 P_1 出售，則廠商收到 P_1，這是第一個單位的邊際收益，第二個單位若以需求曲線上的價格 P_2 出售，則廠商收到 P_2，就是第二個單位的邊際收益。如此的按件計價，則差別訂價後需求曲線變成了廠商新的邊際收益曲線 MR_D，於是利潤最大化的產量為 $MR_D = MC$ 下的 Q_D，正是完全競爭下的最適產量，滿足原來 $P = MC$ 的配置效率。

　　廠商的經濟利潤則由原來正方形 B 的面積增至 A、B、C 三塊面積，其中三角形 A 的面積原本是消費者剩餘但現在完全被廠商拿走了，而三角形 C 的面積則為原來的無謂損失，但在完全差別訂價下成為廠商經濟利潤的一部分。對購買量在 Q_M 之前的消費者而言，價格上升後損失了消費者剩餘，不過對購買量在 Q_M 至 Q_D 間的消費者來說，本來是被排除在交易之外，完全差別訂價下他們卻可以低於 P_M 的價格購買產品，所以這群消費者不但沒有損失，反而是得益者，而社會福利也可以達到最大，只是全都成為獨占廠商的經濟利潤了。

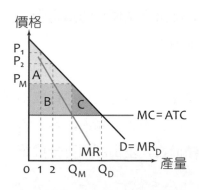

圖 5.13　第一級差別訂價

2.第二級差別訂價

　　第一級差別訂價可以增加廠商的經濟利潤，不過如果按每一單位訂價，計算過於複雜，反而會增加廠商的行政成本，消費者也會覺得訂價不清楚，容易有消費糾紛，所以在實務上一般不會分得太細，大概就是分成幾個等級收費，這就是第二級差別訂價 (Second Degree Price Discrimination)，又稱為階段訂價法，指獨占廠商對消費者分幾種不同購買量計價，最常用於電力、瓦斯、自來水和電訊等易於計算使用量的產業。

　　圖 5.14 顯示，當獨占廠商按產量 Q_1、Q_M、Q_2 三階段分別訂價 P_1、P_M、P_2，其經濟利潤比原來多出了正方形 A 和 C 兩小塊面積，當分段數愈多，廠商增加的經濟利潤就愈多，但消費者剩餘就愈少，如果分段數目接近無限多，就接近第一級差別訂價了。

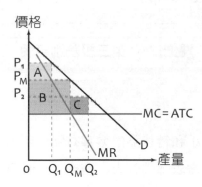

圖 5.14　第二級差別訂價

3.第三級差別訂價

　　第三級差別訂價 (Third Degree Price Discrimination) 又稱為市場區隔 (Market Segmentation)。獨占廠商把消費者分成兩個市場，具有不同的需求曲線，其需求彈性大小也有差異，廠商可以因此訂定差別價格。其做法是：彈性小的需求曲線漲價後銷售量不會減少太多，可訂價較高增加總收益，以提

升利潤，如圖 5.15 (A) 中的 D_1 所示。反之，彈性大的需求曲線降價後銷售量會大幅增加，所以要訂價較低增加總收益和利潤，如圖 5.15 (B) 的 D_2 所示。而需求彈性的不同是由於消費者的所處地區、時間偏好、所得、購買次數和資訊等不同而形成的。

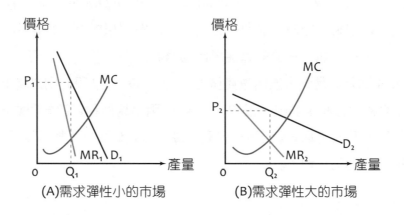

圖 5.15　第三級差別訂價

(1)不同地區

　　由於需求彈性的大小和替代品的多寡有關，所以市場較開放的地區因競爭程度高，替代品多，需求彈性較大，廠商訂價較低。反之，市場較封閉的地區，競爭程度低，替代品少，需求彈性較小，訂價就較高。例如許多臺灣民眾到歐美旅遊會順便買個名牌包，就是因為歐美市場較臺灣開放，競爭者多所以產品較便宜。

(2)不同時間

　　在不同時段消費者往往有不同的需求彈性，例如飯店吃到飽的下午茶，即使菜式是一樣，往往比吃到飽晚餐便宜很多。原因是下午茶時間許多人在上班，又吃過了午餐，對下午茶的價格彈性就較大。但晚上下班後時間充裕，忙碌了一整天要好好享受大餐，價格彈性就較小。

　　另一個典型的例子是電影，時間愈長，需求彈性就愈大，而需求彈性的

大小與觀眾願意付的價格是成反比的，因此不耐久等的觀眾付較高價格，有耐性的觀眾付較低價格。於是電影就會按照時間採取差別訂價：首先在一輪戲院放映，票價最高，然後是二輪戲院，票價較低，跟著在 DVD 店出租，全家都可以一起看，所以較二輪戲院便宜，接下來在付費的有線電視臺播放，每部電影分攤的月租費都很低，所以又更便宜，最後是在無線電視臺放映，連第四臺月租費都不必付了，所以價格最低，觀眾唯一要付出的成本是要看中間插播的廣告。許多 3C 產品也採用雷同的差別訂價策略，新款式剛推出時都賣得很貴，之後就不斷降價了。

(3)不同所得

需求彈性的大小和產品支出占預算比重成反比，一般而言所得高者總支出也高，因此同樣價格的產品，其支出占高所得者的總支出比例較低，需求彈性較小，反之，低所得者總支出也低，需求彈性就較大。公車、電影院等對學生收費較便宜就是一種差別訂價，因為學生所得較低，其需求彈性較大的原故。

速食店的折價券也是另一個典型例子，肯德基常常把炸雞餐的折價券印在報紙上或者其宣傳品上，為什麼不直接降價呢？原因是折價券其實讓肯德基間接對不同所得的消費階層採取了差別訂價。雖然肯德基無法直接知道客戶所得，但一般來說蒐集折價券的誘因及意願和顧客的所得有關，忙碌的高所得族群，不太有時間坐下來慢慢剪下折價券來保存並隨時帶在身上，以備下次用餐時使用，也比較不會在乎使用折價券所省下的 10 元 8 塊，所以需求彈性較小，購買時付的是一般價格。反之，低所得族群需求價格彈性較大，如果炸雞餐沒打折他們可能不去光顧，所以肯德基會提供折價券，讓他們剪下並享受較低的價格。

(4)不同訊息

消費者對同一產品的真正價值往往擁有不同的訊息，不熟悉市場行情的消費者，需求彈性會較小，因為往往被訂價較高而不自知，購買量沒減少太多。相反，廠商對熟悉市場行情者只能賣較低價格。最常見的例子是出國觀

光時東西買貴了，尤其是非標準化的土產、特產，所以俗語說「貨比三家不吃虧」，除了比價外就是要瞭解市場行情。

(5)不同購買次數

　　出國觀光東西買貴了，除了缺乏市場訊息導致外，還有一個原因就是購買次數，觀光客往往只光顧一次，即使事後知道被騙，購買量已不能減少，需求彈性較小，廠商往往會訂出較高價格。反之，當購買次數可以是多次的情況下，廠商考慮到消費者得知被騙後以後不來買，購買量將減少很多，因此需求彈性較大，廠商就不會收取較高價格，這可以解釋為什麼在住家附近的店家買東西，被騙的機率比較低的原因。不過，假如店家準備要結束營業，附近鄉居的購買次數馬上從多次變成一次，這時候被騙的可能性就很大。

(四)獨占與經濟福利

1.獨占與完全競爭的比較

　　獨占是市場種類中與完全競爭對立的極端，透過與完全競爭的比較，我們就更清楚獨占對社會福利的損害。就生產效率來說，完全競爭下的廠商，由於新廠商加入市場競爭，最後會在長期平均總成本的最低點生產，但對獨占廠商而言，缺乏新競爭者的壓力下，除非邊際收益曲線剛好穿過長期平均總成本的最低點與長期邊際成本相交，否則在一般情況下，獨占廠商不會以最低成本生產，就像圖 5.12 所示。

　　再以配置效率來說，如圖 5.16 所示，完全競爭下市場的供給和需求分別決定了市場價格 P_P 和數量 Q_P，滿足 $P = MC$ 的條件，如果無數多的廠商合併起來變成一家獨占廠商，則獨占廠商訂價和產量分別為 P_M 和 Q_M，以滿足 $MR = MC$ 的利潤最大化條件，從圖中可看出，與完全競爭相比，獨占廠商的價格較高 ($P_M > P_P$) 但產量較低 ($Q_M < Q_P$)。所以在獨占市場下社會福利為梯型 adec 面積，低於完全競爭市場下三角形面積 abc，無謂損失為 dbe 面積，這是因為獨占廠商只生產到 $P > MC (= MR)$，產量較低和價格較高所導致。

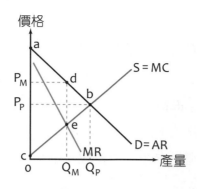

圖 5.16　獨占與完全競爭的比較

　　獨占市場不但會導致經濟效率的損失，而且獨占廠商常常以金錢遊說國會，甚至賄賂政府單位等不法手段鞏固其獨占地位，沒有把資源用在新財富或新價值的創造，這也是獨占市場常被批評的地方。不過，如果獨占市場的形成是因為廠商擁有專利技術，則為了維持其獨占地位，防止潛在對手加入市場競爭，獨占廠商就會不斷研發新技術；而且，在自然獨占市場下，由於規模經濟的特性，多家廠商一起經營的平均成本反而比獨家經營來得高。就這兩點來看，獨占市場對經濟福利也有正面效果。

2.獨占與價格管制

　　由於獨占廠商在市場上沒有競爭者，容易賺取超過正常的利潤，不但缺乏生產與配置效率，又常常採取差別訂價，進一步剝奪消費者剩餘，因此政府通常對其價格加以管制，管制方法有兩種。

　　第一種稱為邊際成本訂價法 (Marginal Cost Pricing)，指政府規定獨占廠商要把價格設在等於長期邊際成本，即 $P_{MC} = LMC$，使需求曲線與長期邊際成本曲線相交，則無謂損失可以消除掉，社會福利達到最大，價格和產量可以恢復到圖 5.16 中完全競爭下 P_P 和 Q_P 的水準。不過，如果獨占廠商是屬於自然獨占，則由於具有規模經濟特性，長期平均總成本持續下降，導致長期邊際成本一直低於長期平均總成本，如果按照這種法則訂價則 $P_{MC} < LATC$，如圖 5.17 所示，除非政府願意補貼，否則會使自然獨占廠商產生虧損而早晚

要退出市場。

於是有另一種務實的做法稱為平均成本訂價法 (Average Cost Pricing)，指要求自然獨占廠商把價格設在等於長期平均總成本，即 $P_{AC} = LATC$，使需求曲線與長期平均總成本曲線相交，這時候自然獨占廠商損益兩平，只有正常利潤，價格和產量分別為 P_{AC} 和 Q_{AC}，但在 Q_{AC} 下價格還是大於長期邊際成本，社會的無謂損失還是存在，配置效率依然無法達成。

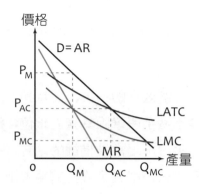

圖 5.17　自然獨占下的價格管制

 六、寡占市場

㈠拗折的需求曲線理論

由於在寡占下廠商的產品有一定的獨占能力，面對的是負斜率需求曲線，可以自行決定產品價格，不過當成本產生變化時，寡占廠商不一定馬上調整價格，例如牛奶價格上揚時，只要幅度不大，便利超商不會立刻調漲現煮咖啡的價格，這種價格的穩定性稱為價格僵固 (Sticky Price)，拗折的需求曲線理論 (Kinked Demand Curve Theory) 可以用來解釋價格僵固的原因。

以便利超商為例，7-11 和全家的店面數分別約占全國 50% 和 30%，顧客

幾乎由這兩家瓜分，是典型的寡占市場，而彼此的任何行為雙方都很清楚，這兩家超商在決定價格或產量時，因為相互影響程度很大，必須考慮到對方的反應再做決策。

　　如果 7-11 的現煮咖啡要漲價，全家到底要不要跟進呢? 如果跟著漲價，就不能把 7-11 的顧客搶過來，雙方的市場占有率和之前一樣，如果不漲價，客人就很有可能跑過來，權衡之下，全家就決定不漲價，這時候 7-11 漲價會失去不少客戶。相反，如果 7-11 的現煮咖啡降價，全家也會盤算，不跟著降價的話客人會跑掉，降價至少可留住原來客戶，比較之下，最後全家就決定要跟著降價，這時候 7-11 降價也沒辦法搶走全家的消費者。所以當 7-11 調整價格時，全家最有可能的反應就是漲價不跟進但降價跟進。

　　圖 5.18 就說明了這種情形，假設 7-11 原來的價格和產量分別為 P^* 和 q^*，並有兩條需求曲線 D_1 及 D_2 都通過 P^* 和 q^* 對應的 b 點，也有對應的兩條邊際收益曲線 MR_1 及 MR_2，其中 D_1 斜率較平緩，需求彈性較大，當價格略為上漲時，會引起銷售量相對較大的下跌; 而 D_2 斜率則較陡，需求彈性較小，當價格大幅下跌時，銷售量只略有增加。D_1 及 D_2 分別代表 7-11 對全家漲價不跟進和降價跟進下的需求量變化。如果 7-11 漲價但全家不跟進，7-11 會損失較多的客戶，因為除了流失漲價後嫌貴不買咖啡的消費者外，有些客人會從 7-11 跑到全家去，所以漲價要用 D_1 這條彈性較大的需求曲線來計算減少的銷售量。

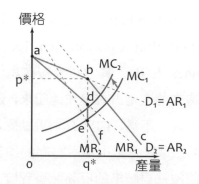

圖 5.18　拗折的需求曲線模型

如果 7-11 降價，全家擔心會流失客戶，所以也跟進降價，這時候 7-11 增加的消費者較少，因為沒有搶到全家的客人，增加的只是降價後多買咖啡的消費者，所以降價後的銷售量要用 D_2 這條彈性較小的需求曲線計算。

於是我們就推導出 7-11 面對的是由 ab 及 bc 兩段組成的拗折的需求曲線，它的邊際收益曲線在 ab 段對應的是 MR_1 上的 ad，在 bc 段對應的是 MR_2 上的 ef，所以整條完整的邊際收益曲線為 adef。

如果邊際成本曲線 MC_1 穿過邊際收益曲線垂直那一段的 de 之間，由 $MR = MC$ 的均衡條件知道，q^* 就是 7-11 最適當的產量。當邊際成本由 MC_1 上升到 MC_2 時，只要不超出 de 區間，則 q^* 還是利潤最大的產量，而價格 P^* 也維持不變。這個模型說明了寡占市場的價格為什麼會比較穩定。當邊際成本有所變動時，只要在一定範圍內，在顧及到競爭對手的可能反應後，廠商乾脆自行吸收成本的變化而不改變價格，只採用提升服務品質或者送贈品等非價格方式競爭。這也解釋了為什麼牛奶價格小幅上升時，便利超商都不會馬上調漲咖啡價格，以及為什麼中油和台塑都以送贈品促銷，而不直接降油價回饋消費者。

㈡產業集中度的測量

要衡量產業內競爭的程度，光是以四種市場種類來區分還是不夠的。即使是同樣廠商家數的寡占產業，每家廠商的市場占有率有可能不同，競爭程度就有差異，市場占有率一般是指個別廠商的總收益占整個市場總收益的比重。因此以集中度 (Concentration Ratio) 來衡量是更為客觀的方法，最常用的有四大廠商集中度 (Four-firm Concentration Ratio, CR4) 和賀氏指標 (Herfindahl-Hirschman Index, HHI)。其中四大廠商集中度的計算頗為簡單，就是把該產業中前四大廠商的市場占有率加總起來，如果 CR4 大於 40%，則該產業一般被視為寡占市場。不過，CR4 有兩項缺點，一是只著重前四大廠商，忽略了其餘競爭者；二是只考慮市場占有率的加總，沒考慮到前四大廠商的個別規模差距，可能沒法更精準的反映競爭程度。例如，有兩個產業的 CR4 同樣是 80%，如果其中一個產業最大廠商的市場占有率達 50%，另一個

產業每家廠商的市場占有率都是 20%，則後者其實更為競爭。

　　賀氏指標可以改善上述缺失，其衡量方法是把產業內所有廠商的市場占有率乘以 100 後再取平方，然後再加總起來，取平方的用意是把規模大的廠商突顯出來。例如有 3 家廠商的寡占市場，市場占有率分別是 50%、30%、20%，則 $HHI = 50^2 + 30^2 + 20^2 = 3,800$，最大廠商對 HHI 的貢獻度為 $\dfrac{2,500}{3,800} = 65.8\%$ 而不再是 50%。

　　HHI 的特點還包括：

1. 當市場為獨占時，廠商的市場占有率為 100%，$HHI = 100^2 = 10,000$，當市場為完全競爭時，每家廠商的市場占有率接近 0，HHI 也接近 0，所以 HHI 數值落在 0 至 10,000 之間，當數值愈大，表示廠商規模分布的愈不平均。

2. 美國司法部 (Department of Justice) 常利用 HHI 作為評估某一產業集中度的指標，如果 HHI 低於 1,000，表示產業集中度不高，如果在 1,000 至 1,800 之間屬於集中度中等，超過 1,800 則被視為高度集中。

3. HHI 對大廠的市場占有率反應比較敏感，而小廠的市場占有率對 HHI 的影響較小，因而反映了廠商規模分布不均的問題，加上把產業內所有廠商都納入計算，所以更具有代表性。

經濟短波

觀光飯店的產業集中度

　　近年觀光旅遊風氣興盛，觀光旅館如雨後春筍般林立，此處我們便以觀光飯店產業來實際計算產業集中度的指標。由於交通部觀光局會定期發布《觀光旅館營運統計月報》，因此個別廠商的收益與市場的總收益都很容易取得。根據資料，我國總共有 111 家觀光飯店，總營業額為 5,342,435,568 元新臺幣，下表為 2014 年 1 月營業額前十名的觀光飯店：

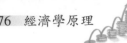

表 5.2　營業額前十名的觀光飯店

飯店名稱	營業額（元）	市場占有率 (%)
晶華酒店	315,794,864	5.91
台北寒舍喜來登大飯店	285,974,769	5.35
台北 W 飯店	199,660,232	3.74
台北君悅酒店	172,414,333	3.23
漢來大飯店	167,322,541	3.13
國賓大飯店	156,043,235	2.92
福華大飯店	153,581,000	2.87
台北寒舍艾美酒店	130,729,335	2.45
遠東國際大飯店	128,698,523	2.41
六福皇宮	115,589,892	2.16

依據各飯店的市場占有率，可以計算 CR4 與 HHI 如下：

$$CR4 = 5.91\% + 5.35\% + 3.74\% + 3.23\% = 18.23\%$$

$$HHI = (5.91)^2 + (5.35)^2 + (3.74)^2 + (3.23)^2 + \cdots$$
$$= 34.93 + 28.62 + 13.99 + 10.43 + \cdots$$
$$= 198.96$$

由計算結果來看，CR4 僅 18.23%，低於 40%，而 HHI 也只有約 199，遠低於 1,000，顯示觀光飯店的產業集中度不高。而且此資料僅涵蓋觀光飯店，若再將許多小型旅館、民宿包含進來，整體飯店產業的集中度將更低。

資料來源：交通部觀光局，《2014 年 1 月觀光旅館營運統計月報》。

㈢競爭與聯合

　　拗折的需求曲線模型有助於我們瞭解寡占廠商間的價格和產量為什麼比較穩定，但模型未能解釋原始的價格 P* 是怎樣訂定的，而且在實際生活中，

廠商間不止有競爭，也可能採取聯合行為，例如便利超商曾經在同一時間同一幅度調漲現煮咖啡價格。所以寡占廠商不止只有競爭，也可以合謀以獲得更大利益，由於寡占市場中廠商的數量不多，勾結的可行性較高，利益誘因也較強烈，很容易會形成一種叫卡特爾 (Cartel) 的聯合壟斷組織，由組織成員透過某些協議或規定來控制產品的產量和價格，實際上形同獨占市場，其產量就會較少、價格較高，卡特爾的整體利潤也上升，最典型的例子就是1960 年代阿拉伯國家組成的石油輸出國家組織 (Organization of the Petroleum Exporting Countries, OPEC)，其成立的目的是協調和統一成員國的石油供給和價格，確保共同的利益。不過卡特爾的聯合行為在執行上也有幾點困難：

1.潛在進入者的威脅

如果卡特爾把價格訂得過高，就會吸引新廠商加入市場，由於新、舊成員之間缺乏長期互信，加上成員愈多，意見變得複雜，就愈難勾結起來。

2.成員有強烈誘因破壞聯合協議

卡特爾只是利益的結合，其協議並不具很強的約束力，只要其中一個成員不履行協議，私自訂出較低價格，在其他成員還沒反應過來之前就可以擴大自己的市場。

3.聯合期間難以持久

組織整體利潤雖然增加，但組織成員在生產、經營、財務上仍舊各自獨立，加上成員本身條件不同，利益分配難以讓全體滿意等因素，這些情況都造成了卡特爾不穩定的本質。

4.聯合壟斷行為受到法律管制

為保護消費者權益，政府往往在法律上明文禁止勾結行為，寡占廠商只能靠默契等不成文的方法暗中訂定聯合協議，但如此一來成員更不會遵守組織約定。

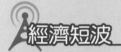

石油輸出國家組織

(Organization of the Petroleum Exporting Countries, OPEC)

於 1960 年成立，當時僅 5 個成員國，分別為沙烏地阿拉伯 (Saudi Arabia)、伊朗 (Iran)、伊拉克 (Iraq)、科威特 (Kuwait) 和委內瑞拉 (Venezuela)。組織的目的為協調成員國之間的石油價格及政策，以確保能維護彼此的利益。

圖片來源：維基百科

至 2013 年為止，OPEC 共有 12 個成員國，總部位於奧地利首都維也納。除了創始的 5 個成員國之外，另包含：阿爾及利亞 (Algeria)、利比亞 (Libya)、奈及利亞 (Nigeria)、卡達 (Qatar)、阿拉伯聯合大公國 (United Arab Emirates)、厄瓜多 (Ecuado)、安哥拉 (Angola)。

OPEC 成員國的石油蘊藏量約為 1 兆 2,000 億桶，占全球總蘊藏量的 81%；而其產量約為每日 3,200 萬桶，占世界產量的 45% 左右。成員國中蘊藏量最多的為委內瑞拉（2,977 億桶），產量最多的為沙烏地阿拉伯（每日 976 萬桶）；而 OPEC 成員國以外的國家蘊藏量與產量最多的皆為俄羅斯（800 億桶、每日 1,004 萬桶）（2012 年）。

而石油的消費量以美國最多，約為每日 1,890 萬桶，約占世界消費總量 8,887 萬桶的 21%。OPEC 成員國的消費量總和約 866 萬桶，僅占世界消費總量的 9.7%（2011 年）。

資料來源：OPEC (2013), *Annual Statistical Bulletin*。

㈣寡占與經濟效率

在寡占市場下，由於決策相互依存，廠商的行為比其他市場更為複雜，拗折的需求曲線模型只能解釋其中一種競爭型態，不容易有簡單的法則可以歸納寡占廠商的所有行為模式，因此也不容易直接比較寡占與完全競爭的經濟效率。但我們還是可以利用生產效率和配置效率兩項標準來評估寡占市場。

首先，如同獨占廠商一樣，由於高度的進入障礙，競爭者較少，寡占廠商一般不會在成本最低點生產，除非特殊情況下，當邊際收益曲線剛好穿過長期平均總成本曲線的最低點時，才會滿足生產效率。其次，寡占廠商面對的是負斜率的需求曲線，因此 $P > MR$，但廠商利潤最大化的條件是 $MR = MC$，因此可推導出 $P > MC$，寡占市場也不能滿足配置效率。

七、獨占性競爭市場

㈠短期分析

獨占性競爭下廠商的短期分析和獨占廠商是一樣的，但因為競爭者很多，所以面對的負斜率需求曲線彈性較大。如圖 5.19 所示，廠商會生產在邊際收益等於邊際成本均衡條件下的產量 q^*，價格為 P^*，在這例子中廠商有經濟利潤，即圖 5.19 陰影面積。

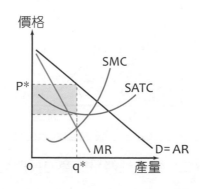

圖 5.19　獨占性競爭廠商的短期均衡

㈡長期分析

　　獨占性競爭的長期分析很接近完全競爭，除了廠商本身生產規模的變動外，由於進入障礙很低，透過廠商數量的調整讓市場最終達到了長期均衡。如圖 5.20 所示，原先需求曲線為 D_1，廠商在長期會先調整生產規模至 MR_1 = LMC 下的產量 q_1，但在經濟利潤大於零下則會吸引新競爭者加入市場。有異於完全競爭新廠商加入後會使供給增加，獨占性競爭下廠商沒有供給曲線，新廠商的加入將導致舊廠商的市場被瓜分，一直到沒有經濟利潤時，新廠商的加入才會停止，因此在不同價格下舊廠商能銷售的產品數量都比過去減少，反映在需求上就是整條需求曲線從 D_1 往左移動至 D_2，邊際收益曲線也由 MR_1 左移至 MR_2，價格則由 P_1 降至 P_2，P_2 剛好等於 q_2 產量下的 LATC，廠商不再有經濟利潤。

　　反之，如果需求曲線低於 LATC，廠商產生虧損，就會有部分廠商退出市場，使得留在市場內的原廠商銷售增加，需求曲線往右移動，最後廠商轉虧為損益兩平。這種廠商家數的調整最後導致只有正常利潤的情況與完全競爭一樣，只是在獨占性競爭下，廠商面對的需求曲線是負斜率的，因此不會與長期平均總成本的最低點相切，換句話說，廠商並沒有在成本最低的狀態下生產。

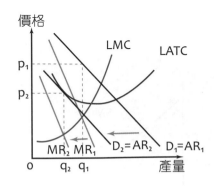

圖 5.20　獨占性競爭廠商的長期均衡

　　獨占性競爭下廠商長期只有正常利潤是普遍的現象,在臺中市中港路(臺灣大道)上第一家賣太陽餅的店生意會很好，沒多久旁邊又多了好幾家，最後中港路上都是一整排太陽餅店。但愛吃太陽餅的人本來就有限，最後每家餅店只分到少數顧客，老闆想賺大錢也很難。其他低進入門檻的小本生意比如珍珠奶茶、香雞排、芒果冰等都有類似的情況。

㈢獨占性競爭與經濟效率

　　獨占性競爭下廠商不在長期平均總成本的最低點生產，不但沒達成生產效率，負斜率的需求曲線也表示價格大於邊際成本而沒達成分配效率。不過產品種類卻相當多元化，讓消費者可以有不同的選擇，就這一點來說，就足以勝過完全競爭下產品完全相同的一元化情況。而且廠商為確保短期的經濟利潤能夠長期化，往往不斷改善品質，增加產品的獨特性和獨占力。例如麵包店不時會推出各種新款的蛋糕和麵包，飲料店常常會開發多種不同口味的珍珠奶茶，產品的不斷創新也是獨占性競爭常有的現象。

NEWS　新聞案例

DRAM 和 LCD 產業連續五至八季虧損

　　曾經是政府大力推動的動態隨機存取記憶體 (DRAM) 和液晶面板 (LCD) 產業，由於 2008 年全球金融海嘯後市場需求持續低迷，導致廠商連續五至八季發生虧損,2011 年虧損金額合計更超過 2,300 億元，創下歷年來新高數字。從 2009 至 2011 年三年間，兩種

圖片來源: Shutterstock

產業累計虧損已高達 4,000 億元。2012 年 2 月底，全球第三、日本第一大 DRAM 大廠爾必達聲請破產保護，成為日本製造業史上最大宗的破產案，不但震驚全球業界，更讓臺灣 DRAM 廠商的黯淡前景進一步雪上加霜。

評　論

　　DRAM 和 LCD 產業都屬於寡占市場，最大的進入障礙是資金和技術門檻，例如一座 DRAM 的 12 吋晶圓廠或是面板的八代廠，投資金額都約 1,000 億元。當產品價格低於平均總成本時，廠商會出現虧損，但由於固定成本太高，即使有損失，也只是既往成本的一部分，對廠商的當前營運影響不大，只要價格仍高於平均變動成本時，廠商會選擇苦撐下去，等待景氣回溫。只是這一次復甦相當緩慢，使廠商的虧損時間和金額都超過之前的低潮，這說明了進入障礙高的產業不代表一定有高獲利，因為價格除供給外也受到需求的影響。

　　另一方面，各寡占廠商的成本都不一樣，一方面臺灣廠商技術較落後，另外是產量規模較小，都導致成本較高。而韓國三星不但技術領先，且規模最大，在 DRAM 和 LCD 產業的全球市占率都是第一，因為這兩種產業都具有規模經濟的特性，所以三星的成本最低。當產品價格低於其他廠商的平均成本時，三星仍然有獲利，在不景氣中仍然大量增產，意圖逼使其他小廠退出市場，一旦競爭者減少，三星未來獲利將會大增，可彌補過去少賺的部分。在寡占市場中，成本較低者大打價格戰要讓對手出局是常有的競爭方式。

　　過去寡占廠商也嘗試過聯合起來維持價格，只是一旦被查出會面臨重罰，且廠商的自利動機也讓這種勾結行為容易破局。2006 年美國司法部門就調查了臺、日、韓 8 家廠商，涉嫌在 2001 至 2006 年期間聯合操縱 LCD 價格，韓國三星最先轉為汙點證人，獲得赦免罰款及刑責，至 2010 年 7 月已有 7 家 LCD 廠商認罪，共被處罰 8.9 億美元，17 人被起訴。

本章重點

1. 市場類型決定於：廠商的家數、產品的差異化程度、廠商的進退障礙。根據競爭程度高低依序分為完全競爭、獨占性競爭、寡占和獨占。

2. 完全競爭市場的特性有：

(1)無限多家廠商，每家市占率接近 0。

(2)生產完全相同產品。

(3)沒有進退障礙。

(4)完全訊息。

3.獨占性競爭市場的特性有：

(1)很多家廠商，每家市占率都很低。

(2)生產不同但替代性很高的產品。

(3)進退障礙很低。

4.寡占市場的特性有：

(1)由於高進入障礙，寡占市場只有幾家廠商。

(2)替代品不多。

(3)各種決策都要顧及競爭者反應。

(4)以非價格競爭居多。

5.獨占市場的特性有：

(1)只有一家廠商。

(2)沒有完全的替代品。

(3)產品需求彈性小，常受到政府管制。

(4)成因為極高的進入障礙：特許權、專利權、規模經濟、資源獨占。

6.經濟利潤（超額利潤）＝總收益－機會成本＝會計利潤－隱藏成本。

7.總收益＝價格×產量，平均收益＝$\dfrac{總收益}{產量}$，邊際收益＝$\dfrac{總收益的變化}{產量的變化}$。

8.完全競爭下產品價格由市場供需決定，廠商是價格接受者，面對的需求曲線是水平直線，邊際收益就是價格，總收益曲線是遞增的直線。非完全競爭下，廠商漲價後銷售量不會為 0，需求曲線是負斜率，邊際收益小於價格且隨產量遞減，總收益曲線是先遞增再遞減的曲線。

9.任何市場類型下，廠商利潤最大化的均衡條件都是邊際收益等於邊際成本下的產量，在完全競爭下價格等於邊際成本也是均衡條件。

10.在短期，市場價格變化時，完全競爭下廠商的最適產量會沿著短期邊際成

本變動，當價格大於（小於）短期平均總成本最低點──損益平衡點時，廠商有經濟利潤（虧損）。短期邊際成本高於平均變動成本最低點──停業點的部分，就是廠商的短期供給曲線。但非完全競爭廠商面對的需求曲線不是水平，無法得出供給曲線。

11.在長期，完全競爭下有兩種調整：

　(1)廠商會增、減生產規模以降低長期成本。

　(2)廠商如果有經濟利潤（虧損），就會有新廠商加入（舊廠商退出）市場，
　　　使市場供給增加（減少），價格下跌（上升），個別廠商會減產（增產），
　　　最後價格會等於長期平均總成本最低點，所有廠商只有正常利潤。

12.完全競爭下，當廠商都增產且很多新廠商加入產業時，如果市場產量的上升使資源價格上升（下跌），導致長期平均總成本的上升（下跌），稱為成本遞增（減）產業，產業的長期供給曲線為正（負）斜率。

13.只有完全競爭滿足兩種效率標準：

　(1)生產效率：廠商會在長期平均總成本的最低點生產。

　(2)配置效率：產品價格等於邊際成本時，社會福利達到最大。

14.非完全競爭廠商可透過差別訂價增加利潤。差別訂價分成三級：

　(1)完全差別訂價，以每單位產品買方願意付的最高價來訂價，廠商會增產
　　　至完全競爭下的最適產量。

　(2)階段訂價法，分幾種不同購買量計價。

　(3)市場區隔，把消費者分成不同需求的市場，需求彈性小（大）的市場訂
　　　價較高（低）。而需求彈性的差異是由於：地區、時間、所得、訊息、購
　　　買次數。

15.對自然獨占的價格管制有兩種：

　(1)價格等於長期平均總成本，廠商只有正常利潤，但仍有社會無謂損失。

　(2)價格等於長期邊際成本，不會有社會無謂損失，但廠商有虧損而要給予
　　　補貼。

16.寡占下由於競爭者對價格跟降不跟漲，形成拗折的需求曲線，當邊際成本變動在區間內，廠商會吸收成本變化而不改變價格和產量。

17.衡量產業集中度的指標有四大廠商集中度 (CR4) 和賀氏指標 (HHI)，數值愈大則愈集中。前者是把前四大廠商市占率加總；後者把所有廠商市占率乘以 100 後再取平方並加總。

18.寡占下廠商易形成聯合壟斷組織以減少產量和提高價格，但其在執行上的困難有：

　(1)潛在進入者的威脅。

　(2)成員有強烈誘因破壞聯合協議。

　(3)聯合期間難以持久。

　(4)聯合壟斷行為受到法律管制。

19.獨占性競爭的長期分析很接近完全競爭，當廠商短期有經濟利潤，會吸引新競爭者加入，舊廠商的市場被瓜分，面對的需求曲線往左移動，最後不再有經濟利潤。但廠商為確保經濟利潤能夠長期化，會不斷創新和改善產品品質。

課後練習

( )　1.臺灣的連鎖便利超商是屬於哪一種市場類型？　(A)完全競爭市場　(B)獨占性競爭市場　(C)寡占市場　(D)獨占市場

( )　2.以下何者為完全競爭市場的特徵？　(A)進退障礙非常高　(B)市場上只有幾家廠商　(C)產品性質不同但類似　(D)廠商都是價格的接受者

( )　3.當銷售愈多總收益愈大時，廠商是處在哪一種市場類型當中？　(A)完全競爭市場　(B)獨占性競爭市場　(C)寡占市場　(D)獨占市場

( )　4.在非完全競爭市場下，當廠商的邊際收益為 0 時，下列敘述何者正確？　(A)平均收益達到最大值　(B)邊際收益大於平均收益　(C)邊際收益等於價格　(D)總收益達到最大值

( )　5.無論在何種市場結構下，廠商利潤最大化的均衡條件皆為何？　(A)邊際收益等於價格　(B)邊際收益等於邊際成本　(C)價格等於邊際成本　(D)平均收益等於平均成本

( )　6.在完全競爭市場下，當價格低於短期平均總成本但仍高於短期變動成本時，以下關於廠商的敘述何者正確？　(A)應該停產　(B)短期內會繼續生產　(C)處於損益兩平　(D)虧損大於固定成本

( )　7.在完全競爭市場下，廠商短期內享有經濟利潤，在長期下則會發生何種情況？　(A)廠商將繼續享有超額利潤　(B)會有廠商退出市場　(C)市場價格將會上升　(D)市場價格將會下跌

( )　8.下列何者是成本遞增產業的特徵？　(A)長期供給曲線是正斜率的　(B)長期供給曲線是負斜率的　(C)長期供給曲線是水平的　(D)長期供給曲線是垂直的

( )　9.長期而言，獨占市場下的廠商要面對下列何種問題？　(A)生產在長期平均總成本的最低點　(B)新廠商的加入競爭　(C)調整生產規模　(D)沒有經濟利潤

( )　10.如果政府要求自然獨占廠商採取邊際成本訂價法，則會產生以下何項影響？　(A)廠商可繼續享有經濟利潤　(B)廠商會有虧損　(C)仍然

會有社會福利的損失　(D)價格會高於長期平均總成本

(　) 11.當廠商對不同地區採取差別取價時，會依照以下何項原則訂價? (A)需求彈性小的地區訂價較高　(B)需求彈性大的地區訂價較高　(C)需求彈性小的地區訂價較低　(D)訂價高低與需求彈性無關

(　) 12.非完全競爭市場都會有社會福利的損失，原因是廠商都會在下列何種條件下生產?　(A)邊際收益大於邊際成本　(B)價格大於邊際成本 (C)價格低於邊際成本　(D)價格等於邊際成本

(　) 13.拗折的需求曲線理論解釋了寡占市場的何種現象?　(A)廠商間的聯合行為　(B)價格的穩定性　(C)廠商的家數為何較少　(D)進退障礙為何較高

(　) 14.如果市場上有 10 家廠商，每家的市場占有率原來都是 10%，現在有 2 家要合併成 1 家公司，則四大廠商集中度為何?　(A) 20%　(B) 30%　(C) 40%　(D) 50%

(　) 15.下列關於獨占性競爭市場下廠商長期均衡的敘述，何者正確?　(A)價格等於長期平均總成本曲線的最低點　(B)價格等於長期邊際成本 (C)可擁有超額利潤　(D)價格等於長期平均總成本

輕鬆一下

學生: 既然市場是萬能的，那麼我們還要經濟學家有什麼用?
老師: 因為經濟學家能給我們帶來快樂，而這是市場做不到的。

第6章

生產要素與所得分配

　　前面各章都在生產要素價格固定不變的假設下，以產品市場為研究對象，分析消費者與廠商的經濟行為。這一章我們進一步討論生產要素的需求與供給特性，說明在不同競爭程度下生產要素的價格是如何決定，並分析所得分配的問題，包括各生產要素提供者的收入分配方式，以及影響個人所得分配的因素，最後介紹測量所得分配不均度的常用指標。

學習目標

1. 能區別不同的生產要素與其特性。
2. 瞭解廠商僱用要素的均衡條件。
3. 理解要素市場如何決定要素價格。
4. 能掌握個人所得分配差異的原因。
5. 能應用衡量所得分配的工具。

一、生產要素的種類

　　生產要素又常簡稱為要素，其定義及分類在第 1 章已略有介紹，這一節我們再討論其相關性質。在前面章節的產品市場中，廠商為產品的供給者，消費者則為產品的需求者，而在生產要素市場中，其角色剛好對調，消費者為要素的供給者，廠商則為要素的需求者，所以之前討論過的供需原理也可以應用到要素市場上。經濟學上的生產要素，指的是生產過程中必要的元素，是最基本的投入 (Input)，一般來說可分為四種：勞動、資本、土地和企業家能力，其中並沒有包括中間材料或零組件，原因是這些中間投入都是由以上四種原始投入所生產出來的。

1.勞　動

　　在四種生產要素中，勞動指的不止是人類付出的體力，還包括腦力，所以搬運公司的工人固然提供了勞動投入，公司內的會計則提供了腦力，負責帳目的計算，也是屬於勞動者。勞動者提供勞動所得到的報酬稱為工資 (Wage)，包括固定薪水、加班費、各種津貼、考績獎金等都算在內。在要素市場上勞動的價格稱為工資率 (Wage Rate)，例如便利商店的工讀生以每小時若干元計算工資率，當然也可以日薪、月薪甚至按件計酬的方式來計算。

2.資　本

　　資本並非指金錢，而是人類製造出來的生產工具，不但具有耐久性，且實際用於生產活動，不用於直接消費，例如設備和廠房等。雖然資本也是用其他生產要素生產出來，例如機器中的鋼鐵來自土地，但必須經過精密的加工過程，不再是單純的土地資源，又是現代工業化生產活動中不可缺乏的工具，而且資本往往內含著新技術和新發明，例如今天買的電腦設備就比 10 年前更先進，因此也被列為生產要素之一。提供資本的報酬稱為利息 (Interest)，資本的價格則稱為利率 (Interest Rate)。

3.土　地

　　土地除了陸地以外，也包括土地上下甚至海洋一切的自然資源，例如石

油、煤炭、森林、漁獲、各種礦產等，土地的報酬稱為地租 (Rent)。

4.企業家能力

　　企業家能力則是指結合勞動、土地和資本三種生產要素的生產經營才能，提供這種才能的報酬稱為利潤 (Profit)。

二、邊際產值與邊際生產收益

(一)生產要素需求的特點

1.生產要素的需求是引伸性需求

　　在產品市場上，消費者為追求滿足水準，會購買產品使用並得到效用，這種直接用於消費的需求稱為最終需求 (Final Demand)。而在要素市場上，廠商為追求利潤，會僱用工人、購買機器，但並非自己消費，而是用於生產活動，以滿足消費者對產品的需要，因此，廠商對要素的需求都是由於消費者購買產品所引起的，所以稱為引伸性需求 (Derived Demand)。

2.生產要素的價格是使用價格

　　在要素市場上的價格，是指要素擁有者提供要素服務之報酬，所以是使用該要素的價格，而並非售價，例如勞工提供僱主勞動服務，工資率是僱主使用勞動的價格。即使是購買而來的資本或土地，廠商主要是考慮其在生產過程中的使用效果，因此一般都用使用價格表示廠商所支付的代價。

3.生產要素的需求是聯合需求

　　生產是一種加工過程，必然會有主體和受體，因此幾乎任何生產活動都要有兩種或以上生產要素才能進行，例如農業耕種需要土地和勞動，工業需要資本和勞動，所以廠商對生產要素的需求也可以稱為聯合需求 (Joint Demand)。由此導致對某種生產要素的需求，不僅取決於該生產要素本身的

價格，而且也取決於其他生產要素的價格。

㈡生產要素的需求──邊際生產收益

廠商需要生產要素，目的是用於生產後再出售而帶來收益，所以廠商要僱用多少生產要素和願意付多高的價格，決定於生產要素的邊際生產收益 (Marginal Revenue Product, MRP)，指多使用 1 單位生產要素 (L) 所帶來的額外總收益 (TR)。如果用數學式表達，即：

$$MRP = \frac{\Delta TR}{\Delta L}$$

如果廠商在要素市場上是價格的接受者，對廠商而言，願意對 1 單位生產要素所付出的最高價格就等於其邊際生產收益。比如說多僱用一個工人可以多增加 2 萬元的總收益，那麼廠商最多只願意付 2 萬元的薪水聘用這名工人。如果廠商付給這名工人 3 萬元，因為薪資是總成本的一部分，則廠商會因多僱用這名工人而虧損 1 萬元（＝2 萬元－3 萬元），為避免產生虧損，廠商給工人薪資的上限就是 2 萬元，所以對生產要素的需求曲線（願意付出的最高價格）就等於生產要素的邊際生產收益，這概念其實和產品市場中消費者的需求曲線等於產品的邊際效益是一樣的。不過，生產要素所帶來的總收益增加是透過生產產品後再出售來實現的，所以總收益的增加可以改寫成：

$$MRP = \frac{\Delta TR}{\Delta L} = (\frac{\Delta TR}{\Delta Q}) \times (\frac{\Delta Q}{\Delta L}) = MR \times MP$$

由上式直接看出，生產要素所帶來的總收益增加可以分成兩項：一是該生產要素的邊際產量 (MP)；二是出售該產品的邊際收益 (MR)，所以邊際生產收益也等於產品的邊際收益與要素邊際產量的乘積。由於邊際產量受制於邊際報酬遞減法則，而邊際收益隨產量增加而持平或下降，所以邊際生產收益是一條負斜率的曲線，如圖 6.1 所示，這和一般產品的需求曲線特性是一致的。

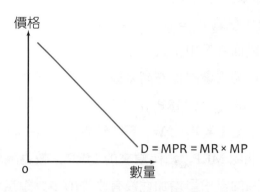

圖 6.1　個別廠商對生產要素的需求曲線

㈢邊際產值

　　當產品市場屬於完全競爭時，產品的價格等於其邊際收益，所以邊際生產收益即等於產品價格與邊際產量的乘積，即 $MRP = P \times MP$，稱之為邊際產值 (Value of Marginal Product, VMP)，代表廠商多增加使用 1 單位要素時所增加的產值，也可以看成是該單位要素對社會的邊際貢獻。如果產品市場不是完全競爭時，則產品價格大於其邊際收益，所以邊際產值會大於邊際生產收益，只有在產品市場屬於完全競爭時，兩者才會相等。

㈣生產要素的市場需求

　　在產品市場上，把所有個別消費者的需求曲線水平加總，就得出了市場的需求曲線。而要素的市場需求曲線，也是個別廠商的需求曲線水平加總而形成，當要素價格下跌時往往也引起產品價格的下跌，因而減少了要素需求量的增加幅度，所以水平加總後得出的要素市場需求曲線會較為陡峭。

　　以圖 6.2 為例，假設市場上只有 A、B 兩家廠商，其對勞動的需求曲線分別為 MRP_{A1} 及 MRP_{B1}，當工資率為 W_1 時，其對勞動的需求量分別為 L_{A1} 和 L_{B1}，所以市場需求量為 $L_{M1} = L_{A1} + L_{B1}$，相當於圖 6.2 (C) 中的 a 點。當工

資率下降至 W_2，如果對產品供給沒有影響時，其對勞動的需求量分別為 L_A 和 L_B，所以市場需求量為 $L_M = L_A + L_B$，因此得出市場需求曲線 MRP_{M1}。然而當工資率下降，廠商多僱用工人生產時，也表示產品供給會同時增加，產品價格因而下跌，反過來會降低廠商多僱用工人的意願，導致其對勞動的需求曲線分別左移至 MRP_{A2} 及 MRP_{B2}，對勞動的總需求量為 $L_{M2} = L_{A2} + L_{B2}$，即圖中的 b 點，所以當工資率由 W_1 下降至 W_2 時，由 ab 兩點連接起來的才是真正的市場需求曲線 MRP_{M2}，比原來的 MRP_{M1} 較為陡峭。表示當工資率下降時，廠商對勞動的需求量增加並沒有原先的多，這是由於產品市場與要素市場有著連動關係，當要素價格變動時會影響產品供給量，最後又反過來抑制要素需求量的增減幅度。

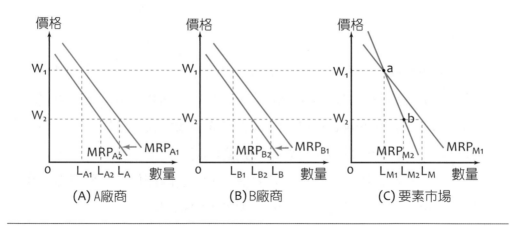

圖 6.2　生產要素的市場需求曲線

㈤影響生產要素需求的因素

如同產品的需求一樣，要素的需求也會受價格以外的因素影響而變動，包括：

1.產品的需求

由於要素的需求曲線為邊際生產收益 MRP，而 $MRP = MR \times MP$，當產

品的需求有變化時，不但其平均收益曲線 (AR) 會移動，邊際收益曲線 (MR) 也會改變，因此生產要素的需求也會跟著同方向變動。例如當房地產需求增加時，房子的邊際收益上升，建商當然就會多蓋房子，連帶增加對建築工人的需求，因此建商對建築工人的需求曲線就會右移。

2.要素的生產力

從 MRP = MR × MP 的等式可知，對要素的需求不僅決定在產品需求，也決定在要素本身的邊際產量，當要素的生產力愈高，則其邊際產量也愈高，要素的需求就會增加，需求曲線往右移動。例如非技術工人受過訓練成為技術工人後，比之前有更高的生產力，能為廠商帶來更多的總收益，廠商對工人的需求就因而增加。

3.要素市場上廠商的數量

由前述分析結果得知，要素的市場需求曲線是由個別廠商在不同要素價格下的需求曲線水平加總而成，所以當廠商的數量增加時，要素的市場需求也隨之增加，反之亦然。

4.其他相關要素的價格

生產過程通常不止需要一種要素，所以要素的需求是一種聯合需求，各要素之間多少有著互補關係，或者是替代關係，當一種要素的價格改變時，也會影響另一要素的需求，但到底是替代或互補關係，或者相關程度有多深，則要視乎產業或工作性質而定。以勞動與資本為例，當兩者互為替代品時，如果一種要素的價格上升，另一種要素的需求就會增加，例如工資率上升後，店家為節省店員的工資成本，會增加自動販賣機的需求。而當勞動與資本為互補品時，如果一種要素的價格上升，另一種要素的需求就會下降，例如機器售價上升後，廠商會減少機器的需求，連帶對維修工程師的需求也會跟著減少。

㈥生產要素的需求彈性及影響原因

雖然要素的需求曲線是負斜率的，但當價格變化時，其需求量的變化會

有所不同，例如勞工階層要爭取調漲工資，如果廠商對勞工的需求量減少很多，有可能導致其總工資收入反而下降，要素需求彈性就是用來測量要素需求量對要素價格變化的敏感程度。它的定義是這樣的：當要素價格變動百分之一時，要素需求量變動的百分比。即：

$$要素需求彈性 = \frac{要素需求量變化的百分比}{要素價格變化的百分比}$$

一般而言，影響要素需求彈性的因素有：

1.產品的需求彈性

當產品本身的需求彈性較大，則要素的需求彈性也較大，反之亦然。例如醫療服務關係到身體健康甚至生命安全，需求彈性較小，因此對醫生的需求彈性也小。反之，清潔服務通常可以自行處理，需求彈性較大，連帶對清潔工人的需求彈性也大。

2.要素的生產力下降速度

由於廠商對要素願意支付的最高價格與要素的生產力成正向變動關係，當要素使用量增加時，邊際報酬遞減法則導致其生產力也下降，如果下降速度較快，要素的需求價格也會降低較多，因此需求曲線較為陡峭，表示當要素價格下降後，廠商的需求量不會增加太多，所以需求彈性較小，反之則較大。

3.要素成本占總成本比重

當要素成本占廠商總成本的比重愈大，需求彈性也愈大。例如成衣等勞力密集產業所用的勞動比重較高，工資率上漲對總成本的影響較大，為降低衝擊廠商就會大幅減少勞動的僱用量，因此需求彈性較大。反之，資訊、通訊等資本密集產業所用的勞動比重較小，工資率上漲對總成本的影響不大，廠商就不會減少太多勞工，因此需求彈性較小。

4.替代要素的數量與替代程度

當要素之間的關係是替代性的，且替代要素的數量愈多、替代程度愈高

時，則該要素的需求彈性愈大。例如在勞力密集產業中，非技術工人很容易被機器替代，只要工資率小幅上漲，廠商就會購買自動化設備取代人工生產，表示非技術工人的需求彈性較大。反之，如果要素間是無法替代的，則其需求彈性較小，例如維修工程師就不會被機器替代，甚至因為和機器有著互補性，其薪資上升也不會減少廠商的僱用量，顯示其需求彈性較小。

5.時間的長短

當時間愈長，廠商愈容易尋找到替代性的要素，要素的需求彈性就較大，短期內則因為生產技術上的因素，要素間的替代性較小，因此需求彈性也較小。例如到目前也沒有完全替代石油的能源，油價大漲廠商的需求量不會減少太多，但如果一、二十年後替代能源開發成功，廠商對石油的需求量就會大幅降低。

三、完全競爭的要素市場

(一)生產要素的供給與供給彈性

在分析要素的供給時，我們一般都假定如同廠商追求最大的利潤一樣，要素擁有者也在追求最大的報酬，當要素價格愈高時，要素擁有者願意提供更多的供給量，所以除了土地以外，要素的供給曲線通常是正斜率的，而市場供給曲線就是個別要素擁有者供給曲線的水平加總。但價格上漲後供給量會增加多少卻和要素的供給彈性有關。供給彈性的定義是：當要素價格變動百分之一時，要素供給量改變的百分比。即：

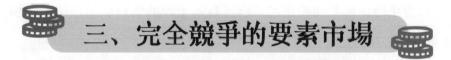

$$要素供給彈性 = \frac{要素供給量變動的百分比}{要素價格變動的百分比}$$

一般而言，要素的供給彈性和下列因素有關：

1. 要素是否具有多種用途

當要素的用途愈廣，且容易在各種用途之間移轉，則要素的供給彈性較大，反之則較小。例如非技術階層的工讀生，可以應付很多不同的事務性工作，也很容易移轉行業，包括加油站、餐廳、便利商店等都樂於僱用。如果工資率上升，大量勞動力會移轉過來，所以供給彈性較大。但醫師和律師等專業人員，只適合從事醫務、法律相關專業工作，由於存在著教育、經驗、執照等進入門檻，其他勞動力也不易移轉進來，因此供給彈性較小。

2. 要素市場的定義範圍

如果要素市場的定義範圍愈大，則要素的供給彈性愈小，反之則愈大，例如全國的土地都是固定的，土地的供給彈性為零，但如果把土地市場的定義範圍縮小為商業用地，則供給彈性較大，因為當商業用地價格上升時，許多地主都會把農地轉為商業用途，因此商業土地的供給量還是可以增加。

3. 時間的長短

供給彈性的大小和時間的長短成正比。短期內不只是土地的供給彈性為零，其他要素如勞動或資本，其供給彈性也較小，因人口短期內不會增加太多，機器設備也需要時間生產。但就長期來說，所有生產要素的供給彈性都較大，例如勞動供給量因人口成長而增加，資本設備因廠商的新投資而不斷累積，甚至可以透過填海而取得新土地。

㈡完全競爭要素市場的供需均衡

當要素市場為完全競爭時，表示市場上買賣雙方都是價格的接受者，而價格由市場供需決定。現在我們就可以把要素市場上的供給與需求放在一起，分析如何決定要素的價格和數量。在圖 6.3 (A) 中，要素的市場需求曲線與供給曲線相交點決定了要素價格為 W^*，數量為 L^*。當市場價格決定後，個別要素擁有者只能接受市場價格，所以 W^* 成為其面對的水平需求曲線 D_i，與供給曲線 S_i 相交決定了他的要素供給量 L_s，如圖 6.3 (C) 所示。

至於在需求面，個別廠商也是只能接受市場價格，因此 W^* 就是個別廠

商面對的要素供給曲線 S_i，追求最大利潤的廠商會僱用要素到邊際生產收益
等於要素價格 ($MRP = W^*$) 的數量 L_D，如圖 6.3 (B) 所示。

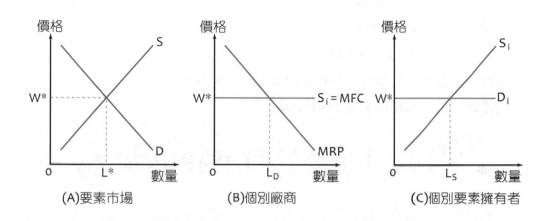

圖 6.3　完全競爭要素市場的均衡

　　為什麼 $MRP = W^*$ 是廠商的均衡條件呢？之前在討論產品市場時，廠商
出售產品所收到價格即為平均收益，對應在要素市場上，廠商使用要素所付
出的價格 (W) 稱為平均要素成本 (Average Factor Cost, AFC)，其定義是要素
總成本 (Total Factor Cost, TFC) 除以要素的使用數量，而邊際要素成本
(Marginal Factor Cost, MFC) 是多使用 1 單位要素所引起要素總成本的變化。
由於要素市場為完全競爭時價格是常數，因此要素平均成本與邊際要素成本
都是一條水平線，而且等於要素價格，這種平均變量和邊際變量的關係其實
和之前的分析是一樣的。即：

$$AFC = \frac{TFC}{L} = \frac{W \times L}{L} = W$$

$$MFC = \frac{\Delta TFC}{\Delta L} = W$$

在圖 6.3 (B) 中，當要素僱用量在 L_D 的左方時，$MRP > MFC$，表示廠商

多僱用 1 單位要素所得到的總收益大於總成本，廠商當然就會多僱用要素以增加獲利，由於邊際生產收益是遞減的，所以多僱用要素時多增加的利潤也會跟著遞減，最後當 MRP＝MFC 時，廠商才會停止多僱用要素。同樣的道理，當 MRP＜MFC 時廠商多僱用 1 單位要素反而增加虧損，因此就會減少要素的使用，直到 MRP＝MFC 時廠商才會回到均衡狀態，所以 MRP＝MFC 為廠商利潤最大化的條件。在要素市場為完全競爭下 MFC＝W，因此我們也可以把廠商的均衡條件寫成 MRP＝W。

四、不完全競爭的要素市場

如果生產要素市場屬於不完全競爭，則上述的分析就要修正，最典型的不完全競爭情況有三種：獨買 (Monopsony)、獨賣 (Monopoly) 和雙邊獨占 (Bilateral Monopoly)。

㈠獨　買

獨買是指在生產要素市場上買方只有一家廠商，但賣方數量卻相當多，所以獨買者可以影響要素價格，如果僱用要素數量愈多，就要付出更高價格，表示面對的要素供給曲線是正斜率的。由於要素價格隨供給量增加而增加，要素平均成本也是上升的，因此邊際要素成本也是遞增且高於要素平均成本，如圖 6.4 中顯示 MFC＞AFC，這是獨買市場與完全競爭要素市場不同的地方。

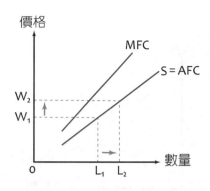

圖 6.4　獨買下的平均要素成本與邊際要素成本

　　我們可以進一步詳細說明其中原因。當廠商多使用 1 單位要素時，由於
要素平均成本遞增，所以不止該單位要素的價格較前 1 單位高，在沒有差別
訂價下，市場上只有一種價格，導致之前使用的要素其價格也提高了。例如
在圖 6.4 中，當廠商使用要素數量為 L_1 時，要素總成本為 $(W_1 \times L_1)$，當廠商
增加要素使用至 L_2 時，要素總成本增至為 $(W_2 \times L_2)$，即廠商除了給予 L_2 該
單位較高的價格外，L_2 之前的要素數量也付給 W_2 的價格，因此要素總成本
是遞增的，表示邊際要素成本也在上升，而且高於要素平均成本。

　　在獨買下，與完全競爭的要素市場一樣，廠商為追求最大利潤，要素的
最適使用數量為多增加 1 單位要素所帶來的額外收益等於所增加的成本，即
邊際生產收益等於邊際要素成本：$MRP = MFC$，相當於圖 6.5 的均衡點 a，a
點對應的廠商最適要素使用量為 L_1，由於 AFC 是要素的供給曲線，L_1 的供
給量下對應的均衡要素價格為 W_1，在獨買市場下由於只有一個買方，沒有
其他對手與獨買者競爭生產要素，廠商可以用較低的價格僱用要素，付給要
素 W_1 的價格，低於要素的邊際生產收益 W_2，因此通常把 $(W_2 - W_1)$ 這一段
定義為廠商對要素的剝削 (Exploitation)。而且在獨買市場下，當要素價格在
W_1 時，廠商對要素的使用量為 L_1 而不是與 MRP 對應的 L_2，因此在獨買下，
MRP 不再是廠商對要素的需求曲線，這種情況就像在產品市場中邊際成本不
是獨占廠商的產品供給曲線一樣。

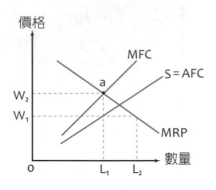

圖 6.5　獨買下的要素市場均衡

㈡獨　賣

　　獨賣是指生產要素市場上只有一個賣方，常見的例子是工人組成工會與雇主談判薪資。假設要素市場上需求者是完全競爭的廠商，則獨賣者可以透過以下三種方式提高其會員或自己的福利：

1.減少要素供給

　　獨賣者可以以減少要素供給來提高要素價格。例如工會用各種方法提高勞動者進入某行業的門檻，阻礙新進人員加入供給者行列，包括透過法律規定從業人員必須是工會會員、且要接受最低年限的教育訓練、考試通過取得證照才能執業，提高法定退休年齡，甚至發動罷工等。如圖 6.6 (A) 所示，當供給由 S_1 減少至 S_2 後，要素價格由 W_1 提高至 W_2，但廠商僱用要素的數量卻由 L_1 減少至 L_2。

2.增加要素需求

　　如果要避免要素價格上升後僱用量會減少，獨賣者可以運用各種方法刺激廠商對要素的需求。以勞動市場來說，例如要求政府限制廠商對外投資、對進口設限以保護國內產品、立法限制外勞等，可避免國內工作機會流失。

還有舉辦工會會員培訓活動以提升勞工的生產力，或打廣告鼓勵國民多用國貨。如果無法限制外勞輸入，也要遊說政府提高外勞最低工資，由於外勞與本勞為替代要素，這樣可增加廠商對本勞的需求。如圖 6.6 (B) 所示，當要素需求從 D_1 增加到 D_2 後，不但要素僱用量由 L_1 上升至 L_2，要素價格也由 W_1 上升至 W_2。

3.提高要素價格

獨賣者可以要求需求者給予 W_2 的價格，高於均衡水準 W_1，如圖 6.6 (C) 所示，但由於對應的供給量 L_S 大於需求量 L_D，這時候市場上交易的數量只有 L_D，出現 $(L_S - L_D)$ 的供過於求。

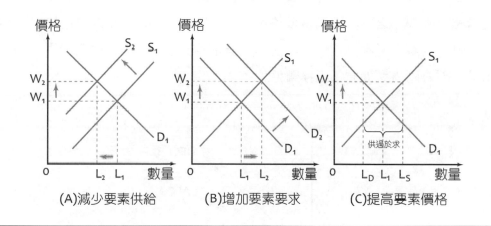

圖 6.6　獨賣者在要素市場上的運作

㈢雙邊獨占

雙邊獨占是指在要素市場上只有一個買方和一個賣方，在這種情況下，我們就可以利用上述關於獨買和獨賣來分析雙邊獨占的行為。如圖 6.7 所示，獨買者利潤最大的要素使用量為 MRP 與 MFC 交點 a 決定的 L_1，對應的要素價格為 W_1，如果獨賣者要求較高的價格為 W_3，這時候供給曲線 AFC 在 b 點之前變成一條水平線且等於 W_3，由於 AFC 在 b 點前是固定不變的，所以

MFC 在 c 點前也等於 W_3，這和之前討論到「平均」與「邊際」的關係是一樣的。此時獨買者的均衡點為 d，滿足 MRP＝MFC 的均衡條件，而要素使用量則為 L_3。由此看出，不但要素價格上升了，要素的使用量也增加。表示透過獨賣者的力量，可以抵消獨買者要壓低要素價格的力度，不過要素市場上仍然有 db 兩點間代表的供過於求。

如果獨賣者追求要素使用量最大，例如工會希望增加會員的就業機會，則要素價格應訂在 W_4，W_4 相當於完全競爭下由供需決定的工資率，可使要素使用量增至 L_4 的最高水準。

如果獨賣者追求要素價格最高，則要素價格應訂在 W_2，因為在不低於原先 L_1 要素使用量下，W_2 是獨買者願意付的最高價格。但通常獨賣者不會把價格訂在 W_4 之下，因為當價格由 W_1 上漲至 W_4 時，要素使用量也在增加，表示其總收益在遞增中。不過，一旦價格高於 W_4 後，要素使用量卻減少了，因為兩者之間有了抵換關係。

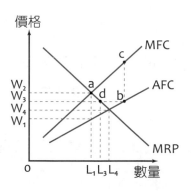

圖 6.7　雙邊獨占下的市場均衡

五、功能性的所得分配

前面關於要素市場的基本分析，是經濟學上所得分配理論的基礎。一般

來說，所得可分成由工作與非工作收入兩部分組成，非工作收入主要包括政
府提供的社會福利或親友的接濟。工作收入指提供各種生產要素所得到的報
酬，生產要素擁有者例如勞動者、資金提供者、地主、企業家在生產要素市
場上提供勞動、資本、土地和企業家能力，然後分別得到工資、利息、地租
和利潤等報酬，這種生產要素之間所得分配的狀況，稱為功能性的所得分配
(Functional Distribution of Income)。以亞當‧斯密為首的古典學派認為，這種
分配方式是按該生產要素的價格進行，各種生產要素都根據自己在生產中所
作出的貢獻而獲得了相對應的報酬，這種分配標準能保證經濟效率。

　　至於四種要素之間各自該分配多少比例的所得，就要視乎該要素在生產
過程中的貢獻度，如果該要素的貢獻愈大，則分配的比例愈高，反之則愈低。
如圖 6.8 所示，如果廠商生產某種產品只需要企業家能力與勞動兩種要素，
當勞動市場供需決定了工資率 W_0 後，該廠商就會僱用 l_0 的勞動數量，由於
MRP 代表每單位要素所產生的收益，所以廠商的總收益為面積 $0abl_0$，其中
$0w_0bl_0$ 為勞動所得，剩下的三角形面積 w_0ab 則是企業家的所得。如果勞動的
生產力愈高，則市場和個別廠商的勞動需求都會分別上移，勞動可分配到更
多比例的所得。

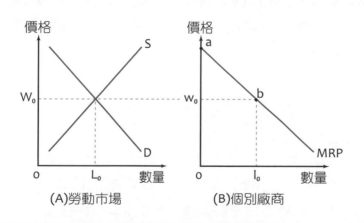

(A)勞動市場　　　　　(B)個別廠商

圖 6.8　要素之間的所得分配

六、個人的所得分配

　　功能性的所得分配只是依照該要素在生產過程中的貢獻度來分配所得比例，但是在實際生活中，每個人的收入存在很大的差異，因此難以反映真實的所得分配情況，也就無法解釋所得分配的不平等問題。而個人所得分配則是指個人在社會上分配到的所得，就個人而言，他的所得分配除了與生產要素價格有關外，也決定在擁有生產要素的數量，例如上班族可能有一種以上的生產要素，除了每月固定薪水以外，可能還有土地可以收取地租，或下班後經營一些投資而小有利潤。所以個人的所得分配高低，或是所得分配不均的原因，都與下列幾項因素相關：

㈠先天要素的擁有數量與品質

　　每個人先天的生產要素擁有量及品質並不相同，在稟賦上各人的體力、健康、天分不同，所以企業家能力、勞動的素質及可提供的數量都會有差異。例如有人天生會做生意，較易成為傑出的企業家賺取高利潤，比如被稱為股神的全球富豪華倫・巴菲特 (Warren Buffett)，11 歲開始就投資股票，展示了他的投資天賦。也有人出生於富裕家庭，由於上一代財產的贈與或繼承而得到很多的土地和資本。

華倫・巴菲特 (Warren Buffett, 1930–　)

　　美國企業家，1930 年出生於美國內布拉斯加州，11 歲即開始在父親的證券公司工作，曾創立巴菲特合夥事業有限公司 (Buffett Partnership, Ltd.)。巴菲特以其精準的投資眼光廣為世人所知，曾於美國《富比士》(Forbes) 雜誌公布的全球財富排名上位居第三。目前擔任波克夏・哈薩威公司 (Berkshire Hathaway, Inc.) 的執行長，該公司主要業務為保險事業，以及多元

化的投資。

　　巴菲特也積極參與慈善事業，他認為一個人的成功來自於整體社會環境的塑造，所以也應回饋社會。2006 年，巴菲特宣布將85% 的資產捐給蓋茲夫婦基金會，是美國有史以來最大的一筆捐款。

㈡生產要素的價格

　　就四種生產要素的價格來說，除了資本因流通性最高，其價格（利率）在一國內差異不大以外，其他生產要素的價格，都因各種因素而呈現很大的分歧，價格差異背後的原因仍然是市場供需所形成。例如一樣是辦公室，臺北市中心的 101 大樓每坪租金可能是一般縣市的好幾倍，而台積電的先進製程技術領先許多半導體廠商，每年獲利都在千億元新臺幣以上，與一般企業相比差別更大。同樣付出勞動，但由於需求高而供給少，醫生每小時的工資率就比清潔工高出甚多，即使工作性質相同，經驗豐富的資深醫師也比資淺的醫師領得多。

㈢個人的選擇

　　雖然個人不易改變上述先天和市場的因素，但每個人的選擇與決定，仍然在很大程度上影響個人的所得。由於不同行業和工作性質會有不同的待遇，資質平凡者可以勤能補拙，經由後天的教育訓練改善自己的勞動品質和提升生產力，拿到更高的薪資並累積財富。生產要素的數量也可以透過後天的選擇而取得，例如先天條件較差、家境清寒的受薪階級，可以選擇更積極進取的生活態度，多存錢買房子或出來創業。這些個人的選擇行為，都會深遠的影響每個人一生的所得。

㈣機會與運氣

　　天有不測之風雲，有時遇到不好的時機，再怎樣努力也不易拿回對應的

報酬，例如開店賣雞排時剛好遇到禽流感，賣飲料又有塑化劑事件，這些事前無法估算的外部因素，可能使個人努力的成果無法呈現。但有時也可能遇上難得的好機會，例如勤奮上進的下屬遇到識才的上司，就像千里馬遇上伯樂，有貴人相助下往往事半功倍。除了經營能力以外，企業績效的好壞尤其受到整體景氣影響，但景氣起伏又不是個人主觀可以控制的，導致企業盈虧的不確定性很大。中樂透頭獎機率甚低，但還是有人運氣很好，所以俗語說「小富由儉、大富由天」，也就是這樣的道理。

七、羅蘭氏曲線與吉尼係數

如果一個社會所得分配過於平均化，每個人無論工作的勤勞程度如何、工作成果如何，最後都得到相同的收入，這一定是一個缺乏效率的社會。反之，假如所得分配過度不平等，大部分的全國所得落在少數人手裡，而大多數人卻一貧如洗，這樣的社會必然充滿不穩定性。因此，如果有一個指標來衡量所得分配是否平均，政府就可以評估狀況，推出一些政策來改善所得分配，縮短貧富的差距，維持社會安定。羅蘭氏曲線 (Lorenz Curve) 和吉尼係數 (Gini's Coefficient) 就是衡量所得分配是否平均的工具。

㈠羅蘭氏曲線

我們可以先用一個例子說明如何得出羅蘭氏曲線及其應用方法。如果一國的總所得為 100 億元，所得分配如表 6.1 所示，其中第一行表示把全部家庭平均分成五組，每組占家庭戶數比例都是 20%；第二行代表把這五組家庭的所得從低到高排列；第三行和第四行分別代表把家庭戶數百分比和家庭所得累加進去；第五行則代表家庭所得累計占總所得的比重。

表 6.1 所得分配表

家庭戶數百分比 (%)	家庭所得（億元）	家庭戶數累計百分比 (%)	家庭所得累計（億元）	家庭所得累計百分比 (%)
20	5	20	5	5
20	15	40	20	20
20	20	60	40	40
20	25	80	65	65
20	35	100	100	100

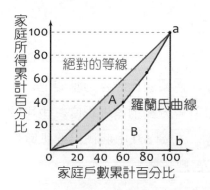

圖 6.9 羅蘭氏曲線

　　把表 6.1 中第三行和第五行的資料畫在圖 6.9 中，就可以得出羅蘭氏曲線。其中橫軸代表家庭戶數累計百分比，縱軸表示家庭所得累計的百分比。如果一個國家的所得分配絕對平均，即每戶家庭的所得完全相同，都占 20%，這五組的家庭所得累計百分比從低到高排列分別為 20%、40%、60%、80% 和 100%，把這五個數字畫在圖 6.9 中再連在一起，剛好就是一條 45 度的對角直線，如同圖 6.9 的線段 0a，又稱為絕對均等線。

　　不過，現實社會中的所得分配不會那麼理想，因此羅蘭氏曲線就不會是直線。如果所得全部集中在一戶手上，則羅蘭氏曲線為線段 0ba（但不包含 b 那一點），因為 99% 以上家庭沒有所得，在縱軸上都顯示為 0，直至最後一

戶加入計算後，全部家庭的累計所得才到 100%，這和絕對均等線一樣都是很少見的情況。一般來說，一國的所得分配不會有以上兩種極端狀況，通常在兩者之間。如果羅蘭氏曲線愈接近 45 度對角直線，代表所得分配愈平均，愈靠近右下方表示所得分配愈不平均。

不過，羅蘭氏曲線在實際使用上有兩點限制：一是僅憑肉眼觀察線型不夠準確；二是只能顯示某一時間一國的所得分配狀況。如果要比較一國不同時間的所得分配，或兩國甚至多國的狀況，幾條羅蘭氏曲線可能會相交在一起，這時候就難以比較一國的所得分配有沒有改善，或哪一國的所得分配較為平均。

㈡吉尼係數

為了便於比較起見，在羅蘭氏曲線的基礎上，另一種稱為吉尼係數的量化指標，可以直接測量所得分配的差異程度，也可解決兩條羅蘭氏曲線不易觀察並可能相交的問題。在圖 6.9 中我們只要把陰影面積 A 除以三角形 0ba 之面積 A＋B 就得出了吉尼係數：

$$吉尼係數 = \frac{A \text{ 之面積}}{A+B \text{ 之面積}}$$

如果所得分配絕對平均，則羅蘭氏曲線為 45 度對角直線，陰影面積 A 為 0，於是吉尼係數也為 0。如果絕對不平均，則羅蘭氏曲線為線段 0ba，陰影面積 A 等於面積 A＋B，於是吉尼係數為 1。通常吉尼係數會介於 0 和 1 之間。一般的標準認為，吉尼係數小於 0.2 為高度平均，大於 0.6 為高度不平均，國際上常常將 0.4 作為所得分配是否不均的警戒線。

不過，吉尼係數與貧窮程度並沒有必然的直接關係。吉尼係數的上升，表示所得不均的情況加劇，但未必表示貧窮程度有惡化的現象。例如當富者變得更富，而貧者收入也稍有改善時，仍可能由於最高所得組收入增加較快，但最低所得組收入增加較慢而導致吉尼係數呈現上升的結果。因此，除了觀察吉尼係數的變化外，也要同時參考其他有關所得的統計數據，例如最低所

得組別家庭的收入有沒有增加,這樣才能對一國的貧窮狀況有更客觀的判斷。而且, 吉尼係數也無法反映個別家庭收入改善的情況, 例如部分在過去屬於最低所得組別的家庭, 現在可能已經上移至較高所得的組別, 而其原來組別有可能由收入惡化或新組成的家庭所取代。

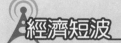

經濟短波

我國歷年吉尼係數

　　1980 年時, 我國吉尼係數為 0.278, 接著便持續上升, 即所得分配情況逐漸惡化。2001 年達到最高點 0.350 後, 呈現緩慢下降的趨勢, 顯示所得分配情況逐漸改善, 至 2012 年為 0.338。(見下圖)。

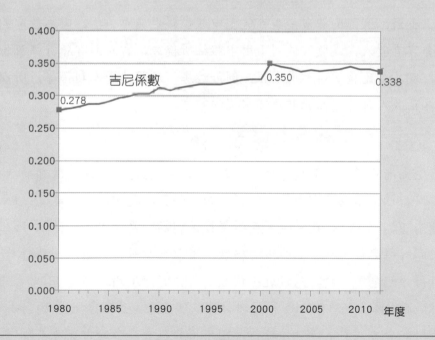

圖 6.10　我國歷年吉尼係數的變動

資料來源: 行政院主計總處 (2013),〈台灣地區家庭收支調查〉。

貧富差距超過 90 倍 創歷史新高

近年來臺灣貧富差距逐漸惡化，2012 年 3 月，根據財政部財稅資料中心的資料顯示，如果將綜合所得稅申報戶分成二十等分，2011 年臺灣最富有的 5% 家庭平均年所得達 463.5 萬元，最窮的 5% 家庭平均年所得卻只有 4.8 萬元，兩組差距達 96 倍，不僅續創歷史新高，更遠高於 1998 年的 32 倍，2009 年的 75 倍，也是貧富差距擴大最快的

圖片來源：Shutterstock

一年。不過，實際的貧富差距可能比申報資料更嚴重一些，因為最窮的窮人是完全沒有收入，或收入低到不用申報綜所稅者，富人則有會計師幫忙合法避稅，或許多免稅所得不用申報，例如炒房、炒股的資本利得等，所以有錢人的真正收入可能遠高於財政部掌握的數字。

評 論

國際上衡量所得分配均等度的工具，除了吉尼係數以外，還有一個更為簡化的常用指標，稱為最高與最低所得差距的倍數，這種方法和羅蘭氏曲線、吉尼係數兩種指標一樣，也是把家庭所得從低到高分為五組，這樣就可以算出最高組家庭所得與最低組家庭所得的倍數，用以衡量所得差距，如果倍數愈大，代表所得分配愈不平均，愈接近 1 代表所得分配愈平均。

不過，國際上通常不以報稅資料計算貧富差距，且不會採用 20 等分法，一般都是用普查方式和 5 等分法進行，因為用報稅資料來分析貧富差距有三項限制：一是課稅所得資料因未納入各項免稅所得，例如並未包含來自政府的社會福利補助等，對低所得者的真正收入可能會低估；二是許多家庭不需申報綜合

所得稅，例如以「101 年度綜合所得稅結算申報」為例，據財政部統計，綜所稅申報戶數為 570 萬戶，只占全國 821 萬戶的 69.4%；三是 20 等分法把高低兩極端的 5% 來相比，無法代表其他 90% 的真實狀況。

　　但無可否認，近 30 年來臺灣貧富差距的確已經惡化，即使以 5 等分法計算，1980 年代起所得分配就有惡化之趨勢，最高組所得與最低組所得的差距，由最低的 4.17 倍逐漸攀高，1990 年代已在 5 倍以上，尤其於 2001 年急劇上升到 6.39 倍之高峰，2009 年仍為 6.34 倍，2012 年則降至 6.13 倍，顯示臺灣近年的貧富差距有縮小的現象，儘管幅度並不大。

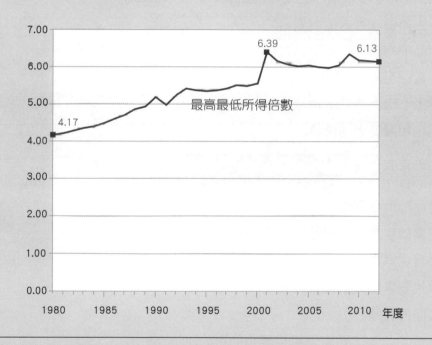

圖 6.11　我國歷年最高最低所得差距倍數的變動

本章重點

1. 生產要素需求的特點：

　⑴引伸性需求。

　⑵價格是使用價格。

　⑶聯合需求。

2. 邊際生產收益 (MRP) 指多使用 1 單位要素帶來的額外總收益。當廠商在要素市場是價格接受者，邊際生產收益等於產品的邊際收益 (MR) 與要素邊際產量 (MP) 的乘積，也是廠商對要素的需求曲線。

3. 影響生產要素需求的因素有：

　⑴產品的需求。

　⑵要素的生產力。

　⑶要素市場上廠商的數量。

　⑷其他相關要素的價格。

3. 要素需求彈性 $= \dfrac{\text{要素需求量變化的百分比}}{\text{要素價格變化的百分比}}$。其大小決定於：

　⑴產品的需求彈性。

　⑵要素的生產力下降速度。

　⑶要素成本占總成本比重。

　⑷替代要素的數量與替代程度。

　⑸時間的長短。

4. 要素供給彈性 $= \dfrac{\text{要素供給量變化的百分比}}{\text{要素價格變化的百分比}}$。其大小決定於：

　⑴要素是否有多種用途。

　⑵要素市場的定義範圍。

　⑶時間的長短。

5. 廠商使用要素的價格稱為平均要素成本，即要素總成本除以要素使用量，邊際要素成本是多使用 1 單位要素所引起的要素總成本變化。

6. 追求最大利潤的廠商會僱用要素到邊際生產收益等於邊際要素成本的數量。

7. 當要素市場為完全競爭時要素價格是常數，要素平均成本與邊際要素成本都是水平線且等於要素價格。

8. 不完全競爭的要素市場包括：

   (1)獨買：指要素市場上只有一個買方，面對的要素供給曲線是正斜率，邊際要素成本也是遞增且高於要素平均成本。與完全競爭的要素市場相比，獨買付給要素的價格低於要素的邊際生產收益，且僱用量較低。

   (2)獨賣：指要素市場上只有一賣方，以下方式可提高其福利：減少要素供給、增加要素需求、提高要素價格。

   (3)雙邊獨占：指要素市場上買賣雙方各只有一個。獨賣可抵消獨買壓低要素價格的力度，如果追求要素僱用量最大，則要素價格應訂在完全競爭下的工資率；如果追求要素價格最高，則要素價格應訂在獨買願意付的最高價格。

9. 功能性所得分配指要素擁有者在市場上提供勞動、資本、土地和企業家能力，分別得到工資、利息、地租和利潤等報酬，這種分配標準能保證經濟效率。

10. 個人所得分配指個人分配到的所得，其高低決定於：

    (1)先天要素的擁有數量與品質。

    (2)生產要素的價格。

    (3)個人的選擇。

    (4)機會與運氣。

11. 羅蘭氏曲線和吉尼系數都是衡量所得分配是否平均的工具。當羅蘭氏曲線愈接近 45 度對角直線，所得分配愈平均；愈靠近右下方則愈不平均。吉尼係數數值介於 0～1 間，當所得分配絕對平均，數值為 0；絕對不平均則數值為 1。

課後練習

( ) 1. 生產要素的「邊際生產收益」是指多使用 1 單位要素所帶來的何項變化？　(A)總成本變化　(B)總利潤變化　(C)總產量變化　(D)總收益變化

( ) 2. 下列何者不會影響對農地的需求？　(A)稻米的邊際成本　(B)農地的邊際產量　(C)農地的邊際生產收益　(D)稻米的邊際收益

( ) 3. 生產要素的需求曲線為負斜率的原因為何？　(A)邊際效用遞減　(B)規模不經濟　(C)邊際要素成本遞增　(D)邊際報酬遞減

( ) 4. 在哪一種產品市場結構下，要素的邊際生產收益等於其邊際產值？　(A)完全競爭市場　(B)獨占性競爭市場　(C)寡占市場　(D)獨占市場

( ) 5. 以下何者會使生產要素的需求彈性較小？　(A)要素的生產力遞減速度較慢　(B)要素成本占總成本比重較大　(C)缺乏可以替代的要素　(D)產品的需求彈性較大

( ) 6. 以下何者會使生產要素的供給彈性較大？　(A)要素市場的定義範圍較大　(B)時間較短　(C)要素具有多種用途　(D)產品的供給彈性較大

( ) 7. 在完全競爭的要素市場下，個別廠商所面對的要素供給曲線為何？　(A)正斜率曲線　(B)負斜率曲線　(C)水平線　(D)垂直線

( ) 8. 假設廠商面對的產品市場及要素市場都是完全競爭，則下列何者不是其利潤最大化的均衡條件？　(A)邊際生產收益等於要素價格　(B)邊際產值等於要素價格　(C)邊際產值等於產品價格　(D)邊際成本等於產品價格

( ) 9. 如果廠商使用 10 單位要素時，要素價格為 20 元；當僱用 11 單位時，要素價格為 21 元，則邊際要素成本為何者？　(A) 16 元　(B) 24 元　(C) 31 元　(D) 43 元

( ) 10. 在獨買下，廠商僱用要素的最適數量必須滿足以下哪一項條件？　(A)邊際生產收益等於要素價格　(B)邊際生產收益等於邊際要素成本　(C)邊際產值等於要素價格　(D)邊際生產收益等於平均要素成本

（　）11.假如平均要素成本曲線為 $W = 40 + L$，邊際要素成本曲線為
　　　　$W = 40 + 2L$，其中 W 是要素價格，L 是要素僱用量。如果廠商的邊
　　　　際生產收益曲線為 $MRP = 100 - L$，則廠商利潤最大化下的要素僱用
　　　　量為何？　(A) 10　(B) 20　(C) 30　(D) 40

（　）12.在勞動市場上供給者為獨賣的工會時，以下哪一項措施有利於提高
　　　　工資率？　(A)增加工作時間　(B)增加工會會員教育訓練　(C)開放國
　　　　內產品市場　(D)設法降低外勞工資率

（　）13.以下何者指所得在生產要素之間分配的情形？　(A)個人的所得分配
　　　　(B)功能性的所得分配　(C)羅蘭氏曲線　(D)吉尼係數

（　）14.吉尼係數愈高，其意義為何？　(A)貧者愈貧　(B)富者愈富　(C)貧富
　　　　差距愈小　(D)貧富差距愈大

（　）15.當羅蘭氏曲線是一條 45 度對角直線時，其意義為何？　(A)吉尼係數
　　　　為 1　(B)吉尼係數為 0.5　(C)吉尼係數為 0　(D)所得分配不平均

輕鬆一下

美國聯邦儲備委員會主席葛林斯潘曾說過：「如果你覺得聽懂了我說的話，
那你一定是誤解了我的意思。」

第7章

勞動力與土地

在第 6 章介紹過生產要素市場的一般基本運作與原理後，接下來我們再針對不同的生產要素探討其特性，這一章先分別討論勞動力與土地的各種性質，包括其價格——工資率和地租率的決定因素、差異原因、背後的理論基礎，以及其特有的供給情況——後彎的勞動供給曲線和垂直的土地供給曲線，這些內容將讓我們對日常的經濟現象有進一步的瞭解。

學習目標

1. 瞭解工資種類及對勞動供給量的影響。
2. 能掌握決定個人工資率高低的因素。
3. 能分析工資對失業的影響。
4. 理解土地的特性。
5. 能解釋決定地價與地租的因素。

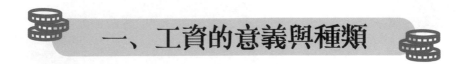

一、工資的意義與種類

(一)工資的意義

　　工資是指在一定期間內，例如年、月、日甚至小時，勞動者提供勞動所獲得的報酬，每 1 單位工作時間的報酬則稱為工資率，即勞動的價格，例如每小時薪水 120 元，因此工資率乘以總工作時間就等於工資。從勞動的供給、需求和資源配置三方面來看，工資有以下的意義：

1. 勞動者為廠商提供勞動而得到工資，但他必須親自到現場，這段時間如果他不工作他可以自行留用，從事自己想做的活動，例如在家裡睡大覺、出外看電影等，所以勞動者會從機會成本的角度來衡量工資對他的重要性。譬如常有人辭掉高薪但忙碌的工作多陪家人，其實也是這樣的想法。

2. 對廠商而言，工資是僱用勞動的代價，廠商需要勞工是為了產品的生產。在前一章我們已分析過，某單位勞動帶給廠商的邊際生產收益 (MRP)，等於廠商對該單位勞動所願意付出的最高工資率,即廠商對勞動的需求曲線。因此工資率對廠商的重要性，也可以從邊際生產收益的角度來瞭解，例如一個業績好的業務員，能為公司帶來更多收益，老闆就願意給他更高的薪水。

3. 由上述可知，在任何水準的工資率下，勞動者與廠商都會根據工資率的高低，決定自己的勞動供給量和需求量，因此如同一般的產品價格一樣，工資率也扮演著資源配置的角度。

(二)工資的種類

　　一般我們所稱的工資或工資率，是涵蓋所有勞動所得到的報酬，包括名目的現金如薪資和獎金，還有各種實物例如提供宿舍和三餐等。因此，工資可按不同性質分成以下種類：

1.依工資的形成方式分類：契約工資、經濟工資

　　契約工資指的是在僱用員工前以契約內容清楚載明工資及其相關項目，例如每月薪水、加班費如何計算、年終獎金多少等，可減少不必要的勞資爭議；經濟工資則視員工對產出的貢獻高低事後來決定工資。

2.依工資的支付工具分類：貨幣工資、實物工資

　　貨幣工資指直接發放金錢方式給付工資，大部分的工資都屬於這種；實物工資則以實物作為報酬的一部分，常見的例子是公司設有飯堂和宿舍供應免費膳食及住宿等，尤其在員工人數龐大的公司，通常是基於方便員工與容易管理員工的考量。

3.依工資的計算方式分類：計時工資、計件工資

　　計時工資依照勞動者投入的時間計算，例如月薪、日薪、時薪等，優點是簡單明瞭；計件工資則是按完成工作項目的成果件數計算，好處是可用量化指標比較員工績效，提升效率。例如業務員的工資往往會按業績高低計酬，因為老闆很難觀察員工是否在外面努力跑業務，按件計酬的方法易於衡量員工績效，也避免員工有偷懶行為，更不需要監督成本。

4.依工資的購買力分類：名目工資、實質工資

　　名目工資是以「貨幣數量」所表示的工資，並沒有考慮能買到多少產品；實質工資是扣除了物價的變動因素，以「貨幣購買力」表示的工資。所謂貨幣購買力是指每 1 塊錢可以購買多少產品的能力，其大小與產品價格成反比，可以衡量工資實際上的真正價值。因此：實質工資 $=(\frac{名目工資}{物價指數})\times 100$。例如阿華去年名目工資為 52 萬元，當時物價指數為 100，其實質工資為 52 萬元（$=(\frac{52 萬元}{100})\times 100$），今年名目工資雖然調高為 55 萬元，但由於通貨膨脹，物價指數上升了 10% 至 110，即原來 100 塊錢的東西現在要 110 元才能買到，其實質工資為 50 萬元（$=(\frac{55 萬元}{110})\times 100$），因此當物價指數愈高，實質工資愈低，阿華的購買力不增反跌，物質生活水準反而降低了。當然，如果物價指數下降了，實質工資就有可能大於名目工資。

二、後彎的勞動供給曲線

㈠後彎勞動供給曲線的導出

在勞動市場中，工資率愈高，勞動的市場供給量愈大。不過對個人而言，他的勞動供給曲線不見得和市場供給曲線一樣是正斜率的，為什麼呢？因為一個人一天只有 24 小時，除了上班賺錢以外，還要睡覺、吃飯等，能用的休閒時間其實很有限。如果工資率高到某一水準，這時候很多人可能寧可少賺一點，減少勞動的供給，剩下的時間多享受休閒，所以工資率在相對較低水準時，勞動供給量會隨著工資率的增加而增加，但上升到一個程度之後，供給量會隨工資率的上升而減少。

上述現象不難解釋，我們可以用無異曲線來分析勞動者的時間資源在休閒和勞動供給之間的最適分配。如圖 7.1 (A) 所示，其中橫軸為阿華每天休閒的時間，縱軸為阿華的工作所得。當時薪為 100 元，就可以畫出阿華的預算線 B_1，B_1 與橫軸和縱軸的截距分別為 24 小時和 2,400 元，因為當阿華完全不工作，每天休閒的時間最多不能超過 24 小時，如果阿華完全不休息，工作的時間極限也是 24 小時，則他的工作所得最多不能超過 2,400 元（ = 100 元 ×24）。

當工資率是 100 元 1 小時，阿華的最適選擇均衡點位於無異曲線 U_1 和預算線 B_1 的切點 a，對應的休閒時間是 H_1，因此工作時間是 $(24 - H_1)$；當工資率提高到 200 元時，阿華的工作所得最多為 4,800 元（ = 200 元 ×24），因此預算線 B_1 會沿縱軸往上移動至 B_2，均衡點在無異曲線 U_2 與預算線 B_2 相切的 b 點，對應的休閒時間減少至 H_2，因此工作時間提高到 $(24 - H_2)$。

當工資率再上升至 300 元時，阿華的無異曲線 U_3 與預算線 B_3 相切於 c，均衡的休閒時間反而從 H_2 增加至 H_3，工作時間降低到 $(24 - H_3)$，同樣道理可得一連串的均衡點，將這些均衡點的工資率和工作時間的組合畫在圖 7.1 (B) 中，就可以得到阿華的勞動供給曲線。從圖中可以看到，阿華的勞動供

給曲線是一條後彎的供給曲線 (Backward Bending Labor Supply Curve)，在 b 點以下的部分是正常的正斜率曲線，而在 b 點以上的供給曲線是負斜率的且向後彎曲，表示當工資率上升時，勞動的供給量非但不上升，相反卻下降了。

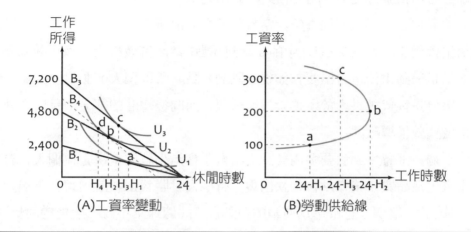

圖 7.1　後彎勞動供給曲線的導出

(二)替代效果與所得效果

　　要進一步理解勞動供給曲線後彎的現象，我們可以利用價格變化對消費者均衡的影響來分析。當工資率上升時，享受休閒的機會成本提高了，休閒和工作所得相比變得更加昂貴，在效用水準不變的前提下，理性的消費者理所當然地會減少休閒，而增加工作時間，獲取更高的所得，這稱為替代效果，替代效果導致工資率與工作時間呈同方向變動。

　　另一方面，由於休閒是一種正常財，工資率的上升使得消費者的所得增加，所得的增加會提高消費者對休閒的需求，這部分就是所得效果，所得效果導致工資率與工作時間呈反方向變化。例如當阿華的打工時薪由 200 元增至 300 元時，要區分替代效果和所得效果，我們可以在圖 7.1 (A) 中畫一條虛擬預算線 B_4 與 B_3 平行，並相切無異曲線 U_2 於 d 點，d 點仍在 U_2 上代表所

得不變，均衡點的移動純粹由工資率變動導致。在 d 點下的休閒時間為 H_4，從 H_2 到 H_4 就是替代效果，因為休閒變貴了，阿華就會減少休閒，增加工作時間。而由 d 點至 c 點，休閒時間卻由 H_4 增至 H_3，表示工作時間減少了，這部分是由預算線從 B_4 平行外移至 B_3 所造成，所以稱為所得效果。

總而言之，工資率提高後，當替代效果大於所得效果時，總效果是勞動供給量會增加，如圖 7.1 (B) 中的 a 點到 b 點；當所得效果大於替代效果時，總效果是勞動供給量會減少，如從 b 點到 c 點。所以個人勞動供給曲線正斜率的部分是替代效果大於所得效果所形成，而向後彎曲的部分則是所得效果大於替代效果導致的。

不過，工資率到底要多高勞動供給量才會減少就完全決定在個人，有些人重視生活品質，後彎點會較快出現，有些人愛賺錢則較晚出現。不過，大部分情況下，整個社會或個別產業的勞動供給曲線通常不會發生後彎的情形，原因是當工資率相當高時，其他原來不在勞動市場或不在某個產業的勞動力，也會加入市場或某個產業，例如已退休的、在家閒閒沒事做的也跑出來找工作了，低工資率產業的員工也想辦法跳槽到高工資率產業去，所以市場或個別產業的勞動供給曲線往後彎的情況通常不易發生。

我國歷年工作時數

下圖為 1980 年至 2012 年我國每月平均工時和平均薪資的變化情形。由圖可看出每月平均薪資持續上升，但平均工時卻呈現下降的趨勢。平均工時自 1980 年的 207.4 小時，1989 年首度低於 200 小時，2012 年已經降至 178.4 小時。這也顯示隨著收入愈來愈高，民眾反而減少工作時間。而近年來觀光旅遊市場發展快速，可看出隨著經濟條件改善，民眾也愈來愈重視休閒活動。

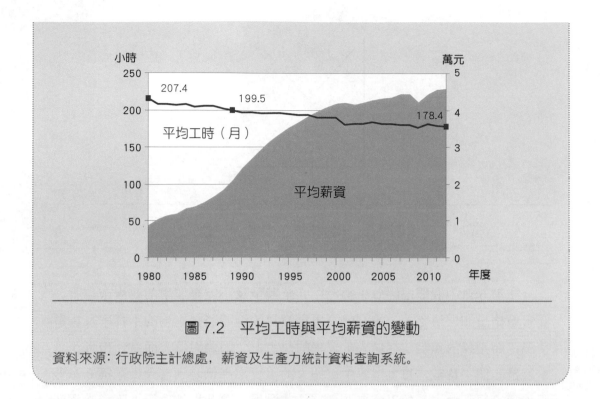

圖 7.2　平均工時與平均薪資的變動

資料來源：行政院主計總處，薪資及生產力統計資料查詢系統。

三、工資的決定

　　工資率是勞動力的價格，當市場上勞動者和廠商數量都很龐大時，工資率是由市場的供給與需求共同決定的，如圖 7.3 所示，在勞動供給曲線沒有後彎的情況下，一旦市場決定了均衡工資率 W^* 之後，個別勞動者與廠商就可以依據這一工資率水準，來分別決定其勞動的供給量與需求量。

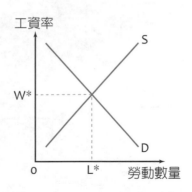

工資率

W*

o   L*   勞動數量

圖 7.3   勞動市場工資率的決定

在第 6 章中我們已經分析過,在完全競爭及不完全競爭的要素市場下,要素價格是如何決定的,這裡就不再重複討論總體勞動市場的工資率及相關情況,而把探討焦點放在個人工資率的決定上。因為對個人而言,市場工資率只是一個平均數,真實世界中每個人的工資率高低差別甚大。在第 6 章我們曾討論過工會會員的工資率普遍高於非會員,除此以外,個人工資率還決定在以下一些本身條件和非經濟因素上。

㈠人力資源

人力資源 (Human Resource) 是影響個人工資的重要原因。所謂人力資源是指把人當作一種資源來看待,包括人的知識、技能和性向,人力是各生產要素中最潛在而龐大的資源。一般高品質的產品可以賣到高一點的價錢,人力資源也是同樣道理,經過適當的投資,例如接受教育和訓練,人的工作品質可相應提高,生產力也提升,就可以拿到較高的薪資。一是因為受過專業訓練的勞動力其邊際生產力較沒受過專業訓練的要高。一家工廠中,工程師的薪水就比作業員來得高,因為前者可以幫助生產效率的提升,後者單純只從事一般勞動。

二是因為專業人員供給較少,一方面個人能力不同,有些人能力不足以完成整個訓練,另一方面接受訓練付出的金錢和時間都很多,不是每個人都

可應付。在物以稀為貴的情況下，例如醫生、律師等專業勞動者薪資就較高。

　　圖 7.4 顯示了不同人力資源的工資率水準，其中圖 7.4 (A) 是具有特殊技能的勞動市場，由於邊際生產力較高，導致需求較高，另一方面供給較少，所以工資率較高。圖 7.4 (B) 是沒有特殊技能的勞動市場，由於邊際生產力較低，市場需求也較低，而供給卻較多，導致工資率停留在低水準。

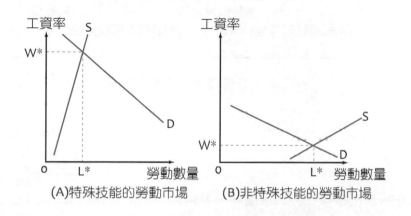

(A)特殊技能的勞動市場　　(B)非特殊技能的勞動市場

圖 7.4　工資率高低決定在人力資源水準

㈡行　業

　　當消費者對產品需求變化時，會透過產品的邊際收益改變勞動的邊際生產收益，導致廠商對從事該行業勞動者的需求改變，而產生了工資率變動。即使是同樣邊際生產力的員工，如果一個在產品需求成長的生物科技業服務，另一個在少子化下產品需求衰退的教育行業工作，前者的薪資漲幅就會高於後者，而且釋出的職缺較多。由於所受訓練不同，衰退行業的勞動力不能短期內轉換到新興行業，就使得兩種行業的薪資和就業量差距持續下去，如圖 7.5 所示。

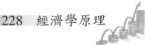

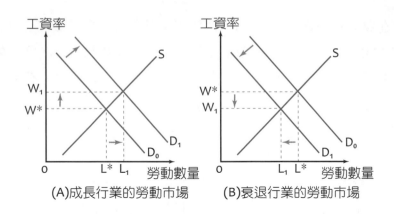

圖 7.5 工資率漲幅決定在行業

(三)學　歷

　　對剛畢業的學生來說，求職時學歷常常是雇主重要的僱用依據。2001 年諾貝爾經濟學獎得主米高・史賓斯 (Michael Spence) 曾提出一個模型來解釋這種現象。理論上來說能力高者邊際生產力高，應該拿到較高的薪水。但初出社會的年輕人沒有任何工作經驗和資歷，雇主不知道哪一個求職者有能力，如果無法分辨求職者的能力高低，最後雇主只願意出平均的薪水，能力低的人覺得賺到了，能力高的人覺得吃虧了，出現劣幣驅逐良幣效果，就業市場上都充斥著能力差的求職者。

　　史賓斯的研究用教育投資的程度作為一種可信賴的傳遞訊息工具。在他的模型裡，教育本身並不會提高一個人的能力，它純粹是為了向雇主「傳遞訊息」，表明自己是能力高的人。史賓斯認為，接受同樣程度的教育投資對能力低的人來說邊際成本更高，比如，能力低的人學習起來要更費力氣，人家念大學只要 4 年，他卻要 7 年才畢業。在這種情況下，能力低的人不願意模仿能力高的人，即作同樣程度的教育投資以表明自己是能力高的人。

　　史賓斯證明了在這種情況下，雇主與求職者之間雖有訊息不對稱的問題，即個人能力高低只有求職者自己知道，但在就業市場中應聘者可透過教育投

資程度來作為一種訊號，向雇主表明自己的能力，而雇主根據這一訊號便可區別開不同能力的人。比如把博士畢業者視作能力高的人，給予較高待遇。根據這一理論，我們可以理解為什麼有些人願意花大錢上名牌大學或念高學位了，原因是求職者要向雇主發出訊號，表明他們是聰明而且勤奮的人。

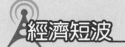 經濟短波

米高‧史賓斯 (Michael Spence, 1943–)

美國經濟學家，2001 年與喬治‧阿克洛夫 (George Akerlof)、喬瑟夫‧史汀萊茲 (Joseph Stiglitz) 共同獲得諾貝爾經濟學獎，其研究主題為資訊流動與市場發展之間的關係。目前擔任 2006 年成立的「成長與發展委員會」(Commission on Growth and Development) 主席，執行多項與經濟成長、降低貧窮相關的研究。

㈣補償性差異

工資率差異除了邊際生產力以外，部分原因是為了補償勞動者在工作環境、條件、時間、壓力的不同。警察、消防員、軍人屬於危險性工作，隨時會生命不保、因公殉職，必須給予較高的待遇加以補償。又例如垃圾車的跟車清潔隊員、殯儀館的化裝師等，屬於衛生環境惡劣或厭惡性的工作，如果不在工資上適當提高，恐怕找不到人來做。另一方面，有前景的工作往往起薪不高，也是補償性差異的結果。

㈤歧　視

如果工資率的高低不同並非因為邊際生產力、供需等經濟因素，而是因為性別、年齡、省籍、種族等先天原因造成同工不同酬的現象，則稱為歧視 (Discrimination)。先進國家如歐美也發現，即使工作內容和學經歷相同，白

種人薪資平均較有色人種高，男性薪資平均也較女性高。

　　一般來說，形成歧視的原因有兩種：一是個人偏見，例如雇主不喜歡某些族群的員工；二是統計上的偏見，例如過去受過高等教育的女性比例偏低，讓雇主誤以為女性的能力低於男性，而給予較低待遇。

　　不過，如果是工作上需要，雇主偏好特定性質的員工，則不能算是歧視。例如救生員、消防員等工作由男性擔當較多，這些工作都需要體力良好才能勝任，男生在體能上大都優於女性。再如職業籃球員要求 180 公分以上、機師需要視力良好等，都屬於合理的工作條件要求。

四、失業問題

　　常有人以為沒有工作就是失業，其實失業的定義與我們的一般認知略有不同，想找工作卻找不到的現象才叫失業，失業背後的原因很多，有些是個人因素，有些是大環境問題，類型也有好幾種。一方面失業和整體景氣好壞密切相關，我們會在第 14 章探討總體經濟循環時再詳細分析這部分，另一方面工資率的高低與能否變動也會造成失業，以下只聚焦討論最低工資 (Minimum Wage) 和工資僵硬性 (Rigidity) 所導致的失業。

(一)最低工資

　　最低工資（臺灣稱為基本工資）是指政府為保障勞工有最基本的生活水準，規定了工資率的下限，它的效果與工會為會員抬高工資率相同，雇主聘用勞工時工資率不能低於規定的下限,因此這下限一定超過市場均衡工資率，才能達到保障勞工的效果，但出於善意的政策最後卻導致失業的產生。

　　如圖 7.6 中所示，當勞動市場上沒有任何干預時，這時候均衡工資率為 W^*，勞動僱用量為 L^*，市場上勞動供給量等於需求量，不存在失業的問題。但是當政府或工會設定了最低工資要保護勞工時，最低工資率 W_M 必然高於 W^*，這時候勞動供給量是 L_S，但勞動需求量只有 L_D，因此有為數 $(L_S - L_D)$ 的勞動力想找工作卻沒有被僱用，這部分就是市場上的失業人口，其中

(L_S-L^*) 數量的勞動力原本不在這市場上，但因為工資率上升了且高於均衡工資率，因此這些勞動力也進入了市場找工作，例如家庭主婦也出來社會謀職。不過 (L^*-L_D) 數量的勞動力在均衡工資率 W^* 下原本是有工作的，最低工資設定後反而因勞動需求量減少而失業了，且要面對 (L_S-L^*) 數量的新勞動力在找工作上的競爭。

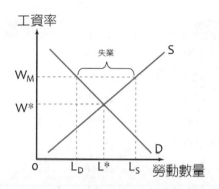

圖 7.6　最低工資引發失業

　　不過，最低工資並非完全沒有好處，L_D 數量的勞動力原來在市場上的工資率只有 W^*，但最低工資推行後他們卻可以拿到 W_M 的工資率，只是其高工資率是以犧牲其他人的就業機會為代價，所以有人批評最低工資會讓勞工們彼此惡性競爭，最後只保障了勞工中的年輕力壯者，他們仍可以較高工資率保有原來的工作，但勞工中的弱勢族群如老年者、殘障者，他們會是被勞動市場優先淘汰的一群。如果最低工資不斷調漲，失業人口只會持續增加，而弱勢者的生活處境只會更雪上加霜。

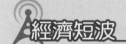

我國歷年基本工資

我國基本工資的訂定由行政院勞工委員會設置基本工資審議委員會，蒐

集國家整體經濟發展狀況，例如躉售物價指數、消費者物價指數、國民所得、平均每人所得、各行業勞動生產力及就業狀況、各行業勞工工資、家庭收支等並研究後擬訂，再報請行政院核定。下表為我國歷年來基本工資的調整情形。

表 7.1　我國歷年基本工資

調整時間	調整後基本工資	調整時間	調整後基本工資
1956 年	300／月	1993 年 8 月	13,350／月
1964 年	450／月	1994 年 8 月	14,010／月
1968 年	600／月	1995 年 8 月	14,880／月
1978 年 12 月	2,400／月	1996 年 9 月	15,360／月
1980 年 5 月	3,300／月	1997 年 10 月	15,840／月
1983 年 5 月	5,700／月	2007 年 7 月	17,280／月、95／小時
1984 年 7 月	6,150／月	2011 年 1 月	17,880／月、98／小時
1986 年 11 月	6,900／月	2012 年 1 月	18,780／月、103／小時
1988 年 7 月	8,130／月	2013 年 1 月	18,780／月、109／小時
1989 年 7 月	8,820／月	2013 年 4 月	19,047／月、109／小時
1990 年 8 月	9,750／月	2014 年 1 月	19,047／月、115／小時
1991 年 8 月	11,040／月	2014 年 7 月	19,273／月、115／小時
1992 年 8 月	12,365／月	2015 年 7 月	20,008／月、120／小時

資料來源：行政院勞工委員會。

㈡工資僵硬性

即使沒有最低工資，如果工資率不能往下調整，也有可能出現失業。按照亞當·斯密等古典學派 (Classical School) 的假設，如果工資率具有完全的伸縮性 (Flexible)，則透過工資率的調整，就可消除失業。如果勞動力數量供過於求，則市場力量會導致工資率下降，直至勞動供需量重新相等為止，因此不會有失業的發生。但由於人的本性不願意看到收入減少，使得工資率變

成能漲不能跌，稱之為工資僵硬性。工資僵硬性的存在，會使部分工人無法受僱，因而出現失業。

　　例如在圖 7.7 中，原來勞動市場的供給與需求分別為 S_1 和 D_1，均衡工資率與就業量分別是 W^* 和 L^*，假如景氣步入衰退，廠商的勞動需求減少為 D_2，這時候均衡工資率應下跌至 W'，但由於勞工不願意接受減薪，仍然堅持原工資率 W^*，於是結果就和最低工資的分析一樣，出現了 $(L^* - L_D)$ 數量的失業人口。

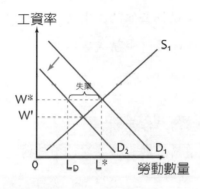

圖 7.7　工資僵硬性引發失業

　　不過在現實社會裡，不景氣時即使失業員工願意以較低工資率找工作，但廠商卻難以先解僱原來舊員工，然後再以低工資率新聘員工。一方面是容易招致社會批評，另一方面裁減舊員工要先付一筆資遣費，要重新再訓練新聘人員，也不利於培養員工對公司的忠誠度和凝聚力，有礙企業的長期發展。

　　而且，廠商本身非不得已也不想對舊員工減薪來降低營運成本，一方面是大部分工資都屬於契約工資，往往一、兩年前雙方就簽訂了契約，重新和員工協商新工資契約會增加不少成本。另一方面減薪也會引起員工的反彈和不滿情緒，對公司的正常營運不利。所以工資率在勞動市場和企業內部都不容易下跌的情況下，不景氣發生後失業人口的增加就不難理解了。

　　有很多高所得的歐美國家，由於提供了失業救濟金等社會保障，一旦失

業後短期內有基本的維持生計收入，於是失業者更願意等候，希望景氣恢復後工資率會重新上升。不過當失去工作太久之後，部分勞動力的技能就會開始退化，以致更難找到合適工作，有可能逐漸成為長期的失業者了。

經濟短波

失業給付

　　為了讓失業勞工在尋找新工作時，生活不至於陷入困境，凡有投保勞工保險，且符合下列條件者，可以申請失業給付：

　　⑴非自願離職。

　　⑵至離職退保當日前 3 年內，保險年資合計滿 1 年以上者。

　　⑶具有工作能力及繼續工作意願。

　　⑷向公立就業服務機構辦理求職登記，14 日內仍無法推介就業或安排職業訓練。

　　給付標準為申請人離職辦理勞工保險退保之當月起前 6 個月平均投保薪資的 60%，若有扶養親屬，每一人可增加 10%，最多增加 20%。給付期限最長為 6 個月，若年滿 45 歲或領有身心障礙證明者，可延長至 9 個月。若因經濟不景氣造成大量失業的情形，主管機關可視情況延長給付期限，但最長不得超過 12 個月。

資料來源: 勞動部網站 (http://www.mol.gov.tw/)

五、土地的特性

　　經濟學上所討論的土地，指地上及地下所有的一切天然資源。不僅是一般認為的土地表面，更包括地下的石油、礦產，以及地上的海洋、森林等。與其他生產要素相比，土地有其特別的性質：

㈠不能增加

　　土地是特殊的生產要素，其供給是固定的，也就是說不管價格多高，土地的供給量沒法增加，反過來說，就算價格為 0，土地的供給量也是固定，地主不可能把土地藏起來或消毀土地。當然，從長期來看，人類可以改造沙漠、移山、填海、造田等來增加土地的供給。也可能由於乾旱、洪水、風沙等自然災害，或者因工業汙染和伐林等人為因素破壞土地的可使用性，導致可用土地的減少。但從整體來看，土地自然或人為的供給增減和原來的供給數量相比，所占的比例畢竟非常之小，為了簡化問題起見，我們通常把土地的供給當作固定不變。

㈡不能移動

　　土地不像勞動或資本等生產要素可以自由流動，土地無法移動的特性使土地不具有同質性,土地所處的固定區位就成為影響土地價值的最重要因素。例如位於乾旱缺水沙漠地區的土地，因無法搬移，因此人口必然流動到有水源的溫帶地區，使得該地區人口聚集，進而對土地需求增加，土地價值就易漲難跌。

㈢恆久存在

　　勞動、企業家能力和資本都有老死、老化或折舊的問題，但土地卻可以永遠存在，除非地層下陷或被海洋淹沒，否則土地不會憑空消失。加上土地不能增加的特性，物以稀為貴，這使得持有土地可以像保有鑽石、黃金一樣作為保有財富的其中一種方式，更可以世世代代的把土地傳給子孫，達到保障後代生活條件的效果。

㈣品質差異

　　一般工業產品的特徵是品質相同而且標準化，因此同型號的機器設備等資本要素沒有任何差異。但土地是大自然的產物，無法像工業品一樣品質一

致，或者面積整齊劃一。即使兩塊相鄰的土地，地下的地質和礦產種類，地表土壤組織的肥沃度、地上花草樹土的品種都可能不一樣，所以土地是品質最不均勻的生產要素，並由此導致邊際生產力的不同。

六、地租的意義與發生

㈠地租的決定

地租是土地擁有者提供土地使用所得到的報酬，於一定期間內每單位土地的使用價格稱為地租率 (Rental Rate)。由於土地具有不可增加的特性，如圖 7.8 所示，土地的總數量 Q_T 是不變的，土地的供給曲線 $0Q_TS$ 在 Q_T 前與橫軸重疊，在 Q_T 就是一條完全沒彈性的垂直線 Q_TS，表示土地的總數量與價格無關。圖 7.8 顯示地租率決定於土地的供給與需求，由於供給量是固定的，因此地租率的變化完全由土地的需求所帶動，如果需求曲線在 $0Q_T$ 之間與橫軸相交則地租率為 0，因為土地供給量 Q_T 大於需求量，表示還有不少土地是閒置的，沒有機會成本的問題。當需求曲線為 D_1 時，均衡地租率為 R_1，地租為正方形 R_1EQ_T0 的面積。

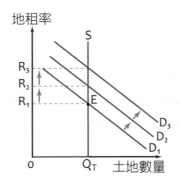

圖 7.8　均衡地租率的決定與變化

　　隨著一國的人口成長，工商業發展，對住宅、工商業辦公大樓、店面的需求會不斷增加，表示土地帶來的邊際生產收益上升，長期來說對土地的需求也同步增加，如圖中的 D_2、D_3 所示，地租率就會不斷攀升，這是許多國家所得不均、財富差距的主要原因。只要在經濟發展初期買了土地，長期而言就可能致富。

㈡地租的意義

　　對土地擁有者來說，地租是放棄使用該土地所得到的補償，對土地租用者而言，地租是為使用該土地所付出的代價。從社會的觀點來說，由於土地是與生俱來，不必花任何代價就存在，使用土地可以說是沒有機會成本的。但從個別使用者而言，土地與其他資源一樣稀少，因此地租率具有價格機能的功用，有效的分配稀少資源給有效率的使用者。因為一般而言，土地可具備多種用途，可用來蓋豪宅或是種蔬菜，一旦用來種蔬菜就不能蓋豪宅，所以對不同的使用者或不同用途來說，使用土地就有了機會成本。從社會的眼光來看，稀少性的土地當然用在最有生產力的地方最好，因此地租率就可以引導土地流向最有使用價值的用途上。

　　土地的供給彈性雖然為 0，但並不表示不同用途的土地供給沒有彈性，只要地租率夠高，民宅可改成商業住宅，農地也可改為工業用地，因此對個別用途的土地來說，其供給曲線是正斜率的。例如臺北市是全國的商業中心，但也是全國人口最多的城市，土地面積是固定不變，該如何分配住宅用地和商業用地，才能確保稀有的土地能有效率的使用呢？

　　我們可以用圖 7.9 來分析土地使用的最適分配。假設土地只用於商業和住宅兩種用途，而且加起來的數量不能超過臺北市土地總數量 Q_T，圖中 D_C 為商業用地需求，即商業用地的邊際生產收益；S_C 為商業用地供給，是一條正斜率的供給曲線，表示當商業用地的地租率上升，會有更多住宅用地轉為商業用地，但即使地租率再高，其供給量也不能超出 Q_T；直線 Q_TS 與 S_C 的差距就等於住宅用土地的數量。當 D_C 與 S_C 交點決定了商業用地的均衡地租率 R_C 和數量 Q_C 後，其餘剩下的土地數量 (Q_T-Q_C) 就用於住宅用途。如果

商業用地需求因為經濟發展而增加，可為使用者帶來更高的邊際生產收益，其需求曲線就會右移，由於商業用地地租率上漲，將有更多的住宅用土地會移作商業用途。因此，地租率和一般產品價格一樣，扮演著分配稀有土地用途配置的角色。

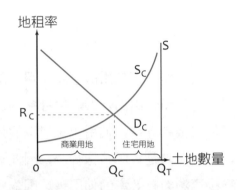

圖 7.9　土地在不同用途上的分配

㈢經濟租的意義

在圖 7.8 中，地租相當於供給線以上，價格線以下的面積。由於供給線以下代表供給者的機會成本，供給線代表他願意接受的最低價格，所以地租就是地主提供土地使用超過其機會成本的報酬。因為土地總數量是固定的，土地的供給曲線在 Q_T 前等於橫軸，其機會成本為零。依據這種特性，許多人批評地租是一種不必要的報酬，意思是即使地租為零，地主也會提供土地，沒有機會成本，所以地租在本質上完全是一種超額報酬。

至於付給非土地的固定生產要素，例如短期內工廠的機器設備數量也是幾乎不變的，其超過機會成本的報酬我們稱之為準地租或準租 (Quasi Rent)，而對其他非固定的生產要素例如勞動力，如圖 7.10 所示，其報酬也含有地租的成分，超過其機會成本（面積 aL^*0）的報酬則稱為經濟租 (Economic Rent)，即價格線與供給線之間的面積 $a0W^*$，相當於生產要素擁有者的淨收

入，之所以仍稱為「租」，是因為從短期來看這是生產要素擁有者多餘的報酬，如果沒有這一部分的報酬，要素擁有者仍然願意提供同樣的要素數量。這和之前我們討論到的生產者剩餘的概念有點類似，不過生產者剩餘是發生在產品市場，而經濟租則產生在要素市場。經濟租的大小與供給彈性成反比，供給彈性愈小，經濟租則愈大，反之則愈小。

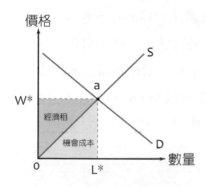

圖 7.10　生產要素的經濟租

　　許多行業從業人員的所得中，有相當高的比重也屬於這種高於最低要求的經濟租，例如演藝人員、運動員等。某些當紅明星代言產品，酬勞動輒千萬元，難道只付 100 萬元或 50 萬元的報酬，他就覺得待遇太低而不代言嗎？恐怕也不一定。只不過他的時間有限，如果手上已經有相當多工作，不能再騰出多餘時間，這時候他的供給曲線相當於垂直線，為了要他先放下其他工作，必須要給予更高的報酬，這超過最低要求的報酬就是經濟租，完全是由需求所帶動產生的，這也可以解釋為什麼藝人的身價完全決定在觀眾對他的喜好程度（需求），而不是他對演藝事業的供給量。

七、地租理論

㈠李嘉圖的地租理論

1.地租由產品價格帶動

　　遠在 19 世紀初，英國小麥價格在 5 年內大幅上漲兩倍，造成民生不少困擾，當時英國國內有兩派看法，一派認為是地主對農民收取的地租太高，使得種植成本增加，造成小麥的價格連番上漲，要平抑小麥價格則必須要管制地租。以經濟學家李嘉圖 (David Ricardo) 為首的另一派則認為，小麥價格的上揚是因為拿破崙戰爭使得小麥供給大幅減少。在需求不變下，小麥價格就必然不斷攀升，導致農民爭著種小麥，於是土地需求大增，地租就被拉高了，因此李嘉圖主張：

⑴在土地供給不變下，地租是由土地需求帶動的，不是因為地租太高而引起小麥價格上漲，而是小麥價格上漲造成地租高昂。作為生產要素，農民對土地是一種引伸性的需求，是建立在市場對小麥的需求上，所以地租是由產品價格決定的。

⑵因此，要降低地租率就要降低小麥關稅來增加進口，當國內供給增加後，在需求不變下，小麥價格自然就會下降，農民對土地的需求就因而減少，地租率最後就會回跌。

2.差額地租的意義

　　李嘉圖還解釋了為什麼地租會有差別，他認為地租的不同是因為土地肥沃度不同所致，導致各種土地間的產出有所差別。他舉出一個例子說明，假設有一無人島上有 A、B、C 三塊土地，其中 A 地最肥沃、B 地次之、C 地最差，先到的第一批農民剛開始一定會找最肥沃的 A 地耕種，由於這是第一批到的農民，不必繳地租給任何人，這原來乏人問津、無利可圖的 A 地稱之為邊際土地 (Marginal Land)。

　　之後有第二批農民前來開墾，只能墾種次佳的 B 地，這時候 B 地才是邊際土地，因為可以自由開墾而不必繳地租。但是 A 地因為肥沃度較高，以致單位產量較多，譬如說，A 地每畝小麥產量為 2,000 公斤，而 B 地每畝只產 1,200 公斤。兩種等級土地上的收穫差距為 800 公斤，於是 B 地的某個農民甲，就會願意出一些代價，譬如說每畝 300 公斤小麥，交給 A 地的某個農民乙，以取得甲在 A 地的使用權，這樣甲就可以比耕種每畝 B 地多出 500 公斤小麥的差額，而乙也樂於不勞而獲的得到 300 公斤小麥，這就是地租。這種交易會引起 B 地上其他農民仿效，彼此競爭租用 A 地的結果，導致地租率不斷上升，直到提高到每畝 800 公斤小麥才沒有差額。

　　如果再有第三批農民前來，只剩下最劣等的 C 地可以耕種，其小麥產量為每畝 500 公斤。這時候 C 地成為邊際土地，不需要付地租，但假如這批農民要耕種 B 地，就必須付每畝 700 公斤小麥作為地租；耕種 A 地則須付每畝 1,500 公斤，所以地租就是某一塊土地單位產出和邊際土地單位產出間的差額，這又稱之為差額地租 (Differential Rent)，因為地租是使用不同品質的土地而產生的。

　　根據上述分析，我們就可以理解為什麼每一個城市最早聚集人群的區域，其地租率一定最高，例如臺北車站附近的土地一直是全國最貴的地王，因為市中心的土地有限，新增加或新遷來的企業、人口只好不斷往臺北市外圍擴散，而使得過去人煙稀少、未開發的邊際土地變得有利可圖，在這種情況下市中心與市郊的地租差距就會不斷持續拉大，這種因為區位不同而產生的地租差距也可以歸類為差額地租。

 經濟短波

大衛‧李嘉圖 (David Ricardo, 1772–1823)

　　英國經濟學家，12 歲留學荷蘭，14 歲便跟著任職於倫敦證券交易所的父親到證券交易所裡學習，其後靠著證券交易累積大筆財富，並曾任下議院

議員。除了地租理論之外，李嘉圖的國際貿易理論亦廣為人知，其提出比較利益的觀點，推崇自由貿易，反對政府干預。其《政治經濟學及賦稅原理》(*On the Principles of Political Economy and Taxation*) 一書被視為是在經濟學的發展上，一部極重要的著作。

圖片來源：維基百科

李嘉圖與另一位英國經濟學家馬爾薩斯 (Thomas Malthus) 常被相提並論，因為兩人常在不同議題上針鋒相對，各執一詞，但私底下又是極要好的朋友，絲毫不受觀點不同所影響，從李嘉圖在寫給馬爾薩斯的最後一封信裡的一句話，可以感受到兩人的交情：「即使您贊同我的觀點，我對您的敬意也不會比今天更多。」

㈡地租與地價

地租是使用土地的代價，而地價則是土地買賣的價格，兩者的權利雖然不同，但卻互有相關性，地價的高低與地租一樣是由土地市場的供給與需求決定的，而土地的需求價格則決定於持有土地所帶來的收益。由於土地供給量固定，土地的均衡價格完全決定在需求價格，所以要估算地價就要先估算出擁有土地所帶來的收益。

假設土地可以永久的使用，且土地每一期都有相同的地租收入，則土地所帶來的收益可以用每期地租的現值 (Present Value) 加總起來而算出。現值是指把未來的價值換算成現在的價值。例如當年利率為 2%，今天的 100 元 1 年後的本金加利息為 102 元（＝100 元×(1＋2%)），反過來說，1 年後的 102 元，其現值就是 100 元 (＝$\frac{102 \, 元}{(1＋2\%)}$)，而 2 年後的 104.04 元，其現值也是 100 元 (＝$\frac{104.04}{(1＋2\%)^2}$)。由這個例子看出，在利率大於 0 的情況下，同樣的 1

塊錢，其現值會低於未來的價值，因此如果不折算成現值再加總，就會高估
了未來各期地租的現在價值。

　　假設每年的地租固定為 R，而年利率為 r，則第一期地租的現值為
$\frac{R}{(1+r)}$，第二期地租的現值為 $\frac{R}{(1+r)^2}$，如此類推，則這塊土地的價格為：

$$P = \frac{R}{(1+r)^1} + \frac{R}{(1+r)^2} + \frac{R}{(1+r)^3} + \frac{R}{(1+r)^4} + \cdots + \frac{R}{(1+r)^\infty}$$

由於這是一個收斂數列，因此可簡化成：

$$P = \frac{R}{1+r}[1 + \frac{1}{(1+r)} + \frac{1}{(1+r)^2} \cdots]$$
$$= \frac{R}{1+r} \times \frac{1}{1 - \frac{1}{1+r}}$$
$$= \frac{R}{(1+r)-1}$$
$$= \frac{R}{r}$$

　　根據上式，當利率不變時，地租上升則地價也會上升。反之，地租下跌
時地價也會下跌，兩者呈同向變動的關係。而當地租不變時，利率則與地價
呈反比。其實不只是地價，只要可以永久收取固定報酬的資產，都可以採用
上述相同的方式計算其價格。

NEWS 新聞案例

博士畢業生月薪 57K　阿湯哥年收入 22 億元新臺幣

1. 為解決博士就業問題，2011 年 10 月國科會宣布「促進博士後研究員到產
業方案」，鼓勵臺灣企業界聘用博士當研發人員，國科會補助每人每月 3 萬
元，起薪不低於 5.7 萬元，俗稱 57K 方案，這樣企業只要花 2.7 萬元就可
以聘用一名博士。

2. 根據美國富比士 (*Forbes*) 雜誌在 2012 年 7 月 3 日發布的調查顯示，2011 年全球收入最高的明星為湯姆・克魯斯 (Tom Cruise)，他的電影《不可能的任務：鬼影行動》(*Mission : Impossible-Ghost Protocol*) 全球票房收入達 7 億美元，也使得他再度成為好萊塢收入最高的演員，年收入為 7,500 萬美元，約 22 億元新臺幣。

評　論

　　博士畢業生每年成長幅度驚人，1995 年才 1,053 人，2012 年已成長到 3,861 人，由於長期供給彈性大，使得經濟租愈來愈少，而且不易為企業立即帶來龐大收入，即使學問再好，企業對其需求有限，當然也不願意以高薪僱用，導致嚴重供過於求。

　　反之，明星之所以有高酬勞，是因為明星具有不易複製與稀少的特性，所以阿湯哥的供給曲線幾乎是垂直的，供給彈性接近 0，身價完全決定於需求。自從成名後，他的觀眾遍布全世界，《不可能的任務》系列電影那麼賣座，觀眾想看他的個人風采是原因之一。假如換了片酬較低的二線明星主演，即使省了不少片酬，但票房少一半就划不來了。而且電影的特點是前段製作過程的投入成本高、後段在戲院上映的變動成本低，具有規模經濟的特點，利潤高低取決於觀眾數量，所以片商願意付高酬勞給當紅明星，因為他能帶來觀眾。

　　阿湯哥的收入幾乎全都是經濟租，因為經濟租的大小取決於機會成本，如果他不當明星，追求 14 歲前的理想成為一個牧師，且年薪為 10 萬美元，則他的經濟租是 7,490 萬美元，幾乎是他原來的全部收入。

　　不只是藝人，很多藝術品的出售收入也完全是經濟租，比如王羲之的書法真跡、蘇東坡的國畫，其供給彈性是 0。許多藝術家生前潦倒，死後作品卻價值連城，因為在世時的供給曲線是正斜率的，但作古後供給曲線卻變成一條垂直線，只要需求增加，價格就可以上升很多，所以古代藝術品就像土地一樣，價格容易受到人為炒作。

本章重點

1. 工資是指在一定期間內，勞動者提供勞動所獲得的報酬，每 1 單位工作時間的報酬稱為工資率，其種類有：
   (1)依形成方式分為契約工資和經濟工資。
   (2)依支付工具分為貨幣工資和實物工資。
   (3)依計算方式分為計時工資和計件工資。
   (4)依購買力分為名目工資和實質工資。

2. 工資率上升時有兩種效果：
   (1)消費者會減少休閒且增加工時，稱為替代效果。
   (2)所得增加會提高對休閒的需求而減少工時，稱為所得效果。
   (3)當工資率在低（高）水準時，替代效果大（小）於所得效果，勞動供給量會隨著工資率遞增（減），形成個人向後彎曲的勞動供給曲線。

3. 工資率由市場供需決定，除是否為工會會員外，個人工資率還決定在：
   (1)人力資源。
   (2)行業。
   (3)學歷。
   (4)補償性差異。
   (5)歧視。

4. 最低工資指政府規定了超過市場均衡工資率的下限，會導致勞動供給量增加但需求量減少，於是產生失業。找到工作的勞動力可拿到較高的工資率，但卻是以犧牲其他人的就業為代價。

5. 由於人性不願意收入減少，造成工資率能漲不能跌，稱為工資僵硬性，勞動供給量因而固定。當廠商的勞動需求減少時就產生勞動力的供過於求──失業。

6. 土地指地上及地下所有天然資源，其特點為：
   (1)不能增加。
   (2)不能移動。

⑶恆久存在。

⑷品質有差異。

7.地租是土地擁有者提供土地使用所得到的報酬，一定期間內每單位土地的使用價格稱為地租率，決定於土地的供需。由於供給量固定，因此地租率的變化完全由土地需求帶動。

8.土地的供給彈性為 0，但具多種用途時，地租率可引導土地流向最有使用價值的用途，對個別用途的土地而言，其供給曲線是正斜率。

9.地租等於土地供給線以上，價格線以下的面積，由於土地數量固定，提供土地的機會成本為 0，所以地租完全是超額報酬。

10.付給非土地的固定（非固定）生產要素，其超過機會成本的報酬稱為準地租（經濟租），即價格線與供給曲線之間的面積，代表要素擁有者多餘的報酬，類似生產者剩餘的概念。如果沒有這部分報酬，要素擁有者仍願意提供同樣的要素數量。

11.經濟租的大小與供給彈性成反比，供給彈性愈小（大），經濟租則愈大（小）。

12.李嘉圖的地租理論認為：

⑴地租由產品價格帶動。

⑵差額地租是某一塊土地單位產出和邊際土地單位產出間的差額。

13.地價是土地買賣的價格，地價 $= \dfrac{\text{每年的固定地租}}{\text{年利率}}$。

課後練習

( )　1.阿華工作的工廠有提供免費宿舍,這種勞動報酬可歸類為以下何者?
　　　　(A)計件工資　(B)經濟工資　(C)實物工資　(D)名目工資

( )　2.當名目工資為 3 萬塊時,下列關於實質工資的敘述,何者正確?
　　　　(A)小於 3 萬塊　(B)等於 3 萬塊　(C)大於 3 萬塊　(D)以上都有可能

( )　3.下列何者是造成勞動供給曲線後彎的原因?　(A)替代效果大於所得
　　　　效果　(B)所得效果大於替代效果　(C)休閒是劣等財　(D)工作是正常
　　　　財

( )　4.在完全競爭的勞動市場上,均衡的工資水準決定於下列何者?　(A)
　　　　政府的干預　(B)勞動者的學歷　(C)勞動市場的供給與需求　(D)工會
　　　　的力量

( )　5.在產品需求成長的產業中,其勞動力有何特性?　(A)供給較高　(B)
　　　　供給較低　(C)需求較高　(D)需求較低

( )　6.警察薪水較普通上班族來得高的原因為何?　(A)沒被歧視　(B)學歷
　　　　較高　(C)補償工作上的危險　(D)邊際生產力較高

( )　7.如果政府在勞動市場實施最低工資,則會造成以下哪種現象?　(A)
　　　　勞動需求量會增加　(B)勞動供給量會減少　(C)就業人數會增加　(D)
　　　　就業人數會減少

( )　8.如果工資具有僵硬性,當勞動市場需求降低時,會產生下列何種變
　　　　化?　(A)工資率會下降　(B)勞動力會供過於求　(C)勞動力會供不應
　　　　求　(D)勞動力會供需相等

( )　9.以下哪一項不是「土地」的特性?　(A)不能增加　(B)不能移動　(C)
　　　　恆久存在　(D)品質相同

( )　10.如果土地的面積為固定不變,則地租率的高低由下列何者決定?
　　　　(A)地主要求的價格　(B)出售土地的價格　(C)農產品的需求　(D)土地
　　　　的需求

( )　11.以下關於地租或地租率的敘述,何者正確?　(A)從社會的觀點來說,

使用土地的機會成本大於零　(B)從社會的觀點來說，地租是出租土地的機會成本　(C)地租率可使土地配置至最高價值的用途上　(D)地租率是買賣土地的價格

(　) 12.關於李嘉圖的地租理論，以下何者正確？　(A)小麥價格與地租沒有因果關係　(B)小麥價格上漲導致地租上漲　(C)地租上漲導致小麥價格上漲　(D)地價上漲導致小麥價格上漲

(　) 13.下列何者是造成農地間差額地租的主要原因？　(A)土地數量固定　(B)地主不同　(C)土地肥沃度不同　(D)土地種植的農作物不同

(　) 14.當經濟租等於 0 時，生產要素的供給曲線是一條怎樣的曲線？　(A)水平的　(B)垂直的　(C)正斜率的　(D)負斜率的

(　) 15.張先生有一塊土地要出租，每年租金為 2 百萬元，如果年利率為 2%，則這塊土地的售價應該是多少？　(A) 4 億元　(B) 3 億元　(C) 2 億元　(D) 1 億元

 輕鬆一下

甲：「經濟學家做了什麼？」
乙：「短期來看他們做了很多，長期來看他們什麼也沒做。」

第8章

資本、企業家精神與利潤

　　除了勞動力和土地以外，資本與企業家精神也是生產過程中重要的生產要素。這一章我們將先討論資本的價格及報酬——利率與利息的意義、發生原因、功能和決定的因素，接著探討企業家精神的本質與特性，以及企業家創新的原因和影響等，最後再分析利潤的意義與功能，並從創新、獨占及不確定三種學說來說明利潤的來源。

學習目標

1. 瞭解利率如何影響消費和儲蓄。
2. 能掌握廠商購買資本的均衡條件。
3. 認識企業家精神的特質。
4. 能分析創新與景氣之間的關係。
5. 理解利潤的來源及其功能。

一、利息的意義與發生

㈠資本的特性

　　資本和勞動或土地不一樣，屬於人為創造的生產要素，例如廠房和機器，之所以被生產出來，並非為了消費，而是要進一步生產更多的產品和服務。由於資本是被製造出來的，所以嚴格來說，資本也是利用勞動、土地和企業家能力所加工出來的要素，但因為是用來幫助生產的工具，有別於中間原料屬於產品的一部分，且有其耐久性，使用期間常在多年以上，所以也被列為生產要素之一。

　　在前面章節的短期生產分析中，資本往往代表固定且不能流動的生產要素，但資本是由人類的經濟活動生產出來的，長期間它的總量還是可以改變，不像土地總量長、短期都固定不變。且從長期來看，資本的流動性很大，尤其在全球化的經濟環境下，各國都大力吸引外國資本，以促進國內經濟發展，因此資本在國際間的流動已相當普遍，但受限於各國的勞工保護政策，一般來說中低階勞動力的跨國流動較為困難，土地的移動礙於自然性質更不可能發生，所以長期間資本的流動性其實遠超過勞動與土地。

㈡資本與利息

　　提供資本使用而獲得的報酬稱為利息 (Interest)；使用資本的價格則稱為利率 (Interest Rate)。在日常生活中我們所理解的利率，就是把資金放銀行一年後多出來的百分比，利息是多出來的金額，而原來的資金則稱為本金 (Principal)，本金加上利息稱為本利和。例如放 1 萬元在銀行，1 年後變成 1 萬 1 千元，增加的 1 千元就是利息，多出的百分比為 10%，所以利率就是 10%，也就是使用資金的價格。即：

$$利率 = \frac{利息}{資金（或資本）} \times 100\%$$

從上式可知，在資金固定的情況下，利率和利息是呈同向變動的關係，如果利率愈高，表示資金的使用成本（利息）愈高。另一方面，在利率固定的情況下，資金和利息是呈同向變動的關係，如果使用愈多資金，就需要付出更高的使用成本。

讀者也許覺得奇怪，像廠房和機器等資本不是本身就有其價格，為什麼資金和資本的價格都稱為利率呢？其實很多廠商購買廠房和機器的支出都是跟銀行借來的，必須付給銀行利息，就算是自有資本，也有其機會成本，如果不購買廠房和機器，把錢放銀行就有利息所得，所以經濟學把資本的價格定義為利率。由於要購買設備等資本必須要有資金，所以資本和資金這兩個名詞常常會交替使用。

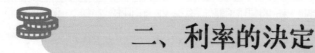

二、利率的決定

㈠資本的供給

1.消費、儲蓄與資本

在資本市場上，資本的供給來自於消費者的儲蓄 (Saving)，相當於消費者的所得中扣除消費以外的部分，雖然消費者並不直接供應設備給需求者，但設備的購買必須使用資金，當消費者的儲蓄放在銀行後，廠商再跟銀行借錢，用於購買機器等設備支出，因此儲蓄就可以轉化為資本。換句話說，消費者的儲蓄就間接的提供給廠商使用，而廠商就成為借入者 (Borrower)，消費者稱為貸出者 (Lender)。為了將問題簡化，我們假定消費者的儲蓄全部轉化為資本，這樣資本的供給問題就轉化為消費者的儲蓄決策問題了。

資本的供給主要取決於消費者的儲蓄決策。一般情況下，消費者會把他

所得一部分消費掉，而把另一部分儲蓄起來，留待以後消費。假設消費者今年儲蓄 1 萬元，在利率為 10% 下，明年他就能夠拿到 1 千元的利息。由此看出，消費者之所以沒有把他的全部所得都在今年消費掉，而是儲蓄了一部分，正是為了獲取利息所得，目的在於明年能夠多消費 1 千元。從這個例子可以發現，消費者對於消費和儲蓄的決策實際是一種跨期選擇行為，即跨越兩段或以上時期的決策，比如決定今年消費多少、明年消費多少等。

如果消費者把所得全部在今年花掉，當然就直接增加了他的效用；假如把所得的一部分儲蓄起來且用於明年消費,他將得到一筆額外的所得即利息，也可以提高他的滿足水準。由於消費者的目標是極大化他的效用，所以他必須在今年和明年間選擇最適當的消費水準，能夠讓他在這 2 年間的效用水準最大化，以下我們將用無異曲線作為分析工具，詳細探討消費者的跨期選擇行為。

2. 跨期選擇行為

為簡化起見，我們把分析的期間限定為今年和明年 2 年，假設阿華今、明 2 年的所得分別為 Y_1 和 Y_2，消費分別是 C_1 和 C_2，如果 $C_1 = Y_1$，表示阿華在今年沒有任何儲蓄，明年的消費 C_2 最多只能等於 Y_2。假定今年阿華有 $S = Y_1 - C_1$ 的儲蓄借給他人，到了明年他收回的本金加利息為 $S(1+r)$，其中 r 為利率。因此，阿華在明年的所得除了 Y_2 以外，還有今年儲蓄所產生的本利和，所以明年他的預算限制為：

$$C_2 = Y_2 + S(1+r)$$

把 $S = Y_1 - C_1$ 代入上式後再整理得出：

$$C_1 + \frac{C_2}{1+r} = Y_1 + \frac{Y_2}{1+r}$$

此式是阿華的跨期預算限制式，表示他在今、明 2 年的總消費最多只能等於其總所得，其中 $\frac{C_2}{1+r}$ 和 $\frac{Y_2}{1+r}$ 分別代表明年消費及所得的現值——即在

今年的價值。從上式可看出，決定今年消費 C_1 的不只是今年所得 Y_1，而是 2 年所得，還有明年的消費。在利率固定和預算限制下，阿華該如何安排在這 2 年的消費，以極大化他的滿足水準呢？

圖 8.1 (A) 為阿華的跨期模型 (Intertemporal Model)，可以用來分析他跨期的消費選擇行為。圖中橫軸表示今年的消費，縱軸代表明年的消費，a 點為阿華今明兩年所得的組合點 Y_1 和 Y_2。當橫軸等於 0 時，縱軸截距為 $Y_2 + Y_1(1+r)$，表示如果阿華在今年完全不消費 ($C_1=0$)，所得全用來儲蓄，則明年消費可以超過明年所得，即 $C_2 = Y_2 + Y_1(1+r)$，其中 $Y_1(1+r)$ 為本利和。當縱軸等於 0 時，橫軸截距為 $Y_1 + \dfrac{Y_2}{1+r}$，表示阿華在明年完全不消費 ($C_2=0$)，今年的消費超過了他今年的所得，即 $C_1 = Y_1 + \dfrac{Y_2}{1+r}$，所以他必須向別人借錢才能應付這筆支出，再以明年的所得償還，借錢的金額最多等於他明年所得的現值 $\dfrac{Y_2}{1+r}$。

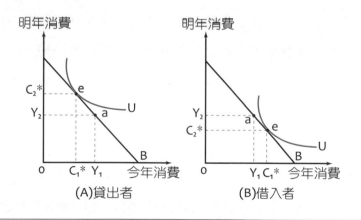

圖 8.1 跨期的選擇行為

由上述討論我們可以畫出阿華的預算線 B，並由縱軸截距除以橫軸截距得出其斜率為 $-(1+r)$，B 必定會通過 a 點，在 a 點上表示 ($C_1=Y_1$) 和 ($C_2=$

Y_2)，換句話說阿華既不儲蓄（貸款給別人）也不向人借錢。當沿著預算線向左上方移動，表示他會減少今年的消費，增加儲蓄，或者說增加明年的消費。如果沿預算線往右下方移動，表示他不但花光了今年所得，且借入了明年的所得用以提前消費。圖中 U 是阿華的無異曲線，反映了他對今年消費與明年消費之間的偏好。當無異曲線與預算線相切於均衡點 e 時，阿華的效用水準達到最大化，所以他在均衡時會選擇今年消費 C_1^*、明年消費 C_2^*，從圖中可知他要把一部分所得儲蓄起來貸放給別人，儲蓄金額是 $(Y_1 - C_1')$。因為有儲蓄，明年他的消費就可以高於明年所得，高出的金額為 $(C_2^* - Y_2)$，等於今年貸出金額的本利和 $(Y_1 - C_1^*)(1 + r)$，換句話說，他今年可以在資本市場上供給資本 $(Y_1 - C_1^*)$，所以他是貸出者。

當然，阿華也有可能向別人借錢提前消費，如圖 8.1 (B) 所示，如果均衡點 e 在 a 點的右下方時，表示他在今年的消費高於所得，超支的部分 $(C_1^* - Y_1)$ 必須借入，然後由明年所得償還，在這種情形下，他是資本市場上的借入者，資本需求量為 $(C_1^* - Y_1)$。

3.資本供給曲線

總體而言，在資本市場上消費者為資本供給者，所以我們仍以阿華為貸出者為例來分析利率變動的影響。假設阿華的所得組合不變，但是當市場利率由 r 提高至 r'，明年所得的現值 $\dfrac{Y_2}{1 + r'}$ 將會變小，今年不消費得到的本利和 $Y_1(1 + r')$ 會變大，於是橫軸截距將會變短，縱軸截距會變長，預算線將沿著所得組合點 a 順時針旋轉，如圖 8.2 (A) 所示，新的預算線 B' 與無異曲線 U' 相切於 e' 點，因此 e' 點就是新的均衡點。在均衡時阿華會選擇今年消費 C_1'、明年消費 C_2'。可見當利率由 r 提高至 r'，阿華今年的消費會由 C_1^* 減少至 C_1'，儲蓄會由 $(Y_1 - C_1^*)$ 增加至 $(Y_1 - C_1')$。從這個簡單的模型可以看出，利率上升會使消費者減少當前消費，增加資本供給；反之，利率降低會使消費者增加當前消費，減少資本供給。如果把利率與儲蓄的關係畫在圖 8.2 (B) 中，就得出了個別消費者的資本供給曲線。再把市場上個別消費者的資本供給曲線水平加總，就可得到資本市場的供給曲線如圖 8.3 所示。

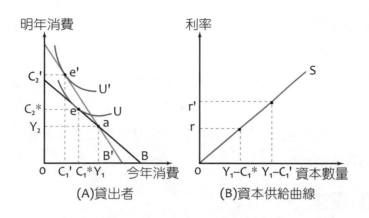

圖 8.2　貸出者的資本供給曲線

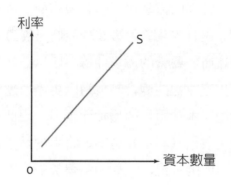

圖 8.3　資本市場的供給曲線

　　以上的分析架構和第 7 章後彎的勞動供給曲線很類似，所以利率愈高、儲蓄愈多的現象也可以由替代效果和所得效果得到解釋。利率的改變相當於改變了今年消費和明年消費的相對價格，如果利率提高，今年多消費等於放棄更多的明年消費，於是利率上升相當於提高今年消費的價格，降低明年消費的價格。由於替代效果，消費者將減少今年消費，增加明年消費，也就是說，利率提高的替代效果使消費者增加儲蓄。利率提高的所得效果則會使消

費者增加今年消費，減少明年消費，因此儲蓄減少。所以利率上升時，儲蓄是增加還是減少取決於替代效果和所得效果的總效果，如果替代效果大於所得效果，儲蓄將增加，如果所得效果大於替代效果，儲蓄將減少。一般來講，在現實生活中利息所得只占消費者所得很小的比例，而且除非是高利貸，否則市場利率很少有超過 20% 以上的，所以替代效果往往是大於所得效果，利率與儲蓄會往同方向變動，因此資本的供給曲線都是正斜率的，通常看不到向後彎曲的現象。

㈡資本的需求

從整個社會來看，對資本的需求主要來自於廠商。廠商購買資本的行為稱為投資 (Investment)，投資的目的是為了使用資本以生產更多的產品和勞務賺取利潤，所以廠商對資本的需求可以轉化為廠商的投資決策問題。那麼影響廠商投資決策的因素是什麼呢? 在第 6 章我們已經證明過，生產要素的邊際生產收益曲線就是廠商對要素的需求曲線，所以廠商對資本的需求曲線，就相當於資本的邊際生產收益曲線，基於邊際生產力遞減的原故，資本的邊際生產收益曲線也會隨資本使用量的增加而遞減，因此資本的需求曲線是負斜率的，當資本的使用價格（利率）愈高，資本的需求量就愈低。

上述分析只考慮單期的情況，比如說機器設備是用租的，租約每年簽一次，廠商就不必關心將來資本帶來收益的問題，因為萬一將來收益不好，也可以隨時不再租用設備以免產生虧損。但如果設備是用買的，且可以耐久的使用多年，則廠商必須關注資本在其壽命期間內，現在以及將來所有帶來的收益，這時候他可以把未來的收益轉換成現值來考慮要不要多購買 1 單位資本。如果多購買 1 單位資本帶來的邊際生產收益之現值大於其邊際要素成本，廠商就會增購資本，反之就要減少資本需求量，因此均衡條件是資本邊際生產收益的現值等於其邊際要素成本。

在第 7 章我們已經說明了利率與現值是呈反向變動的關係。假設原先資本的需求量是在均衡狀態，當利率上升後，邊際生產收益的現值就會下降，原先的均衡就會被打破，廠商對資本的需求量就會減少。反之，當利率下跌，

邊際生產收益的現值上升，廠商對資本的需求量就會增多。因此，利率與資本需求量是呈反向變動的關係，所以我們就得出了個別廠商負斜率的資本需求曲線。同理，再把市場上個別廠商的資本需求曲線水平加總，就可得到資本市場的需求曲線，如圖 8.4 所示。

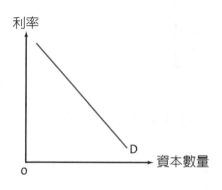

圖 8.4　資本市場的需求曲線

㈢均衡利率的決定

　　以上分析了資本市場上供給和需求的決定因素，接下來就可以探討資本市場的均衡問題。如同工資率和地租率一樣，利率的高低是由資本市場的供給與需求決定的，如圖 8.5 所示，資本的供給曲線 S 和需求曲線 D 的交點決定了資本市場的均衡利率 r^* 和資本數量 K^*。當利率低於 r^* 時，資本供給量小於需求量，資本的供不應求會推升利率，最後回升到 r^* 的均衡水準。反之，當利率高於 r^* 時，資本供給量大於需求量，資本的供過於求會使利率下降，直至回跌到 r^* 的均衡水準。

　　此外，當利率以外的因素變化時，會造成資本供給或需求的變動，例如當廠商對經濟前景變得樂觀、投資意願增加時，同樣的利率下對資本的需求量上升，整條需求曲線就會往右上方移動，不但使資本的使用數量增加，並帶動利率上升。

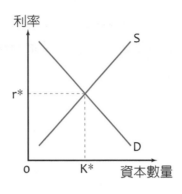

圖 8.5　均衡利率的決定

㈣利率的功能

　　從前述均衡利率的分析中，可以瞭解如同產品市場的價格一樣，利率是由資本市場供需所決定的，既然利率是資本的使用價格，就扮演著資源配置的角色，引導資本作最有效率的使用。例如當利率是 10% 時，報酬率低於 10% 的投資專案會被排除在市場之外，因為付了利息後這項投資將面臨虧損，而報酬率高於 10% 的投資案，因有利可圖就會有資本需求並進行生產活動，因此利率具有選擇的功能，最後只有報酬率高的投資案才會分配到資本，而使得社會上有限的資本得到最有效率的使用。

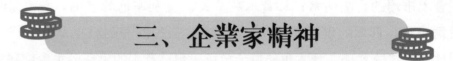

三、企業家精神

　　企業家這一概念最先是由經濟學家理查·肯狄隆 (Richard Cantillon) 在 1730 年代提出的，他認為企業家可以讓經濟資源的使用效率由低轉高；企業家精神 (Entrepreneurship) 則是重要而特殊的無形生產要素，它是企業家組織建立和經營管理企業的一種綜合能力，所以又稱為企業家能力，雖然聽起來好像很抽象，其實是指成功的經營一家企業所需要的各種能力。這些能力即

其生產決策，因為他們並不在工廠的生產線上從事勞動工作。企業家往往具有常人缺乏的眼光，他們能夠洞燭先機，領先別人看到未來的市場變化。後來，經濟學家約瑟夫‧熊彼德 (Joseph Schumpeter) 更進一步針對企業家精神這個概念提出了一套理論。

經濟短波

理查‧肯狄隆 (Richard Cantillon, 1680–1734)

愛爾蘭裔的法國經濟學家，曾經營銀行，並靠投機貿易賺取豐富的財富。於一場火災意外中喪生，但有人認為這是他為了躲避法律糾紛而做的偽裝。著有《商業性質概論》(*Essai sur la Nature du Commerce en Général*)，闡述貨幣與經濟體系的運作原理，此書被認為是啟發法國許多經濟學派思想的重要著作。

經濟短波

約瑟夫‧熊彼德 (Joseph Schumpeter, 1883–1950)

奧地利經濟學家，維也納大學法學博士，曾擔任奧地利財政部長，後任教於哈佛大學。在哈佛大學期間，引進計量經濟的研究，將經濟學的發展推向新的領域。其所提出的景氣循環理論被後世學者廣為運用，熊彼德認為在景氣低迷時，企業需要藉由創新來生存，創新帶來生產效率的提高使景氣回升；但景氣回升會吸引新的競爭者投入讓利潤減少，使市場又回到之前的狀態。現代企業管理之父彼得‧杜拉克 (Peter Drucker) 曾表示其觀點深受熊彼德所影響。

(一)企業家精神的特質

　　熊彼德認為，企業家努力經營企業的動機，固然是以挖掘潛在利潤為直接目的，但不一定是出自個人致富的慾望。與只想賺錢的普通生意人或投機者不同，企業家深層的動機來自於他們自我實現 (Self-actualized) 的心理，而這就是企業家精神。熊彼德認為，企業家精神的特質還包括：

1.擁有堅強的意志

　　企業家有著堅定的意志去為其設定的目標奮鬥，這是一種內在的根本動力，使企業家擁有強烈的創業願望和永不滿足的事業心。

2.要建立屬於自己的事業王國

　　企業家經常有一種夢想，要去建立一個屬於自己的事業王國，甚至是可以世世代代傳給子孫的王朝。對於沒有其他機會獲得社會名望的人來說，這種引誘力是特別強烈的。

3.對勝利抱有熱情

　　意志力表現在企業家身上，就是一種對大事業的熱情，他們不會滿足於已有的成就。因為在企業家看來，只有大事業才能激發他們的勇氣、才智和鬥志，才能使他們的能力得到發揮。企業家藉此要證明自己比別人更優秀，他們追求成功的原因不只是為了成功的結果，而是更享受成功的過程。對企業家而言，利潤和金錢反而是次要的考量，僅是作為成功的指標和勝利的象徵。

4.從創造得到喜悅

　　企業家對創造新事物引以為樂，他們追求施展個人能力和智謀的歡樂，並以冒險為樂事，藉此要讓過人的精力與創造力能充分地發揮。

(二)企業家精神與創新

　　熊彼德並認為，經濟體系中創新 (Innovation) 的原動力來自於企業家精神，按照他的創新理論 (Innovation Theory) 所定義，創新是「建立一種新的

生產要素和生產條件的新組合」，這個概念包括以下五種情況：

1. 引入一種新的產品，或一種產品的新特性，以改變原來產品的品質和屬性。
2. 引進一種新的生產方式，而且將產品商業化。
3. 開闢一個新的商品市場，不管這個市場以前是否存在過。
4. 獲得一種原料或半成品的新的供應來源，不管這種來源是已經存在的，還是第一次被創造出來。
5. 推展一種新的企業組織形式，或任何一種產業的新組織，使組織更具生產力及競爭力。

　　熊彼德雖然強調生產技術的重要性，但他的創新概念不限於單純的技術理念。而且在熊彼德所說的五種新組合中，只有前兩種組合是以產品創新和技術創新為主要的特徵。在他的創新定義中，既包括了前所未有的創造，也包括對原有知識的重新組合和重新發現。他甚至把創新與新組合視為同等的意思，認為絕大多數的創新都是現存知識按照新的方式再次組合，例如 1980 年代 Sony 推出革命性的產品——隨身聽，就僅是把收錄音機的體積做得更小，這種創新概念只不過來自方便隨身使用的想法。

　　對於創新的過程，熊彼德提出必須把創新「引入經濟體系」才算完成。他認為創新不等於發明，發明家未必是創新者，創新者是把已有的發明引進經濟體系，並將之加以運用在實際生活上，這樣才算是創新。在經濟體系中，承擔創新的靈魂人物是企業家。熊彼德甚至認為，企業家只有一個任務和職能，就是創新。而當企業無法再做創新時，這家企業便沒有存在的價值。

 ## 四、創新與報酬

㈠創新帶來報酬

　　熊彼德認為，企業家之所以進行創新活動，是因為他看到了創新能給他帶來賺錢的機會，而利潤是企業家創新的報酬。以亞當·斯密為首的古典學派，在傳統的經濟理論中並沒有探討創新，只把創新視為經濟體制以外的因

素，如同自然災害、戰爭一樣，是一種外在的變化，無法由經濟體內的企業或個人掌握。熊彼德的創新理論則認為創新是經濟體內部的一個重要變數，也是促進經濟繁榮的主要動力；並作為其經濟學說的核心，形成了有系統的理論體系，開創了經濟理論新的一頁，由此看來，熊彼德的創新理論本身就是一項創新。

　　經濟體系的生產技術之所以經常有改進，主要原因在於少數具有冒險精神的企業家率先進行的創新活動所貢獻，經濟的持續發展和所得成長就是這種不斷創新的結果；其中他提出的「創造性的破壞」(Creative Destruction) 最能對技術進步與景氣起落提供詳細的分析，到今天依然適用於解釋現代高科技革命所帶動的經濟繁榮。所謂「創造性的破壞」，簡單的說是指創新破壞了原有的市場均衡，淘汰了舊的技術和生產體系，並建立起新的經濟結構。在這過程中，率先進行創新的企業家，藉助銀行提供的貸款創業，開發新產品，改進產品的品質，降低產品的成本，在市場上受到消費者的歡迎，最後獲得了企業創新的超額利潤。

㈡報酬引來競爭

　　創新雖然給企業家帶來了致富的機會，但是，創新者同時也為其他企業打開了方便之門，當一項創新被證明為成功時，其他按過去規矩辦事的企業經理人就會爭相模仿，跟隨投資於相同或類似的創新生產活動，這種競相投資的結果，擴大了對銀行貸款和對生產要素的需求，也同時帶動了經濟繁榮。而一旦其他企業紛紛起來模仿後，隨著投資的增加，產品的新供給大量出現，市場漸趨飽和，需求開始不振，創新的超額利潤逐漸消失，投資活動也隨之減少，對銀行貸款和生產要素的需求就會下降，於是經濟體系走入了衰退。

　　當經濟衰退下滑到谷底的同時，也是某些企業不得不考慮退出市場，或是另一些企業必須要創新以求生存的時候。當市場上多餘的競爭者被淘汰掉，或是有些成功的創新產生，便會使景氣逐漸擺脫低迷，甚至步上繁榮之路。例如在 1980 年代，每戶家庭幾乎都已經有室內電話，一臺室內電話又可以用很久，生產電話機的企業如果不創新，企業的利潤也不會有成長，於是有些

企業想到了像隨身聽一樣的創新方式，讓消費者把電話帶出門，行動電話就因此問世了，行動電話不只創造了新的需求，而且人手一機甚至多機，過去每戶家庭只有一臺的電話需求，行動電話推出後需求量比以前室內電話更為倍增，又不會減少原來電話機的市場，整個電訊產業也因而進入快速成長的年代。

　　不過，當任何一種產業重新變成有利可圖的時候，又會吸引新的競爭者爭相投入，然後又再出現利潤遞減的過程，回到之前的微利甚至虧損狀態。每一次的經濟蕭條都隱含著下一次創新的可能，不過這句話也可以反過來說：創新的結果就宣布了下一次的經濟蕭條，未來新的創新將會破壞原有的創新。所以在熊彼德看來，經濟體系的創造性與破壞性是來自於同一根源的。因此，經濟活動隨創新的發生與消失而起跌波動，這樣就形成了經濟繁榮與蕭條的交替出現。即使是原來創新成功的企業，也要不斷地做很多創新活動，以繼續維持競爭優勢，這樣的結果會使技術與知識快速地往外擴散，有利於人類的文明與進步。

專　利

　　透過不斷地創新與研發，可以使生活更方便。為了提供企業家創新的誘因，各國政府往往利用專利來保障創新的利潤。專利指「在一定期間內，專利所有人可以排除他人未經其同意而製造、販賣、使用或進口該專利物品的權利。」專利制度可以避免競爭者爭相模仿新技術而使市場迅速飽和、利潤遞減的現象，使企業家更願意投入資源與時間從事創新。

　　我國負責專利申請的主管機關為經濟部智慧財產局，其將專利分為發明、新型及設計專利三種。發明專利指一項新技術或方法，如智慧型手機的觸控螢幕感應技術；新型專利指新發明的實體物品或裝置，如智慧型手機的記憶卡彈出構造；而設計專利則指應用於物品的形狀、花紋、色彩等外觀設

計，如手機的形狀、表面花紋等。而自然的法則、藝術創作、醫學治療方法、妨害公共秩序或善良風俗的發明與發現，均不得申請專利。

我國 2013 年專利通過數量為 72,149 件，下表為我國 2013 年專利申請通過數量的前十名。

表 8.1　我國專利申請數量排名

本　國		外　國	
申請人	通過件數	申請人	通過件數
1.鴻海精密	1,856	1.高通	597
2.工業技術研究院	903	2.新力	451
3.友達光電	813	3.東京威力科創	352
4.群創光電	363	4.富士康（香港）	159
5.遠東科技大學	48	5.三星顯示器	261
6.聯發科技	294	6.松下電器	211
7.英業達	196	7.萬國商業機器	212
8.南臺科技大學	64	8.東芝	191
9.緯創資通	171	9.信越化學工業	206
10.中華映管	234	10.英特爾	200

資料來源：

1.經濟部智慧財產局 (2013)，〈認識專利〉。

2.經濟部智慧財產局 (2014)，《智慧局 102 年報專利統計》。

 # 五、利潤的意義與發生

經濟學上所講的利潤都是經濟利潤，在第 5 章討論到廠商收益時我們已經有所說明，它等於廠商總收益再減去其機會成本，其中機會成本包括外顯成本與隱藏成本，後者又相當於正常利潤，因此經濟利潤是指超過正常利潤的超額利潤。

　　企業要進行生產活動，就必須把各種生產要素結合與組織起來，這個組織者就是企業家。利潤是企業家提供能力的報酬，企業家的主要任務是負責生產的組織、協調等決策。在四種生產要素中只有企業家才能得到這種特殊的報酬，當然，企業家的利潤也可以與其他要素擁有者分享，例如有些企業的工資制度上，會按利潤高低發放紅利或額外獎金，該部分工資其實也有利潤的性質。與工資、地租等要素所得相比，利潤其實有一些不同的特點，包括：

㈠剩餘所得

　　經濟利潤是廠商的總收益減去機會成本後的餘額，是一種剩餘的報酬。因此為增加利潤，企業家必須設法降低機會成本或增加總收益。當企業虧損時，企業家就分享不到這部分報酬。

㈡事後所得

　　工資、地租與利息等要素報酬往往在提供要素使用前就決定了，但利潤的多少只有在廠商生產且銷售後，進行會計上決算時才能實現，事前無法決定利潤的高低大小。

㈢不確定所得

　　由於利潤是一種事後所得且是餘額的報酬，因此其大小是不確定的，可以為正數，也可以是負值，不像勞動、土地那樣其所得可以事先以契約確定並只能是正值。且利潤受到市場的不確定性影響，常常出現劇烈的波動，不像其他生產要素有一個平均的價格水準做保證，例如很多國家就有最低工資制度來保障勞動的報酬。

㈣無法由邊際生產力理論決定

　　利潤是企業家能力的報酬，由於企業家能力是一種無形的生產要素，不像土地、勞動和資本能夠量化成具體的東西，因此沒法以供給和需求來分析

利潤，利潤也並非決定在企業家的邊際生產力，所以無法由邊際生產力理論來衡量。

六、利潤學說

到底企業家為什麼會獲得利潤呢？大致上，經濟學上有三種學說對這個問題提出了解答，包括：

(一)創新說

創新說是由熊彼德提出，上文已討論過他的看法，這裡我們可以用一些日常例子來說明利潤是由創新而來的。第一家賣香雞排、珍珠奶茶、葡式蛋塔的店都蠻賺錢的，因為市場上還沒有出現競爭者，這些創新的產品又符合消費者口味，短期內在市場上就形同獨占，店家生意都強強滾，這就是創新帶來的利潤。不過除非不斷有產品創新，這些沒有進入障礙的產品，超額利潤就不可能一直持續下去，在市場外的廠商很快就會進來參與競爭，就像淡水老街上小吃店都賣阿給一樣。

許多產品的創新雖然有智慧財產權的保障，不過為防止企業成為長期獨占者，保護期並非永久性的，過了法律保護期後其他廠商仍然可以模仿學習。而且當消費者已經買了新產品，要讓他們繼續掏腰包就只有推出更新的產品，就像手機功能與款式日新月異一樣，這種市場機能迫使廠商必須不斷創新。當然，太陽底下無新事，創新不是無中生有的，也不一定要發明新產品，有時只要對舊產品稍為改良，能滿足消費者潛在需求的，就是一種創新。比如說今天的保全公司以前叫鏢局，現代的飯店古代叫客棧，都只是產品的改良，適應時代和品味變化的產物。

(二)獨占說

根據第 5 章的市場類型分析，獨占市場下由於沒有競爭者，長期來說可能享有超額利潤，這種看法源自經濟學家張伯倫 (Edward Chamberlin) 和羅賓

遜夫人 (Joan Robinson)。如果是因為政商關係良好而取得某些產業的獨占特許權，獨占廠商獲得的超額利潤更會造成社會福利的損失。

　　但如果是市場上經過一番公平的優勝劣敗競爭後，最後只有一家廠商生存下來所形成的獨占，表示這家企業的競爭力很強，這種獨占利潤在經濟學看來不見得是一件壞事，因為這是對能力強的企業家的一種獎勵。例如在個人電腦市場上，大部分使用者都採用微軟的 Windows 作業系統，一方面 Windows 使個人電腦的功能大幅提升，微軟的競爭者都被市場淘汰了，另一方面當消費者習慣使用 Windows 後，這種慣性形成了高度的進入門檻，令其他企業不願意加入市場競爭，微軟也因而成為電腦軟體中的獨占企業，而創辦人比爾‧蓋茲 (Bill Gates) 也長期名列全球首富。

　　但這種獨占利潤還是會不斷受到潛在競爭者或替代品的挑戰，比如近年來個人電腦的部分功能已經被智慧型手機替代，而智慧型手機的作業系統大部分又採用蘋果的 IOS 以及 Google 的 Android，因此微軟的業績也就停滯不前，只能固守著原來雄據一方的電腦領域。

經濟短波

愛德華‧張伯倫 (Edward Chamberlin, 1899–1967)

　　美國經濟學家，曾於愛荷華、密西根大學求學，且在哈佛大學獲得博士學位，並在該校擔任教授。在其著作《獨占性競爭理論》(*The Theory of Monopolistic Competition*) 中，他提出「獨占性競爭」這種介於完全競爭與獨占之間的市場型態，提供經濟學家在解釋市場行為上一個全新的觀點。其與同時期的羅賓遜夫人對不完全競爭的理論貢獻良多。

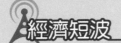

(三)不確定說

　　利潤是各種生產要素報酬中變化最大的，有人經商賺大錢，也有人因生意失敗破產，經營一家企業往往充滿變數，從籌劃到營運，都難以在十分確定的情況下進行生產。雖然事前可以設想各種情況，盡量趨吉避凶，但人算可能不如天算，尤其大環境的變化無法充分掌握，企業經常是在嘗試與犯錯中不斷學習成長的。

　　我們可以反向思考一下，如果做生意都可以賺大錢的話，為什麼還有人乖乖的每月領固定薪水當個上班族？根據我國經濟部中小企業處的調查，臺灣的中小企業平均壽命只有 13 年，個人公司平均只有 2 年，創業第 1 年就陣亡的比率高達 70%。人性大都不愛冒風險，自己當老闆除了個人自由度以外，潛在的高利潤當然也是考量原因，如果在市場上千辛萬苦的經過一番競爭而勝出，但卻沒有超額利潤作為對應的報酬，誰還願意去冒險做生意呢？

　　所以經濟學家奈特 (Frank Knight) 就認為，利潤是不確定性 (Uncertainty) 帶來的，所謂不確定性是一種無法衡量的未知狀態，如果未知狀態可以用已知的發生機率來衡量則稱為風險 (Risk)，由於可預期和計算發生機率的高低，所以風險可透過買保險的方式規避，而不確定性是不可預期和計算的，例如生產技術的改變、消費者偏好變化等事前沒法想到的變化。比方說曾經是黃

金航線的臺北高雄航線，自 2007 年台灣高鐵營運後需求大幅減少，業者最後只能停飛因應，這是航空業當年進入市場時預料之外的變化。

經濟短波

法蘭克・奈特 (Frank Knight, 1885–1972)

　　美國經濟學家，曾任教於芝加哥大學，為芝加哥學派的創立者之一。奈特的研究探討企業利潤的來源，並從之衍生出對不確定性的闡述，後人為了紀念奈特對於不確定性研究的貢獻，特別將之命名為「奈氏不確定性」(Knightian Uncertainty)。其關於不確定性的論述集中於《風險、不確定性和利潤》(*Risk, Uncertainty and Profit*) 一書中。

　　如果經營上的不確定性由企業家承擔，當他們預測正確時，就獲得了額外報酬；假如預測錯誤，就要蒙受損失，我們常看到同一家企業有時賺也有時賠，就是這種現象。因為利潤是一種剩餘所得，和其他要素報酬可以事前用契約規避不確定有所不同。也由於企業家是決策者，承擔企業最大的責任，於是由他拿到全部的剩餘所得，這樣企業家才有足夠的誘因好好經營企業，換句話說，企業家的利潤有部分是承擔不確定性的一種補償。尤其當一種活動的不確定性愈高時，誘使企業家從事該活動的代價就要愈高，所以企業間利潤的差距往往比勞動市場上工資的差距要大很多。

　　以上三種學說其實都相互有關聯，企業從事創新就是要擺脫舊的模式和舊的做法。由於沒有經驗可以依循，必然充滿不確定性，如果創新成功，受到消費者歡迎，就會與其他市場上的企業或產品不同，競爭者被淘汰出局後就成為獨占企業，享受超額利潤。因此，以上三種學說其實是可以相互補充，讓我們進一步在不同層面瞭解企業利潤的來源。

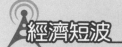

經濟短波

臺北高雄航線

　　臺北高雄航線（簡稱北高航線），為來往於臺北市松山機場與高雄市高雄國際機場間的航線。過去由臺北到高雄搭臺鐵自強號需 5 小時以上，客運則飽受塞車之苦，飛機為趕時間的旅客與商務人士的唯一選擇。1987 年，國內線解除管制，各航空公司爭相競逐北高航線的客源。1990 年代，中華、遠東、長榮、復興、馬公、大華、國華、瑞聯等航空公司都有經營北高航線的航班，每天單向超過 100 個班次，尖峰時段 5 分鐘 1 班，隨到隨搭，甚至推出 1 元機票搶客。

　　但在 2001 年後，油價上漲與附加兵險使航班成本提高；2004 年福爾摩沙高速公路通車，塞車的夢魘不再，部分價格彈性較大的旅客轉而選擇票價相對便宜的客運；2007 年高速鐵路板橋到左營段通車，由於未直達臺北站且班次不多，對北高航線並未造成直接影響，但在臺北站啟用後，高鐵班次大幅增加，搶走大量客源，各家航空公司紛紛退出市場。最後僅剩華信航空苦撐，但終究不敵虧損，於 2012 年 9 月 1 日停飛，北高航線正式走入歷史。

資料來源：黃旭磊、林嘉琪 (2012)，〈華信停飛　北高航線走入歷史〉，《自由時報》，
　　　　　2012 年 9 月 12 日。

七、利潤的功能

㈠促進資源的有效配置

　　就功能性的所得分配來看，利潤是企業家能力的報酬，如同工資、利息和地租一樣，利潤可以引導企業的投資方向，達成促進資源有效配置的效果。包括：

1. 就某一產業的個別企業來說，利潤的高低可作為企業事後檢驗其經營績效的成績單，同時也是企業決定調整生產規模與否、甚至該不該停留在此產業的指標，對於在此產業之外的競爭者，利潤也是其應否進入市場的依據。

2. 就不同產業而言，利潤向企業指出了哪些產業應該擴張，哪些產業應該縮編，如某一產業利潤較高，就會吸引企業進來，這產業發展就會比較快。反之，利潤低的產業則乏人問津，最後會被市場淘汰，由此使得資源的使用效率提高。

3. 從不同國家來看，全球化下資金在國際間的流動愈來愈便利，當一國的產業其平均利潤較高時，就會吸引資本從平均利潤較低的國家流進來，由此迫使利潤較低的國家必須改善其經營環境，並往有效率的方向調整，這種良性競爭促進了各國經濟的平衡成長。

㈡刺激生產活動的誘因

在市場經濟下，利潤是企業家進行生產活動的主要動機，企業家基於自利原因追求利潤，但同時也在市場上供給各種產品。由於生產活動充滿了各種未知數，因此利潤鼓勵了企業家去承擔企業經營的不確定性和風險。如果沒有利潤的誘因，就沒有企業家願意去從事生產活動。此外，利潤也有利於企業進一步擴大生產規模，為企業的發展提供資金，有利於企業的發展壯大。

㈢誘發創新活動

利潤是企業家進行創新的動力，企業家為了追求利潤，就必須要持續進行創新，而創新產品的不斷推廣也有利於社會的發展。同時，為了進行各種創新活動，就必須要有充分的財力作為保障，利潤的存在可以為創新活動提供了重要的財力支援。

NEWS 新聞案例

柯達申請破產保護　蘋果股價創歷史新高

　　擁有 131 年悠長歷史的老企業柯達 (Kodak)，2012 年 1 月向美國法院申請破產保護，希望藉此能解決龐大的債務問題。2004 年至今，柯達僅有 2007 年賺錢，公司總市值也從 1997 年高峰的 310 億美元跌至 2012 年 1 月宣布申請破產保護當天的 9,718 萬美元，15 年間蒸發掉 99.7%。

　　1997 年時，美國蘋果 (Apple) 公司總市值只有 20 億美元，2012 年 4 月初，蘋果股價卻創了歷史新高，達到 644 美元，總市值一度超越 6,000 億美元，15 年間成長 300 倍，蘋果的經營成果與柯達的結局形成了強烈對比。

評　論

　　在分析破產原因時，有人認為柯達是因為缺乏技術創新能力，在快速發展的攝影器材產業中被淘汰出局。其實柯達從來都不缺乏技術創新，1975 年全球第一臺數位相機就是由柯達研發出來的。

　　柯達的失敗在於錯誤判斷消費者需求，當年只發明數位相機而沒有把這新產品引入市場，所以並未達成熊彼德定義的創新標準。由於擔心占全球三分之二市占率的底片銷量受到影響，加上當時半數以上的沖印店都使用柯達的大型沖印機甚至墨水，使得柯達一直未敢大力發展數位化業務。而柯達最大的錯誤，就是認為數位相機的使用者還是會跟過去一樣，拍完照之後再把照片沖印出來。至 2003 年，當數位相機已相當普及，消費者逐漸不沖洗而改用電腦觀看照片時，柯達才選擇了往數位業務轉型，但卻為時已晚，已經喪失了數位影像的先機與優勢。

　　反之，蘋果公司的價值一直上升就是近十年來不斷創新的結果。2001 年面世的 iPod 及 iTunes Store 創新的經營模式，徹底摧毀了傳統的唱片市場。蘋果瞭解到消費者不見得喜愛整張專輯，於是在 iTunes Store 推出了拆散銷售的方式，消費者可以在線上只付費下載喜歡的歌曲，因此成為非常成功的音樂下載

模式，同時也把 iPod 的銷售量推上了高峰。

　　2007 年蘋果推出了首款 iPhone，除了把手機、照相、iPod 和無線上網功能整合在一起以外，讓鍵盤消失的觸控面板、靈活生動的視覺功能等，都是以使用方便為核心的設計思維。2010 年 iPad 問世，簡單的使用介面更掀起了平板電腦革命。追根究底，蘋果真正的影響力並非來自重大的科技突破，而是來自各種能滿足使用需求的創新概念與應用，「創造性的破壞」讓蘋果終於成為科技業界的領導先驅。

本章重點

1. 提供資本使用而獲得的報酬稱為利息，使用資本的價格稱為利率，利率 $=$ $\frac{利息}{資金} \times 100\%$。資本的供給來自消費者儲蓄，是所得扣除消費後的剩餘。

2. 跨期模型可分析消費者跨期的消費選擇行為，利率提高的替代效果會使儲蓄增加，但所得效果會使儲蓄減少。通常替代效果大於所得效果，利率與儲蓄會同向變動，所以資本的供給曲線是正斜率的。

3. 廠商對資本的需求曲線等於資本的邊際生產收益曲線，當資本的使用價格——利率愈高（低），資本的需求量就愈低（高）。

4. 如果設備可用多年，多購買 1 單位資本帶來的邊際生產收益之現值大於其邊際要素成本，廠商就會增購資本；反之就要減少資本需求量。均衡條件是資本邊際生產收益的現值等於其邊際要素成本。

5. 企業家精神是特殊的無形生產要素，又稱企業家能力，指成功經營一家企業所需要的各種能力。

6. 熊彼德認為企業家經營企業，深層動機來自自我實現的心理，企業家精神的特質還包括：

　(1)擁有堅強意志。

⑵要建立自己的事業。

⑶對勝利抱有熱情。

⑷從創造得到喜悅。

7.創新理論認為創新的原動力來自企業家精神，創新的種類有：

⑴引入新產品或產品新特性。

⑵引進新生產方式且將產品商業化。

⑶開闢新的商品市場。

⑷獲得原料或半成品的新供應來源。

⑸推展新的企業組織形式或產業組織。

8.熊彼德認為利潤是企業家創新的報酬，也是社會與經濟進步的原動力，並用來解釋經濟體系的景氣起落特徵和本質。其「創造性的破壞」指創新破壞了原有的市場均衡，淘汰了舊技術和生產體系，並建立起新的經濟結構。進行創新的企業家，獲得了創新的超額利潤，其他企業就爭相模仿與跟隨投資，帶動了經濟繁榮。但隨著投資增加，產品開始供過於求，經濟體系走入了衰退。但當成功的創新再產生，便會使景氣步上復甦甚至繁榮之路，形成了經濟繁榮與蕭條的交替出現，結果使技術與知識快速地往外擴散，有利於人類的文明與進步。

9.利潤是企業家提供能力的報酬，企業家主要任務是負責生產的組織、協調等決策。利潤的性質有：

⑴剩餘所得。

⑵事後所得。

⑶不確定所得。

⑷無法由邊際生產力理論決定。

10.解釋利潤來源的學說包括：創新說、獨占說、不確定說。

11.利潤的功能為：

⑴促進資源的有效配置。

⑵刺激生產活動的誘因

⑶誘發創新活動。

課後練習

( ) 1.下列關於資本的敘述，何者錯誤？ (A)其使用價格稱為利率 (B)是由其他生產要素製造出來的 (C)是無形的生產要素 (D)可以耐久使用

( ) 2.小強用自有資金 100 萬元投資朋友經營的餐廳，1 年後退出投資且拿回 105 萬元，假如利率是 5%，請問多出的 5 萬元屬於以下哪一種報酬？ (A)工資 (B)利潤 (C)利息 (D)地租

( ) 3.在跨期模型中，如果今年的消費大於今年所得，則以下關於消費者的敘述何者正確？ (A)是借入者 (B)是貸出者 (C)明年的消費大於明年所得 (D)今年有儲蓄

( ) 4.如果小玲今年所得為 50 萬元，消費為 30 萬元，當利率是 5% 時，1 年後她可得到多少利息？ (A) 4 萬元 (B) 2.5 萬元 (C) 1.5 萬元 (D) 1 萬元

( ) 5.當利率上升後，消費者會多儲蓄而少消費，此時會產生何種現象？ (A)資本供給曲線會往後彎曲 (B)資本需求量會增加 (C)所得效果大於替代效果 (D)替代效果大於所得效果

( ) 6.當利率上升時，下列敘述何者正確？ (A)資本的供給量減少 (B)資本的需求量下降 (C)資本的供給曲線右移 (D)資本的需求曲線左移

( ) 7.下列關於「創新」的敘述，何者正確？ (A)創新就等於發明 (B)只有新產品生產出來才稱為創新 (C)一旦創新成功，利潤就可以永遠存在 (D)創新一旦停頓，利潤就會消失

( ) 8.依據熊彼德的創新理論，下列何者不會產生利潤？ (A)開闢新的市場 (B)發明新的技術 (C)引進新的生產方式 (D)推展新的企業組織

( ) 9.熊彼德認為企業創新之後無法長期保有利潤是因為下列何種原因所造成？ (A)新競爭者的加入 (B)生產成本的增加 (C)生產效率改善太慢 (D)政府的不當管制

( ) 10.利潤是屬於哪一類的所得？ (A)固定的所得 (B)不確定的所得 (C)

事後的所得 　(D)剩餘的所得

(　　) 11.小明借了 100 萬元開一家泡沫紅茶店，1 年內其總收益為 200 萬元，機會成本為 160 萬元，假如利率是 10%，以下何者正確？ 　(A)利息是 40 萬元 　(B)利潤是 40 萬元 　(C)利息是 20 萬元 　(D)利潤是 20 萬元

(　　) 12.哪一位經濟學家認為承擔不確定性是企業家獲得利潤的原因？ 　(A)張伯倫 　(B)羅賓遜夫人 　(C)熊彼德 　(D)奈特

(　　) 13.如果台電每年都有超額利潤，這符合哪一種利潤學說？ 　(A)創新說 　(B)獨占說 　(C)不確定說 　(D)以上皆非

(　　) 14.阿華在不景氣期間以很低的租金與房東簽約 3 年開店，1 年後景氣復甦賺大錢，這符合哪一種利潤學說？ 　(A)創新說 　(B)獨占說 　(C)不確定說 　(D)以上皆非

(　　) 15.利潤不具備以下哪一種功能？ 　(A)提升資源的配置效率 　(B)促進創新 　(C)刺激生產活動 　(D)改善所得分配

問：你應該到哪裡發表論文？

答：如果你能理解並能證明，那麼就寄給數學雜誌；如果你能理解但無法證明，那麼就寄給物理學雜誌；如果你不能理解但能證明，那麼就寄給經濟學雜誌；如果你不能理解也無法證明，那麼就寄給心理學雜誌。

第9章

國民所得

從本章開始，我們將以一國的總體經濟作為探討對象。首先本章要介紹國際上常用來衡量一國總體經濟活動的指標——國民所得，包括其定義、計算方法與內容結構，以及在國民所得概念之下再細分出來的各種所得指標，還有指標之間的相互關係，運用這些統計資料可以進一步瞭解一國的經濟結構和生活水準，最後也會探討國民所得在應用上的若干限制。

 **學習目標**

1. 能比較各種國民所得指標之間的關係與差異。
2. 瞭解國內生產毛額的意義和用途。
3. 能掌握國內生產毛額的各種計算法與組成內容。
4. 理解物價指數的計算原理。
5. 能說明以國民所得衡量一國福利的局限性。

一、國民所得的概念

　　至第 8 章為止，我們已詳細討論過在產品和要素市場上，個別供給者和需求者的經濟決策。在個體經濟學上，特定產品的價格和數量一直是消費者和生產者行為的焦點問題。從這一章開始，我們分析的領域轉為總體經濟學，重點在探索整體經濟的運作狀況。在分析對象上，總體經濟學同樣研究價格和數量，只不過關注的並非是個別產品的價量關係，而是一般物價水準和社會的總產量。

　　對生產者來說，經濟行為的目的是為了追求最大利潤，消費者則是為了追求最大的滿足水準。對一個國家而言，經濟活動的主要目標是提升國民的生活水準，由於精神層面的福利難以量化和比較，經濟學只能用物質上的富裕與否來衡量一國的生活水準。但要觀察一國在物質上是否富裕，我們需要一項簡單的指標來作為標準。藉由這項指標可以判斷一國的富裕程度，並進一步探討其生產、消費和資源配置結構，以及經濟成長率變化，還有國與國之間的貧富比較，以供政府施政決策參考，或作為企業的投資活動依據。

　　國民所得就是用來衡量一國是否富裕的指標，其概念以及整套會計系統，是由諾貝爾經濟學獎得主顧志耐 (Simon Kuznets) 於 1934 年創建的。廣義的國民所得泛指一國的總產值，或人民之總所得，狹義的國民所得下文會再詳細介紹，除特別說明外，本章所提到的國民所得是指一國的總產值。

　　國民所得雖然是衡量一國經濟活動成果的具體指標，但實際上還細分成以下幾個總量概念：

1. 國內生產毛額 (Gross Domestic Product, GDP)。
2. 國民生產毛額 (Gross National Product, GNP)。
3. 國內生產淨額 (Net Domestic Product, NDP)。
4. 國民生產淨額 (Net National Product, NNP)。
5. 國民所得 (National Income, NI)。
6. 個人所得 (Personal Income, PI)。
7. 個人可支配所得 (Disposable Personal Income, DPI)。

經濟短波

賽門・顧志耐 (Simon Kuznets, 1901–1985)

美國經濟學家，出生於俄國，於哥倫比亞大學取得博士學位，後任教於哈佛大學。1960 年代曾協助臺灣大學成立臺灣第一所經濟學博士班，並獲頒中央研究院的榮譽院士，1971 年獲得諾貝爾經濟學獎。顧志耐提出的國民所得概念，對往後國民所得的研究影響深遠，其在 1941 年發表著作《1919–1938 年的國民所得及其組成》(*National Income and Its Composition, 1919–1938*) 集其研究之大成。

其另一個廣為人知的成就在於經濟週期與經濟成長理論，並提出收入分配與經濟成長間的倒 U 曲線關係，該曲線也被人稱為「顧志耐曲線」(Kuznets Curve)。

二、國內生產毛額

㈠國內生產毛額的定義

在上述幾個國民所得的總量概念中，首先要說明清楚的是國內生產毛額（以下簡稱 GDP），因為其他的總量概念都是由此再延伸出來的。GDP 的定義是指：「一國國內一定期間內所生產的最終產品和勞務的市場價值」。在國民所得會計帳上的各種指標中，GDP 由於定義簡單，易於理解，是最常廣泛採用的一項工具，也是目前國際上最常用來觀察一國經濟活動的指標，並用以衡量一國總產值（或國民所得）的狀況。在 GDP 的定義裡，我們可以再分成四點來逐一仔細說明其內涵：

1.一國國內

　　指一國境內的所有生產活動，不管生產者或提供勞務者是什麼國籍，只要在本國進行的生產活動都算在本國 GDP 內；反之，只要在國外的勞務或產值都不算在本國 GDP 內。例如麥當勞、花旗銀行或學校的美籍老師，雖然都來自美國，但如果其生產過程或提供勞務的所有地在我國，產值應算在臺灣 GDP 內。同樣的理由，臺灣著名的國際手機品牌 HTC 已經是跨國企業，在全球許多國家都有營業據點，這些據點在國外的產值並不納入臺灣的 GDP 內，而應計入當地的 GDP 中，但如果手機在臺灣生產，或行銷企劃在臺灣進行，則這部分的產值要納入我國 GDP 內計算。

2.一定期間內

　　GDP 的計算必須是在一定期間內，通常以一年、半年或一季來計算，之所以要在時間上分段，一是 GDP 為流量的概念，即其數量是流動的，每分每秒都有廠商在生產，必須以一段期間內來計算才能算出一國的總產值；二是要分別不同期間的產出，只有本期 (Current Period) 產出才能算入本期 GDP 內，以免重複計算產值。例如今年買了一本二手書，其產值不能納入本年的 GDP 中，因為這本二手書在生產時已算進當年的 GDP 內；但從事這類二手產品買賣的拍賣網站、中古商店、房屋仲介等，其相關的產值則屬於本期產值，因為所提供的勞務價值是在本期產生的。同樣的，在本年生產的產品即使一年內買賣多次，也只能算一次產值，以免重複計算而高估當年產值，但仲介每次提供的勞務價值都是新產生的，都要納入 GDP 中計算。

　　在同樣的邏輯下，中古產品在出售前後有加以維修、保養、翻新等增值活動，則這些新增加的費用支出也要算在本年的 GDP 中，例如阿華以 20 萬元買了一臺 5 年新的中古車，其中舊車主在今年出售前花了 2 萬元作汽車美容來增加賣相，則這 2 萬元要納入本年 GDP 的計算，車價中其餘 18 萬元已算在 5 年前的 GDP 中。基於同樣的原則，廠商今年生產完未出售或賣不出去的產品，不管是成品與半成品都要納入本年計算。

3.最終產品和勞務

　　廠商生產的產品中有許多並非是提供消費者直接使用，而是供應其他下

游生產者當作原料或零組件，這些都稱為中間產品 (Intermediate Product)，然後再製成最終產品和勞務，即生產完以後用於最後消費，不再當作要素來投入生產。為避免重複計算，中間產品並不納入 GDP 的計算，換言之，GDP 只包括最終產品和勞務。

　　例如一臺價值 60 萬元的汽車，其中車子的輪胎、引擎等所有中間產品都不能算在 GDP 內，因為車價已包括了這些零組件的價值。但如果生產了 100 萬元的引擎，到年底最後只有 70 萬元用在汽車的生產上，則剩下的 30 萬元庫存要以最終產品納入本年 GDP 內，因為這些庫存沒有在本年當作中間產品使用，等到明年再用來組裝汽車時，就要從明年的車價內予以扣除，否則會高估明年的 GDP。當然，如果車子有部分零組件從國外進口，因為這些中間產品並非在臺灣生產，不合乎國內生產的條件，也必須先從車價中扣減後才能算在 GDP 內。同理，如果零組件生產出來後出口至國外，則也要算在本國GDP 的最終產品內。

4.市場總值

　　GDP 是以產品的市場價值計算的，並非以產品的市場數量來衡量，這種方法較為簡易明瞭。雖然以每項產品的數量為指標，更能詳細顯示一國的生產狀況，但一國的產品種類繁多，以產品數量來表示其富裕程度有兩種困難：

(1)產品品質有高低之分

　　數量的多少無法反映品質差異，比如說先進國家都在生產液晶電視了，但落後國家可能仍在生產 CRT 電視。當然也可以依產品品質再分成細項，但如此一來產品種類就更多了，要在國家之間相互比較就更麻煩。

(2)產品單位不同而無法加總

　　例如稻米是以重量（斤兩）為單位，牛奶是以容量（公升）為單位，如果不加總計算又會有一大堆數字。於是經濟學家就以產品的市場價值來計算 GDP，市場價值當然以貨幣的「元」為單位，這樣就有了統一的相加標準。而且市場價值多少也會反映產品的品質差異，因為一分錢一分貨，正常情況下高品質產品的價格會比低品質產品來得高。

由於 GDP 以市場價值來計算,因此只有經過市場交易的產品或勞務才會納入計算範圍,沒有透過市場交易的經濟活動,因為不容易估算其價值,就算估計出來也不見得準確,可能與事實落差甚大,所以排除在 GDP 的計算範圍內。這種非市場的生產活動又可分成合法與非法兩類,前者如家庭主婦的家務、自己 DIY 修電腦等沒有直接市價的活動,後者如高利貸、地下賭場、走私販毒等,雖然這些活動在該圈子內有一定的市價,但因為不屬於公開活動,政府單位不易掌握其實際產值,也就難以包括在 GDP 的計算中。

不過,有兩種經濟活動雖然沒有透過市場交易,但由於估價容易,一般都計入 GDP 中。一是自有房子的設算租金,二是農民自行留用的農產品。因為住宅的使用等於提供家庭「住」的服務,照理可以得到租金的報酬,但因房子是自用的所以把租金省了下來,為了計算所有房子所提供的服務價值,所以把自用房子省下的租金設算出一個數目算入 GDP 內。同理,農戶自用的農產品也被設算出一個金額算在 GDP 中。此外,政府部門提供的勞務例如國防、司法和治安等支出,由於在市場上沒有買賣價格,所以都是以成本來計算。

㈡國內生產毛額與國民生產毛額

以 GDP 衡量一國的經濟生活水準時,有時會面臨各國國際化程度不同而低估或高估一國國民所得的情況。因為 GDP 只計算一國國內的總產值,而不區別這些產值是否由該國國民所創造。部分國際化很高的國家例如新加坡、愛爾蘭、瑞士等,外來人才和外國企業較多,如果以 GDP 衡量本國國民的收入可能會高估其所得。反之,另一些國家有很多國民或企業在海外工作和投資,如菲律賓、泰國、印尼等東南亞國家,大量勞工在國外賺到錢後匯回本國奉養家庭,美國公司在海外有盈餘也會分配給本國股東,如果只以 GDP 作比較,也可能低估了這些國家國民的所得狀況。

有鑑於此,經濟學上有另外一個指標用來衡量一國國民的收入水準,稱為國民生產毛額(以下簡稱 GNP),依據我國主計總處的定義,是指「一國常住居民(企業和個人)一定時間內生產的最終產品和勞務的市場價值」。所

謂「常住」，指居住於本國達一年以上者。與 GDP 的定義相比，差異在於 GNP 只計算本國常住居民所創造的市場價值，不管生產地是在國內或國外，只用身份來區別。例如林志玲在大陸拍電影的收入要算入臺灣的 GNP 內而不能納入 GDP 中；同樣，女神卡卡 (Lady Gaga) 在臺灣開演唱會的所得都要算入臺灣 GDP 中，但不能納入 GNP 內，因為她並沒有停留超過一年。

當然，除工資外，生產要素的報酬還包括利息、地租和利潤，例如本國常住居民在海外存款領到的利息，或其對外投資賺取的利潤等都要算在 GNP 內。所以勞動和資本的流進和流出是造成 GNP 與 GDP 之間金額差異的原因，其中本國生產要素的流出會使本國 GDP 減少，而外國生產要素的流入則會使 GDP 增加，但除非生產要素擁有者的身份改變，否則兩國的 GNP 都不會變動。因此，GNP 和 GDP 的關係可以用下列等式來顯示：

$$\text{GNP} = \text{GDP} + \text{本國生產要素在外國所得} - \text{外國生產要素在本國所得}$$

如果把本國生產要素在外國所得減掉外國生產要素在本國所得定義為國外要素所得淨額 (Net Factor Income from Abroad)，則上式可改寫成：

$$\text{GNP} = \text{GDP} + \text{國外要素所得淨額}$$

如果一國屬於封閉型的經濟體系，不跟他國有任何經貿往來時，國內生產要素就不會在外國進行生產活動，則 GNP 和 GDP 的金額是相同的。但反過來說，兩者數值相同並不表示該國沒有生產要素流進或流出，可能只是本國生產要素在外國所得剛好等於外國生產要素在本國所得，相互抵消所致。

由於 GNP 只需透過 GDP 再調整生產要素在外國所得的淨額即可得出，計算相當簡單，一般在比較不同國家的經濟生活水準時，兩者都是常用的指標，尤其是 GNP 可真實反映國民的貧富狀況。但在目前經濟全球化的環境下，跨國投資已成為常態，一種產品往往在多個國家內分工完成，身份愈來愈不重要，加上本國生產要素在海外創造的產值極難掌握，所以一般在衡量一國經濟實力時還是用 GDP 較多。

㈢國內生產毛額的計算方法和內容

從定義得知，GDP 是一個累計加總的概念，既然是累計加總，一定是由某些個別項目所組成，於是我們可以把 GDP 分解成不同的大項目，一方面便於計算，另方面也便於瞭解一國的經濟結構，以及觀察構成比例的變化。按照需求、供給和新增價值的加總三個不同面向，GDP 的計算方法可分為三種，包括支出面法 (Expenditure Approach)、要素所得法 (Factor Income Approach) 和附加價值法 (Added Value Approach)，這三種方法計算出來的數值都是相同的。

1. 支出面法

支出面法是從需求面來計算 GDP，既然 GDP 是一國一段時期最終產品的總產值，則生產出來之後一定有需求者把產品買走，他們的總支出就相當於產品的總產值，所以觀察這些產品在市場上被哪些部門購買，然後再把這些購買者的支出加總起來，就得出由支出面法計算的 GDP。

在一個包括家計、廠商、政府和國外四個部門的經濟體系中，國內最終產品和勞務的總支出在國民所得體系中可分解為四類，即民間消費 (Consumption, C)、投資毛額 (Gross Investment, I)、政府支出 (Government Expenditure, G) 和對外國的淨出口 (Net Exports, NX)，其中淨出口又等於出口 (Export, X) 扣掉進口 (Import, M)，因此 GDP 可用下列等式來表達：

$$\text{GDP} = 民間消費\ (C) + 投資毛額\ (I) + 政府支出\ (G) + 淨出口\ (X - M)$$

以下我們再逐一分析這四類支出的內容：

⑴民間消費

民間消費 (C) 指家計部門用於最終產品與勞務的消費總支出。消費類型一般又分為耐久財、非耐久財與服務品三種，耐久財指汽車、傢俱、家電等使用期限達好幾年的產品，非耐久財指咖啡、便當等只能消費一次的產品，也包括農戶留供自用的農產品。服務品則包括醫院、銀行、學校等機構所提

供的勞務，以及前述自用房子的設算租金。

　　民間消費通常是最主要且相對穩定的支出項目，在許多國家占 GDP 的比重高達 60% 或更多，箇中原因很簡單，所有國民包括具備生產者身分的企業家都要進行消費活動，而且食衣住行等基本開銷受到景氣好壞的影響相對較小。

⑵投資毛額

　　投資毛額 (I) 又稱為國內資本形成毛額 (Gross Domestic Capital Formation)，指一國購買的機器設備、興蓋的建築物和新增存貨等三類資本的總支出。新增存貨是指本年已生產但到年底仍未售出的產品，其價值等於年底存貨價值減掉年初存貨價值，因此存貨的變動可能是正數，也可能是負數。

　　新增存貨之所以要算進本年的投資毛額中，原因有二，一是新增存貨也屬於最終產品，只因尚未賣出，沒有在使用者手中，不能算在民間消費、政府支出或出口任何一項，因此留在投資毛額項目之下。二是新增存貨也是廠商有價值的資產之一，只要日後售出就有收益，故納入廠商投資的範圍，當作廠商賣給自己的最終產品處理。不過，投資毛額只計入本年的新增存貨，而非倉庫中全部的庫存，否則會重複計算，因為原有存貨已經算進生產當年的 GDP 中。

　　至於參與投資者其實不止是廠商，還包括家計與政府部門，家計部門的投資主要是蓋住宅，因此新建的家庭自用住宅並非算在民間消費之下，而是計入投資毛額項目中。廠商的投資則集中在機器設備、廠房大樓和存貨的增加三項。至於政府部門的投資，除了辦公大樓等建築物外，尚包括港口、馬路、公園等公共建設。

　　投資項目既然有「毛額」，當然就有對應的「淨額」。一個經濟體每年增加的資本，其實往往小於廠商每年的投資金額，因為機器設備和廠房大樓雖然屬於耐久財，但畢竟其使用期間還是有限，例如一臺貨車可能最多能開 20 年，到期後貨車就要報廢，即使定期維修，在這 20 年間貨車每年都會有自然

損耗的現象，這稱之為折舊 (Depreciation)，是廠商的生產成本之一。由於投資毛額內含廠商的折舊成本，如果扣除本期折舊後的投資則稱為投資淨額 (Net Investment)。即：

$$投資淨額 = 投資毛額 - 折舊$$

例如廠商今年花了 1,000 萬元買新設備，但舊設備同時在這一年折舊了 200 萬元，則今年的投資淨額只有 800 萬元，才是這期間真正增加的資本存量 (Capital Stock)。所謂資本存量是指至某個時點為止（如年底或季底），資本的總價值。由於投資淨額是剩餘項，當投資毛額小於折舊時，投資淨額則為負值，表示廠商的資本存量不但沒有新的增加，甚至比之前還要減少。

有一點要加以說明的是，經濟學上所講的投資是指機器設備等資本的購置，不同於一般所講的投資理財。投資理財指針對股票、債券、外匯等金融資產以低買高賣的方式賺取差價，或領取股息和利息等報酬，但這些金融資產原本就存在於市場，投資人的購買只不過是一種財產權的移轉，並沒有新製造一些產品出來，因此並不算在投資毛額之中，但證券公司提供股票買賣服務的產值則要算在 GDP 內，原因和之前提到的中古產品相同。

(3)政府支出

政府支出 (G) 是指政府部門的消費性支出，即最終產品和勞務的購買，但不包括前述公共建設等投資項目。雖然政府支出的內容相當廣泛，但主要包括兩項：一是各種產品的購買，小至公家機關辦公所用的文具、桌椅，大至國防軍備所需的戰機、戰艦等；二是僱用軍公教人員的薪水，政府購買了各種產品及軍公教人員的勞務後，提供人民各類型的公共服務，例如教育、公共設施、治安、法律等，所以政府在市場上的購買支出實際上也算是一種生產行為，但由於這些公共服務與一般產品不同，例如國防，既沒有在市場上「出售」，也缺乏市場價格，所以政府提供的公共服務都以成本來衡量，即以實際支出而不是以市場價格為基礎來納入 GDP 的計算。例如以政府在公共工程方面的成本來計算公共設施的價值，教育提供的勞務價值則假定等於教

育費用支出。

　　不過，政府支出中並非全部都計入 GDP，只有購買性的支出才算在內，有些部分例如對低收入戶補助等移轉性支出 (Transfer Payment) 是不包括在 GDP 中的。移轉性支出又稱為負所得稅，主要指的是政府對家庭、人民團體、廠商的無償支出，大都用在社會福利的用途上。因為移轉性支出是把資源（如所得）從某些人（如納稅人）手上移轉至另一些人（如被補助者）手上，並沒有相應等價的新產值創造出來，所以只是一種資源重分配。例如政府發放老農津貼，純粹是為扶助弱勢者，並不是因為老農種植農產品或提供了相關服務而獲得報酬，因此 GDP 的總量也不會增加。

⑷淨出口

　　淨出口 (X – M) 是指出口減掉進口的餘額。一般來說每個國家都和別國有貿易往來，導致一國在最終產品和勞務的購買支出與其總產值會有不同。如果國內生產的產品外銷到國外，這些外銷產品稱為出口，雖然消費地不在本國，但生產過程都在國內，因此要算在 GDP 內。即使是鋼鐵、水泥等原料，因為出口之後不在國內當作中間投入，所以任何輸往國外的東西都要算作本國生產的最終產品，因此在 GDP 中特別有出口這一項。

　　不過，在 GDP 的組成項目中，消費、投資、政府和出口支出都包含了向國外購買的最終產品或中間原料，這些稱為進口，例如消費者享受的好萊塢電影、雙 B 轎車、LV 包包都是從歐美輸入，政府向美國買 F16 戰機、跟法國買戰艦等，廠商的投資支出中也有部分用於進口原料和設備，例如台灣高鐵的機電系統就從日本購買。即使是出口的產品，在生產過程中也會從國外輸入原料或零組件，例如臺灣缺乏能源，每年必須進口大量原油、天然氣等燃料，所有出口產品都會用到這些國外燃料，由於進口的項目並不在國內生產，所以在計算 GDP 時必須扣除其金額。淨出口如果是正數，稱為貿易順差 (Trade Surplus)，當進口大於出口時則是負數，稱為貿易逆差 (Trade Deficit)。

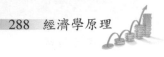

我國對外貿易狀況

　　為衡量一國經濟依賴貿易的程度，可以計算一國之貿易依存度，其定義如下：

$$貿易依存度 = \frac{進口值 + 出口值}{GDP}$$

　　我國為一海島國家，缺乏自然資源，因此在經濟上更依賴對外貿易，貿易依存度一直都很高，近年更超過 140% 以上（請見下圖）。下表則為 2012 年我國進出口主要國家或地區與其貿易額占進出口總額的比例。

圖 9.1　我國歷年貿易依存度變動

表 9.1　我國進、出口主要國家

進 口		出 口	
國　家	比　例	國　家	比　例
1.日本	17.59%	1.中國大陸	26.8%

2.中國大陸	15.12%	2.香港	12.6%
3.美國	8.73%	3.美國	11.0%
4.韓國	5.57%	4.新加坡	6.7%
5.沙烏地阿拉伯	5.47%	5.日本	6.3%

 經濟短波

我國 GDP 的組成結構

　　下圖為我國 1981 年至 2012 年 GDP 的組成結構。以 2012 年來看，該年度我國 GDP 組成的四大類別中，民間消費所占的比例最高，約在 60% 左右；投資毛額次之，約 20%；政府支出第三，約 12%；淨出口比例最低，約 8%。在 1980 年代，政府開始發展科技產業，大量對外出口電腦零組件，使淨出口所占的比例逐年升高，最高曾達 18%；同時，民眾經濟情況改善，開始注重生活品質，也使民間消費的比例逐漸升高。1980 年代後期，臺灣部分出口產業開始外移至中國大陸與東南亞等地，使淨出口的比例下降。

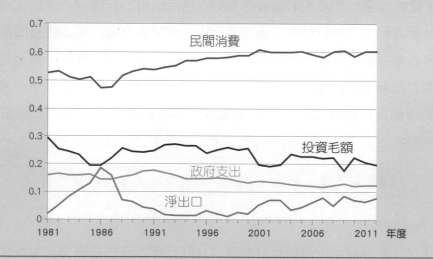

圖 9.2　我國的 GDP 組成結構變動

2.要素所得法

　　除了支出面法以外，我們還可以從生產要素的所得面來計算 GDP，稱之為要素所得法，兩者計算出來的結果是完全一樣的，道理很簡單：既然有一筆支出把產品從市場上買走，就會有人拿到相同金額的收入。由於廠商在市場上是生產者和銷售者，表面上看來是廠商拿走了最終產品和勞務的購買支出，但廠商在生產過程中僱用了勞動、土地和資本，所以也要支付要素所有者相關的報酬，包括給員工工資、給房東地租、給貸款銀行利息，剩下的才是自己的利潤。

　　不過，由於 GDP 是以市場價格來計算的，但產品的市場價格中有部分並非屬於生產要素報酬，因此就算把全部生產要素擁有者的所得加總起來，仍會小於最終產品和勞務的購買支出，所以必須把市場價格中沒有分配給生產要素擁有者的部分加上去，其總額才會等於支出面計算的 GDP。

　　產品售價內沒有付給生產要素作為所得的項目有兩項，一是廠商在生產過程中會有機器設備的折舊，廠商會把這些折舊成本反映在市場價格中，所以以市場價值為基礎來計算 GDP 時，會包含折舊成本在內，但折舊屬於自然損耗，生產要素擁有者並沒有拿到這筆金額。另外，在產品的市場售價中還包括了政府課徵的間接稅 (Indirect Tax)，包括關稅、貨物稅、營業稅和消費稅等針對產品徵收的稅種，不過有時政府也會補貼廠商，例如產品的研發成本，因此廠商最後要繳給政府的金額，是等於間接稅減掉補貼，稱之為間接稅淨額 (Net Indirect Tax)。所以用要素所得法來計算 GDP 時，除了四種生產要素的報酬外，還要加上折舊和間接稅淨額，才會等於以支出面法計算的 GDP，即：

$$GDP = 工資 + 利息 + 地租 + 利潤 + 折舊 + 間接稅淨額$$

3.附加價值法

　　除了以最終產品市場價格計算外，GDP 也可以從產品各個生產階段的附加價值加總而得出，稱之為附加價值法。所謂附加價值，是指在生產階段中

附加上去的價值，它等於廠商生產之產品價值減去中間投入後的餘額。譬如說店家花了 30 元買蛋和米，把它做成蛋炒飯後賣 40 元，多出的 10 塊錢就是附加價值。由於附加價值是每段生產過程多創造的價值，就像之前討論到消費行為時，由邊際效用加總得出總效用的道理一樣，只要把產品每個生產階段的附加價值加總起來，就可以得出最終產品的總價值——市場價格。

我們可以用一個簡單例子來說明，假設一國只生產香腸，生產過程可分成種植飼料、養育豬隻和製成香腸三個階段，其中飼料和豬隻可說是中間投入，而香腸則是最終產品。如表 9.2 所示，第一階段生產過程是在農地上種植飼料，由於沒有中間投入，如果飼料價格為 5 元，所創造的附加價值就是 5 元。飼料以 5 元賣給養豬戶後，在第二階段養豬戶用飼料來餵豬，再以 25 元把豬隻賣給廠商，附加價值為 25 元 – 5 元 = 20 元，在第三階段廠商再把豬隻作成香腸，以 35 元賣到市場上，其附加價值為 35 元 – 25 元 = 10 元。三個階段的附加價值累計為 5 元 + 20 元 + 10 元 = 35 元，正好等於最終產品——香腸的市價。所以把各個生產過程的附加價值加總就可得出最終產品的價值，也就是 GDP。

■ 表 9.2　附加價值的加總等於最終產品價值

生產過程	產品名稱	產品價值（元）	附加價值（元）
第一階段	飼料	5	5
第二階段	豬隻	25	20
第三階段	香腸	35	10
			合計：35

從附加價值法的計算方式可知，一國 GDP 的增加可以從兩方面著手，一是延長生產過程。即使原來每個生產階段的附加價值不變，但生產階段增加，會有新的附加價值出現，一國的 GDP 也會隨之提高。譬如攤販以 35 元向廠商買進生香腸，在夜市烤熟了以後再以 40 元出售，攤販就可以賺到 5 元的附

加價值，而 GDP 就可以從 35 元增加到 40 元。

　　又例如有品牌的產品往往售價也較高，因為品牌產品不止提供本身的功能，還提供包括使用前的廣告資訊和使用說明，後端的維修、或產品造成傷害的賠償等各種售後服務。同樣的產品只要多一些功能，其生產階段也會較長，例如可以跑軟體的智慧型手機，就比一般手機來得貴，這些產品對 GDP 的貢獻就比陽春型的產品來得高。

　　二是提高附加價值。即使生產階段不變，如果每段生產過程的附加價值提高，一國的 GDP 也會跟著增加。例如養豬戶由白毛豬改養肉質較好的黑毛豬，價格就可賣到較高的 35 元，買飼料養豬的附加價值上升了 10 元，香腸最終售價就可提高到 45 元。產品做得精緻的國家，通常其 GDP 也較高，就是這樣的理由。例如日本食品的包裝和外觀設計都很精美，當然其售價就會較高。又譬如一塊餅乾大小的法國甜點馬卡龍 (Macaron)，售價動輒都 70～80 元新臺幣起跳，有些甚至要價破百元。

　　此外，現代的專業化分工也是推動附加價值提升的重要因素，很多工業產品，例如電腦、汽車等都已從單一廠商生產拆分為許多廠商共同生產，各廠商專注在自己擅長的生產階段，讓品質改善變得更為容易，就可使產品的附加價值提升，進而推動 GDP 的成長。

三、國內生產淨額

　　前面提到，投資毛額包括了廠商機器設備的折舊，以支出面法計算 GDP 時，會把生產過程中損耗的資產價值（折舊）也算在內，但折舊屬於一種自然損耗，在機器設備折損的過程中沒有任何生產要素擁有者得到這部分收入，所以 GDP 其實高估了該國的淨產出金額。例如一國的 GDP 為 100 億元，但折舊為 10 億元，則該國真正淨增加的產值其實只有 90 億元，因為其中 10 億元被折舊抵消了。GDP 之所以稱為「毛額」就是因為還沒扣掉更換舊機器的支出，當 GDP 扣除折舊後稱之為國內生產淨額 (NDP)，即：

$$NDP = GDP - 折舊$$

GNP 扣除折舊後則稱為國民生產淨額 (NNP)，即：

$$NNP = GNP - 折舊$$

四、國民所得

　　狹義的國民所得 (NI) 是指本國生產要素擁有者拿到的報酬，包括工資、地租、利息和利潤共四種要素所得。NNP 雖然扣掉了自然損耗的折舊，但因為包含了廠商繳給政府的間接稅淨額，如果不予以扣除，會高估或低估生產要素擁有者的報酬。所以 NNP 再扣掉間接稅淨額才是本國生產要素擁有者的所得，稱之為國民所得，即：

$$
\begin{aligned}
國民所得 (NI) &= 工資 + 地租 + 利息 + 利潤 \\
&= NNP - 間接稅淨額 \\
&= GNP - 折舊 - 間接稅淨額
\end{aligned}
$$

五、個人所得

　　上述的國民所得雖然扣除了給政府的間接稅以及折舊，但並不等於家計的實際所得，因為有三個項目其實沒有分配到家計手中，這些可說是家計勞而不獲的所得，必須從國民所得中予以扣除，一是營利事業的所得稅，這部分繳納給政府，二是企業的盈餘通常沒有全數分給股東，有一部分保留在企業內作未來投資或其他用途，三是政府財產與企業所得。

　　當然，也有部分所得並非參與生產而得到的，算是家計不勞而獲的報酬，必須從國民所得中加上去，包括來自國內外的移轉性收入，例如政府對低收

入戶的補助、老農津貼、失業救濟金，或家庭有來自國外親友的奉養等。另外，家計可能也有移轉性支出，譬如捐贈給國內災害受難者，或匯款給國外就讀的子女等。因此，收入及支出相抵後稱為「國內外移轉性支付淨額」。國民所得把上述項目加減調整後就得出了個人所得 (PI)，這才是家計最後拿到的收入。即：

> 個人所得 = 國民所得 − 營利事業所得稅 − 企業未分配盈餘
> 　　　　 − 政府財產與企業所得 + 國內外移轉性支付淨額

六、個人可支配所得

在個人所得的項目中，並非全部可供個人或家計使用，有一部分要直接繳納給政府的，稱之為直接稅 (Direct Tax) 例如個人所得稅、財產稅等，最後剩下的部分才是個人真正可以自行留用的餘額，稱之為個人可支配所得 (DPI)，或稱為個人可用所得，而這餘額不是用在消費，就是用於儲蓄，因此個人可用所得是由消費和儲蓄所構成的，即：

> 個人可支配所得 = 個人所得 − 直接稅 = 消費 + 儲蓄

七、實質所得與貨幣所得

㈠實質 GDP 與名目 GDP

由於 GDP 的計算是以各種最終產品的價格 (P) 乘以其產量 (Q)，再加總其乘積 (P×Q) 而得出，因此價格與產量的變動都會影響到 GDP 的總值，但若是只有價格的漲跌而產量不變，將使 GDP 的數值無法反映真正的經濟狀況。例如當一國生產的產品數量沒有增加，但所有價格都上漲了一倍，GDP

就會同比例的上升一倍，然而這並不表示生活更為富裕，因為人民享受的產品數量並沒有改變，甚至可能因物價上漲幅度高於工資上升幅度，導致能買到的產品數量減少了，實際上富裕程度反而下降。因此扣除物價的變動後，才能真正顯示生活水準的實質變化。扣除物價變動的所得稱為實質所得 (Real Income)，沒有扣除物價變動的所得則稱為貨幣所得或名目所得 (Nominal Income)。同理，扣除物價變動算出來的 GDP 稱為實質國內生產毛額或實質 GDP (Real GDP)，單純只反映產品數量的變動。相對地，沒有扣除物價變動的 GDP 稱為名目國內生產毛額或名目 GDP (Nominal GDP)。

要扣除物價變動對 GDP 的影響，首先要設定某一年的價格為計算的基礎，該年度稱為基期 (Base Period)，而其物價指數 (Price Index) 被定為 100，如果第二年物價平均上漲了 2%，則第二年的物價指數為 102，換言之，物價指數是指該期平均物價相對於基期平均物價的百分比。當計算本期的實質 GDP 時，就用基期的產品價格乘上本期的數量，這樣就可以扣除物價變動的影響，只反映產品產量的變化。

㈡GDP 平減指數的意義

我們可以用下面的例子說明，假如一國只生產腳踏車、衣服和牛奶三種最終產品，表 9.3 的⑺列出了三種產品的本期 (2013 年) 支出，每筆支出等於購買的數量乘以本期價格，把個別產品本期支出加總就得到本期總支出，亦即本期的名目 GDP (83,740 元)，若以本期數量搭配基期 (2012 年) 價格來計算，則三種產品的支出如⑹，加總後就得出實質 GDP (80,000 元)，將本期名目 GDP 除以實質 GDP，再乘以 100 就得出國內生產毛額平減指數 (GDP Deflator)，或簡稱 GDP 平減指數。有時又稱為隱性物價指數 (Implicit Price Index)，之所以叫做「隱性」，是因為這指數並非直接經由調查而計算出來，而是由下列關係得出。即：

$$GDP \text{ 平減指數} = (\frac{\text{名目 GDP}}{\text{實質 GDP}}) \times 100$$

表 9.3　名目 GDP 和實質 GDP 的計算

產　品	基期（2012 年）			本期（2013 年）			
	(1)	(2)	(3) = (1)×(2)	(4)	(5)	(6) = (2)×(4)	(7) = (4)×(5)
	數　量	價　格	支　出	數　量	價　格	支　出	支　出
腳踏車	10 輛	2,000 元 / 輛	20,000 元	10 輛	2,200 元 / 輛	20,000 元	22,000 元
衣　服	50 件	500 元 / 件	25,000 元	54 件	520 元 / 件	27,000 元	28,080 元
牛　奶	600 瓶	50 元 / 瓶	30,000 元	660 瓶	51 元 / 瓶	33,000 元	33,660 元
	名目 GDP = 實質 GDP = 75,000 元			名目 GDP = 83,740 元；實質 GDP = 80,000 元			

由此可算出本期的 GDP 平減指數 $(\frac{83,740}{80,000}) \times 100 = 104.68$，表示本期的物價水準和基期相比上升了 4.68%，而本期名目 GDP 成長率為 $[\frac{(83,740 - 75,000)}{75,000}] = 11.65\%$，實質 GDP 成長率為 $[\frac{(80,000 - 75,000)}{75,000}] = 6.67\%$，兩者差距近 5 個百分點，可見不扣除物價變動會嚴重高估真正的 GDP 成長率。

在這例子中，腳踏車、衣服和牛奶的價格分別上漲了 10%、4% 和 2%，三種產品的上漲幅度不同,經由上述 GDP 平減指數的定義最後算出物價水準上升了 4.68%。也許讀者對上述算法會有疑惑，為什麼不直接把這三種產品的價格在每期先取平均值，再計算基期至本期間的上漲率，或先計算個別產品從基期至本期的價格上漲率，然後再取平均值，而是要先得出本期的名目和實質總支出呢? 其中的理由是:

(1)每種產品的價格單位都是「元」，但數量單位往往不一樣，例如每「輛」腳踏車 2,000 元，每「件」衣服 500 元，數量單位的不同，使產品價格不能相加再取平均值。

(2)各種產品對民眾的重要性不同，如果購買量多的產品，價格上漲對民眾的影響較大，反之則較小，假如不考慮購買數量，就沒有辦法反映出個別產品的重要性。

　　所以比較本期的名目和實質總支出來算出物價上漲率，就可以避免上述兩個問題。以上例來說，雖然腳踏車的漲幅最大 (10%)，但因為屬於耐久財，買 1 臺可用好多年，所以整體購買量較少，又因本期產量沒增加，最後名目支出只增加 2,000 元，增加金額比不上衣服和牛奶的 3,080 元和 3,660 元，而牛奶的漲幅雖然較少 (2%)，但因購買量最多，本期產量的增幅也最大 (10%)，所以名目支出也最多，這說明一般的民生產品，即使價格只是微漲，但對民眾支出的拉高力量就很大。

　　從以上例子可以看出，GDP 平減指數其實是以加權平均的方法算出的，每種產品給一個與其當期產量相等的權數，再分別乘以當期價格和本期價格，就得出名目 GDP 和實質 GDP，由於都以當期產量為權數，這樣就扣除了產量變動的影響，各種產品物價的漲跌完全反映在 GDP 平減指數上，尤其在現實中一國生產的產品種類非常多，每種產品的價格漲幅又不一，GDP 平減指數就能夠以單一指標來顯示物價水準和其變動狀況。

㈢CPI 和 WPI

　　不過，正由於 GDP 平減指數呈現的是一般物價水準，反映的是平均物價的變化，所涵蓋的產品範圍也很廣泛，導致個別產品價格的大幅上揚，對 GDP 平減指數的影響不一定很大，這樣可能低估了物價上漲對特定個體的衝擊。例如小麥、紙漿等原物料價格的上漲，對消費者的日常生活沒有立即且直接的影響，但生產者卻較關心這些產品的價格變動，因為會影響其利潤；而消費者則比較注意像麵包、衛生紙等與生活相關的最終產品。

　　因此除了 GDP 平減指數外，還有兩種常用的物價指數可供參考，一種選取對消費者生活比較有關的最終產品和勞務來計算物價變動，稱為消費者物價指數 (Consumer Price Index, CPI)。另一種選取對生產者比較重要的原料、半成品及成品來計算物價變動，稱為躉售物價指數 (Wholesale Price Index, WPI)。當然，CPI 和 WPI 其實也不是相互獨立的，長期而言，兩種指數的相關程度相當高，如果原物料價格持續上漲，其漲幅最後或多或少會反映在最終產品的售價上。

經濟短波

我國 CPI 所包含的商品

類　別	商　品
食物類	米、麵條、豬肉、牛肉、雞肉、香腸、雞蛋、吳郭魚、鮭魚、鱈魚、小魚乾、蘿蔔、馬鈴薯、空心菜、小番茄、柳丁、蜜餞、沙拉油、米酒、包裝茶飲料、餅乾等
衣著類	男女衣著、鞋類、洗衣工資等
居住類	住宅租金、門窗設備、水電工工資、枕頭、沙發、餐具、住宅管理費、水電費等
交通及通訊類	汽車、行動電話、汽油、車票、網路費、停車費等
醫藥保健類	醫院掛號費、醫療看護費、感冒藥、維他命、眼鏡等
教養娛樂類	教科書、一般書籍、學雜費、補習費、電視機、玩具、國內外旅遊團費等
雜項類	香菸、檳榔、保養品、衛生紙、金飾及珠寶、金融服務支出等

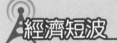經濟短波

我國 WPI 所包含的商品

類　別	商　品
農林漁牧業產品	稻穀雜糧、蔬菜、水果、花卉、家畜及其產品、魚類、其他水產品
土石及礦產品	原油
製造業產品	食用油脂、乳製品、飼料、酒類、非酒精飲料、紡織纖維及紗線、布、成衣、紙漿、紙及其製品、基本化工原料、石油化學原料、肥料、合成樹脂、塑膠及橡膠、人造纖

	維、化學製品、藥品、橡膠製品、塑膠製品、玻璃及其製品、水泥及其製品、鋼鐵、鋁、銅、金屬容器、半導體、光電材料及元件、電腦及其周邊設備、通訊傳播設備、視聽電子產品、發電、輸電、配電機械、電線及配線器材、家用電器、其他電力設備、其他專用生產機械、汽車、汽車零件、育樂用品、醫療器材及用品等
水電燃氣	水、電、燃氣

我國歷年 CPI 與 WPI

　　下圖為我國歷年的 CPI 與 WPI（以 2012 年為基期 100）。從圖可以看出 CPI 大致都呈現上升的趨勢，而 WPI 的變動則較不固定，1980 年代曾緩慢下跌，1990 年代大致維持穩定，直至 2000 年後才開始上升。原因可能在於 WPI 包含進出口商品，容易受到國際原物料價格波動的影響，而新臺幣的貶值與升值也會反映在 WPI 上，因此其波動情形較大。

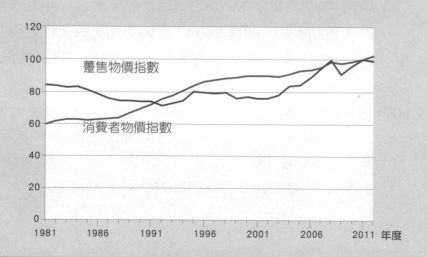

圖 9.3　我國歷年 CPI 與 WPI 的變動

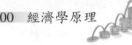

經濟短波

加倍奉還

　　臺鐵是臺灣西部的重要運輸工具，每天約有 60 萬人次利用火車來往於各大城市之間。因為旅客眾多，查票容易疏漏，所以常有人利用各種方法逃票，防不勝防。但臺鐵也常收到逃票民眾退還的票款，而且歸還金額大多超過原本票價。根據報載，目前臺鐵收到年代最久遠的退還票款是 47 年前一位民眾搭

圖片來源：Shutterstock

乘「臺北──宜蘭」區間的火車，此位民眾將裝有 1,000 元的信封留在櫃檯後旋即離去。

　　究竟 47 年前的火車票現在應退還多少錢呢？考量長期物價上漲的變化趨勢，應該比 38 元來得多，但是多多少呢？我們以 1961 年開始營運的「觀光號」為例，當時「臺北──宜蘭」區間票價約為 38 元，而 1961 年的 CPI 為 14.81（以 2011 年為基期）。2012 年的 CPI 為 101.93，兩者相差 6.88 倍，因此我們可以計算 1961 年 1 張 38 元的車票在 2012 年應價值 261 元左右（現今自強號「臺北──宜蘭」區間的票價為 218 元），遠低於這位民眾所退還的 1,000 元。由此可見，這位民眾是秉持著「加倍奉還」的原則了。

資料來源：1.〈坐火車逃票　47 年後奉還千元〉，《自由時報》，2013 年 10 月 9 日。

　　　　　2.交通部臺灣鐵路管理局。

　　　　　3.維基百科，〈台鐵觀光號〉，搜尋日期：2013 年 10 月 9 日。

八、國民所得與經濟福利

　　國民所得是國際上普遍使用的經濟數據，用來反映各國的經濟實力，是一項簡單易懂的客觀指標，就像體檢表一樣，可以簡單又快速地反映我們的健康狀況。但國民所得是以貨幣來衡量，就沒法完全反映非貨幣的項目，例如一個人很有錢，並不表示他一定很快樂，因為其他非貨幣的因素例如健康、愛情、人際關係等都會影響每個人的快樂程度，這些也都屬於經濟福利的範圍。即使單純當作物質生活的指標而言，也難以充分反映一國的富裕程度，所以要作為衡量一國經濟福利的工具，國民所得還有很多不足的地方，以下我們可以舉出其中幾項問題：

㈠忽視非市場產值

　　國民所得是以市價總值來計算，除了自有住宅的設算租金和農民自留農產品以外，其他最終產品和勞務必須經過市場交易的經濟活動才能納入 GDP 中。這使得沒有透過市場交易的產品和勞務，或沒有向政府部門申報的交易，並不計算在國民所得內，所以往往會低估一國的富裕程度。因為大部分未經市場交易的經濟活動，其實都對經濟帶來一定的效益。例如家教老師提供的勞務有助學童的學習成效，但民眾常因為避稅而沒有向政府申報相關產值。阿嬤在家裡帶孫子，即使兒子有給她零用錢，但她所做的媬姆工作沒有透過市場交易，所以沒有算在國民所得內。但如果阿嬤要享清福，另外請媬姆帶孫子，則這筆薪資才會包括在國民所得中。

　　很多落後的地區如非洲，市場機制不發達，統計資料不完整，以物易物的交易活動取代了一些貨幣交易，很多經濟活動在家庭進行，婦女出外工作較少，自給自足的經濟活動比例偏高，都有低估 GDP 的情況。即使市場發達的國家如歐美，民眾喜歡自己在家動手修理水電、割草等，也同樣低估了一國的 GDP。

㈡未考慮人口差異和變動

　　國民所得是一國所有國民經濟活動的生產總值，並沒有考慮該國人口數量的多寡以及變動情況，如果不考慮人口數量和剔除人口變化的影響，GDP或其他指標就無法真正反映國民的生活水準。

　　例如以 GDP 總值比較，2010 年中國大陸已超越日本，成為全球第二大經濟體，僅次於美國。如果單純只看 GDP 規模，很容易誤以為中國大陸是全世界第二富裕的國家，但是中國大陸有超過 13 億的人口，遠高於美國的 3.1 億和日本的 1.2 億。

　　就算在同一國家，人口數量也會隨時間而增加，1905 年時臺灣約只有300 萬人，目前已達 2,300 萬人，100 年來增加了將近 7 倍，即使每人的產值不變，光是人口增加就會使 GDP 同倍數上升，因此要在國際間或不同時間上比較人民的生活水準時，一般會採用人均國內生產毛額 (GDP Per Capita) 為指標。人均 GDP 是以 GDP 除以該國總人口數量作為比較基礎，這樣可以扣除掉人口差異或變化所造成的困擾；如果比較不同年份時則要用實質人均GDP，剔除物價變動對 GDP 的影響。根據國際貨幣基金會 (IMF) 資料顯示，扣除人口差異後，2013 年中國大陸人均 GDP 只有 6,569 美元，在 183 個國家中排名第 85，只算是中所得地區，不但遠低於日本的 39,321 美元，更低於美國的 52,839 美元，即使與臺灣的 20,706 美元相比差距也很大。

㈢無法反映所得分配

　　國民所得是一國人民全部所得的加總，是一個總量的概念，並不能反映個別家庭或人民的生活水準，也無法顯示一國的所得分配狀況。因此，即使一國的 GDP 很高，但如果所得分配極度不平均，少數人掌握了社會大部分財富，而大多數民眾卻相當貧困，那麼這個社會就很容易陷入貧富對立與階級鬥爭的狀態，對國家的長治久安與和諧安定相當不利。就算以人均 GDP 來衡量，也只能反映一國人民的平均所得，還是無法顯示該國人民生活水準的差距情況。

(四)忽略休閒的價值

國民所得反映了一國國民可以享受的物質水準，卻沒有顯示生產這些產品和勞務背後的時間投入成本，忽略了所犧牲的休閒。如果一國的 GDP 很高，但民眾每天要工作十多個小時，不到晚上十點不能下班，回家還要處理公務，週六日也不放假，這樣可享用的閒暇時間就很少，辛苦賺來的收入不但沒時間花，過度工作甚至威脅到身體健康狀況，衝擊家庭的夫妻或親子關係，這些負面影響讓 GDP 高估了人民的生活水準。

(五)未扣除外部成本

外部成本是指私人活動對外部環境造成了負面影響但沒有承擔的成本，而這些成本最後由整個社會分攤。例如在生產過程中，自然環境受到破壞，工廠排放廢氣、廢水汙染了空氣和河川，造成民眾身體健康的危害；企業的聚集導致人口擁擠、交通堵塞、犯罪率上升等，這些問題使人民的生活水準下降，但廠商並沒有把這些外部成本計入在生產成本中，當然也沒有包括在 GDP 內，所以人民的生活水準實際上被高估了。

(六)無法顯示 GDP 的組合內容

國民所得只是總量的概念，沒有反映 GDP 的結構或組合內容。事實上不同的 GDP 結構或產品組合對一國國民的經濟福利有很重要的影響,如果一國產品組合以消費品為主，或民間消費支出占 GDP 的比重較大，人民享用的產品及服務品自然較多，他們的生活水準便較高。反之，若產品或勞務只用於防弊，例如防止汙染的設備和防盜器材，以及保全業的勞務貢獻等，那麼人民實際的生活水準就不會有所提升,因為這類產品或勞務占一國 GDP 的比例愈高，表示國家的汙染、犯罪等外部成本愈嚴重。另有些支出只是作為交易成本，沒有實質產出，例如律師、仲介等行業，又如政府支出的項目中，警察維持治安、軍人保衛國家的支出對生產沒有直接幫助，行銷與廣告支出也有同樣情況。

㈦未能辨別產品品質的改善

　　雖然說「一分錢一分貨」，東西好壞和價錢高低有一定的關係，不過由於技術進步與生產規模化使成本大幅降低，加上市場競爭的結果，導致許多產品的性能和品質愈來愈好，但價格不但沒有上漲，甚至愈來愈便宜，尤其是消費性電子產品。例如 32 吋的液晶電視在十多年前新推出時要賣 30 多萬元一臺，現在只要 1 萬塊出頭，比當年同尺寸的 CRT 電視還要便宜，而且輕薄短小、畫質清晰、又省電又可連上網。由於 GDP 的計算是以量化的產品價格和數量為基礎來計算市場總值，所以產品品質的改善以及生活水準的提升就無法由 GDP 的數值反映出來。

㈧忽略匯率水準的變動

　　國民所得除了可衡量一國的經濟狀況外，還可以用來比較國與國之間的經濟規模，不過在比較時會遇到各國貨幣不同的問題，例如歐洲用歐元、日本用日元，美國用美元，臺灣用新臺幣。為了有共同的標準來衡量國民所得，通常我們把各國的貨幣換算成美元來比較，因為美元是國際上普遍接受的貨幣，加上流通性高，大部分國際貿易和對外投資都以美元為支付工具。但本國國民所得換算成美元後，就很容易受到匯率 (Foreign Exchange Rate) 變動的影響，所謂匯率，是指本國貨幣與外國貨幣的兌換比例。例如 2013 年臺灣的 GDP 約為 14.4 兆元新臺幣，如果目前匯率是 1 美元兌換 30 元新臺幣，則換算後為 4,800 億美元。假設匯率變成 1 美元兌換 28.8 元新臺幣，即使臺灣的產值一毛也沒增加，但以美元計算的 GDP 卻增加到 5,000 億美元，平白多了 200 億美元。因此，如果一國的 GDP 沒有成長，但匯率變動了，則以美元為單位的 GDP 就會增加或減少。

㈨沒有反映物價水準的差異

　　人均實質 GDP 扣除了從基期到本期的物價上漲因素，可以比較同一國家不同時間的所得水準，也反映了一國民眾實際的收入狀況。但是在跨國間的

比較時，仍然未能反映不同國家人民實際的富裕程度，因為國家之間的物價水準不同，同樣的所得即使換算成美元，能買到的東西數量也並不相同。例如日本人均 GDP 很高，但眾所周知日本的物價昂貴，食物價格往往是臺灣的 3 倍或更多，因此日本民眾的生活水準不見得比臺灣高。

㈩沒有考慮其他非物質的福利項目

GDP 是以總產值來呈現一國的富裕程度，但除了物質生活以外，民眾關心的還有很多是屬於非物質的項目，例如言論自由、公平正義、民主與法治、文明與人文素養、對外開放程度、競爭機會均等、人權保障、社會治安等。但 GDP 只考慮物質生活，沒有考慮非物質因素對民眾的福利影響。同理，自然災害帶給人民極大的傷害與破壞，但 GDP 卻難以反映出來。

例如 2011 年日本的 311 大地震，造成當年日本民眾生命和財產的龐大損失，但因 GDP 是流量概念，只算當年生產的產值，無法呈現財富存量的損失，甚至因要災後重建，反而刺激了次年日本 GDP 的成長。

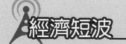

國民幸福指數

你幸福嗎？幸福是一個抽象的概念，如何才能正確的衡量呢？

我國行政院主計總處參考 OECD 的「美好生活指數」(Your Better Life Index)，編製「國民幸福指數」，並於 2013 年 8 月首次公布。其主要目的為打破以 GDP 衡量社會福祉的侷限性，期能更精確地反映民眾生活的現況。

國民幸福指數在編纂時為了兼顧國際評比及我國的風土民情，採用國際指標與在地指標並列的方式呈現。國際指標部分與 OECD 的美好生活指數相同，以便與各主要國家做比較；在地指標部分則經由專家會議研討後，在各領域下依據我國國情特性選出三十八項指標，以貼近民眾真實感受。各項領域的重要指標如下表所示（括號內為我國與 OECD 國家相比排名），詳細數

據與計算方式請參考行政院主計總處「國民幸福指數網站」(http://happy_index.dgbas.gov.tw/index.htm)：

表 9.4　國民幸福指數指標

領域	國際指標	在地指標
居住條件 (9)	無基本衛生設備的比率 (1)；居住消費支出占家庭可支配所得比率 (4)；平均每人房間數 (20)	房租所得比；民眾對住宅或周邊環境滿意比率；房價所得比
所得與財富 (4)	每人金融性財富 (2)；每人可支配所得 (20)	家庭所得差距倍數；相對貧窮人口比率
工作與收入 (10)	15～64 歲人口就業率 (25)；工作保障性不足比率 (4)；長期失業率 (5)；全時受僱者平均年收入 (13)	青年失業率；部分工時、臨時性或人力派遣工作者占總就業人口比率
社會聯繫 (15)	社會網絡支持比率 (15)	與親友的接觸頻率；對家庭關係之滿意度；民眾參與志工比率與時數
教育與技能 (23)	教育成果 (6)；教育程度 (26)；預期在校年數 (27)	25～64 歲人口參與終身學習活動比率
環境品質 (35)	空氣汙染指標 (36)；飲用水品質滿意度 (34)	每人享有綠地面積
公民參與及政府治理 (20)	總統選舉投票率 (16)；法規制訂諮商指數 (21)	參與政治活動比率；政府、法院、媒體信任度；民主生活與言論自由滿意度
健康狀況 (15)	平均壽命 (26)；自評健康狀況良好比率 (7)	不健康存活年數；食品衛生不符規定比率
主觀幸福感 (25)	自評生活狀況 (25)	生活滿意度
人身安全 (3)	故意殺人致死案件被害人口率 (7)；自述暴力受害比率 (5)	住宅竊盜發生率、事故傷害死亡率、家庭暴力發生率
工作與生活平衡 (18)	受僱者工時過長比率 (25)；全時工作者平均每日休閒及生活起居時間 (11)	通勤時間；就業者在工作、家人、社會聯繫及嗜好等時間分配的滿意度

資料來源：行政院主計總處，國民幸福指數網站。

NEWS 新聞案例

當 8 年法國傭兵存千萬　清大畢業生到澳洲當「臺勞」

1. 2012 年 9 月媒體報導，一名臺灣青年人，為了實現自己從軍的夢想，2003 年毅然放棄在臺工作，離鄉背井到法國參加外籍軍團，在大小戰役中出生入死，賣命的結果讓他年薪超過 150 萬元新臺幣，加上省吃儉用，8 年後回臺灣時共存了近千萬元。

圖片來源：Shutterstock

2. 同期間另一家雜誌報導，一位清華大學經濟系畢業的學生，在臺灣工作 2 年也存不到錢，於是到澳洲屠宰場打工，很快就賺了人生第一桶金。由於時薪高達 19 元澳幣（約 570 元新臺幣），如果一直有工作機會，按一天工作 8 小時、1 個月 22 天計算，月收入就有 10 萬元新臺幣。由於這高於臺灣每小時百元新臺幣的打工薪資，根據澳洲移民署的統計，2011 年就有高達 12,503 名的臺灣年輕人正在澳洲打工。

評　論

　　在進行跨國比較時，因為國家之間的物價水準不同，以購買力平價 (Purchasing Power Parity, PPP) 換算後的人均 GDP 是常用的指標。這項指標剔除了國際之間的物價差異，就可以反映兩國間人均 GDP 的真正「購買」能「力」。

　　根據國際貨幣基金會 (IMF) 公布的資料顯示，2012 年在 187 個國家中，法國和澳洲的名目人均 GDP 分別是 41,223 美元（第 22 名）和 67,304 美元（第 5 名），是臺灣 20,335 美元（第 39 名）的 2.03 倍和 3.31 倍。由於名目所得水準較高，即使在這兩國從事非技術性工作，一般而言也可以領到較臺灣高的工資。例如以傭兵 150 萬元新臺幣（約 5 萬美元）的名目年所得計算，在法國只是一

般收入，甚至遠低於澳洲的平均水準，但在臺灣卻是高薪階級。

　　不過，法國和澳洲兩地的物價水準遠高於臺灣，如果以購買力平價換算後的人均 GDP 衡量，法國和澳洲分別是 35,295 美元（第 24 名）和 41,954 美元（第 10 名），臺灣提高到 38,400 美元（第 18 名），經換算後不但略高於法國，低於澳洲的幅度也不超過 1 成，三地的實際差距已經不大，所以法、澳兩國的高名目所得很大程度上是補償當地的高物價。

　　臺灣年輕人到海外打工，其實情況就像菲籍勞工到臺灣工作一樣，領取相較於菲律賓高很多的薪水，都是一種賺取差價的套利行為。但除非像外勞一樣錢存夠了就回家鄉生活和花費，否則在海外高物價的環境下不見得划得來。

本章重點

1. 國民所得是衡量一國貧富或經濟活動成果的指標，廣義的國民所得指一國的總產值。

2. 國內生產毛額 (GDP) 指一國國內一定期間內生產的最終產品和勞務的市場價值，用以衡量一國總產值或國民所得的狀況，以下產品不算在 GDP 內：

　(1)國外生產。

　(2)二手品。

　(3)中間產品。

　(4)沒經過市場交易。

3. 國民生產毛額 (GNP) 指一國國民一定時間內生產的最終產品和勞務的市場價值，GNP＝GDP＋要素在外國所得淨額。

4. GDP 計算方法有三種，分別按需求、供給和新增價值加總三個不同面向依序分為支出面法、要素所得法和附加價值法。

5. 支出面法從需求面計算 GDP，觀察一國總產值在市場上被哪些部門購買，

然後把購買者的支出加總就得出：GDP = 民間消費 + 投資毛額 + 政府支出 + 淨出口。其中：投資毛額 = 投資淨額 + 折舊，淨出口 = 出口 – 進口，如果為正（負）數稱為貿易順差（逆差）。

6. 要素所得法從生產要素的所得面計算 GDP，再加上產品售價內沒有付給要素作為所得的項目，一是廠商在生產過程中機器設備的折舊，二是政府課徵的間接稅減掉補貼之間接稅淨額。即：GDP = 工資 + 利息 + 地租 + 利潤 + 折舊 + 間接稅淨額。

7. 附加價值指廠商生產之產品價值減去中間投入後的餘額。附加價值法是從產品各生產階段的附加價值加總而得出 GDP。

8. 折舊屬於自然損耗，在機器設備折損過程中沒有任何要素擁有者得到這部分收入，所以 GDP 高估了一國的淨產出金額。GDP 扣除折舊後稱為國內生產淨額 (NDP)，即：NDP = GDP – 折舊。GNP 扣除折舊後則稱為國民生產淨額 (NNP)，即：NNP = GNP – 折舊。NDP 和 NNP 才能反映一國或一國國民的淨產出金額。

9. 狹義的國民所得指本國要素擁有者拿到的報酬，包括工資、地租、利息和利潤共四種要素所得。NNP 雖然扣除自然損耗的折舊，但包含廠商繳給政府的間接稅淨額，如果不予扣除，會高估或低估生產要素擁有者的報酬。所以 NNP 再扣掉間接稅淨額才是本國要素擁有者的所得，即：國民所得 (NI) = 工資 + 地租 + 利息 + 利潤 = NNP – 間接稅淨額 = GNP – 折舊 – 間接稅淨額。

10. 個人所得指家計的實際所得，包括家計勞而不獲的所得與不勞而獲的報酬。因此，個人所得 = 國民所得 – 營利事業所得稅 – 企業未分配盈餘 – 政府財產與企業所得 + 國內外移轉性支付淨額。

11. 個人所得 (PI) 並非全部可供家計使用，一部分要繳納直接稅，剩下的部分才是可自行留用的餘額，稱為個人可支配所得 (DI)，即：DI = PI – 直接稅 = 消費 + 儲蓄。

12. 扣除物價變動的所得稱為實質所得，沒有扣除物價變動的所得則稱為貨幣

所得或名目所得。扣除物價變動而計算的 GDP 稱為實質國內生產毛額或實質 GDP，只反映產品數量的變動。沒有扣除物價變動的 GDP 稱為名目國內生產毛額或名目 GDP。而 GDP 平減指數 $= (\dfrac{名目\ GDP}{實質\ GDP}) \times 100$。

13.消費者物價指數 (CPI) 選取對消費者生活較有關的最終產品和勞務來計算物價變動；躉售物價指數 (WPI) 則選取對生產者較重要的原料、半成品及成品來計算物價變動。

14.以國民所得衡量一國的經濟福利會有以下問題：

⑴忽視非市場產值。

⑵未考慮人口差異和變動。

⑶無法反映所得分配。

⑷忽略休閒的價值。

⑸未扣除外部成本。

⑹無法顯示 GDP 的組合內容。

⑺未能辨別產品品質的改善。

⑻忽略匯率水準的變動。

⑼沒有反映物價水準的差異。

⑽沒有考慮其他非物質的福利項目。

課後練習

( ) 1.在計算 GDP 時，以下哪一項應該包括在內？ (A)賣出二手車之價款 (B)賣出股票的價款 (C)賣出清朝古董之價款 (D)證券行替客戶賣出股票所收取的手續費

( ) 2.以下沒有經過市場交易的生產活動，哪一項有包括在 GDP 的計算內？ (A)農民自行留用的農產品 (B)非法外勞提供的勞務 (C)家庭主婦在家帶小孩 (D)自己整修房子

( ) 3.春嬌原來是上班族，月薪 3 萬元，現在因嫁給志明而不工作了，但志明每個月會給她 1 萬元零用錢，則對 GDP 的影響為何？ (A)增加 1 萬元 (B)減少 2 萬元 (C)減少 3 萬元 (D)減少 4 萬元

( ) 4.在 GDP 中只計算最終產品的價值而排除中間產品,是為了避免什麼問題？ (A)中間產品的價值單位不能統一 (B)最終產品與中間產品數量單位的不同 (C)產品價值重複計算 (D)計算過程太冗長

( ) 5.阿華的公司外派他到日本工作，薪水由 4 萬元調高至 5 萬元，則對臺灣 GDP 和 GNP 的影響分別為何？ (A) GDP 減少 4 萬元,GNP 增加 1 萬元 (B) GDP 不變, GNP 增加 5 萬元 (C) GDP 增加 1 萬元, GNP 不變 (D) GDP 減少 4 萬元, GNP 不變

( ) 6.以下哪一項沒有包括在投資淨額內？ (A)廠房 (B)折舊 (C)存貨 (D)機器

( ) 7.假設某建設公司今年蓋的房子總價值為 10 億元,但是其中 2 億元的房子並未在今年賣出。在計算今年 GDP 時，該建設公司之產值應該是多少？ (A) 10 億元 (B) 8 億元 (C) 12 億元 (D) 2 億元

( ) 8.以下哪一項的增加會造成 GDP 的減少？ (A)民間消費 (B)政府支出 (C)進口 (D)出口

( ) 9.以下哪一項不是以要素所得法計算 GDP 時的項目之一？ (A)利息 (B)利潤 (C)工資 (D)移轉性支付

( ) 10.假設某國一年內只有下述經濟活動：農民種植了 100 元飼料賣給養

鴨場，養鴨場把鴨隻以 300 元賣給燒臘店，燒臘店製成烤鴨以 500 元出售。則該國 GDP 應為多少？　(A) 100 元　(B) 200 元　(C) 300 元　(D) 500 元

( )　11.以下哪一項關於國民所得的關係是正確的？　(A)國民生產淨額 (NNP) = 利息 + 租金 + 地租 + 利潤 + 折舊　(B)國民生產淨額 (NNP) = 國民生產毛額 (GNP) − 要素在外國所得淨額　(C)個人所得 (PI) = 消費 + 儲蓄　(D)國民所得 (NI) = 工資 + 利息 + 地租 + 利潤

( )　12.以下有關 GDP 之敘述哪一項是正確的？　(A)政府的移轉性支出要計入 GDP 內　(B) GNP 一定大於 GDP　(C)實質 GDP 是以本期價格所算出　(D) GDP 一定大於國民生產淨額 (NDP)

( )　13.名目 GDP 應與以下何者相等？　(A)實質 GDP 乘上 GDP 平減指數　(B)實質 GDP 除以 GDP 平減指數　(C)一段期間內一國國內市場生產的產品與勞務以基期價格計算之總價值　(D)實質 GDP 加上國外要素所得淨額

( )　14.以下哪一項國民所得指標有考慮到兩國人口數量的差異？　(A)名目 GDP　(B)實質 GDP　(C)人均 GDP　(D)個人可支配所得

( )　15.以下關於國民所得指標的敘述，何者正確？　(A)無法顯示所得分配情況　(B)無法反映一國經市場交易的總產值　(C)有扣除環境汙染等外部成本　(D)可以反映產品品質的改善

第10章

所得的決定㈠：消費與投資

上一章分析了國民所得的定義、計算方法與內容結構等，接下來的兩章將說明是什麼因素決定了國民所得，以及這些因素如何影響國民所得的變動方向和規模。本章我們從凱因斯的有效需求理論開始，除了分別探討消費和投資的性質、與所得的關係、影響消費和投資的非所得因素以外，還有介紹簡單的凱因斯模型、均衡所得的決定方法，最後並討論總體經濟中應用甚廣的乘數原理。

 學習目標

1. 能區別古典學派與凱因斯學派的差異。
2. 理解消費與儲蓄的型態及其影響因素。
3. 瞭解投資的意義及其影響因素。
4. 能闡述一國國民所得如何決定。
5. 能分析投資與所得的相互作用和影響。

一、有效需求理論

㈠古典學派的理論基礎

　　1776 年亞當‧斯密出版了《國富論》，他是第一位把經濟現象作全面性和系統性研究的學者，至此經濟學才算成為一門獨立的學科，也因此他被尊稱為經濟學之父，後來經過李嘉圖、彌爾 (John Mill) 等人對其學說加以闡述，形成了古典學派 (Classical School)。其理論體系的特點，一是假設所有價格（包括工資）都具有完全的伸縮性，於是經由市場上「看不見的手」——價格機能的調整，市場供需會自動趨於相等，不會有供給過剩或供不應求的失衡問題。例如在勞動市場，在其他情況不變下，當需求下降後，工資也會跟著下跌，但工資下跌一方面使勞動需求量增加，另方面使勞動供給量減少，最後會回到供需數量相等的均衡，因此在勞動市場上不會有失業長期存在。

經濟短波

約翰‧彌爾 (John Mill, 1806–1873)

　　英國經濟、哲學家，出生於倫敦。小時候父親對他的期望甚高，彌爾 3 歲便學習希臘文與數學，8 歲學習拉丁文、幾何學，13 歲學習政治經濟學，16 歲即進入東印度公司服務，與邊沁、李嘉圖、薩伊等經濟學家來往密切，也對其日後的思想影響很大。彌爾退休後，曾於 1866 年擔任英國國會議員。著有《論自由》(*On Liberty*)、《功利主義》(*Utilitarianism*)、《政治經濟學原理》(*Principles of Political Economy*) 等書。

圖片來源：維基百科

資料來源：林鐘雄 (2004)，《西洋經濟思想史》，臺北市：三民書局。

　　二是古典學派認同「薩伊法則」(Say's Law)：供給創造本身的需求，也就是說，某種產品一經生產，就會立即為其他產品提供一個和本身價值完全相等的市場，有一個供給量，就必定有一個相等的需求量。其理由是在產品的生產過程中，廠商的生產會引起對生產要素或其他廠商產品的需求。例如建商要供應房子，就必須買鋼材、水泥，請工人等，而鋼鐵廠為了供應建商鋼材，也要買進鐵礦石來煉鋼。如此類推，某一產品的供給也就會帶動了另些產品或生產要素的需求，因此創造了「自我需求」，整個經濟體系也就會達到了良性循環。在這種情況下，市場經濟一般不會發生任何生產過剩的危機，更不可能出現就業不足的困境。

　　由於供給創造了需求，一種產品的生產過程中必定會和其他產品互相交換，產品的生產數量完全由供給面所決定，因此從整個社會來看，供給等於需求是一種常態。即使在某一時期某種產品過剩，也僅僅是該產品生產失衡的結果，是一種局部的暫時現象，透過價格調整，產品的供給量最後必將等於產品的需求量，不可能出現所有經濟部門普遍性和持久性的生產過剩和失業，因此古典學派認為沒有失業是常態，產品市場可以自行調節，不會有過剩的情況，所以主張完全的自由放任政策，反對政府干預經濟，認為國家應該放手讓市場自行發展。

 經濟短波

尚巴提斯特・薩伊 (Jean-Baptiste Say, 1767–1832)

　　法國經濟學家，出生於法國里昂，曾赴英國擔任學徒，回到法國後曾擔任議員，但因其著作《政治經濟學》(*Traité D'économie Politique*) 中的見解與拿破崙不同，又不願配合修改，因此辭去議員職務。1815 年，薩伊於法國亞德尼學院講授經濟學，為法國第一個經濟學講座。薩伊將亞當・斯密的《國富論》做了系統性的整理，並在歐洲推廣，而其所提出關於市場供需的觀念，則成為古典學派的重要基礎之一。

資料來源：林鐘雄 (2004)，《西洋經濟思想史》，臺北市：三民書局。

㈡凱因斯的有效需求理論

在 1930 年代之前,古典學派的總體經濟理論在經濟學中一直處於正統地位,但是 1930 年代全球爆發經濟大蕭條,歐美國家都出現大量的失業,使得古典學派的理論受到極大挑戰。面對極需解決的經濟危機,凱因斯 (John Keynes) 是第一個提出有效而完備理論的學者,他在 1936 年發表了《就業、利息與貨幣的一般理論》(*The General Theory of Employment, Interest, and Money*) 一書,引起了總體經濟理論的革命。此書的重點在於解釋為什麼有失業的產生,以及如何解決失業問題。

凱因斯與古典學派經濟思想的最大差異,在於凱因斯否定了價格(包括工資)具有完全伸縮性的假設,他觀察到在勞動市場中,工資並非如古典學派主張的可以完全上下調整,反之,工資具有向下僵硬性:工人樂意接受工資提高,但會抗拒工資下降。在經濟不景氣的時候,當物價下跌 3%,工人寧可失業也不願意降低名目工資 3%,即使他的實質工資不變,這種無法明確區別實質或名目工資的現象稱為貨幣幻覺 (Money Illusion)。

凱因斯認為由於貨幣幻覺的存在,導致現實生活中工資不容易向下調整,當勞動市場由於需求下降,但工資具有僵硬性不能下跌時,在原來工資水準下就會產生供過於求——失業,如第 7 章圖 7.7 所示。此時必須提高勞動需求,恢復到之前的水準,才可以增加就業機會,而勞動需求就決定在產品市場的產出數量,產出數量又受制於產品需求,最後是產品需求影響到就業與總產出——即 GDP,因此要解決失業問題只有提高產品需求,所以凱因斯主張「需求創造供給」。

凱因斯並進一步反駁了薩伊法則,他認為在一個以貨幣為交易媒介的社會中,由於貨幣具有價值儲藏的功能,人們可能寧願手持現金,而不願用於消費或投資,這使得供給不保證創造需求。例如建商要供應房子,但賺到錢的鋼鐵廠不見得持續投資,拿到薪水的工人也不一定馬上消費,建商蓋好的房子可能就賣不掉了,於是供給(生產)並不能確保需求(消費)的發生,賣和買的行為就有可能出現停滯或斷裂的現象。尤其是在經濟蕭條的時候,

市場上並不是沒有產品供應，而是根本沒人購買，形成了供過於求、產能過剩的危機。所以失業的發生事實上是有效需求 (Effective Demand) 不足所造成，所謂有效需求，是指人們有能力並且願意購買產品的需求。

在以上的理論前提下，凱因斯認為失業的存在是常態，充分就業 (Full Employment) 反而是例外。充分就業指在某一工資水準下，所有願意接受工作的人，都獲得了就業機會。充分就業並不等於全部勞動力都就業，但不會有因景氣不佳而造成的失業。凱因斯認為由於有效需求的不足，市場常常處在低於充分就業的均衡狀態，因而主張政府應該主動干預經濟，利用財政政策增加政府支出，提高有效需求以達成充分就業。

在上一章探討國民所得的計算方法時，已經討論過 GDP 可以經由支出、要素所得和附加價值三個層面觀察。就支出面來說，GDP 等於民間消費、投資毛額、政府支出和淨出口共四項支出，這構成了有效需求，又稱為總合支出 (Aggregate Expenditure) 或總合需求 (Aggregate Demand)。既然 GDP 總值可以從需求面計算，所以國民所得的高低就會受到有效需求的影響。為了由淺入深地解說，本章暫時假設沒有政府與國外部門，只探討凱因斯模型中消費和投資兩種支出對國民所得的作用效果。

經濟短波

約翰·凱因斯 (John Keynes, 1883–1946)

英國經濟學家，畢業於劍橋大學，曾擔任劍橋大學講師以及英國政府部門的多項顧問工作。凱因斯反對古典學派強調自由競爭、市場機制的觀念，認為政府應利用財政與貨幣政策干預市場，以調節景氣循環的影響，防止經濟蕭條或景氣過熱的現象。其理念的追隨者被稱為「凱因斯經濟學」(Keynesian Economics) 或「凱因斯學派」(Keynesian School)。1936 年所出版的著作《就業、利息與貨幣的一般理論》，影響後代對於政府在經濟體系中角色的看法相當深遠。

二、消費函數與儲蓄函數

㈠消費函數

　　消費通常是每個國家總合需求中比重最高的項目，消費與其決定因素之間的對應關係稱為消費函數 (Consumption Function)。在現實生活中，影響消費的因素很多，包括可支配所得、財富、物價變動、所得分配、利率高低、對未來的預期、年齡結構等，其中可支配所得是最基本和最重要的因素，原因很簡單：有錢才能買到東西。

　　在消費與可支配所得的關係上，凱因斯提出了「基本心理法則」(Fundamental Psychological Law)，他認為當所得增加的時候，消費也隨之增加，但消費增加的數量會低於所得增加的數量。反之，當所得減少的時候，消費也隨之減少，但消費減少的數量也會低於所得減少的數量。

　　如果以縱軸代表消費，橫軸代表可支配所得，就可以把消費 (C) 與可支配所得 (Y_d) 的關係——消費線 C 畫在圖 10.1 中。根據凱因斯的「基本心理法則」，當可支配所得增加的時候，消費也隨之增加，所以消費線為正斜率，但是消費增加的數量不如所得增加的數量大，因此消費線與縱軸相交於 C_0，表示其斜率小於 1，例如可支配所得由 Y_{d1} 增加至 Y_{d2} 時，消費只由 C_1 增加至 C_2，從圖中可看出 $(C_2 - C_1)$ 小於 $(Y_{d2} - Y_{d1})$。

　　圖中 45 度線上任何一點對應的兩軸，與原點之間的距離都相同，表示在 45 度線上對應的消費等於可支配所得，而消費線與 45 度線交於 e 點，e 點稱為收支相抵點 (Breakeven Point)，表示全部可支配所得都用於消費，即 $Y_{d2} = C_2$，社會上沒有任何儲蓄。在 e 點左邊，消費線高於 45 度線，例如在 a 點時對應的消費 C_1 大於可支配所得 Y_{d1}，表示社會上不止沒有儲蓄，還要用到過去的積蓄，或者要借錢才能支付目前的消費，這一段差距稱為負儲蓄 (Dissaving)，即圖中 ab 的距離。隨著消費線從 e 點往左下方延伸，它和 45 度線的差距愈來愈大，說明消費隨可支配所得的減少而減少，但減少的數量小

於可支配所得減少的數量。

在 e 點右邊，消費線低於 45 度線，例如在 g 點時對應的消費 C_3 小於可支配所得 Y_{d3}，其差額就是儲蓄 (Saving)，即圖中 fg 的距離。同樣的，當消費線從 e 點向右上方延伸，它和 45 度線的差距愈來愈大，表示消費隨可支配所得的增加而增加，但增加的數量小於可支配所得增加的數量。根據上述討論，消費與可支配所得的關係可寫成：

$$C = C_0 + cY_d$$

上式稱為簡單消費函數 (Simple Consumption Function)，顯示消費是由 C_0 和 cY_d 兩部分組成。其中 C_0 大於 0，表示當可支配所得為 0 時，仍然會有最基本的消費。例如即使失業沒有收入，還是要有食物方面的起碼支出，當然這時候就要用到過去的積蓄或者舉債來支付這些開銷，這種不受可支配所得影響的支出稱為自發性消費 (Autonomous Consumption)。上式中 c 是消費線的斜率，為不變的固定常數，其數值大於 0 但小於 1，表示消費線是正斜率的，但消費的增量小於可支配所得的增量。而 cY_d 是完全由可支配所得引發出來的消費，因此稱為誘發性消費 (Induced Consumption)，即圖 10.1 中消費線與自發性消費 C_0 之間的垂直距離，例如可支配所得為 Y_{d3} 時，cY_{d3} 即為誘發性消費。

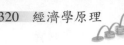

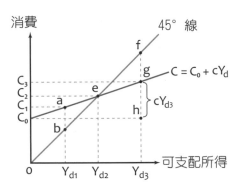

圖 10.1　消費線

㈡儲蓄函數

儲蓄函數 (Saving Function) 是指儲蓄與其決定因素之間的對應關係。由於可支配所得不是用來消費就是用於儲蓄,所以儲蓄函數可以藉由消費函數得出,而儲蓄 (S) 為可支配所得減去消費後之餘額,即:

$$S = Y_d - C$$

當可支配所得不變時,增加消費就會減少儲蓄,減少消費就會增加儲蓄,所以影響消費的因素也會影響儲蓄,只是影響的方向剛好相反。但所得增加時,消費與儲蓄可以同時增加,這是因為儲蓄與消費一樣,會隨所得的變動而同方向變動,即所得增加,儲蓄增加,所得減少,儲蓄也會減少。如果把消費函數 $C = C_0 + cY_d$ 代入上式後則得出儲蓄函數為:

$$S = Y_d - (C_0 + cY_d) = -C_0 + (1-c)Y_d$$

圖 10.2 顯示消費函數與儲蓄函數的關係,其中 S 為儲蓄線,表示儲蓄與可支配所得的關係,儲蓄線是由 45 度線與消費線 C 之間的垂直距離得出。在 e 點左邊,由於儲蓄為負,所以儲蓄線在橫軸下方,在 e 點右邊,由於儲

蓄為正，所以儲蓄線在橫軸上方，在 e 點時全部可支配所得都用於消費，這
時候儲蓄為 0，因此儲蓄線與橫軸相交。

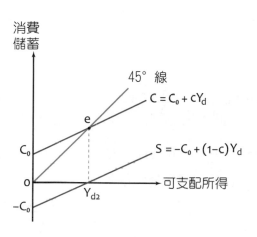

圖 10.2 消費線與儲蓄線

三、消費傾向與儲蓄傾向

㈠消費傾向

根據上述討論，我們可以推導出消費與可支配所得關係的另一指標——
消費傾向，消費傾向可分為平均消費傾向 (Average Propensity to Consume,
APC) 與邊際消費傾向 (Marginal Propensity to Consume, MPC) 兩種。平均消
費傾向是指每 1 單位可支配所得用於消費的比重，即：

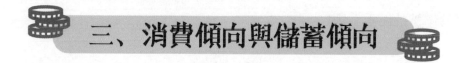

$$APC = \frac{C}{Y_d}$$

邊際消費傾向是指可支配所得每變動 1 個單位時，所引發的消費變動量，
即：

$$MPC = \frac{\Delta C}{\Delta Y_d}$$

由定義來看，MPC 其實就等於圖 10.1 消費線的斜率，也相當於消費函數中的 c 值，而 APC 可以改寫成：

$$APC = \frac{C}{Y_d} = \frac{C_0 + cY_d}{Y_d} = \frac{C_0}{Y_d} + c = \frac{C_0}{Y_d} + MPC$$

APC 相當於消費線上任一點與原點相連而成之直線的斜率，隨著消費線往右上方延伸，線上各點與原點連線的斜率也愈來愈小，因此 APC 是遞減的，但在自發性消費 C_0 存在的情況下，APC 始終大於 MPC。

㈡儲蓄傾向

與消費傾向一樣，我們也可以用儲蓄傾向來表達儲蓄與可支配所得的關係，平均儲蓄傾向 (Average Propensity to Save, APS) 是指每一單位可支配所得用於儲蓄的比重，即：

$$APS = \frac{S}{Y_d}$$

邊際儲蓄傾向 (Marginal Propensity to Save, MPS) 是指可支配所得每變動 1 個單位時，所引發的儲蓄變動量，即：

$$MPS = \frac{\Delta S}{\Delta Y_d}$$

由於可支配所得不是用在消費就是儲蓄，所以多增加 1 元可支配所得所增加的消費 (MPC) 與儲蓄 (MPS) 加總起來一定等於 1 元。即：

$$MPC + MPS = 1 \quad , \quad 或 \quad MPS = 1 - c$$

由定義來看，MPS 其實就等於圖 10.2 儲蓄線的斜率，也相當於儲蓄函數的 $1-c$ 值，把 $S = -C_0 + (1-c)Y_d$ 代進上式 APS 中得出：

$$APS = \frac{S}{Y_d} = \frac{-C_0 + (1-c)Y_d}{Y_d} = -\frac{C_0}{Y_d} + (1-c) = -\frac{C_0}{Y_d} + MPS$$

APS 相當於儲蓄線上任一點與原點相連而成之直線的斜率，在圖 10.2 可支配所得低於 Y_{d2} 時，儲蓄為負，APS 也為負，可支配所得高於 Y_{d2} 時，儲蓄為正，APS 也為正。當自發性消費 C_0 存在時，APS 始終小於 MPS。在可支配所得只能用在消費或儲蓄的情況下，平均 1 元可支配所得用於消費 (APC) 與儲蓄 (APS) 加總起來一定等於 1 元。即：

$$APC + APS = 1$$

由於 APC 是遞減的，上式說明 APS 將隨可支配所得而遞增。

四、影響消費函數型態的因素

在上述消費函數 $C = C_0 + cY_d$ 的討論中，我們只探討消費與可支配所得之間的關係，當可支配所得變動時，消費就會沿著消費線上移動，稱之為消費量的變動，這部分反映在誘發性消費 cY_d 上。但除了可支配所得以外，決定消費的其他因素還有很多，當這些其他因素變化時，對消費的影響會反映在自發性消費 C_0 的變動上。由於 c 是消費線固定的斜率，C_0 是消費線與縱軸的截距，因此當 C_0 變動時，整條消費線就會上下平行移動，這稱為消費的變動。例如在圖 10.3 中當 C_0 增加至 C_1 時，消費線就會往上移動。

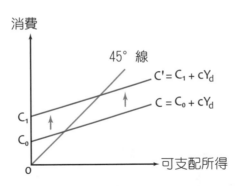

圖 10.3　自發性消費的增加

　　由於在可支配所得不變下，增加消費就會減少儲蓄，所以非所得的其他因素對消費或儲蓄的影響效果相同，只是方向相反，因此這裡我們只討論非所得因素對消費的影響，包括以下幾項：

㈠財　富

　　所得是一種流量的變數，而財富是存量的變數，包括不動產、股票、債券等各種非金融或金融資產。即使所得較低，但如果擁有的財富較多，消費也會較高，因為隨時可以把財富變成現金用在消費上。例如一位雖然沒工作沒收入的退休者，但有房子好幾棟、台塑股票幾百張，加上存款幾百萬，其消費力往往高於一般有所得者。

㈡利　率

　　在第 8 章我們曾分析過，利率對儲蓄的影響類似後彎的勞動供給曲線，當利率上升時，消費是增加還是減少取決於替代效果和所得效果的總效果。不過在現實生活中，通常看不到資本供給曲線向後彎曲的現象。因此利率的上升，一般來說替代效果會大於所得效果，此時儲蓄將增加，消費將減少。反之，利率的下降會導致消費增加，尤其是許多耐久性產品（如汽車），消費者都會用分期付款的方式購買，利率下跌會降低消費者的利息成本，增加其消費意願。

㈢對未來的預期

消費不只受目前狀況的影響，還受到對未來預期的影響，例如民眾對前景感到悲觀、或預期景氣惡化，所得不只不會增加，甚至要面臨失業、沒有收入等困境，因此就會減少消費，積穀防饑，以因應將來的開銷。反之，當民眾預期景氣復甦，未來收入有保障，在樂觀的氣氛下，就會增加消費。

㈣物價水準

當物價上漲時，手上的貨幣愈來愈不值錢，例如原來 200 元可以買 5 包 40 塊的泡麵，漲到 50 塊時卻只能買 4 包，此時民眾會趁早多購買一些可以存放的產品，例如衛生紙、牙膏、肥皂等，因為現在不買以後會更貴，所以物價上漲時會增加目前的消費支出。反之，當物價下跌時，抱著「明天更便宜」的心態，民眾就會延後其消費支出。

㈤所得分配

通常高所得者的邊際消費傾向低於低所得者的邊際消費傾向，這是因為所得從 0 開始增加時，新增加的所得必須用於食衣住行等維持生活的最基本開銷，因此邊際消費傾向較高。而當所得超過了基本生活支出後，消費的不再是必需品，新增加的所得就有一部分以儲蓄存起來，以便不時之需，所以高所得者的邊際消費傾向相對較低。如果從高所得者口袋拿走 10 塊錢給低所得者，前者也許只減少 2 塊消費，但後者卻可能增加 3 塊支出，整體而言還是多消費 1 元，因此當所得分配愈平均時，社會的消費就愈增加。

㈥年齡結構

不同年齡層有不同的消費傾向，通常年輕人的消費傾向較年長者高，原因為年輕人未來還有很長的工作生涯，當預期未來還有收入的情況下，加上一旦經濟有問題可依賴父母等長輩救助，所以往往較少儲蓄，隨性花錢購物，消費傾向較高，嚴重的話甚至成為月光族。而年長者即將或已經退休，必須未雨綢繆，花錢會較謹慎，加上年長者相對節儉，所以消費傾向較低。

我國歷年儲蓄率

　　國民儲蓄為全國各經濟部門在一定期間內，國民可支配所得未用於消費的部分，與一般觀念上的儲蓄不同。我國儲蓄率的計算方式為：

$$儲蓄率 = \frac{國民儲蓄毛額}{國民生產毛額\ (GNP)} \times 100\%$$

其中，國民儲蓄毛額的計算方式如下：

國民儲蓄淨額 = 國民可支配所得 −（民間消費 + 政府消費）

國民儲蓄毛額 = 國民儲蓄淨額 + 固定資本消耗

　　下表為我國近年國民生產毛額、國民儲蓄毛額與儲蓄率的變化情形，其中以 1956 年的 13.1% 最低、1986 年的 39.4 最高，2012 年則為 28.7%。

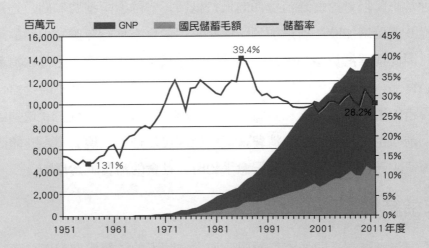

圖 10.4　我國歷年儲蓄率與 GNP

資料來源：中華民國統計資訊網。

五、投資的意義與限制

㈠投資的意義

在第 8 章我們曾介紹過資本的概念，經濟學上的資本並非指金錢，而是指人為的生產工具，也稱為資本財 (Capital Goods)。資本與投資的意義有很大的不同，資本是一個存量的觀念，指某一個時間點資本財的數量。而投資是一個流量的概念，指一段時間內機器等有形資產的購買，所以又稱為資本形成 (Capital Formation)。由於資本財在使用過程中會有自然損耗的折舊，所以要在每年的投資中扣掉折舊，才是資本每年的淨增加量。

經濟學上定義的投資有別於理財行為上金融資產的購買，因為前者是新增的資產，後者只是所有權的移轉。例如 A 公司向 B 公司下單買機器，B 公司就會製造一臺新的機器出來。但甲在股票市場買進一張股票，相對就會有乙賣出一張股票，社會上並沒有新生產任何東西出來。基於同樣的道理，如果 A 公司買的是舊設備也不算是投資。

㈡投資的限制

廠商實際上達成的投資數量有可能不等於其原來打算的投資數量，因此在經濟學上區分為預擬投資 (Planned Investment) 與實際投資 (Actual Investment)。預擬投資指的是原先廠商想達成的投資數量，例如最適的機器購買量以及不時之需的存貨數量，是一個事前 (Ex Ante) 的概念，然而市場上的銷售情況並非完全掌握在廠商之手，所以事後 (Ex Post) 的實際投資可能不等於預擬投資。例如一家電腦公司預估去年可以銷售 100 萬臺筆電，因而按此預估數字生產，然而後來平板電腦推出後大受歡迎，消費者紛紛棄筆電買平板，結果該電腦公司到年底只賣出 80 萬臺筆電，則未賣出的 20 萬臺就成為去年的存貨投資，那是由實際銷售與預估銷售間的落差所造成的。

六、投資的邊際效率

　　凱因斯認為，影響投資需求的因素，主要取決於投資的預期利潤率與為了投資而貸款所需支付的利率。其中預期利潤率指預期利潤占投資數量的比率，在經濟學上稱為投資邊際效率 (Marginal Efficiency of Investment, MEI)，投資邊際效率是一種折現率，用來折現資本財的預期淨收益，使其現值之總和等於該項資本財的供給價格。即：

$$P = \frac{R_1}{(1+MEI)^1} + \frac{R_2}{(1+MEI)^2} + \cdots + \frac{R_n}{(1+MEI)^n}$$

$P =$ 資本財的供給價格

$MEI =$ 投資的邊際效率

$R_n =$ 第 n 年的預期淨收益

$n =$ 資本財的使用年限

　　所謂預期淨收益,指一項投資未來的預期收益減去預期成本的剩餘部分。由於機器設備屬於耐久財，可以用一段較長的年限，因此投資者關心的不止是當期的淨收益，也必然考慮到未來才實現的預期淨收益。上式中如果 P、R 和 n 為已知，就可以得出 MEI。

　　不過，投資邊際效率並非固定不變的，會隨著投資數量的增加而遞減，所以投資邊際效率曲線是一條由左上方往右下方延伸的負斜率曲線，如圖10.4 所示，因為當廠商的投資數量愈多時，會導致以下三種情況使預期利潤率下降：

⑴資本存量累積愈多，其邊際生產力就會遞減。

⑵廠商的產品供給愈大，產品的市場價格就會下跌。

⑶資本設備需求愈大，其價格就會上漲。

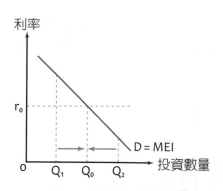

圖 10.5　投資邊際效率曲線

　　在圖 10.5 中，如果以縱軸表示市場利率，就可以把投資邊際效率與市場利率作一比較，以決定是否該增加投資。因為投資需要付出借款利息為代價，即使是自有資金也有機會成本。假設市場利率為 r_0，當投資數量為 Q_1 時，對應的 MEI > r_0，表示預期報酬率大於成本，應該增加投資。但隨著投資增加，MEI 逐漸下降，直至投資數量為 Q_0 時，MEI = r_0，預期報酬率等於成本時才會停止增加投資。反之，當投資數量為 Q_2 時，對應的 MEI < r_0，這時候應減少投資，但隨著投資減少，MEI 逐漸上升，直至投資數量為 Q_0 時，MEI = r_0，投資的減少才停止，因此投資邊際效率等於市場利率是投資的均衡條件。由於投資者願意付出的最高利率就是投資的邊際效率，所以投資邊際效率曲線其實就是投資的需求曲線，表示在各種不同利率水準下，廠商願意進行的投資數量。

七、影響投資需求的因素

　　在投資需求曲線上，利率變化只會引起投資需求量沿著曲線上移動，但利率以外因素的變動，則會造成廠商投資需求的變化，使得整條投資需求曲線往左右移動。如圖 10.6 所示，在任何利率水準下，投資需求量都增加，導致投資需求曲線從 D_0 右移至 D_1，稱之為投資需求的增加。反之，如果投資需求減少，會導致投資需求曲線左移。至於影響投資需求的因素則包括：

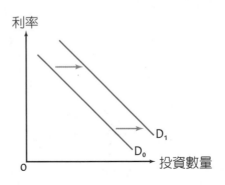

圖 10.6　投資需求的增加

㈠對未來的預期

　　如果廠商對市場未來預期樂觀，例如產品銷售看好、產品價格看漲等，對增購設備生產的意願就愈高，投資需求就愈大。反之，假如對市場未來展望悲觀，預期利潤只會下降，則不會購置新設備，投資需求就減少。此外，民眾所得的提高也會改善廠商對未來銷售的預期，而提升其投資意願。

㈡資本設備利用率

　　資本設備利用率 (Capacity Utilization) 指廠商當前產量占最大產量的百分比，如果資本設備利用率低，表示景氣欠佳，相對於產能來說訂單不足，廠商就不願意也沒必要買新設備，導致投資需求下降。反之，當資本設備利用率高時，代表景氣好，表示現有的機器都在充分使用，再有新訂單的話原有產能就不敷使用，廠商增加投資的意願就較高。

㈢生產成本與租稅

　　生產要素價格變動會直接影響到廠商的生產成本，進而影響其投資意願。例如當資本設備價格下跌，可以降低廠商成本，導致其預期報酬上升，於是

投資需求就會增加。造成資本設備成本下跌的原因，往往跟租稅政策有關，例如政府推出獎勵投資的相關措施，新購設備的支出可以抵稅或得到國家補貼，廠商的投資需求就會提高。反之，如果加稅就會提高廠商的成本，進而降低其投資需求。

㈣技術創新

　　技術創新通常也是投資增加的原因之一，其一是生產技術的創新可以降低廠商成本，增加投資需求。其二是生產新的產品，需要用到新的零組件或採用新的生產過程，廠商如果要繼續留在產業內，就必須使用新的設備，這會刺激投資需求的增加。例如手機技術的創新，讓手機功能從單純的通話擴展到像電腦一樣的多媒體功能，使得很多手機廠商必須投資新機器來生產智慧型手機，才能繼續在市場上生存下去。

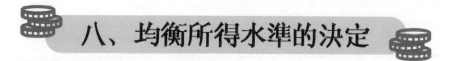

八、均衡所得水準的決定

　　討論完消費及投資的特性後，接下來就可以分析均衡國民所得水準是如何決定的。凱因斯以總合需求的不足，來解釋一個經濟體資源未達到充分就業的現象，在他的簡單凱因斯模型 (Simple Keynesian Model) 中，除了有別於古典學派，假設在達到充分就業之前，物價是固定不變以外，還有以下四項假設：

⑴總合需求中只有民間消費與投資兩項，不考慮政府及國外部門，在沒有稅收的情況下，國民所得 (Y) 與可支配所得 (Y_d) 是相等的。

⑵不考慮折舊，投資毛額等於投資淨額，家計部門不進行投資活動，廠商不從事儲蓄。

⑶自發性消費為固定常數，只有誘發性消費會隨國民所得增加而增加。

⑷投資為固定常數 (I_0)，不受國民所得的影響，也稱為自發性投資。

　　在簡單凱因斯模型中有兩種方法可以分析均衡所得的決定，一是「45 度線分析法」(45-degree Line Approach)，即總合需求等於總產出，另一是「儲

蓄投資分析法」(Saving-investment Approach)。

㈠45 度線分析法

綜合前述消費函數和以上假設，簡單凱因斯模型可以用以下三條等式呈現:

(1)$Y = C + I$

(2)$C = C_0 + cY$

(3)$I = I_0$

在(1)式中 Y 表示供給面的總產出，C + I 代表總合需求，在均衡時供需要相等，所以 Y = C + I 就是均衡條件。但凱因斯指出，在資源未達充分就業時，由於產能及勞動過剩，國民所得 Y 是由總合需求來決定的，只要增加總合需求就可以增加國民所得。所以只要把(2)式和(3)式代進(1)式，整理後得出均衡所得:

$$Y^* = \frac{C_0 + I_0}{1 - c}$$

接下來我們可以用圖形說明均衡所得的決定。在圖 10.7 中，C 是消費線，投資 I 為常數 I_0，所以總合需求線 C + I 高於消費線 C 但與之平行。在 45 度線上由於各點對應的縱軸和橫軸距離都一樣，所以在 45 度線上總合需求等於總產出，具有均衡的意義。其中總合需求線與 45 度線交於 e 點，在 e 點上 Y = C + I，即總合需求等於總產出（國民所得），均衡所得水準為 Y^*。

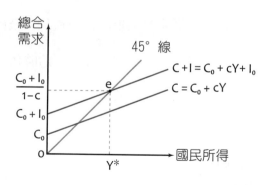

圖 10.7　均衡所得水準的決定：45 度線分析法

　　按照凱因斯的有效需求理論，總合需求決定總產出，只要有需求，廠商都願意且有產能供給產品。換言之，均衡所得決定在需求面。如果國民所得沒有處於均衡狀態，供需是如何調整的呢？我們可以用圖 10.8 說明，當國民所得為低於均衡所得 Y^* 的 Y_1 時，對應的總合需求為 $(C+I)_1$，大於總產出 Y_1，於是廠商將增加生產以滿足市場需求，直至供需數量相等，即 $(C+I)_1 = Y_2$，此時國民所得上升 ($Y_2 > Y_1$)。不過，由於總合需求中的消費函數，包含了誘發性消費 cY，當所得水準上升時，誘發性消費就會增加，進一步帶動總合需求的增加，所以在 Y_2 所得水準下對應的總合需求不再是 $(C+I)_1$ 而是 $(C+I)_2$，很明顯 $(C+I)_2 > Y_2$，於是總合需求又大於總產出，廠商將繼續增加生產至供需相等，即 $(C+I)_2 = Y_3$，但所得水準上升後 ($Y_3 > Y_2$) 總合需求再次增加，於是廠商持續增產直至 Y^* 時，對應的總合需求 $\dfrac{C_0+I_0}{1-c}$ 與總產出 Y^* 相等，此時總合需求與總產出都不會再變動，國民所得才達到均衡狀態。

　　同樣的道理，當國民所得為高於均衡所得 Y^* 的 Y_5 時，總合需求為 $(C+I)_5$，低於總產出 Y_5。供過於求的情況下，廠商將減少生產至 Y_4 讓供需相等，即 $(C+I)_5 = Y_4$，此時所得水準下降 ($Y_4 < Y_5$)，誘發性消費減少，進一步導致總需求減少，所以在 Y_4 下的總合需求不再是 $(C+I)_5$，而是 $(C+I)_4$，

很明顯 $(C+I)_4 < Y_4$，於是總合需求又再度小於總產出，廠商將繼續減產直至 Y^* 時，對應的總合需求 $\dfrac{C_0+I_0}{1-c}$ 與總產出 Y^* 相等，這時候總合需求與總產出都不會再變動，國民所得重新回到均衡狀態。

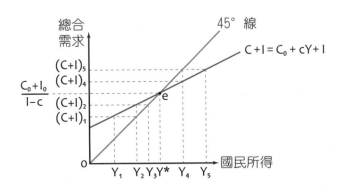

圖 10.8　趨向均衡所得的調整過程

㈡儲蓄投資分析法

除此 45 度線分析法以外，我們還可以由儲蓄與投資的關係來得出均衡所得。只要將上述的均衡條件 $Y=C+I$ 中左右兩邊都減掉消費後，就得出：

$$Y-C=I$$

由於所得不是用於消費就是儲蓄，因此 $S=Y-C$，代進上式後均衡條件 $Y=C+I$ 又可改寫成：

$$S=I$$

在簡單凱因斯模型下投資為固定常數，因此又可寫成 $S=I_0$，即投資等於儲蓄，表示均衡時社會上的儲蓄經過金融機構貸款給廠商，最後成為廠商的投資支出。將 $S=-C_0+(1-c)Y$ 代入 $S=I_0$，則均衡所得為：

$$Y^* = \frac{C_0 + I_0}{1 - c}$$

上式與前一節得出的結果一樣，所以用 45 度線分析法或儲蓄投資分析法都可得出相同的均衡所得。我們也可以用圖形來分析儲蓄等於投資條件下均衡所得的決定，在圖 10.9 中，儲蓄線 S 與投資線 I_0 交於均衡點 e 點，決定了均衡所得 Y^*。當所得為 Y_1 時，投資 I_0 大於儲蓄 S_1，因此均衡所得會上升，往 Y^* 的方向調整。當所得為 Y_2 時，投資 I_0 小於儲蓄 S_2，因此均衡所得會下降，一直到 Y^* 時才停止調整。

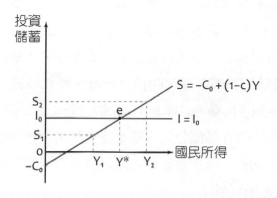

圖 10.9 均衡所得水準的決定：儲蓄投資分析法

㈢緊縮缺口與膨脹缺口

從上述簡單凱因斯模型的均衡結果可以看出，均衡所得是由總合需求來決定的，但這均衡所得不一定就是充分就業情況下的所得水準。理由很簡單，就像一家有百人座的餐廳，座位的利用率完全決定在前來的客人數量，但除非剛好有一百個顧客光臨，否則餐廳的座位不會被充分利用。因此，若要均衡所得剛好是在充分就業情況下的所得水準，則必須要有一對應的總合需求，剛好等於充分就業情況下的總產出。

以圖 10.10 為例，總合需求線 AE_f 與 45 度線交於 e_f，對應的總合需求 $(C+I)_f$ 等於充分就業下的所得水準 Y_f，但如果有效需求不足，造成總合需求線位在 AE_f 的下方，例如 AE_1，並與 45 度線交於 e_1，對應的所得 Y_1 小於 Y_f，低於充分就業下的總產出，這表示經濟體有部分資源閒置，也有一些勞工失業，於是會出現物價下跌，經濟緊縮的現象，所以 AE_1 與 AE_f 的差額稱為緊縮缺口 (Deflationary Gap)，指為了要恢復充分就業狀態下的產量，總合需求必須增加的數量，即圖中 $e_f b$ 的距離，也是充分就業下總產出 $(e_f Y_f)$ 大於總合需求 (bY_f) 的部分。只要讓總合需求增加同等的差額，就可以回到充分就業的均衡。

反之，當有效需求過剩，造成總合需求線位在 AE_f 的上方，例如 AE_2，並與 45 度線交於 e_2 點，對應的所得 Y_2 大於 Y_f，於是總合需求超過充分就業下的總產出，供不應求的結果就會出現物價膨脹的現象，所以 AE_2 與 AE_f 的差額稱為膨脹缺口 (Inflationary Gap)，指為了要恢復充分就業狀態下的產量，總合需求必須減少的數量，即圖中 ae_f 的距離，也是總合需求 (aY_f) 大於充分就業下總產出 $(e_f Y_f)$ 的部分。只要讓總合需求減少同等的差額，就可以恢復到充分就業的均衡。至於該如何消除緊縮缺口或膨脹缺口，我們留待下一章討論到政府時再作說明。

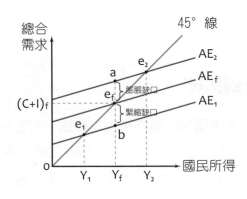

圖 10.10　膨脹缺口與緊縮缺口

九、乘數原理

㈠均衡所得的變動

　　當影響總合需求的非所得因素改變時，整條總合需求線就會往上或往下平行移動，這時候均衡點也會沿著 45 度線往右上方或左下方移動，對應的均衡所得也會上升或下跌，如圖 10.11 所示。當總合需求為 AE_0 時，均衡所得為 Y_0，當影響消費或投資的非所得因素變化時，例如對前景預期轉為樂觀，則自發性的支出——包括自發性的消費及投資都會增加，使總合需求線平行上移至 AE_1，這時 Y_0 不再是均衡所得，圖 10.8 的趨向均衡所得調整過程就會發生，最後當所得增至 Y_1 時，才重新回到均衡狀態，因此總合需求的增加會帶動所得的增加。

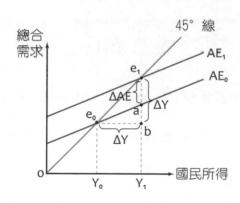

圖 10.11　均衡所得的變動與乘數效果

㈡乘數效果

　　圖 10.11 中 e_0 和 e_1 都在 45 度線上，所以 e_1b 等於 e_0b，而 e_1a (ΔAE) 明

顯小於 $e_1b\,(\Delta Y)$，因此可以推導出自發性支出的增量 ΔAE 小於均衡所得的增量 ΔY。反過來說，如果自發性支出減少導致總合需求線從 AE_1 下降至 AE_0，自發性支出的減量會小於均衡所得的減量。所以自發性支出與均衡所得會呈現出同向變動的關係，但自發性支出的變動數量小於均衡所得的變動數量。

前面的討論中已知國民所得的均衡條件為 $Y^* = \dfrac{C_0 + I_0}{1-c}$，如果自發性消費由 C_0 增加至 $C_0 + \Delta C_0$，均衡所得將由 Y^* 增加至 $Y^* + \Delta Y^*$，則新的消費和均衡所得水準也要滿足上式的均衡條件，即：

$$(Y^* + \Delta Y^*) = \frac{C_0 + \Delta C_0 + I_0}{1-c}$$

$$= \frac{C_0 + I_0}{1-c} + \frac{\Delta C_0}{1-c}$$

把 $Y^* = \dfrac{C_0 + I_0}{1-c}$ 代入上式後得出：

$$\Delta Y^* = \frac{\Delta C_0}{1-c} \quad , \quad \text{或} \quad \frac{\Delta Y^*}{\Delta C_0} = \frac{1}{1-c}$$

上式 $\dfrac{\Delta Y^*}{\Delta C_0}$ 稱為消費乘數 (Consumption Multiplier)，其數值大小與邊際消費傾向 c 成正比。當邊際消費傾向愈大時，消費乘數愈大，反之則愈小。由於邊際消費傾向大於 0 小於 1，因此 $1-c$ 的值也在 0 與 1 之間，$\dfrac{1}{(1-c)}$ 不但大於 0，也大於 1，例如邊際消費傾向為 0.75，則消費乘數為 $\dfrac{1}{(1-0.75)} = 4$。這表示當自發性消費增加時，均衡所得不但同方向變動，其增量也大於自發性消費的增量，這種現象稱為乘數效果 (Multiplier Effect)。

其實不止是自發性消費的變化會產生乘數效果，如果自發性支出的增加是由投資而非消費拉動，則投資由 I_0 增加至 $I_0 + \Delta I_0$ 時，均衡所得也由 Y^* 增加至 $Y^* + \Delta Y^*$，則在新的投資及所得下，均衡條件為：

$$(Y^* + \Delta Y^*) = \frac{C_0 + I_0 + \Delta I_0}{1 - c}$$

$$= \frac{C_0 + I_0}{1 - c} + \frac{\Delta I_0}{1 - c}$$

因為 $Y^* = \dfrac{C_0 + I_0}{1 - c}$，所以：

$$\Delta Y^* = \frac{\Delta I_0}{1 - c} \quad，或\quad \frac{\Delta Y^*}{\Delta I_0} = \frac{1}{1 - c}$$

上式 $\dfrac{\Delta Y^*}{\Delta I_0}$ 稱為投資乘數 (Investment Multiplier)，其數值和消費乘數完全一樣，因此投資乘數的效果與消費乘數的效果相同。由於 c = MPC，且 MPC + MPS = 1，所以投資乘數或消費乘數都可以寫成：

$$\frac{\Delta Y}{\Delta C_0} = \frac{\Delta Y}{\Delta I_0} = \frac{1}{(1 - MPC)} = \frac{1}{MPS}$$

當邊際儲蓄傾向愈大時，消費乘數或投資乘數都愈小，反之則愈大。總之，當自發性支出的變動導致了均衡所得成倍數變動時，這倍數就稱之為乘數 (Multiplier)，即：

$$乘數 = \frac{均衡所得的變化}{自發性支出的變化}$$

由於總合需求線的斜率為邊際消費傾向 c，當 c 值愈大，總合需求線就會愈陡直，國民所得的增量就愈大，如圖 10.12 所示，假如原先的均衡國民所得為 Y^*，當總合需求增量為 ΔAE 時，較陡直的總合需求線 AE_2 帶動的國民所得增量 $(Y_2 - Y^*)$，大於較平緩的總合需求線 AE_1 帶動的國民所得增量 $(Y_1 - Y^*)$。

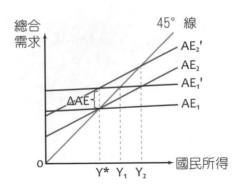

圖 10.12　邊際消費傾向與乘數效果

㈢乘數效果的原理

　　為什麼會有乘數效果呢? 乘數原理 (Multiplier Principle) 解釋了自發性支出的增加對國民所得產生的倍數擴張效果，我們可以用簡單凱因斯模型的等式來說明。假設每個人的邊際消費傾向都是 c，當甲的自發性消費增加了 1,000，賣方的乙其所得當然就增加了 1,000，根據消費函數，這新增的 1,000 讓乙增加 1,000c 的消費，假如是丙賺走了這筆所得，他又會增加 $1,000c^2$ 的消費，另一位丁也增加 $1,000c^3$ 的消費⋯⋯。如此類推，當這個過程一直延續下去，最後累計的所得增量 ΔY 為:

$$\Delta Y = 1,000 + 1,000c + 1,000c^2 + 1,000c^3 + \cdots$$

　　由於 $1 > c > 0$，後一項新增加的所得會小於前一項新增加的所得，例如 $1,000 > 1,000c$，所以 ΔY 不會一直無限擴大下去，這稱為收斂無窮等比級數，其總和可簡化為 $\frac{1,000}{(1-c)}$，其中 $\frac{1}{(1-c)}$ 為乘數，1,000 為原來自發性消費的增量，如果 c 為 0.75，則乘數為 4，而所得總共的增量為: $1,000 \times 4 = 4,000$。

　　以上乘數效果的運作過程如圖 10.13 所示，當自發性消費增加了 1,000，總合需求也由 AE_0 增至 AE_1，總合需求與總產出將沿著 $e_0 \rightarrow h \rightarrow i \rightarrow j \rightarrow k$

→ … → e_1 之階梯型軌跡調整，直至總合需求與總產出相等為止，即新均衡點 e_1 對應的國民所得 Y_1，這過程與圖 10.8 趨向均衡的調整相同，其中 hi（也等於 he_0）相當於乙的所得 1,000，也等於自發性消費的增量，而 im 為誘發性消費導致的所得增加，相等於丙、丁……等人的所得加總，所以最後國民所得的增量為 4,000（= $Y_1 - Y_0$），與總合需求的最後增量 e_1n 相同，但大於自發性消費的增量 e_1m。

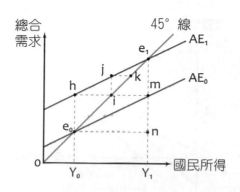

圖 10.13　乘數效果的原理

(四)節儉的矛盾

從乘數效果可以得知，當總合需求增加時，均衡所得不但同向變動，且其增量更是總合需求增量的倍數，但如果總合需求減少，均衡所得同樣會以倍數下降。所以當社會上自發性儲蓄增加時，自發性的消費也同步減少，最後將導致均衡所得的倍數下降，而儲蓄總量反而未增加，這是凱因斯著名的理論——「節儉的矛盾」(Paradox of Thrift)，以下我們來詳細分析其中原因。

根據乘數原理，如果自發性儲蓄增加 1 元，即自發性消費減少 1 元，國民所得增量為 $\Delta Y = -\dfrac{1}{1-c}$ 元。由於邊際儲蓄傾向為 $\dfrac{\Delta S}{\Delta Y} = 1-c$，把 ΔY 代入後則得出 $\Delta S = -1$ 元。這表示當自發性儲蓄增加時，會使得誘發性儲蓄減少

同樣的數量，兩者剛好抵消，使得儲蓄最後維持不變。

　　我們也可以由圖 10.14 來說明，圖中是以儲蓄等於投資來決定均衡所得，e_0 為原來均衡點，當自發性儲蓄增加 ae_0 時，儲蓄線由 S_0 上升至 S_1，e_1 為新均衡點，使均衡所得由 Y_0 降為 Y_1，誘發性儲蓄減少的數量剛好為 ae_0。由於投資為固定常數，而 $I = S$ 為均衡條件，因此最後儲蓄沒有改變，仍維持在 e_0 的水準，「節儉的矛盾」指的就是這種現象。

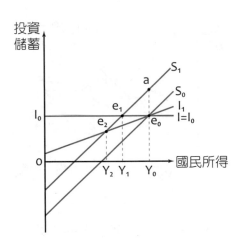

圖 10.14　節儉的矛盾

　　如果投資像消費函數一樣隨國民所得的增加而增加，則投資線會是一條正斜率直線 I_1，這時候儲蓄的增加使 e_2 成為新的均衡點，均衡所得更進一步下降至比 Y_1 更低的 Y_2，甚至最後的儲蓄和投資都比 e_0 或 e_1 時下降，這是因為儲蓄增加後所得的下跌使投資減少所造成的。

　　因此對整個社會來說，節儉不僅無法達成增加儲蓄的目的，反而造成所得減少，跟我們一般覺得節儉是美德的認知不符，這就是所謂矛盾之處。事實上，經濟學並非否定節儉的行為，只是認為個別經濟體的行為效果不一定就代表全體的行為效果。比如說在看球賽時，如果只有一個人站起來，這個人會看得比較清楚，但是當每個人都站起來後，就跟大家一起坐著沒什麼區

別。這種以為對經濟個體有利的事，對總體經濟也一定有利的推論錯誤，稱為合成的謬誤 (Fallacy of Composition)。

　　當然，「節儉的矛盾」有其適用的前提，因為當時凱因斯面對的是經濟大蕭條的環境，失業是常態，社會充斥著機器未充分使用、勞動力沒有工作等現象，所以凱因斯分析的是一個未達充分就業的經濟體系。當存在著過剩產能、市場供過於求、以及大量失業人口，此時如果國民進一步增加儲蓄，減少消費，勢必導致總合需求的不足更加嚴重，資源閒置與失業問題將更形惡化，對當時的經濟困境而言無疑是雪上加霜。此外，由於產能過剩，因此廠商的投資意願也低落，儲蓄難以轉化為新投資，如果這時儲蓄增加，多增加的儲蓄也缺乏其他適當用途，而帶來的消費減少，則使得經濟更為蕭條。此時只有增加消費才能增加有效需求，提升就業與所得水準。因此不論處在何種經濟環境，節儉對個人財富的累積是有利的，但在總合需求不足的情況下，對整個社會而言反而形成了間接的傷害。

十、加速原理

㈠加速原理的意義

　　乘數原理說明了投資（或其他自發性支出）的變化如何引起所得的變化，但反過來說，所得的增減也會引起投資的增減，這稱為加速原理 (Acceleration Principle)，其原因是在生產過程中，廠商為避免產能不足或過剩的兩種極端情況發生，通常會讓資本與產出之間存在固定的比例關係。如果市場上產出為 Y，資本存量為 K，則資本／產出比例 (Capital Output Ratio) t 也稱為資本係數 (Capital Coefficient)，其定義為：

$$\frac{K}{Y} = t$$

　　如果 t > 1，資本／產出比例又稱為加速係數 (Accelerator)。如果 Y 的變

動為 ΔY，K 的變動為 ΔK，由於 t 為固定常數，則上式可改寫成 $\Delta K = t\Delta Y$。在不考慮折舊下，投資等於資本存量的增量，即 $I = \Delta K$，因此 $I = t\Delta Y$，表示國民所得的增減會引起產品的需求變化，廠商為滿足產品需求的變動而必須增減生產設備，最後影響了投資需求，因此廠商的投資數量除了受利率影響以外，也是所得增量的函數。

值得注意的是，加速原理要說明的是投資決定於所得的變動量，而不是所得的絕對量。當所得增量 ΔY 固定時，投資也是固定，當所得增量加速時，例如 ΔY 由 2 增至 3，投資也會從 2t 增加至 3t，這表示要使投資維持成長，所得成長就必須加快。當所得增量減速時，例如 ΔY 由 2 減至 1，投資就會由 2t 減至 t，表示如果所得成長放慢，投資就會下降。即使所得水準 Y 不下跌，但只要成長速度放慢，也會引起投資的負成長。所以投資是增加或減少，要看所得的增量為加速或減速而定，這也是為什麼此理論稱為加速原理的原因。當然，除了所得增量以外，資本／產出比例也會影響投資，如果 t 值愈大，則投資對所得增量的變化就愈敏感，變動幅度就愈大。

加速原理分析了所得增加對投資的影響，不過經濟學家認為加速原理在解釋能力上仍有幾點不足之處：

1.廠商投資取決於預期報酬率而非所得增加的速度

廠商投資的增加與否主要取決於預期報酬率（即投資邊際效率），即使所得的增加速度放緩，如果預期報酬率高，廠商也會增購設備，反之則不會增加投資，因此所得的增加速度並非投資增加的最重要因素。例如在 2000–2007 年間臺灣的國民所得成長已經較之前趨緩，但面板產業的投資仍然增加很快，原因是當時的液晶電視尚未普及，廠商十分看好未來的獲利所致。

2.沒有閒置資本設備的假設不符合現實

加速原理發揮作用的前提是沒有閒置的資本設備，但這項假設常常與現實不符。一般而言，廠商通常有部分的閒置機器以備不時之需，又或者原本沒有閒置的設備，但一旦遇到景氣不佳，產量減少（所得減少）時，馬上就有超額產能出現。因此當景氣回春，所得增量加速時，廠商會優先以閒置設

備應付生產之增加，這稱為投資的不可逆轉性 (Irreversibility)。就像一家餐廳，節日來的客人太多，老闆可能只在門口多放幾張桌子，只有當每天顧客都大排長龍時，才會考慮找更大的店面。所以短期而言，所得增速不一定會引起投資的變動，只有所得增速加快確定是長期的持續趨勢時，廠商才會添購設備。

3.時間的落後性

所得的增量加速後，即使廠商決定增加投資，資本設備也不會馬上增加，這種情況稱為時間落後性 (Time Lag)。因為實務上從廠商下訂單到採購完成，還有裝機、測試至機器正式運轉，往往需要很長的時間。有些從國外進口的設備例如貨櫃輪、民航客機等，訂購後都要等一兩年的生產時間才能交貨，這使得廠商的資本存量變化往往會落後於國民所得的增量變化。

㈡乘數──加速原理的交互作用

利用乘數原理和加速原理兩者的相互作用和影響，我們可以解釋經濟活動的波動過程，即景氣循環的現象。在沒有閒置設備與時間落後性的情況下，假如自發性投資因某些原因而增加，例如有新技術的出現使預期報酬率上升，投資的增加會透過乘數效果使所得以倍數增加，所得增量的加快又透過加速原理的作用使投資上升，投資的上升再透過乘數原理使所得持續增加，乘數與加速兩種效果就這樣的不斷相互作用，產生連續的擴張過程：投資增加→（乘數效果）→所得增加→（加速效果）→投資增加→（乘數效果）→……。當然，所得和投資不可能永遠加速擴張下去，一旦所得到達一個限度，例如充分就業的水準，社會上資源不足的情況就會出現，此時投資的上升很容易帶動物價上漲，但所得的增加趨緩，趨緩的所得增量會導致投資衰退，投資的減少會透過乘數效果使所得以倍數下降，所得的倍數下降又透過加速原理使投資再度減少，於是所得增加的趨緩會引發連續的收縮過程：投資減少→（乘數效果）→所得減少→（加速效果）→投資減少→（乘數效果）→……。同樣的，所得和投資不會無限制地加速收縮下去，因為社會有其最基本的總

產出和投資支出，以滿足食衣住行等最低生活要求，這時候只要投資略有增加，例如廠商認為景氣復甦有望，對前景從悲觀轉為樂觀，所得又會開始倍增，這樣周而復始地形成了景氣循環。投資與所得之間的這種增加、減少的相互作用關係，使得經濟體系在成長過程中產生了上下波動的循環現象，一般稱為「乘數——加速原理的交互作用」(Multiplier-accelerator Interaction)，表示經濟體系的內部運作，本身就存在著景氣循環的特性。

新聞案例

馬總統一條棉被蓋 34 年　「存錢達人」月存 40 萬

圖片來源：Shutterstock

1. 2012 年 1 月總統大選期間，國民黨推出了馬英九總統的競選連任廣告，強調馬總統勤儉清廉，不僅一雙慢跑鞋穿了十年，一直用補的捨不得丟，連泳褲穿破了也找人縫補，破了再補！之前馬總統也在臉書上自爆新婚時有人送的棉被，一用就是 34 年，只是覺得有點對不起寢具業者。

2. 2012 年 9 月監察院公布的廉政專刊顯示，馬總統堪稱「存錢專家」，7 月申報時，與夫人周美青合計存款有 7,761 萬，比 8 個月前多了 388 萬，扣掉一個半月年終獎金 71 萬，平均每個月存近 40 萬元，總統 1 個月薪水有 47 萬 6,000 多元，可見大部分薪水都存下來。

評　論

馬總統的節儉是一種美德，但是如果所有國民都像他一樣拼命儲蓄，減少消費，則很容易落入「節儉的矛盾」，國民所得反而減少。馬總統並非不知道箇中道理，所以在遭遇 2008 年金融海嘯，全球經濟衰退時，政府就發出了 800 億元的消費券，目的就是希望民眾能多消費，藉此帶動景氣。

　　不過，「節儉的矛盾」並非在任何情況下都適用，如果按照古典學派的理論，經濟處於充分就業是常態，即設備產能與勞動力都已經被充分利用，凱因斯主張的擴大有效需求就不能讓所得持續增加，因為這時候經濟體不是總合需求不足，而是總產出無法滿足總合需求的增加。就像一臺 5 人座的轎車，容不下第 6 個乘客一樣，除非換成 7 人座的休旅車。

　　所以在充分就業下，要提高總產出（所得）就必須擴充設備產能，即增加投資才能解決供不應求的瓶頸。這時候節儉與儲蓄對個人和社會都有利，因為儲蓄可透過金融機構對廠商的貸款轉化為廠商的投資，加快資本的累積。當投資也同步上升時，可以抵消儲蓄增加後導致的消費減少，如此一來，所得就不會下降，而且儲蓄上升後使資金的供給增加，市場利率降低，加上在充分就業下，廠商對前景樂觀，投資的金額就進一步增加，最後所得甚至是上升的。

　　例如在臺灣經濟發展初期，受限於產能不足，因此政府鼓勵民眾儲蓄，促進設備的擴充，高儲蓄率反而成為臺灣經濟的成長動力，而國內消費的減少，除了投資以外，就靠海外消費（淨出口）和政府支出彌補。

本章重點

1. 古典學派認為供給創造需求，並假設價格可完全伸縮，則經由價格機能的調整，不會有供需失衡，充分就業是常態，因而主張完全的自由放任政策，反對政府干預經濟。

2. 凱因斯主張需求創造供給，認為工人有貨幣幻覺，工資具向下僵硬性，當勞動需求下降就會產生失業，失業反而是常態，政府應主動干預經濟，利用財政政策增加支出，提高有效需求以達成充分就業。

3. 消費函數指消費與其決定因素間的關係,可支配所得是最重要的決定因素。簡單的消費函數顯示消費是由自發性消費和誘發性消費組成。

4. 儲蓄函數指儲蓄與其決定因素間的關係,儲蓄為可支配所得減去消費後之

餘額。

5. 消費（儲蓄）傾向分為平均消費（儲蓄）傾向與邊際消費（儲蓄）傾向。前者指每單位可支配所得用於消費（儲蓄）的比重；後者指可支配所得每變動 1 單位引發的消費（儲蓄）變動量。

6. 邊際消費傾向＋邊際儲蓄傾向＝1，平均消費傾向＋平均儲蓄傾向＝1。

7. 影響消費（儲蓄）的非所得因素包括：財富、對未來預期、利率、物價水準、所得分配、年齡結構。

7. 投資邊際效率是一種折現率，用來折現資本財的預期淨收益，使其現值之總和等於該項資本財的供給價格。

8. 投資的均衡條件為：投資邊際效率＝市場利率。由於投資者願意付的最高利率是投資邊際效率，投資邊際效率曲線就是投資的需求曲線，影響投資需求的因素包括：

  (1)對未來預期。

  (2)資本設備利用率。

  (3)生產成本與租稅。

  (4)技術創新。

9. 簡單凱因斯模型有兩種方法分析均衡所得的決定：一是 45 度線分析法，45 度線上各點表示總合需求（消費加投資）等於總產出（所得）。二是儲蓄投資分析法，表示均衡時儲蓄等於投資決定了均衡所得。

10. 如果總合需求不足（過剩），造成低於（超過）充分就業下的總產出，就會出現物價緊縮（膨脹）的現象，緊縮（膨脹）缺口是為了要恢復充分就業狀態下的產量，總合需求必須增加（減少）的數量。

11. 當自發性支出的變動導致了均衡所得成倍數變動時，這倍數稱為乘數，即：

$$乘數 = \frac{均衡所得的變化}{自發性支出的變化}$$。乘數的產生是由於自發性支出的變動引起所得的變動，所得變動又引起誘發性支出的變動，最後對國民所得產生的倍數效果。

12.當投資只有自發性時，投資乘數＝消費乘數＝$\dfrac{1}{(1-邊際消費傾向)}$，都與
邊際消費傾向（邊際儲蓄傾向）成正（反）向變動關係。

13.當自發性儲蓄增加時，自發性消費也同步減少，最後將導致均衡所得產生
倍數下降，而儲蓄總量反而未增加，稱為「節儉的矛盾」。

14.所得的增減引起投資的增減稱為加速原理。廠商為避免產能不足或過剩，
要讓資本與產出間維持固定比例關係，所以投資決定於所得的變動量。如
果所得增量上升（下降），投資就會上升（下降）。

15.乘數原理和加速原理的相互作用和影響，可解釋景氣循環現象：當自發性
投資增加（減少），透過乘數效果推升（壓抑）所得，所得的成長上升（下
降）透過加速效果推升（壓抑）投資，產生連續的擴張（收縮）過程。

課後練習

( ) 1.1930 年代全球發生經濟大蕭條,凱因斯認為主要原因在於什麼的不足? (A)生產能力 (B)供給 (C)國外需求 (D)有效需求

( ) 2.以下哪一項是凱因斯的「基本心理法則」? (A)消費的增量大於所得的增量 (B)消費的增量等於所得的增量 (C)消費的增量小於所得的增量 (D)消費的增量與所得的增量無關

( ) 3.如果消費函數為一條往右上方延伸的直線,則隨著可支配所得增加會產生何種變化? (A)邊際消費傾向和平均消費傾向都遞減 (B)邊際消費傾向和平均消費傾向都不變 (C)邊際消費傾向不變,平均消費傾向遞減 (D)邊際消費傾向遞減,平均消費傾向不變

( ) 4.關於消費傾向和儲蓄傾向,以下敘述何者錯誤? (A)邊際消費傾向加邊際儲蓄傾向等於 1 (B)平均消費傾向加平均儲蓄傾向等於 1 (C)平均消費傾向大於邊際消費傾向 (D)平均儲蓄傾向大於邊際儲蓄傾向

( ) 5.在凱因斯的消費函數 $C = C_0 + cY_d$ 中,下列哪一項特性是錯誤的? (A)消費 C 隨可支配所得 Y_d 增加而增加 (B)自發性消費 C_0 隨可支配所得 Y_d 增加而增加 (C)邊際消費傾向 c 小於 1 但大於 0 (D)可支配所得 Y_d 每增加 1 元,誘發性消費會增加 c 元

( ) 6.以下哪一項因素所引發的消費增加屬於誘發性消費? (A)利率下跌 (B)可支配所得增加 (C)對未來景氣預期樂觀 (D)物價水準上升

( ) 7.如果邊際消費傾向是 0.8,則消費乘數為何? (A) 2 (B) 3 (C) 4 (D) 5

( ) 8.下列哪一項因素會使投資需求曲線左移? (A)租稅增加 (B)利率上升 (C)對未來景氣預期樂觀 (D)技術創新

( ) 9.假設 $Y = C + I$, $C = 100 + 0.7Y$, $I = 80$,其中 C 為消費,I 為投資,則均衡國民所得 Y 是多少? (A) 300 (B) 400 (C) 500 (D) 600

( ) 10.有一資本設備的價格為 30,000 元,可以使用 1 年,預期收益為

32,200 元，在下列哪一種利率下可以購買該項資本設備？　(A) 7%
(B) 8%　(C) 9%　(D) 10%

(　) 11.投資邊際效率曲線是一條什麼線？　(A)水平直線　(B)垂直線　(C)正
斜率曲線　(D)負斜率曲線

(　) 12.在「節儉的矛盾」中，當投資不隨所得變化而變化時，社會想儲蓄
愈多，最後會出現以下哪一項結果？　(A)所得與儲蓄都減少　(B)所
得與儲蓄都不變　(C)所得減少，儲蓄不變　(D)所得不變，儲蓄減少

(　) 13.假設 $Y = C + I$，$C = 100 + 0.8Y$，$I = 120$，其中 C 為消費，I 為投資，
Y_f 為充分就業所得，則以下何者正確？　(A) $Y_f = 1,000$ 時，將出現
膨脹缺口　(B) $Y_f = 1,000$ 時，將出現緊縮缺口　(C) $Y_f = 1,100$ 時，將
出現膨脹缺口　(D) $Y_f = 1,100$ 時，將出現緊縮缺口

(　) 14.以下哪一種理論可以解釋自發性支出的增加對國民所得會產生倍數
效果？　(A)有效需求原理　(B)基本心理法則　(C)乘數原理　(D)加速
原理

(　) 15.加速原理解釋以下哪兩變數間的關係？　(A)國民所得變動對消費數
量的影響　(B)國民所得變動對投資數量的影響　(C)消費變動對國民
所得的影響　(D)投資變動對國民所得的影響

輕鬆一下

經濟學家就是這樣一種人，他並不知道他所談論的，但是，他讓你覺得這是
你的錯。

第11章

所得的決定㈡：政府支出與淨出口

上一章只考慮自發性消費與投資對一國國民所得的影響，這一章我們在簡單凱因斯模型的基礎上先引入政府部門，分析政府的支出和收入如何決定均衡所得水準，並探討不同租稅制度下的乘數效果，以及政府自動和主動的財政政策內容。最後再考慮國外部門，討論在開放經濟體系下國際貿易發生的原理，對貿易國有什麼利益，還有國民所得如何受到進出口的影響。

學習目標

1. 能分析政府支出與對所得的作用。
2. 能分辨不同租稅制度對所得影響的差異。
3. 能區別自動性財政政策與權衡性財政政策。
4. 瞭解國際貿易的成因、利益與影響因素。
5. 能分析國際貿易與所得的關係。

一、政府支出與所得水準

(一)政府的預算

政府提供的各種公共服務、或從事的投資和消費行為都需要付出成本，由於政府具有公權力，可以向個人、家計和企業部門課徵租稅以取得稅收，再用於購買勞務或產品，所以政府的收入是來自私人部門。政府和家庭、廠商一樣面臨預算限制，其收入和支出的內容，就稱為政府預算 (Government Budget)。

對個人來說，如果支出大於收入，就要用到過去的儲蓄或向別人借款。如果政府稅收不夠應付支出，就稱為財政赤字或預算赤字 (Budget Deficit)，此時若政府不想加稅，則必須發行公債 (Bond) 或借款彌補赤字。公債是一種定型化的債務契約，約定何時支付利息、每次利息金額以及償還本金日期，由社會各機構或個人購買，等於購買人借錢給政府使用。如果政府收入大於支出，稱為財政盈餘或預算盈餘 (Budget Surplus)，收支相等則稱為財政平衡或預算平衡 (Budget Balance)。

不過，向社會借錢總有一天要還，政府可以用未來的預算盈餘來償還公債，或發新債還舊債，不得已的時候再向民眾加稅，畢竟政府是具有公權力的組織。這一點與個人、家計或企業不同，後者如果一直還不出錢就會破產，企業甚至要倒閉，並拍賣資產以清償債務，但政府的存續卻不會受到債務影響。只是政府的債務也不能一直增加下去，因為一方面會導致債留子孫的不公平問題，這一代民眾享受了各種政府提供的公共建設和服務，但負債卻要下一代民眾來償還——這點與私人間的債務有所不同，私人債務的借款人和還債人通常是同一人。另一方面，政府債務增加會排斥到私人部門的經濟活動，例如政府發行公債，就會吸走民間資金，則民間可供企業投資的資金必然會減少，這點我們留待第 13 章再來詳細討論。最後，如果政府債務攀升到一個不合理的水準，外界開始懷疑政府的償債能力時，政府公債就沒有人再

願意購買，此時政府必須大力減少支出以恢復預算平衡，於是總合需求就會
大幅下降，結果很容易造成經濟衰退，所以財政狀況健全與否對一國的經濟
穩定相當重要。

經濟短波

我國政府收入

2012 年我國政府總收入為 2 兆 4,978 億元新臺幣，其中以稅課收入比例
最高，約占 75%；其次為營業盈餘及事業收入，約占 13%。其餘收入項目比
例請見下圖。

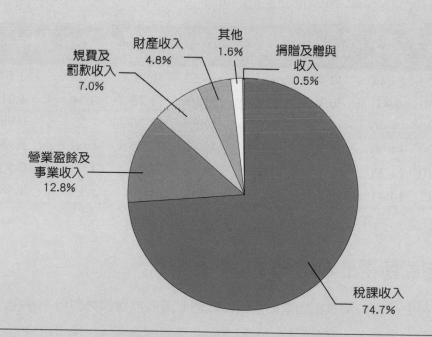

圖 11.1　我國政府收入分類

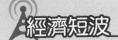

我國政府支出

　　在 1970 年代，我國政府支出以國防支出為最大宗，占 37%，但隨著時勢政局的變遷逐年減少，2000 年以後僅占 11% 左右。呈現下降趨勢的還有經濟發展支出，1980 年代達到高峰後，目前也僅占 14% 左右。相對地，教育科學文化支出及社會福利支出則是逐年上升，成為目前政府支出的前兩大項目，兩者合計共占了支出總額近 55%。（詳細數據請見下表）

表 11.1　我國歷年政府支出

單位：%

年度	一般政務支出	國防支出	教育科學文化支出	經濟發展支出	社會福利支出	債務支出	其他支出
1970	13.44	37.33	16.92	18.62	9.98	1.60	2.10
1980	9.41	30.30	15.53	31.98	11.23	0.54	1.01
1990	11.46	19.22	20.71	27.54	18.56	1.53	0.98
2000	14.90	11.39	20.86	15.12	28.75	8.60	0.38
2010	14.35	11.18	21.59	20.14	27.50	4.66	0.58
2012	14.41	10.99	22.29	13.95	31.74	5.15	1.48

㈡均衡所得的決定

　　在上一章的簡單凱因斯模型中，我們假設政府與國外部門不存在，接下來的討論先納入政府部門的收入與支出，以瞭解均衡國民所得的決定。由於沒有考慮國外部門，因而稱之為封閉經濟體系。政府部門經濟活動影響總合需求的項目有二：一是政府支出是總合需求構成的四個項目之一，其變動可以直接影響總合需求；二是政府的稅收會間接影響總合需求，因為租稅將使民眾的可支配所得減少，導致消費下降。

　　除此以外，政府在基礎設施上的投資、對企業補助或民眾的移轉性支出都會影響總合需求。這裡我們只考慮政府的消費性支出，即政府在消費財及勞務方面的購買。一般來說，政府支出與國民所得成正向變動關係，譬如高所得國家的政府支出規模會比低所得的國家來得高，但其變化主要還是由政府（或立法）部門本身決定。為簡化分析起見，我們假定政府支出不會隨國民所得而變動。當不考慮稅收但加入政府支出 (G) 後，簡單凱因斯模型可寫成下列四條等式：

⑴$Y = C + I + G$

⑵$C = C_0 + cY$

⑶$I = I_0$

⑷$G = G_0$

　　仿照上一章的說明，當國民所得達到均衡時，總產出要等於總合需求，把⑵至⑷式代進⑴式就得出均衡所得為：

$$Y^* = \frac{C_0 + I_0 + G_0}{1 - c}$$

　　與前一章不含政府支出時的均衡條件比較，可發現均衡所得同為自發性支出除以 $(1 - c)$，只是不包括政府部門時，自發性支出為 $C_0 + I_0$，考慮到政府支出後的自發性支出為 $C_0 + I_0 + G_0$。假定自發性消費和投資都不變，即 $\Delta C_0 = \Delta I_0 = 0$，當政府支出增加 ΔG_0 時，均衡所得將提高 ΔY^*，根據上述均衡所得的公式，得出 $\Delta Y^* = \dfrac{\Delta G_0}{1 - c}$，因此政府支出乘數為：

$$\frac{\Delta Y^*}{\Delta G_0} = \frac{1}{1 - c}$$

　　上式表示均衡所得的增加為政府支出增加的倍數，例如當邊際消費傾向 c 為 0.75 時，則乘數等於 4，即增加 1 元的政府支出可使均衡所得增加 4 元。政府支出乘數與上一章的消費乘數及投資乘數相同，表示當自發性支出的任

何一項增加時，都會產生相同的乘數效果，我們稱之為自發性支出乘數。如圖 11.2 (A) 所示，當只考慮消費與投資時，總合需求線為 C + I，加上固定常數的政府支出後，總合需求線往上平行移動至 C + I + G，因為這時自發性支出為 $C_0 + I_0 + G_0$。在均衡狀態時，總合需求與總產出相等的均衡點為 e 點，均衡所得為 Y_2，較不考慮政府支出時多增加 $(Y_2 - Y_1)$，多出的所得是由政府支出所引發，而且 $Y_2 - Y_1 > G_0$，表示所得的增加大於政府支出的增加。

如果上頁(1)式的等號左右兩邊各減去 C，則得出 Y − C = I + G，因為 Y = C + S，於是在均衡時 S = I + G，因為假設投資與政府支出為固定不變的常數，所以 I + G 不會隨 Y 而變動，是一條與橫軸平行的直線，如圖 11.2 (B) 所示，儲蓄線與 I + G 線相交決定了均衡所得，表示均衡時儲蓄應等於投資加上政府支出。

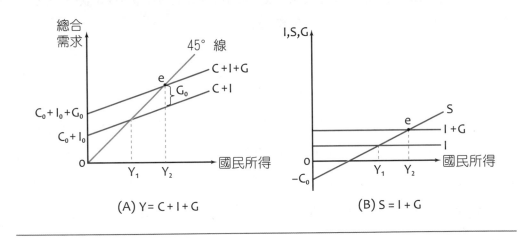

圖 11.2　政府支出與所得水準

二、租稅與所得水準

除了政府支出以外，這一節再考慮政府的收入，即租稅對國民所得的影

響。一般來說，租稅課徵可依是否與經濟活動有關係而分為定額稅 (Lump-sum Tax) 與非定額稅。前者指負擔的租稅金額為固定，而後者的稅額則會因所得變動而變化，這裡我們只考慮定額稅對國民所得的影響，即所得稅為固定常數 T_0，可支配所得則成為 $Y_d = Y - T_0$，在定額稅的租稅制度下，簡單凱因斯模型可寫成下列五條等式：

(1) $Y = C + I + G$

(2) $C = C_0 + c(Y - T)$

(3) $I = I_0$

(4) $G = G_0$

(5) $T = T_0$

　　由於均衡時總產出等於總合需求，把(2)至(5)式代進(1)式中再整理後，就得出均衡國民所得為：

$$Y^* = \frac{C_0 - cT_0 + I_0 + G_0}{1 - c} \quad , \quad 或 \quad Y^* = \frac{C_0 + I_0 + G_0}{1 - c} - \frac{cT_0}{1 - c}$$

　　與上一節只有政府支出時比較，Y^* 多了一個要扣減的項目 $\dfrac{cT_0}{1 - c}$，顯示課稅後均衡所得將會降低。這是因為課徵定額稅會使可支配所得減少，再透過消費的減少導致國民所得下降，所以自發性消費減少為 $C_0 - cT_0$，自發性支出降為 $C_0 - cT_0 + I_0 + G_0$。如圖 11.3 (A) 所示，在課徵定額稅後，每一所得水準下可支配所得都會減少，因而消費也降低，因此總合需求線由 $C + I + G$ 往下平行移動至 $C' + I + G$，兩條新舊總合需求線的距離 ea 就是減少的消費 cT_0，再透過消費乘數 $\dfrac{1}{1 - c}$ 使所得由 Y_1 下降至 Y_2。由於課稅會使所得下降，課稅後均衡所得下降的倍數取決於租稅乘數。

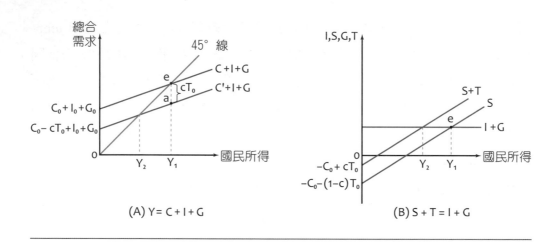

圖 11.3 租稅與所得水準

　　由上述 Y^* 的等式看出，即使考慮到定額稅，自發性支出乘數仍為 $\frac{1}{1-c}$。現在假定自發性消費、投資和政府支出都不變，即 $\Delta C_0 = \Delta I_0 = \Delta G_0 = 0$，當定額稅增加 ΔT_0 時，均衡國民所得將下降 ΔY^*，根據上述均衡國民所得的公式，得出 $\Delta Y^* = \frac{-c\Delta T_0}{1-c}$，因此租稅乘數為：

$$\frac{\Delta Y^*}{\Delta T_0} = -\frac{c}{1-c} < 0$$

　　上式表示租稅乘數為負值，當定額稅增加時，對所得會產生倍數的緊縮效果，由於 $0 < c < 1$，租稅乘數不但方向相反，其絕對值也小於自發性支出乘數 $\frac{1}{1-c}$。因為不論是政府支出、民間消費或是廠商投資都是對產品的直接購買，所以每增加 1 元支出，總合需求就會增加 1 元，在乘數原理中第 1 次作用時就直接產生同量的所得，但政府稅收對總合需求的影響必須透過可支配所得的變動，再影響到消費才能產生效果。當定額稅增加 1 元時，可支配所得也會減少 1 元，但消費不會同額的下降，因為可支配所得由消費與儲蓄構成，根據邊際消費傾向計算，可支配所得下降導致的誘發性消費減少只有

c 元，其餘的稅額 $(1-c)$ 是由減少儲蓄所吸收，因此當減少 c 元的消費時，再透過消費乘數 $\frac{1}{1-c}$ 對國民所得產生收縮效果，所以租稅乘數的最終效果為 $-\frac{c}{1-c}$。例如當 c 為 0.8 時，租稅乘數為 -4 $(=-\frac{0.8}{1-0.8})$，其絕對值小於消費乘數的 5 $(=\frac{1}{1-0.8})$。

上述只就 45 度線分析法探討政府支出與收入對國民所得的影響，當然我們也可以用儲蓄投資分析法解出均衡所得。當考慮到政府支出時，將⑴式左右兩邊各減去 C 就得出：

$$Y - C = I + G$$

由於國民所得由消費、儲蓄和稅收構成，即 $Y = C + S + T$，因此 $Y - C = S + T$，上式均衡條件可寫成：

$$S + T = I + G \quad，\quad 或 \quad I = S + (T - G)$$

上式左方為投資，右方第一項為民間儲蓄，第二項是政府收入扣掉政府支出，可解讀為政府的儲蓄。因此當考慮到政府收支時，投資等於儲蓄仍然是國民所得達到均衡時的條件，只是這時候的儲蓄是民間儲蓄再加上政府儲蓄。如圖 11.3 (B) 所示，不考慮稅收時，均衡所得為 Y_1，當稅收為定額稅時，$S + T$ 為一條與 S 平行但高於 S 的直線，此時與 $I + G$ 相交決定了新的均衡所得為 Y_2，說明當政府課徵定額稅時，均衡所得將減少。

三、平衡預算乘數

當政府稅收和支出同時以相等數量增加或減少時，預算將保持不變，不需要再另外舉債，對均衡國民所得所產生的乘數效果稱之為平衡預算乘數 (Balanced Budget Multiplier)。從前面關於政府支出乘數和租稅乘數的討論得

出，當政府支出增加 ΔG_0 時，所得的增加為 $\dfrac{\Delta G_0}{1-c}$，當租稅增加 ΔT_0 時，所得的增加為 $-\dfrac{c\Delta T_0}{1-c}$。在平衡預算下政府的收入和支出都以相同的數量變動，即 $\Delta G_0 = \Delta T_0$，因此我們很容易就可以算出對均衡國民所得的影響為：

$$\Delta Y^* = \frac{\Delta G_0}{1-c} - \frac{c\Delta T_0}{1-c}$$

當 $\Delta G_0 = \Delta T_0$，則：

$$\Delta Y^* = \frac{\Delta G_0}{1-c} - \frac{c\Delta G_0}{1-c}$$
$$= \frac{\Delta G_0(1-c)}{1-c} \quad , \quad \text{或} \quad \frac{\Delta Y^*}{\Delta G_0} = 1$$
$$= \Delta G_0$$

上式稱之為平衡預算乘數，表示當政府稅收和支出以相等數量增加時，國民所得不但也會增加，且增加的數量也一樣，因此平衡預算乘數等於 1。這是相當有趣的結果，因為直覺上我們會以為平衡預算下社會淨支出沒有增加，但均衡國民所得最後卻增加了。其原理是當稅收增加 1 元時，消費只減少 c 元，因此當政府支出與租稅同時增加 1 元，總合需求的變化為政府支出的 1 元扣掉租稅引起的消費減少 c 元，由於 c 小於 1，所以最後政府支出的增加和消費的減少不但不會相互抵消，還會增加 $(1-c)$ 元，再透過政府支出乘數 $\dfrac{1}{1-c}$ 使所得增加 1 元。

四、自動性財政政策

由於政府支出是總合需求中的重要項目，政府租稅收入也衝擊到民間消費，所以政府收支的變動必然會影響總合需求，因而對總體經濟產生效應。財政政策是指政府透過增加或減少公共支出，以及加稅或減稅的措施來達成

總體經濟目標——充分就業、降低景氣波動幅度、維持經濟成長及穩定物價水準等。政府在實際調整支出或稅收時，必須隨時注意經濟環境的變化，以決定支出或稅收的調整方向，並且要預先估計乘數效果的具體數值，才能算出支出或稅收該調節的規模，這種由政府來主動調整收支，以達成總體經濟目標的財政政策稱為權衡性財政政策 (Discretionary Fiscal Policy)。

　　如果政府不需要刻意採取任何政策行動,經濟體系即有自我調整的機能，自動達成均衡的狀態，則稱之為自動性財政政策 (Automatic Fiscal Policy)，目前在世界各國的財政制度設計上，實際上都有一套自動安定機能 (Automatic Stabilizer)，或稱為內在安定機能 (Built-in Stabilizer)，可以在經濟體內自動緩和景氣循環過程中波動的幅度，不需要政府主動干預。

　　在這種自動性財政政策下，當經濟繁榮時，所得增加，稅收上升，政府預算就有盈餘；當經濟衰退時，所得減少，稅收下降，政府預算就會出現赤字，所以政府收支的變化是由於經濟情勢的變化而被動引發的。至於主要的自動安定機能則包括誘發性租稅與失業救濟金兩種。茲說明如下。

㈠誘發性租稅

　　在上一節我們分析了定額稅對所得的影響,定額稅是一種自發性的稅收，即稅額與所得沒有關係，但在現實制度上，各國大多數租稅都會隨所得的增減而變動。除了直接與所得相關的所得稅以外，其他如財產稅、消費稅等租稅，一般都會隨著國民所得的高低而升降。這種政府租稅收入隨所得增加（減少）而增加（減少）的稅制，稱之為誘發性租稅 (Induced Taxation)。

　　在誘發性租稅下，政府稅收可寫成 $T = T_0 + tY$，其中 T_0 為自發性稅收，t 是邊際稅率，即 $\frac{\Delta T}{\Delta Y} = t$，為所得每增加 1 單位時稅收的增量，而 tY 則是誘發性稅收，可支配所得則成為 $Y_d = Y - T_0 - tY$，或 $Y_d = (1-t)Y - T_0$。如果 $t = 0$，則 $T = T_0$，$Y_d = Y - T_0$，則其他分析和上一節定額稅下是相同的。當 $t > 0$，則當 Y 上升時，Y_d 的上升幅度相對於定額稅下會較小，原因是除了自發性稅收 T_0 外，還有誘發性稅收 tY 被政府課徵了，由於消費隨可支配所得

的增加而增加，因此消費的增加幅度也較定額稅下來得小。反之，當 Y 下降時，Y_d 的下降幅度相對於定額稅下也會較小，因為誘發性稅收 tY 變小了，所以消費的減少幅度也較定額稅下來得小。在誘發性租稅制度下，簡單凱因斯模型可寫成下列五條等式：

(1) $Y = C + I + G$

(2) $C = C_0 + c(Y - T)$

(3) $I = I_0$

(4) $G = G_0$

(5) $T = T_0 + tY$

把(2)至(5)式代進(1)式就得出均衡國民所得為：

$$Y^* = \frac{C_0 + I_0 + G_0 - cT_0}{1 - c + ct}$$

當自發性支出變動時，所得也會跟著變動，我們就可以算出其乘數效果，例如只有政府支出增加 ΔG_0 時，其餘消費、投資和自發性稅收都不變，即 $\Delta C_0 = \Delta I_0 = \Delta T_0 = 0$，均衡所得的增加為 ΔY^*，根據上述均衡國民所得的公式，得出 $\Delta Y^* = \frac{\Delta G_0}{1 - c + ct}$，因此在誘發性租稅下，政府支出乘數為：

$$\frac{\Delta Y^*}{\Delta G_0} = \frac{1}{1 - c + ct}$$

如果只有消費或投資的變動，我們也可以得出相同的乘數數值，因此在同樣的租稅制度下，自發性支出乘數是相同的。但如果比較定額稅和誘發性租稅兩種不同制度，則前者的自發性支出乘數為 $\frac{1}{1 - c}$，後者為 $\frac{1}{1 - c + ct}$，由於 $ct > 0$，在誘發性租稅下其乘數效果較定額稅來得小，原因是增加的所得有一部分被政府課徵，用於消費的部分就會減少，導致乘數效果也較小。較小的乘數效果可以對景氣有穩定作用，所以自發性支出的增減對所得的影響會相對較小。

　　這裡可以用一個簡單例子說明，假如邊際消費傾向為 0.8，如果投資增加（減少）1 元，在定額稅下透過乘數效果，所得的增加（減少）為 5 元 (= $\frac{1}{1-0.8}$)。在誘發性租稅下，假如邊際稅率為 0.25，則所得的增加（減少）為 2.5 元 (= $\frac{1}{1-0.8+0.8(0.25)}$)。從這個例子可以看出，當景氣擴張時，所得上升，誘發性租稅下繳稅金額也增加，於是可支配所得的增幅減少，消費的成長也趨於緩和。反之，當景氣衰退時，所得下降，繳稅金額也減少，可支配所得的減幅縮小，消費的減少也趨於緩和。誘發性租稅使民間消費在景氣波動過程中保持較為穩定的水準，不至於隨景氣大幅變動，也使景氣免於波動太大。

　　在以上的討論中，我們都假設邊際稅率 t 固定不變，但在實際生活中，許多國家都採用累進稅率 (Progressive Tax Rate)，即賺得愈多，所得中繳稅的比例就愈高，一方面是作為縮小貧富差距的工具，在此稅制下富人要繳較多的稅，然後政府再把稅收用於社會福利，比如對低收入戶的生活補助。另一方面，累進稅率在降低景氣波動的效果更強，如在上述例子中，假如邊際稅率由 0.25 上升為 0.375，則投資每增加（減少）1 元，所得的增加（減少）由 2.5 元下降為 2 元 (= $\frac{1}{1-0.8+0.8(0.375)}$)。原因是在景氣擴張時所得愈高，要繳稅的比例就更高，於是消費的增幅會更為緩和。反之，在景氣衰退時所得愈低，要繳稅的比例就更低，消費的減幅也更小。

(二)失業救濟金

　　歐美先進國家都有失業救濟金 (Unemployment Compensation) 的福利制度。當景氣熱時，失業人口較少，政府發放的失業救濟金較少，可支配所得增幅減少，可替景氣降溫。反之，當景氣冷時，失業人口較多，政府發放的失業救濟金較多，可支配所得減幅縮小，使失業家庭的消費不致大幅下降，維持一定的支出水準，這樣可替景氣稍為增溫。

五、權衡性財政政策

　　自動性財政政策雖然在一定程度上發揮了穩定景氣的作用，但仍然無法避免景氣的波動循環。凱因斯認為，由於工資有向下調整的僵硬性，尤其在經濟衰退時期，因此勞動市場存在著勞工失業的現象，要恢復對勞動的需求，政府不能被動地等待經濟情勢改善，必須主動的增加支出，提高總合需求，讓國民所得回到充分就業的水準。因此凱因斯主張政府應採取權衡性的財政政策，主動利用財政支出或收入來影響總體經濟。所謂權衡，是指政府依當時的經濟狀況來調整財政政策。一般來說，權衡性財政政策可分為擴張性財政政策 (Expansionary Fiscal Policy) 和緊縮性財政政策 (Restrictive Fiscal Policy) 兩種，前者指增加政府支出或減稅使總合需求增加，後者指減少政府支出或加稅使總合需求減少。根據前述對政府支出乘數的分析，我們也可以計算出政府要以財政政策達成充分就業時，政府支出該增減的規模。

㈠擴張性財政政策

　　如果目前的所得水準為 Y，低於充分就業的所得水準 Y_f，此時經濟體會出現緊縮缺口，要刺激低迷的景氣，降低失業率，政府可採取擴張性的財政政策，讓所得和就業上升到充分就業下的水準，其中有兩種財政工具可以運用：

1.增加政府支出

　　政府增加支出將直接使總合需求增加，包括推動各項公共建設從而帶動民間參與投資，例如在 1970 年代第一次石油危機發生時，我國政府推動了中山高速公路、中正國際機場（現改名桃園國際機場）等十大建設以因應全球不景氣。以定額稅為例，政府支出乘數為 $\dfrac{1}{1-c}$，此時政府就該增加 $(Y_f - Y)(1-c)$ 的支出；這部分支出剛好等於緊縮缺口，透過乘數效果，最後所得會增加 $(Y_f - Y)$，使所得回到充分就業的所得水準 Y_f。

2.減　稅

當政府稅收減少，民眾可以實際支配動用的所得增加，也會增加消費的意願，企業也有較多的稅後盈餘可投資，這都可以間接刺激總合需求的增加。例如在不景氣時，調降所得稅，以刺激消費；或是調降土地增值稅，帶動房地產交易等等。同樣以定額稅為例，租稅乘數為 $-\dfrac{c}{1-c}$，此時政府就該減少 $\dfrac{(Y_f - Y)(1-c)}{c}$ 的稅收，這部分稅收剛好等於緊縮缺口，透過乘數效果，最後所得也會增加 $(Y_f - Y)$，回到充分就業下的水準。

㈡緊縮性財政政策

反之，如果景氣過熱，目前的所得水準為 Y，高於充分就業的所得水準 Y_f，此時經濟體會出現膨脹缺口，則政府可以採取緊縮的財政政策，產生預算盈餘。例如在定額稅下該減少 $(Y - Y_f)(1-c)$ 的支出，或是增加 $\dfrac{(Y - Y_f)(1-c)}{c}$ 的稅收，這部分支出或稅收剛好等於膨脹缺口，透過乘數效果，最後所得會減少 $(Y - Y_f)$，讓所得和就業下降到充分就業下的水準。

從以上政府作為來看，不論是擴張性財政政策或緊縮性財政政策，其用意為讓過冷或過熱的景氣轉為正常成長，因此權衡性財政政策又可稱為反景氣循環政策 (Anticyclical Policy)。不過權衡性財政政策在推行時會面臨時間落後性的問題，使得其效果一般相對較慢，不能馬上為過冷的景氣加溫或過熱的景氣降溫，包括：

1.認知的落後 (Recognition Lag)

由於沒有置身在市場中，政府對景氣變化的反應和認定通常慢於企業。

2.決策的落後 (Administrative Lag)

政府財政支出必須要先經過立法部門同意，受到的政治干擾也較多。

3.執行的落後 (Operation Lag)

公家機構的屬性讓政府支出的執行效率通常不高。

六、比較利益法則與 國際貿易

　　貿易是指產品或勞務的交易，國際貿易則是指產品和勞務的跨國交易，一般由進口貿易和出口貿易所組成，因此也可稱之為進出口貿易。除了交易的貨幣不同以外，國際貿易其實和一般的國內貿易沒有太大的差別，都是一種互通有無的行為。當國內產品的種類、品質、價格等等無法滿足消費者需求時，就必須要依賴進口，而對另一國而言就是把產品出口到本國。

㈠絕對利益理論

　　兩國間之所以發生貿易，早在亞當‧斯密的《國富論》中就提出了解釋。他認為絕對利益 (Absolute Advantage) 是促成國際貿易發生的原因。所謂絕對利益，指在相同數量的資源下，一國如果比他國生產出較多的某種產品，則該國在這種產品具有絕對利益。因此，亞當‧斯密主張，各國應專注生產自己具有絕對利益的產品，然後透過出口與他國交換對方擁有絕對利益的產品，這樣對各國都有好處。

　　舉例來說，假如臺灣和日本都可以生產香蕉和蘋果，假設在相同數量的生產要素投入下，表 11.2 顯示臺灣和日本的各種生產可能組合。

表 11.2　臺灣和日本的各種生產可能組合㈠

生產組合	臺　灣		日　本	
	香蕉（根）	蘋果（個）	香蕉（根）	蘋果（個）
A	20	0	0	20
B	10	5	5	10
C	0	10	10	0

　　如果臺灣用所有資源生產香蕉，產量最多可達 20 根，完全用來生產蘋果則可達 10 個，既生產香蕉又生產蘋果則分別為 10 根香蕉和 5 個蘋果。同樣地，日本用所有資源生產香蕉，產量最多可達 10 根，完全用來生產蘋果則可達 20 個，當然日本也可以既生產香蕉又生產蘋果，例如 5 根香蕉和 10 個蘋果。

　　如果把兩國各種生產可能組合畫成圖 11.3，則可以得出兩國的生產可能曲線 (Production Possibilities Curve)，指在既定不變的生產技術和生產要素總量下，一國最多能生產的各種產品組合。假設兩國在未發生貿易之前，都在生產組合 B 下生產，以求自給自足。從表 11.2 和圖 11.4 都可看出，臺灣在香蕉的最大產量超過日本，在香蕉的生產上有絕對利益，而日本在蘋果的最大產量超過臺灣，所以在蘋果生產上有絕對利益。

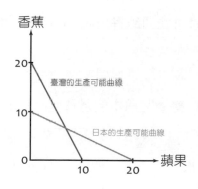

圖 11.4　生產上的絕對利益

　　在沒有貿易前，臺灣和日本的消費組合都只能落在生產可能曲線之上，因為不能消費超過本國的產量，所以消費組合不能在生產可能曲線之外，不過國際貿易卻可以改變這種限制。絕對利益理論認為，臺灣應專注在香蕉的生產，可生產 20 根香蕉，而日本應專注在蘋果的生產，可生產 20 個蘋果，即生產組合 A 的情況，然後兩國用部分專業化的產品來進行貿易交換，則兩國的消費量可比貿易前提高。

㈡比較利益理論

絕對利益理論認為，國際貿易的前提是每一國都在某些產品有產量較多的優勢，各國將以具有絕對利益之產品作為專業化生產和出口的對象，如果按照這樣的推論，當一國在各種產品都沒有絕對利益時，國際貿易就不會發生，但事實上並非如此。絕對利益理論無法解釋現實中為什麼即使一國在各種產品的產量上都較其他國家少，還是有國際貿易的存在。後來，古典學派的另一學者李嘉圖提出了比較利益 (Comparative Advantage) 理論來修正亞當・斯密的看法。所謂比較利益，是指一國在某些產品的生產上具有較低的機會成本，比較利益理論認為，各國應專業化生產其機會成本較低的產品，然後再透過國際貿易互通有無，這樣對各國都有好處。

延續上面臺灣和日本的例子，我們可以把表 11.2 的數字略為修改成表 11.3，而且把兩國的生產可能曲線畫成圖 11.5，並假設原先兩國都在生產組合 B 下生產。

表 11.3　臺灣和日本的各種生產可能組合㈡

生產組合	臺灣		日本	
	香蕉（根）	蘋果（個）	香蕉（根）	蘋果（個）
A	20	0	0	44
B	10	5	8	28
C	0	10	22	0

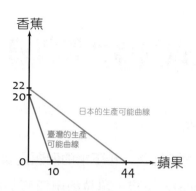

圖 11.5　生產上的比較利益

　　如果根據絕對利益理論，兩國不會發生貿易，因為日本在兩種產品的產量都較臺灣來得大。從生產可能曲線看出，不管是日本或臺灣，因為資源有限，多生產蘋果就要少生產香蕉，反之亦然，不過兩個國家增產 1 個蘋果而必須減產香蕉的數量是不同的。由於在這例子中的生產可能曲線是直線，我們很容易觀察到，如果臺灣增產 1 個蘋果就要減產 2 根香蕉（或增產 1 根香蕉就要減產 0.5 個蘋果），日本如果增產 1 個蘋果只要減產 0.5 根香蕉（或增產 1 根香蕉就要減產 2 個蘋果），所以在蘋果的生產上，臺灣的機會成本高於日本；相反地，在香蕉的生產上，臺灣的機會成本低於日本，因此臺灣在香蕉的生產上具有比較利益，而日本的比較利益則在蘋果的生產上。

　　按照比較利益理論來看，臺灣應專注在香蕉的生產，最多可生產 20 根香蕉，日本應專注在蘋果的生產，最多可生產 44 個蘋果，即生產組合 A 的情況，然後兩國用部分其專業化的產品來進行貿易交換，則兩國消費量可比貿易前提高。這樣的推論也適用於表 11.2，因為在表 11.2 中，臺灣和日本在兩種產品的機會成本都和表 11.3 相同，由此可見比較利益理論較有普遍性，較能解釋國際貿易發生的理由。

七、貿易條件與貿易利益

(一)貿易條件的決定

　　瞭解國際貿易發生的原因後，接下來的問題是貿易條件如何決定。所謂貿易條件 (Terms of Trade)，是指 1 單位的出口產品可以換得的進口產品數量。在上述絕對利益和比較利益的例子中，要使臺灣願意出口香蕉並進口日本蘋果的條件，必須是貿易條件優於兩種產品在臺灣的交換比例（1 個蘋果 = 2 根香蕉），即 1 根香蕉換到多於 0.5 個蘋果（1 根香蕉 > 0.5 個蘋果）。同樣的，要使日本出口蘋果並進口臺灣香蕉的條件，必須是貿易條件優於兩種產品在日本的交換比例（1 根香蕉 = 2 個蘋果），即 2 個蘋果換到多於 1 根香蕉（2 個蘋果 > 1 根香蕉）。因此，只要貿易條件為 1 根香蕉可以換取 0.5 個至 2 個蘋果之間（2 個蘋果 > 1 根香蕉 > 0.5 個蘋果）時，兩國都願意貿易。

(二)貿易的利益

　　只要貿易條件滿足上述推導出來的範圍，臺灣和日本都可以從貿易得到好處。與兩國沒有貿易前相比較，雙方從進出口得到的利益稱為貿易利益或貿易利得 (Gain from Trade)。假設貿易條件為：1 個蘋果 = 1 根香蕉，在這貿易條件下，臺灣專注在香蕉的生產，而日本則專注在蘋果的生產，以表 11.2 為例，可分別生產 20 根香蕉和 20 個蘋果，然後臺灣用 8 根香蕉交換日本 8 個蘋果，則交換後臺灣的消費組合分別為 8 個蘋果和 12 根香蕉，日本的消費組合分別為 12 個蘋果和 8 根香蕉，都比雙方貿易前生產組合 B 的產量來得多，其中臺灣可以多出 3 個蘋果和 2 根香蕉，日本則可以多出 2 個蘋果和 3 根香蕉。也就是說，臺灣和日本的消費組合都可以分別超越其生產可能曲線，這就是國際貿易的利益。

　　表 11.3 的案例也可依此方法算出兩國的貿易利益，臺灣專注在香蕉的生產可生產 20 根香蕉，日本專注在蘋果的生產可生產 44 個蘋果，然後臺灣用

9 根香蕉交換日本 9 個蘋果，則交換後臺灣的消費組合為 9 個蘋果和 11 根香蕉，日本的消費組合為 35 個蘋果和 9 根香蕉，都比雙方貿易前生產組合 B 的產量來得多，其中臺灣可以多出 4 個蘋果和 1 根香蕉，日本可以多出 7 個蘋果和 1 根香蕉。至於其他的貿易條件，只要滿足上述推導出來的範圍，都會讓兩國有貿易利益，只要兩種產品在兩國國內的機會成本不同，就可以從貿易中得到好處。但是如果雙方的機會成本都一樣，即兩種產品在臺灣和日本的交換比例都相同，則不會有貿易的發生，因為此時貿易不會讓任何一國換取到更多的產品。

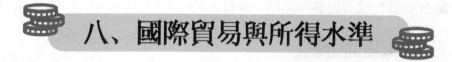

八、國際貿易與所得水準

當包括國外部門時，我們討論的對象稱之為開放經濟體系。從國民所得的支出構成得知，當出口大於進口時，國際貿易可使本國的總合需求增加；反之，如果出口小於進口，國際貿易會使本國的總合需求降低。以下再詳細分析影響出口與進口的因素。

㈠決定出口的因素

1.國外所得

所得是影響產品購買的重要因素，因此當國外消費者所得提高時，就會增加對本國產品的購買，因此本國出口會增加。反之，當國外消費者的所得下降，本國出口就會減少。

2.國內外相對價格

如果同樣的產品在國外的價格不變，但在本國的價格卻下跌，國外消費者當然會轉買本國產品，於是本國的出口就會增加。反之，當本國產品價格上漲，本國出口就會減少。

3.匯　率

匯率的變動會影響一國的出口價格，進而影響到出口。例如原來匯率為

1 美元兌 27 元新臺幣，則一件出口價格為 270 元新臺幣的衣服相當於 10 美元。假如匯率變成 1 美元兌 30 元新臺幣，則新臺幣較不值錢，我們稱為新臺幣對美元貶值 (Depreciation)，或美元對新臺幣升值 (Appreciation)，此時出口商拿到的新臺幣沒減少，仍為 270 元新臺幣，但經換算後降為 9 美元，臺灣衣服對國外消費者而言變得便宜了，國外消費者就會增加對臺灣產品的購買，因此本國貨幣貶值會使出口增加。反之，如果匯率變成 1 美元兌 25 元新臺幣，則新臺幣較值錢了，我們稱為新臺幣對美元升值，或美元對新臺幣貶值。此時 270 元新臺幣的衣服相當於 10.8 美元，臺灣衣服對國外消費者變貴了，國外消費者就會減少對臺灣產品的購買，因此本國貨幣升值會使出口減少。

㈡決定進口的因素

出口是國外消費者對本國產品的購買，而進口則是本國消費者對國外產品的購買，因此上述決定出口的因素，也同樣會影響進口，只是購買者以及產品的流向相反，所以本國進口決定於：

1. 國內所得

如果本國所得提高，本國消費者就會增加對國外產品的購買，因此本國進口會增加，反之則會減少。

2. 國內外相對價格

假如產品在國外的價格不變，但在本國的價格卻上漲，本國消費者就會轉買國外產品替代本國產品，導致本國進口增加，反之則會減少。

3. 匯　率

當本國貨幣升值，國外產品對本國消費者來說變得便宜了，就會增加對國外產品的購買，例如在國外售價 600 美元的 iPhone，當美元兌新臺幣由 30 元升值到 25 元時，原先要付的新臺幣 18,000 元馬上降為 15,000 元，當然就會刺激進口，因此本國貨幣升值會使進口增加；反之，貶值會使進口減少。

㈢均衡所得的決定

　　把出口及進口加入第四節的模型中，就可以得出開放經濟體系下的簡單凱因斯模型。其中出口不受本國所得影響，因此假設出口為不變的常數 X_0，而由於進口會隨本國所得提高而增加，因此進口可寫成 $M = M_0 + mY$，其中 M_0 為自發性進口，m 是邊際進口傾向 (Marginal Propensity to Import)，指所得每變動一個單位時，所引發的進口變動量，即 $\frac{\Delta M}{\Delta Y} = m$，而 mY 則是誘發性進口。在開放經濟體系下，均衡國民所得決定於下列等式：

⑴ $Y = C + I + G + (X - M)$

⑵ $C = C_0 + c(Y - T)$

⑶ $I = I_0$

⑷ $G = G_0$

⑸ $T = T_0 + tY$

⑹ $X = X_0$

⑺ $M = M_0 + mY$

　　把⑵至⑺式代進⑴式就得出均衡國民所得為：

$$Y^* = \frac{C_0 - cT_0 + I_0 + G_0 + (X_0 - M_0)}{1 - c + ct + m}$$

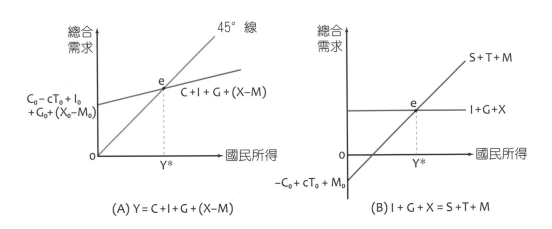

圖 11.6　國際貿易與所得水準

　　圖 11.6 (A) 顯示均衡所得決定於總合需求線 $C+I+G+(X-M)$ 與 45 度線的交點。當自發性支出變動時，所得也會跟著變動，假設只有出口增加 ΔX_0 時，其餘自發性支出維持不變，我們就可以得到出口乘數為：

$$\frac{\Delta Y^*}{\Delta X_0} = \frac{1}{1-c+ct+m}$$

　　上式也可以是開放經濟體系下的自發性支出乘數，因為如果只有消費、投資或政府支出的變動，我們也可以得出相同的乘數數值。與第四節封閉經濟體系下的均衡國民所得相比，Y^* 的構成中多了 (X_0-M_0) 這一項自發性支出，表示如果出口增加，或自發性進口降低，都會增加國民所得。而自發性支出乘數也由 $\frac{1}{1-c+ct}$ 下降為 $\frac{1}{1-c+ct+m}$，可見在開放體系下，乘數效果會較封閉體系下為小，其原因是包括國外部門後，當所得每增加 1 元，就有 m 元用於進口，因而降低了總合需求。當只有自發性進口變動時，由上述均衡國民所得 Y^* 的等式，我們可以得出自發性進口乘數為：

$$\frac{\Delta Y^*}{\Delta M_0} = \frac{-1}{1-c+ct+m}$$

如果以投資等於儲蓄法解出均衡所得，則把上述⑴式左右兩邊減去消費就得出：

$$Y - C = I + G + (X - M)$$

由於國民所得也是由消費、儲蓄和稅收構成，即 $Y = C + S + T$，因此 $Y - C = S + T$，所以均衡條件可寫成：

$$I + G + X = S + T + M$$

上式表示在開放經濟體系下，均衡條件要求投資、政府支出與出口的加總要等於儲蓄、稅收與進口三項之和。圖 11.6 (B) 顯示，均衡所得決定於 $I + G + X$ 線和 $S + T + M$ 線的交點。

NEWS 新聞案例

國家資金將耗盡　希臘快要破產

2012 年 10 月媒體報導，希臘政府表示，若不能獲得新一批近 315 億歐元（約 1.17 兆元新臺幣）的援助貸款，預期 2012 年 11 月底，該國的所有資金就將耗盡，恐怕會宣告破產。希臘之前表示，現階段的大幅減少財政赤字措施已經令希臘百業蕭條，國內抗議、示威遊行不斷。

圖片來源：Shutterstock

自 2010 年 5 月以來，希臘政府一直都是依賴歐盟、歐洲中央銀行和 IMF 紓困基金才得以持續運作，國內失業率高達 25%，經濟已連續衰退 5 年，2011 年債務高達 GDP 的 170.6%，人民一整年所賺的錢，拿來還債都不夠。在財政支出撙節的限制下，未來幾年的經濟情況恐將繼續沉淪下去。

評　論

　　其實不止是希臘，葡萄牙、義大利、愛爾蘭和西班牙這四個債務嚴重的歐洲國家也都有共同的經濟狀況。早在 2008 年前，這些國家紛紛以減稅來吸引外資，或是大舉對其他國家發行公債來增加政府支出，進而帶動所得增加，雖然期間財政赤字不斷攀升，但由於外資持續流入，加上所得快速成長，政府持續借錢增加支出並沒有什麼困難，過高的對外債務問題因而沒有爆發。

　　美國金融海嘯發生後，為了因應危機帶來的經濟衰退，歐洲各國政府多以擴大政府支出的方式提振景氣，例如對金融機構紓困、對失業者救濟、對產業補助等，但一旦政府推出了擴張性的財政政策後，就很難再回復過去緊縮性的政府支出。尤其在歐洲這些民主國家，政府都盡量以不加稅來討好選民，往往讓債務愈滾愈大，2009 年歐洲各國的政府財政赤字都比 2008 年增加了一倍左右。金融危機發生後，三年內歐盟政府債務平均增加了 86%。

　　當然，這種入不敷出的政府預算不可能長期維持下去，當舉債過度時，投資者逐漸懷疑各國的還債能力，於是開始拋售或不再購買希臘等歐洲五國高風險國家的公債。由於不能再舉債度日，這五國只好向歐盟等機構申請紓困，因而被要求大舉刪減政府支出和大幅加稅，以確保將來能償還債務。此紓困計畫一旦實施，發生歐債危機的五國將要節衣縮食來償還債務，必然會使國內總合需求減少，導致所得下降，這說明了當政府財政惡化到一定程度，不但沒有能力採用凱因斯理論來刺激景氣，甚至必須反過來緊縮支出，由此可見一國財政健全的重要性。

本章重點

1.政府的收支內容稱為政府預算，收大於支稱為財政盈餘或預算盈餘，收支相等稱為財政平衡或預算平衡，入不敷出稱為財政赤字或預算赤字。政府可發行公債或借款彌補赤字，但不能長期增加債務，原因在於：導致債留

子孫、排斥到私部門的經濟活動、償債能力會被懷疑。

2. 政府支出的變動可直接影響總合需求，政府稅收的增減會使可支配所得變動而影響消費，政府支出乘數 $= \dfrac{1}{1-邊際消費傾向}$。

3. 納入定額稅後，自發性支出乘數仍為 $\dfrac{1}{1-邊際消費傾向}$，由於課稅將使均衡所得降低，租稅乘數為負值，且其絕對值也小於自發性支出乘數。但在誘發性租稅下，自發性支出的乘數效果較定額稅小，可以對景氣有穩定作用。

4. 當政府稅收和支出同時以相等數量增減，對均衡所得所產生的乘數效果稱為平衡預算乘數，其值等於 1。

5. 由政府主動調整收支以達成總體經濟目標的財政政策稱為權衡性財政政策或反景氣循環政策，又分為擴張性財政政策和緊縮性財政政策兩種。前者指景氣低迷時，增加政府支出或減稅使總合需求增加；後者指景氣過熱時，減少政府支出或加稅使總合需求減少。政府推行財政政策時會面臨時間落後性的問題，包括：認知的落後、決策的落後、執行的落後。

6. 如果不採取任何政策行動，經濟體系即有自我調整機能，可自動達成均衡狀態，稱之為自動性財政政策。各國在財政設計上都有一套自動安定機能，主要包括誘發性租稅與失業救濟金兩種，可在經濟體內自動緩和景氣循環過程中的波動幅度，不需要政府主動干預。

7. 在相同數量的資源下，一國比他國生產較多某種產品，則該國在該產品有絕對利益，亞當‧斯密認為絕對利益促成了國際貿易。比較利益是指一國在某些產品的生產具有較低的機會成本，李嘉圖認為比較利益才是國際貿易原因，並主張各國應專業化生產其機會成本較低的產品然後再互相交換。

8. 貿易條件指一單位出口可換回的進口數量。不管在絕對利益或比較利益下，兩國貿易的條件必須優於兩種產品在兩國國內的交換比例，兩國才會進行貿易，並從貿易中得到貿易利益。只要兩種產品在兩國的機會成本不同，就可從貿易得到好處。

9.影響出口與進口的因素都相同但效果相反，包括：

　⑴國（內）外所得。

　⑵國內外相對價格。

　⑶匯率。

10.開放經濟體系下的自發性支出乘數會小於封閉體系，因為一部分所得的增量會用於進口，降低了總合需求。

課後練習

( ) 1.預算赤字是指政府的收入與支出的關係為何？ (A)收入大於支出
(B)收入小於支出 (C)收入等於支出 (D)收入加上支出

( ) 2.假設充分就業的所得水準為 600，目前的所得水準為 700，邊際消費
傾向為 0.75，如果要消除膨脹缺口，此時政府應該採取何項行動？
(A)減少支出 25 (B)減少支出 100 (C)增加支出 25 (D)增加支出 100

( ) 3.如果邊際消費傾向為 0.75，當政府增加支出 100，並同時課徵定額
稅 100 時，均衡所得或消費會如何變化？ (A)均衡所得將不受影響
(B)均衡所得將增加 100 (C)均衡所得將減少 100 (D)消費將減少
100

( ) 4.以下哪一項屬於自動安定機能？ (A)土地增值稅 (B)定額稅 (C)政
府預算平衡 (D)失業救濟金

( ) 5.與定額稅相比，誘發性租稅下自發性支出的乘數效果 (A)較小 (B)
較大 (C)相同 (D)不一定

( ) 6.以下哪一種稅制最能減緩景氣的波動幅度？ (A)累退稅率 (B)累進
稅率 (C)邊際稅率固定 (D)定額稅

( ) 7.以下哪一項不屬於擴張性的財政政策？ (A)發行消費券 (B)增加公
共建設 (C)增加對企業的補貼 (D)調升土地增值稅

( ) 8.權衡性財政政策在執行時會面臨三種時間落後性，以下哪一項不屬
於其中？ (A)預測的落後 (B)認知的落後 (C)決策的落後 (D)執行
的落後

( ) 9.以下哪一種情況會使自發性支出乘數縮小？ (A)自發性消費減少
(B)邊際稅率下降 (C)邊際消費傾向上升 (D)邊際進口傾向上升

( ) 10.以下有關國際貿易之敘述哪一項是錯誤的？ (A)亞當‧斯密提出絕
對利益理論 (B)李嘉圖提出比較利益理論 (C)絕對利益理論認為，
各國應分別生產其具有絕對利益的產品 (D)比較利益理論認為，缺
乏絕對利益的國家，無法進行國際貿易

（　　）11.假如美國每小時可生產 12 支手機或 3 件衣服,墨西哥每小時可生產 6 支手機或 2 件衣服,則以下何者正確?　(A)美國在生產手機和衣服上都具比較利益　(B)美國在生產手機上具比較利益　(C)墨西哥在生產手機上具比較利益　(D)美國在生產衣服上具比較利益

（　　）12.以下哪一種情況會使本國出口增加?　(A)本國貨幣升值　(B)國外消費者所得下降　(C)國外物價不變,但國內物價上漲　(D)國內物價不變,但國外物價上漲

（　　）13.如果匯率由 1 美元兌 30 元新臺幣變成 1 美元兌 33 元新臺幣,則下列何者正確?　(A)對臺灣的出口有利,進口不利　(B)對臺灣的進口有利,出口不利　(C)表示新臺幣升值　(D)表示美元貶值

（　　）14.與封閉經濟體系相比,開放經濟體系下自發性支出的乘數效果應　(A)較小　(B)較大　(C)相同　(D)不一定

（　　）15.假設有一開放的經濟體系,其邊際消費傾向為 0.75,邊際稅率為 0.2,邊際進口傾向為 0.1,則當自發性進口增加 100 時,其均衡國民所得會如何變動?　(A)增加 100　(B)增加 200　(C)減少 100　(D)減少 200

輕鬆一下

物理學家,化學家和經濟學家漂流到荒島發現一個罐頭,肚子餓得很卻沒開罐器,於是大家各顯神通。物理學家想到用太陽光折射來燒開它,化學家想到爆破,唯有經濟學家不慌不忙的說:「那還不容易,我們只要『假設』有一支開罐器。」

第 12 章

貨幣與銀行

在前面三章分析國民所得的結構與決定時，我們都是從產品的實質面來探討所得水準，所謂「一手交錢，一手交貨」，現代的買賣交易都用貨幣結算，當有產品賣出，就會有等值的貨幣作交換，由此可見貨幣的重要性。這一章先介紹貨幣的意義、用途與種類，再討論貨幣需求的背後動機，最後分析一般銀行和中央銀行的地位與功能，以及如何創造存款貨幣，中央銀行的貨幣政策工具也是本章最後要討論的焦點。

 學習目標

1. 認識貨幣的功能及演變過程。
2. 瞭解影響貨幣供給與貨幣需求的因素。
3. 能闡明貨幣市場如何決定利率。
4. 能區別中央銀行與商業銀行的角色與功能。
5. 能分析中央銀行如何實施貨幣政策。

一、貨幣的意義與功能

㈠貨幣的意義

當我們談到貨幣時，通常就會聯想到鈔票或者是硬幣。這樣的反應其實也沒錯，不管是美元、日圓或是新臺幣，都屬於貨幣的一種，但這種理解卻未能完全涵蓋貨幣的真正意義。經濟學上的貨幣有更廣泛的定義，凡是能夠當作支付工具的物品，只要社會上願意接受的都可以作為貨幣。英國經濟學家羅伯遜 (Dennis Robertson) 就曾經定義貨幣為：「所有能夠被普遍接受作為支付財貨與勞務或作為債務償還的標的物都稱之」。但這種標的物並非一成不變，而是隨著時空環境而不同，例如古代的貝殼、寶石，還有黃金、白銀等稀有金屬，甚至現代監獄中的香菸都曾經被用作貨幣。

經濟短波

丹尼斯・羅伯遜 (Dennis Robertson, 1890–1963)

英國經濟學家，畢業於劍橋大學，曾任教於劍橋與倫敦大學。1920 年代與凱因斯成為研究夥伴，但後來因理念不合而逐漸疏遠。研究領域為經濟週期、銀行、貨幣政策等總體經濟議題，著有《貨幣》(*Money*) 一書。

㈡貨幣的功能

人們之所以使用貨幣作為交易的支付工具，是由於貨幣可以讓各種買賣更為方便，大幅降低了交易上所花費的成本。而這種成本的節省，是因為貨幣具備以下四項功能：

1.交易的媒介 (Medium of Exchange)

這是貨幣最重要的功能。在沒有使用貨幣的社會中，人們只能採取以物易物的方式交易，稱為物物交換經濟 (Barter Economy)，因為缺乏共同的交易媒介，這種經濟型態有許多缺點：

第一，要達成一項交易，買方（同時也是賣方）必須攜帶物品到市場上尋找交易對象，而所提供的物品，必須剛好是對方所需要的，這稱為需要的雙重巧合 (Double Coincidence of Wants)。例如稻農帶著稻米到市場去換水果，此時除非果農剛好需要稻米，雙方才可能交易。但如果果農想換的是豬肉，兩人的交易就無法達成。

第二，在物物交換的經濟型態下不會有固定成本很高的大規模生產活動，因為與單一物品相比，生產者更不容易找到所有要交換的物品，即使找到少數對象交換，也會因產量太少導致平均成本太高而難以普及，於是現代各種工業品如飛機、汽車、電腦和手機等都不會出現，大家只生產量少且價值低的物品。

第三，物物交換下訊息的不對稱會增加交易的困難。交易雙方通常很清楚本身物品的特性與價值，但對要交換的物品在各方面的訊息則較為缺乏，此時雙方必須要瞭解對方物品的資訊，才能評估值不值得進行交換。例如稻農聲稱他種的是有機米，價值較一般白米高，這時候果農要有能力判斷其真偽。同理，假如果農說他的水果很甜，則稻農也要能識別這些特性，才有利交換的進行。如果有一種價值廣為接受的交易媒介存在，訊息不對稱的問題就可以減少一半，因為當稻農以大家接受的交易媒介去買果農的水果時，只需要稻農去判斷水果的品質就可以，果農不必去懷疑換到的是不是有機稻米。

第四，無法找零也是物物交換社會難以撮合交易的原因。有些物品不易分割，如果對方只需要物品的一部分，則交易就很難達成。例如一頭活豬可以換十隻鴨，當養豬戶只需要一隻雞，或者養鴨戶只有九隻鴨，則雖然兩方互有需求，但由於整頭活豬不能分割，雙方還是無法交換。反之，有些容易分割的物品，就比較容易達成交易。例如黃豆、麵粉等，單位體積小，可以

依對方需求的分量包裝來完成交換。

第五，以物易物的交易還有一個攜帶方便的問題，有些物品體積輕小，例如珠寶商帶幾十顆鑽石去市場交易還是很輕鬆，但有些則非常笨重，例如養豬戶牽幾頭豬去市集就很麻煩。

以上幾項限制，使得物物交換的社會需要耗費大量時間去尋找交易對象，自然不利於生產活動的進行，最終迫使每個人每天忙著生產自己需要的東西，使社會停留在自給自足的型態，難以發揮分工合作和專業化的好處，生活水準也無法提高。這時候如果有一種共同接受的物品——貨幣當作交易媒介，買賣過程就變得很容易，上述的各種困擾大部分都可以解決或降低，人們可以先將自己的物品賣出來換取貨幣，再用貨幣購買其他需要的物品或服務。

2. 價值的儲存 (Store of Value)

即使物物交換完成後，有時候我們並不需要馬上享用，或是沒辦法一次享用完。如果要保存下來，以便不時之需，則換取的物品可能有價值上的損失，尤其是食物類，像蔬菜和水果幾天後就壞掉，對這類價值上有時效性的物品，買方非到必要時不願意換取，這就妨礙了此類物品交易的進行。但貨幣卻具有價值儲存的功能，因為人們會選擇價值不受自然因素損耗的物品當作貨幣，例如由金屬鑄造的硬幣，上百年也不會變壞。把貨幣儲藏起來，就等於儲存了價值，待有需要時再用來交換其他物品。除非物價上漲，否則貨幣背後擁有的購買力還是會存在且不會減損。

3. 計價的單位 (Unit of Account)

又稱為價值的衡量 (Measure of Value)。以物易物另一個困擾在於，當有很多種物品要交換時，就會出現很多個交換價格，此時交易者難以比較不同物品的價格，就難以作出買賣的決定。由於每兩種物品就有一個交換價格，如果有三種物品可交換，則共有三個交換價格。如此類推，當有 n 種物品交換時，就會有 $\frac{n(n-1)}{2}$ 個交換價格。而且隨著物品數量的增加，交換價格的數量將會加速上升。例如當市場上有十種物品可供交換時，只有 45 個交換價格，一百種物品則有 4,950 個交換價格，一千種商品則有 499,500 個交換價

格。現代社會中有數以萬計的物品，則交換價格的數量將是天文數字，要瞭解全部市場價格或是進行比價幾乎是不可能的。

有了貨幣當作衡量物品價值的統一單位後，物品之間的交換關係就可以簡化為各物品與貨幣的交換，因此交換價格的數量就可大幅降低，n 種物品（不包括貨幣）就只有 n 個交換價格而已。交易者可節省大量成本去瞭解市場價格。當價格數字變得更為具體清楚後，消費者要比價變得更簡單，企業也能準確和輕易地算出成本和利潤，做出正確地商業決策，一切經濟行為才可以順利進行。

4.延遲支付的標準 (Standard of Deferred Payment)

其實是以上三種功能之延伸，指的是貨幣可作為債務償還的標準，有助於涉及不同時間的交易。例如稻農打算把這星期剩下的稻米在下一週交換蔬菜，而果農這星期正好需要稻米，但他沒有種植蔬菜，如果在物物交換經濟下，由於兩者需要的不同，就無法達成這種延遲支付之交易。有了貨幣作為交易媒介後，則果農雖不種植蔬菜，但只要他在下星期能支付讓稻農購買蔬菜的貨幣，兩人就可以達成交易。

由於貨幣具有計價單位和價值儲存的功能，所以可作為債務的基礎，若以一般物品作為還債標準，因為品質不一和價值變化，雙方容易產生債務糾紛。例如果農承諾一週後拿蔬菜還給稻農，但到時候蔬菜可能因颱風來臨價格飆漲，果農就覺得吃虧了。貨幣出現後就方便了借貸行為的產生，所有買賣契約，都可以用貨幣作為計價單位來簽訂。

二、貨幣的種類

㈠貨幣的演進與分類

由前述討論可知，貨幣必須具備四大功能，因此並非任何東西都可當作貨幣，必須要符合適當的稀少、穩定、耐用、輕便、同質、可分割等貨幣的

性質。基於這些特性，隨著時代的變化和經濟發展的需要，人類使用過的貨幣種類可分為以下三種：

1. 商品貨幣 (Commodity Money)

指充當貨幣的物品也具備商品的價值，本身就有其用途。在人類古代的買賣過程中，米、布、貝殼、皮革、家畜等各種商品都曾經被當作交易媒介。但實物貨幣普遍體積笨重，大額交易時攜帶極其不便。而且各種實物品質參差不齊，容易磨損腐爛，也不適合作為計價單位和價值儲藏的標準。

所以由金、銀、銅所鑄造的金屬貨幣出現後，實物貨幣就漸漸被取代。金屬貨幣具有稀少、質地均勻、易分割、體積小、價值大、不易變質等優點，最適宜做貨幣材質。不過缺點仍然是大額交易時不易攜帶、標準不同以及有時成色不足等問題。

2. 可兌換紙幣 (Convertible Paper Money)

由於大量的金、銀不好攜帶，又有安全性問題，於是具信用的店家就成立錢莊，對把金屬貨幣存進去的存戶發行憑證，隨時可向錢莊各地的分行換回金屬貨幣，結果憑證就成為一種可兌換的紙幣，印刷成本不但比金屬貨幣的鑄造費用低，也便於攜帶和運輸。由於錢莊所發行的紙幣，都有與其面值完全等值的金銀作為準備，以便存戶隨時可以兌換回黃金或白銀。在這種十足準備的制度下，即使紙幣面值遠超過本身紙張的價值，民眾還是安心地接受使用。

這種可兌換黃金或白銀的紙幣制度，又稱為金本位制或銀本位制。當人們對紙幣建立信心後，錢莊發現不是每個客戶都會到店把紙幣兌換回金銀，於是把部分金銀貸出去賺點利息。且隨著經濟發展、交易增加，由於金銀的供應增加有限，如果要有十足準備，紙幣的發行量也不敷所需。所以紙幣的發行就逐漸轉為部分準備，例如只要有黃金三兩就可發行價值十兩的紙幣，這種部分準備制度也是現代銀行創造信用貨幣的基礎。

3. 強制貨幣 (Fiat Money)

進入了部分準備時代，由於紙幣的面值遠高於紙張價值，發行紙幣變得

有利可圖，且為了防止濫發，政府逐漸從錢莊手中收回紙幣發行權，改由國家的中央銀行 (Central Bank) 發行。第一次世界大戰爆發後，歐美各國為了籌集龐大的軍費，紛紛發行不能兌換金屬貨幣的紙幣，金本位制和銀本位制隨之逐漸沒落。至 1971 年美國宣布停止美元與黃金的兌換，金本位制才徹底被廢除，今天世界各國都已進入了強制貨幣的時代。

　　所謂強制貨幣，指由政府給予無限法償 (Legal Tender) 地位的貨幣，即法律明文規定可以用來償還各種債務，如果債權人拒絕接受，就失去了債權及追討利息的權利，所以人們願意接受不能兌換黃金的紙幣作為貨幣，是由於法律所給予的地位。不過，這並不表示各國印製的紙幣全無對應的準備，事實上中央銀行普遍都有相當數量的黃金、外國貨幣或有價證券等資產，作為發行鈔票的基礎，如果一國沒有任何資產，貨幣的接受度就會受到嚴格考驗。

　　一般來說，強制貨幣可分為鑄幣、紙幣和銀行中的存款貨幣 (Deposit Money) 三種。鑄幣多以廉價金屬鑄造，本身的金屬價值低於其面值，否則會有「劣幣驅逐良幣」的情況發生。鑄幣的功能是作為小額或找零時的支付工具，例如常用的 1 元硬幣。鑄幣加上紙幣就是一般所稱的通貨 (Currency)，其發行權都由中央銀行獨占。存款貨幣指金融機構中的部分存款，例如活期存款，由於流動性佳，被視為貨幣的一部分。所謂流動性，是指資產轉換為現金的速度和難易程度。不過，活期存款不能直接作為支付工具，必須要先提領成現金，所以存款貨幣在當作交易媒介時，要比通貨有較多的限制。

　　值得一提的是，信用卡、金融卡、悠遊卡等所謂塑膠貨幣，或以電子化方式轉帳的電子貨幣，其實都並不算真正的貨幣。因為這些交易工具都只是載體，雖具有方便交易進行的功能，但必須要有現金、銀行存款或信用卡公司的賒借承諾為基礎才能支付交易，例如餘額為 0 的悠遊卡就無法扣款，一定要花錢加值後才能使用。

㈡貨幣數量的衡量

　　在生活上我們常以不同形式保有自己的財富，有些流動性較高的資產，

由於很容易轉換成貨幣，在經濟學上也當作貨幣的一部分。其中通貨是流動性最高的支付工具，又稱為 M0。除了通貨之外，目前臺灣對貨幣數量的衡量，主要分成 M1A、M1B 和 M2 三種，所包括之項目為：

$$M1A = 通貨淨額 + 支票存款 + 活期存款$$
$$M1B = M1A + 活期儲蓄存款$$
$$M2 = M1B + 準貨幣$$

其中：

$$準貨幣 = 定期存款 + 定期儲蓄存款 + 外匯存款 + 郵政儲金$$
$$+ 附買回交易餘額 + 外國人新臺幣存款$$
$$+ 貨幣市場共同基金$$

　　在以上定義中，都是依流動性的高低來歸類，其中 M2 的流動性不如 M1B，M1B 又不如 M1A。例如 M2 中的定期存款要到期才能提領，中途解約不但要跑銀行辦手續，還有解約的利息損失。M1A 中的通貨淨額是指社會大眾手中持有的通貨，即通貨發行總額扣除存放在中央銀行以及所有接受存款的金融機構的庫存現金。活期存款可以隨時領回現金，支票在歐美國家是普遍的支付工具，因此活期存款與支票存款都有相當高的流動性。

　　M1B 只比 M1A 多一項活期儲蓄存款，在臺灣只有自然人才能開立活期儲蓄存款，利率較活期存款稍高，用意在鼓勵儲蓄，公司行號只能開立活期存款帳戶，由於早期活期儲蓄存款有提領次數的限制，流動性較差，因此納入 M1B 的範圍。其中支票存款 + 活期存款 + 活期儲蓄存款合稱為存款貨幣，所以 M1B 又可寫成：

$$M1B = 通貨淨額 + 存款貨幣$$

經濟短波

我國的貨幣數量

下表為我國近 20 年的貨幣數量，至 2013 年年底，我國總共有 35 兆 5,190 億元的貨幣在市場上流通。

表 12.1　我國貨幣數量

單位：十億元

	1993	1998	2003	2008	2013
M1A	1,525	1,740	2,525	3,222	5,259
M1B	2,797	3,855	6,553	8,154	13,471
M2	10,170	16,387	21,358	27,755	35,519

資料來源：中華民國統計資訊網。

 ## 三、保存貨幣的三種動機

人們持有貨幣，除了因為交易媒介等功能以外，其實對貨幣的需求還有其他目的。根據凱因斯的貨幣需求理論，社會大眾之所以需要貨幣，是由於貨幣能滿足以下三種動機：

㈠交易動機 (Transaction Motive)

這是保存貨幣的最重要動機。我們需要貨幣來充當支付工具，以避免以物易物的不便。交易動機的貨幣需求決定於四項因素：

1. 物　價

貨幣需求與物價成正比，例如 10 年前一個蛋餅 15 塊，現在賣 20 塊，交易就要多用 5 元的貨幣。

2.所　得

當所得愈高，貨幣需求也就愈高。因為大部分物品為正常財，多買點東西就要多用點貨幣。

3.交易金額

當交易金額愈大，貨幣需求就愈高。一輛腳踏車只要幾千塊，但一臺汽車至少要好幾十萬元，所以買車的貨幣需求就較高。

4.制　度

各種金融或經濟制度都會影響交易所需的貨幣需求。比如說信用卡和ATM普及後，口袋的貨幣就可減少一些。薪資發放由週薪改為月薪後，手邊保存的貨幣就要多增加。

㈡投機動機 (Speculative Motive)

貨幣具有價值儲存的功能，所以也可當作一種資產來保有，尤其在各種資產中貨幣的流動性最高。例如現金隨時可用來買東西，但房子要出售後才能變現，且不易賣出，其流動性就很低。

但保有貨幣的缺點是沒有利息收入，其他的金融商品例如債券，除了利息收入外，還有可能賺到買賣價差產生的額外報酬。所謂債券，是政府、企業或金融機構直接向社會借錢籌措資金時，向投資者發行的債務憑證，並承諾按一定利率支付利息並按約定條件償還本金。

既然保有貨幣沒有利息，為什麼人們還是願意持有貨幣呢？凱因斯認為人們保有貨幣的原因在於維持流動性，多持有貨幣雖然要放棄其他金融資產的高報酬，但卻享有較多的流動性，因為債券的流動性較貨幣低，而保有流動性則是由於人們的投機心態所驅使的。

他觀察到債券價格和市場利率是呈反比的關係，例如一張10萬元債券，約定一年後支付1萬元的利息。如果目前市場利率為10%，則該債券的價格不會變動，因為債券支付的利率和市場利率相等，表示購買債券所得到的利息和投資在市場上其他資產的報酬是一樣的。當市場利率下跌到5%時，在

市場上投資 10 萬元卻只拿到 5 千元的收入，低於債券的利息，於是投資人就會轉買債券獲取高報酬，因此債券的需求就會增加，債券價格也隨之上升，一直到債券價格上漲到 20 萬元，其利息報酬率相等於市場利率 5% 時，投資人轉買債券的行為才會停止，市場重新回到均衡。因此當市場利率愈低，債券價格就愈高；反之，如果市場利率愈高，債券價格就愈低。

　　凱因斯認為人們願意保存貨幣，是基於賺取債券價差的投機心態，因此要維持一定的流動性，以便趁低買入債券並趁高賣出獲利。所以當利率上升，也就是債券價格下跌時，投資人傾向多保有債券而少保有貨幣，等到將來債券價格上升時，再出售而賺取價差。當利率下跌，也就是債券價格上升時，投資人就傾向增加流動性，多保有貨幣而少保有債券，等到債券價格下跌時趁機購入，以備將來高價時再賣出賺取差價，所以貨幣的保有量和利率是呈現反比的關係。這種保有貨幣的動機充滿著投機意味，所以才稱為投機動機的貨幣需求。

㈢預防動機 (Precautionary Motive)

　　即使不投資債券，不從事投機買賣，一般我們手中的貨幣都會有高於交易用的金額，以備不時之需，例如臨時在路上要買個東西、快要遲到改坐計程車上班、或隨興今天想吃份大餐等，這就是預防動機。因為生活中意外的事很多，手上多點錢會比較心安，以因應突發性的需求，否則臨時用錢要把其他資產變現典當就來不及。

　　一般而言，預防動機會隨所得增加而增加，因為所得愈高，對安全感的需求也愈高。其次，對未來的預期也是影響因素，如果人們對前景感到樂觀，就不會保留太多貨幣在手。反之，對將來存有悲觀看法時，就會增加貨幣的持有以應付苦日子。另外，工作與收入穩定度、社會保障程度等因素，也會影響預防動機的貨幣需求。

　　綜合上述三種動機的討論，我們可以畫出一條貨幣需求曲線如圖 12.1 (A) 所示。其中橫軸代表貨幣需求量，縱軸代表利率。由於投機動機的因素，貨幣需求量和利率成反比，因此貨幣需求曲線是負斜率的，又稱為流動性偏

好曲線 (Liquidity Preference Curve)。

　　當然，利率以外的其他因素變動也會影響交易動機或預防動機的貨幣需求，例如當所得上升，在相同的利率下貨幣需求量就會增加，於是貨幣需求曲線會往右邊移動，如圖 12.1 (B) 所示。反之，當所得下降，曲線就會向左方移動。

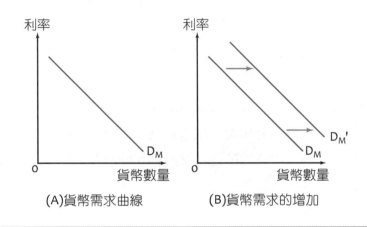

(A)貨幣需求曲線　　　　(B)貨幣需求的增加

 12.1　貨幣需求曲線及其變動

四、流動性偏好理論

　　由上一節的分析可知，凱因斯把人們對貨幣需求的動機主要歸因於流動性偏好 (Liquidity Preference)，表示人們喜歡以貨幣的方式保有一部分財富，而購買債券所得到的利息就是在一定時期內放棄流動性的報酬。因此凱因斯關於利率的決定理論被稱為流動性偏好理論 (Liquidity Preference Theory)，認為利率取決於貨幣的供給與需求。影響貨幣需求的因素我們前面已討論過，至於貨幣供給，凱因斯假定完全為中央銀行所控制，所以貨幣供給曲線為一條垂直線，表示貨幣供給不受利率的影響。

　　當貨幣市場達成均衡時，貨幣的供給量等於需求量。如圖 12.2 (A) 所示，市場均衡利率取決於貨幣供給曲線和需求曲線相交點所對應的利率 r^*。如果

利率不是 r^* 而是在 r_1，這時候貨幣供給量小於需求量，供不應求下民眾會把
手上的債券賣出，增加持有貨幣才能滿足其超額需求。當債券供給增加，債
券價格就會下跌，使利率有上漲的壓力，最後當利率上升至 r^*，貨幣供給量
等於需求量，超額需求消失，民眾資產調整的行為才會結束。

　　當貨幣供給增加時，貨幣供給曲線就會向右移動，如圖 12.2 (B) 所示。
在原來均衡利率 r^* 下，貨幣供給量大於貨幣需求量，供過於求下人們手上有
過多的貨幣，會去購買債券來減持貨幣，於是債券需求增加，債券價格就會
上升，導致利率下跌，當一直下降至 r_2 時，貨幣供給量再等於需求量，市場
又重新回到均衡狀態。反之，當貨幣供給減少時，供給曲線就會往左移動，
最後均衡利率將上升。

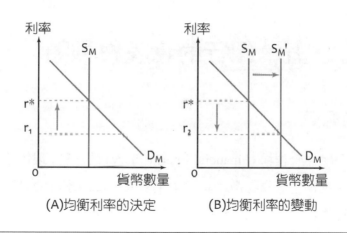

圖 12.2　均衡利率的決定與變動

　　有一點值得注意的是，凱因斯在其貨幣需求理論中特別提出流動性陷阱
(Liquidity Trap) 的假說，指當利率降低到不能再低的水準時，民眾就會產生
利率即將上升而債券價格下降的預期，這時候人們寧可完全保有貨幣，而不
願意持有任何幾乎沒有利息的債券，以規避債券價格下跌的損失。因此在此
極低的利率水準下，貨幣需求會變得無限大，貨幣需求曲線就會呈現水平的
狀態，如圖 12.3 所示。當經濟體陷入流動性陷阱後，此時無論增加多少貨
幣，都會被人們儲存起來，因此也就無法改變市場利率了。

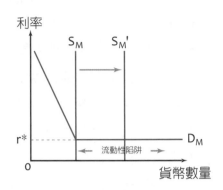

圖 12.3　流動性陷阱

 五、銀行的意義與種類

㈠銀行的意義

　　銀行是金融仲介機構 (Financial Intermediary) 的一種，現代的工業化社會以大企業和大規模生產為特徵，其資本主要來自民間家計的儲蓄，當家計把存款存進銀行後，銀行再把款項貸給企業，間接撮合借貸雙方，銀行則賺取存款利率和貸款利率之間的利差。所以銀行在金融市場的功能，主要是扮演著資金仲介者的角色，仲介的種類包括：

1.期限的仲介

　　家計存款大都是短期的，企業經營所需的資金則多為長期，銀行可以把短期存款聚集起來轉為對企業的長期貸款。

2.面額的仲介

　　家庭存款大都是小面額，企業生產所需的資金則相當龐大，銀行可以把小額存款聚集起來轉為對企業大額的貸款。

3.風險的仲介

　　即使沒有銀行，企業也可以發行股票或債券等直接融資工具募資，但除非是著名企業，否則基於對企業不瞭解，投資人考慮到風險後可能就不願意購買企業的股票或債券，這會使得企業籌資困難，發展受阻。而銀行較一般家庭有能力調查篩選，在貸款前會評估企業的信用，貸款後會進行監督，可降低企業不還錢的風險，甚至替存戶承擔倒帳的風險。

(二)銀行的種類

　　根據我國《銀行法》的定義，在臺灣營運的銀行可以分為以下三種：

1.商業銀行 (Commercial Bank)

　　傳統商業銀行的業務主要集中在存款和貸款，即以較低的利率對社會吸收存款，再以較高的利率對企業貸款，主要利潤就來自存、貸款之間的利差。近年來，由於資本市場快速發展，民眾和企業的理財與募資管道都大為增加，銀行的仲介角色受到了一定影響。鑑於存貸款業務的停滯，大部分商業銀行開始經營一些周邊業務，例如信用卡、理財顧問、電子轉帳、代銷基金等服務，以增加手續費收入。雖然資本市場的發展使商業銀行的重要性減弱，但是對大部分小企業和缺乏理財專業知識的民眾來說，商業銀行仍然是融資與投資的主要管道。

2.專業銀行 (Specialized Bank)

　　顧名思義，專業銀行是專精在某些行業業務的銀行，有特定的經營範圍和提供特定主體專門性的金融服務。隨著社會專業化分工的發展，銀行必須具有某一專業領域的知識和服務技能，於是促進了各式各樣專業銀行的產生。我國《銀行法》把專業銀行分成六種，包括工業銀行、農業銀行、輸出入銀行、中小企業銀行、不動產信用銀行和提供地方性信用之國民銀行。

3.信託投資公司 (Trust and Investment Corporation)

　　是指以受託人之身分，按照特定目的，收受、經理及運用信託資金與經管信託財產，或以投資中間人之地位，從事特定目的資本市場投資的金融機構。簡單的說，信託投資公司就是代人理財的公司。

六、中央銀行的地位與功能

㈠中央銀行的地位

　　雖然名稱有銀行兩字，但不同於商業性質的銀行，中央銀行的建立並非以賺錢為目的，而是以穩定總體經濟為目標。一般人不能在中央銀行存款，也不能向中央銀行借錢，其往來的顧客都是銀行或其他金融機構。因此中央銀行在一國的地位，一是作為銀行的銀行，二是作為制訂與執行貨幣政策的最高機構，並管理金融市場。所以中央銀行並非金融仲介機構，而是金融仲介機構的監督者。

　　根據我國的《中央銀行法》規定：中央銀行為國家銀行，隸屬行政院。其經營目標明訂為：

　1.促進金融穩定。

　2.健全銀行業務。

　3.維護對內及對外幣值之穩定。

　4.於上列目標範圍內，協助經濟之發展。

㈡中央銀行的功能

　　一般來說，中央銀行具有下列六種主要的功能，並負責相關業務的執行：

1.作為發行的銀行

　　貨幣的主要功能在於作為一種普遍接受、安全可靠及價值穩定的支付工具，因此世界各國大都由中央銀行獨占發行通貨的特權，以避免貨幣被濫發，衝擊一國的金融安定與秩序。

2.作為銀行的銀行

　　為保證銀行客戶取款的需要或銀行間的資金結算，銀行必須把一定的存款放在中央銀行。一般企業需要資金可向銀行借款，而銀行資金不足時，也可以跟中央銀行請求資金融通，所以中央銀行也稱為最終借貸者 (Lender of Last Resort)，即一國資金的最後供給者。

3.作為政府的銀行

　　中央銀行也負責管理國庫存款，以及負責中央政府各機關的現金、票據、證券等財產契約的出納與保管，還有國內公債、外債、國庫券的發售與還本付息。

4.監管金融機構業務

　　中央銀行下設有金融檢查單位，負責管理及監督金融機構的各種活動與業務，以維持金融市場秩序，保障及促進金融體系的安定。

5.控制貨幣供給、穩定物價

　　一國貨幣供給的數量會直接影響到物價，進而衝擊經濟穩定。貨幣數量太多會造成物價上漲，降低實質所得與財富，太少也可能形成利率過高，不利於企業投資和民間消費，壓抑到社會總需求。中央銀行的另一重要功能，就是要維持物價穩定。一國貨幣的供給主要決定在中央銀行，透過各種貨幣政策工具，中央銀行可以改變利率與貨幣供給，藉以穩定物價水準，並營造一個有利發展的經濟環境。

6.經營外匯準備、穩定匯率

　　外匯 (Foreign Exchange) 是指可以作為國際間支付工具的外國貨幣，中央銀行所保有的外匯數量則稱為外匯準備 (Foreign Exchange Reserve) 或外匯存底。為了從事國際間投資或貿易，各國中央銀行都會保留一定金額的外匯存底，以因應平常國內人民的外匯需求，或國際金融情勢動盪時，透過干預外匯市場維持匯率的穩定，避免對外經濟受到衝擊。而一國外匯存底的經營與管理，一般也是由中央銀行負責。

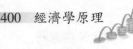

我國歷年外匯存底

　　我國外匯存底在 1980 年前不到 20 億美元，1980 年代起開始迅速增加，1983 年突破 100 億美元、1999 年突破 1,000 億美元，至 2014 年 2 月為止，外匯存底已累積 4,180 億美元。與他國相較之下，僅低於中國大陸（3 兆 8,213 億美元）、日本（1 兆 2,115 億美元）、沙烏地阿拉伯（7,263 億美元）、瑞士（5,359 億美元）與俄羅斯（4,530 億美元），排名第六。我國歷年外匯存底如下圖所示：

圖 12.4　外匯存底的變動

資料來源：中央銀行、經濟部統計處。

七、存款貨幣的創造與收縮

　　雖然通貨由中央銀行發行，但大部分的存款貨幣是由銀行創造出來的。由於銀行主要利潤來自賺取存貸款之間的利差，為避免銀行把存款全貸出去，無法應付存戶隨時提領之需而產生擠兌和信用危機，各國中央銀行都規定，銀行必須保留存款中的一定比例不能貸出，這種比例稱為法定準備率 (Required Reserve Ratio)，其金額稱為法定準備 (Required Reserve)，超過法定準備金的存款則稱為超額準備 (Excess Reserve)。

　　銀行創造存款貨幣的過程是這樣的：例如法定準備率為 20%，當中央銀行在市場上買進 10 萬元的公債，等於釋放同等金額的貨幣出來，賣出公債拿到款項的民眾把 10 萬元存進銀行，存款貨幣就增加 10 萬元，銀行必須保留 20% 作為法定準備，才能把其餘 80% 的 8 萬元超額準備貸出去，當下一個借款的民眾或企業拿到錢後再存入同一家或別家銀行，存款貨幣再增加 8 萬元，銀行又保留 20%，把剩下 80% 的 6.4 萬元超額準備繼續貸出去，這時候存款貨幣又增加 6.4 萬元，全國的貨幣總額一共多了 24.4 萬元（10 萬 + 8 萬 + 6.4 萬），如果過程一直延續下去，銀行最多可以創造的存款貨幣為 $10 萬 + 10 萬 \times 0.8 + 10 萬 \times 0.8^2 + \cdots = \dfrac{10 萬}{1 - 0.8} = 50 萬$。剛好是原來中央銀行釋出貨幣 10 萬元的 5 倍，銀行創造的存款貨幣與原先釋出貨幣之比例，稱為存款貨幣乘數 (Deposit Expansion Multiplier)，如果法定準備率為 r，則存款貨幣乘數為 $\dfrac{1}{r}$。其一般式是：

$$存款貨幣乘數 = [1 + (1-r)^1 + (1-r)^2 + (1-r)^3 + \cdots + (1-r)^\infty]$$
$$= \dfrac{1}{r} \quad (0 < r < 1)$$

　　如果中央銀行賣出 10 萬元公債，等於在市場上收回同等金額的貨幣，則

過程會與上述討論相反，最後存款貨幣最多會減少 50 萬元，收縮效果的大小規模與創造效果相同。由上式可知，當 r 愈低，存款貨幣乘數就愈高，反之則愈低，兩者呈反比。不過實際上存款貨幣乘數通常會低於 $\frac{1}{r}$。一是因為銀行不一定能把超額準備全部貸出去。二是借款人可能用現金方式保有部分借款，不一定存回銀行，這樣銀行能再貸出去的超額準備就會降低。

八、中央銀行與貨幣政策

銀行能夠創造存款貨幣是透過貸款後再由乘數效果促成，但必須要有中央銀行發行的通貨為基礎，通貨的總量稱為準備貨幣 (Reserve Money)、貨幣基數 (Monetary Base) 或強力貨幣 (High-powered Money)，其內容包括社會上的通貨及存款貨幣機構的存款準備金，由於是創造存款貨幣的基礎，故又稱為基礎貨幣 (Base Money)。

中央銀行職責的主要目標，是透過控制貨幣供給來穩定物價和調整利率水準，在執行上有兩個方向，一是實施擴張性貨幣政策 (Expansive Monetary Policy)，增加貨幣供給使利率下降；二是實行緊縮性貨幣政策 (Restrictive Monetary Policy)，減少貨幣供給使利率上升。而中央銀行對貨幣供給的控制，可以有以下五種政策工具達成：

(一)公開市場操作

公開市場操作 (Open Market Operation) 是指中央銀行透過公開市場買賣債券以控制貨幣供給。由上一節例子可知，當中央銀行在債券市場上買入政府公債或其他債券時，會支付等價的金額出去，等於在市場上釋放貨幣，再透過銀行貸款使存款貨幣擴張，社會的貨幣供給就會倍數地增加。反之，如果賣出債券，等於收回等價的貨幣，最後社會的貨幣供給就會減少。這是中央銀行平常最頻繁使用的貨幣政策工具，一般用於短期的貨幣供給調整。

(二)法定準備率的調整

由於存款貨幣乘數與法定準備率呈反比，中央銀行可藉由調整法定準備

率來控制貨幣供給。如果中央銀行降低法定準備率，銀行可以有更多的超額準備貸放出去，存款貨幣乘數就愈大，銀行所創造的存款貨幣也愈多，貨幣供給就會增加。例如法定準備率由 25% 調低至 10%，存款貨幣乘數由 4 增加至 10，中央銀行同樣釋出 10 萬元的貨幣就可以多增加 60 萬元（＝10 萬元 ×10－10 萬元 ×4）的存款貨幣。反之，中央銀行也可以調高法定準備率以減少貨幣供給。調整法定準備率是較激烈的政策工具，一般用於長期貨幣供給的調整。

⒊重貼現率的變動

貼現是指銀行客戶以商業票據等有價證券向銀行抵押借款，而銀行如果資金不足或有短期資金需求，也可以用客戶抵押的商業票據再向中央銀行抵押借款，這稱之為重貼現，其借款利率則稱為重貼現率 (Rediscount Rate)。一般而言，重貼現率要低於銀行對客戶的貼現利率，這樣銀行才可以賺取利差，因此中央銀行可透過調整重貼現率來影響銀行的借款意願。例如提高重貼現率來縮小銀行可賺的利差，銀行借款意願降低後可貸給客戶的資金就會減少，導致貨幣供給收縮。反之，當中央銀行希望增加貨幣供給時，則可以透過調低重貼現率來達成。

⒋道德勸說

道德勸說 (Moral Suasion) 是指中央銀行透過口頭宣示要求銀行支持其貨幣政策，例如放寬企業的貸款條件以配合中央銀行的擴張措施。由於中央銀行為金融機構的主管單位，即使口頭宣示並非強制性的法令，但銀行都會在一定程度上配合，以免雙方關係惡化，所以道德勸說也有相當的政策效果。

⒌信用管制

信用管制 (Credit Control) 是指對某些經濟活動在融資方面設限，例如當房地產過熱時，為求景氣降溫，中央銀行可以限制銀行對房地產的貸款成數，藉以壓抑房屋市場的投機性買賣。

美國推出 QE3　日本實施相同政策

2012 年 9 月，美國聯邦準備理事會（Fed，即美國的中央銀行）宣布實施第三輪量化寬鬆 (Third Round of Quantitative Easing, QE3) 政策。將以每月 400 億美元的規模購入「不動產抵押擔保債券」。在此之前，Fed 已推出兩輪量化寬鬆政策。但與前兩輪不同的是，

圖片來源：Shutterstock

QE3 沒有明確的實施截止日，將持續實施至美國就業市場復甦為止。

　　而日本中央銀行也在 2013 年 1 月宣布，今後日本將擴大實施擴張性的貨幣政策，並自 2014 年初起採取與 Fed 相同的無限期量化寬鬆措施。每月將從市場上購入 13 兆日元公債等資產，直到通貨緊縮結束為止。

評　論

　　2007 年美國房地產泡沫化導致的次級房貸危機 (Subprime Mortgage Crisis) 爆發初期，由於金融機構資產損失嚴重，為規避風險，銀行紛紛緊縮銀根，導致貨幣供給減少，聯邦基金利率（即各銀行同業間的短期貸款利率）急升至 6% 左右，超出 Fed 原定的 5.25% 目標水準。為了降低市場利率，Fed 連續 7 次下調聯邦基金利率，至 2008 年 9 月「雷曼兄弟」倒閉，全球性金融海嘯形成後，利率已降至 0% 至 0.25% 的歷史新低，接近零利率水準。此時美國實際上已陷入了凱因斯所稱的流動性陷阱，再多的貨幣供給也無法降低利率，以刺激消費和投資。

　　與傳統工具不同，量化寬鬆被視為一種非常規的貨幣政策工具，因為目標不再是降低利率，而是直接增加貨幣供給。其做法是透過公開市場操作買入證券、公債或企業債券等中長期金融資產，增加基礎貨幣的供給，以便向市場和

銀行體系注入新的資金，讓銀行較願意提供貸款給企業，以紓緩企業的資金壓力。而日本在 1990 年代泡沫經濟破滅以後，20 年來也採取接近零利率的貨幣政策，但仍無法誘發企業貸款投資，同樣陷入了流動性陷阱。

由於中央銀行用於買入金融資產的資金來自本身的新發行貨幣，因此量化寬鬆貨幣政策就等於中央銀行直接「印鈔票」。但由於美元是國際性貨幣，全球主要商品都以美元作為基準來訂價，美國大量「印鈔票」的結果，就是近年來大宗物資價格大幅上漲，加上日本也採用相同的貨幣政策，將導致資金大量流向商品市場，並成為加深未來全球性通貨膨脹的新隱憂。

本章重點

1. 能被普遍接受作為支付財貨與勞務或作為債務償還的標的物都可稱為貨幣。

2. 貨幣的功能包括：
   (1) 交易媒介。
   (2) 價值儲存。
   (3) 計價單位。
   (4) 延遲支付標準。

3. 人類曾使用的貨幣種類包括：商品貨幣、可兌換紙幣、強制貨幣。

4. 臺灣對貨幣數量的衡量分成 M1A、M1B 和 M2，內容為：
   (1) M1A = 通貨淨額 + 支票存款 + 活期存款。
   (2) M1B = M1A + 活期儲蓄存款。
   (3) M2 = M1B + 準貨幣。
   （其中準貨幣 = 定期存款 + 定期儲蓄存款 + 外匯存款 + 郵政儲金 + 附買回交易餘額 + 外國人新臺幣存款 + 貨幣市場共同基金。M1B = 通貨淨額 + 存款貨幣，而存款貨幣 = 支票存款 + 活期存款 + 活期儲蓄存款。）

5. 凱因斯的流動性偏好理論認為利率取決於貨幣的供需,而貨幣需求是來自:

 ⑴交易動機,與物價、所得、交易金額成正比。

 ⑵投機動機,和利率成反比。

 ⑶預防動機,和所得成正比。

6. 貨幣需求量和利率成反比,當所得上升(下降),貨幣需求曲線右(左)移。貨幣供給不受利率影響,完全為中央銀行所控制,為一條垂直線。

7. 流動性陷阱假說指在極低的利率下,貨幣需求為無限大,貨幣需求曲線為水平線。

8. 銀行是金融仲介機構的一種,間接撮合借貸雙方,仲介的種類包括:期限、面額、風險。

9. 銀行的種類包括:商業銀行、專業銀行、信託投資公司。

10. 臺灣的中央銀行隸屬行政院,其經營目標為:

 ⑴促進金融穩定。

 ⑵健全銀行業務。

 ⑶維護對內及對外幣值之穩定。

 ⑷於上列目標範圍內,協助經濟之發展。

11. 中央銀行主要功能包括:

 ⑴作為發行的銀行。

 ⑵作為銀行的銀行。

 ⑶作為政府的銀行。

 ⑷監管金融機構業務。

 ⑸控制貨幣供給、穩定物價。

 ⑹經營外匯準備、穩定匯率。

12. 法定準備率指法律規定銀行必須保留存款中不能貸出的比例,其金額稱為法定準備,超過法定準備的存款稱為超額準備。

13. 存款貨幣乘數 $= \dfrac{1}{\text{法定準備率}}$,但實際上通常低於此值,一是銀行不一定能把超額準備全貸出,二是借款人可能用現金保有部分借款。

14.通貨的總量稱為準備貨幣、貨幣基數或強力貨幣，由社會上的通貨及存款貨幣機構的存款準備金組成，是創造存款貨幣的基礎，又稱基礎貨幣。

15.央銀穩定物價和調整利率水準有兩個方向，一是實施擴張性貨幣政策，增加貨幣供給使利率下降，二是實行緊縮性貨幣政策，減少貨幣供給使利率上升。而央行控制貨幣供給的工具有：

(1)公開市場操作。

(2)調整法定準備率。

(3)調整重貼現率。

(4)道德勸說。

(5)信用管制。

課後練習

( )　1.以下哪一項不是貨幣的功能？　(A)兌換的標準　(B)價值的儲藏　(C)計價的單位　(D)交易的媒介

( )　2.以下哪一項不屬於貨幣？　(A)鑄幣　(B)紙幣　(C)存款貨幣　(D)信用卡

( )　3.如果阿華把銀行活期儲蓄帳戶中的 1 萬元轉存到一年期的定期存款，則以下何者正確？　(A) M1 和 M2 都不變　(B) M1 和 M2 都增加　(C) M1 減少，M2 不變　(D) M1 不變，M2 增加

( )　4.以下哪一項會導致貨幣需求增加？　(A)信用卡交易普及化　(B)物價下跌　(C)利率上升　(D)所得增加

( )　5.根據凱因斯的貨幣需求理論，___動機的貨幣需求與___成負相關。　(A)交易；所得　(B)預防；利率　(C)投機；物價　(D)投機；利率

( )　6.凱因斯的貨幣需求理論認為，當利率水準較高時，人們的貨幣需求數量會___，因為預期債券價格___。　(A)較高；上升　(B)較高；下跌　(C)較低；上升　(D)較低；下跌

( )　7.依據流動性偏好理論，如果貨幣供給不變，當所得___時，利率將會___。　(A)增加；下跌　(B)增加；上升　(C)減少；不變　(D)減少；上升

( )　8.如果處於流動性陷阱的狀態下，當貨幣供給增加時，利率會如何變動？　(A)大幅上升　(B)小幅上升　(C)不變動　(D)大幅下跌

( )　9.「銀行的銀行」是指以下何者？　(A)商業銀行　(B)專業銀行　(C)信託投資公司　(D)中央銀行

( )　10.以下哪一項不是中央銀行的主要功能？　(A)對企業貸款　(B)發行貨幣　(C)管理國庫　(D)穩定物價

( )　11.商業銀行是透過何者來創造存款貨幣？　(A)印製支票　(B)向央行借款　(C)吸收存款　(D)提供貸款

( )　12.當法定準備率___，銀行的超額準備會___。　(A)提高；增加　(B)

提高；不變　(C)降低；減少　(D)降低；增加

（　）13.如果法定準備率由 10% 調升為 20%，則貨幣乘數會如何變化？　(A)
5 上升為 10　(B) 10 上升為 20　(C) 10 下降為 5　(D) 20 下降為 10

（　）14.當中央銀行要增加貨幣供給 500 億元，在存款貨幣乘數為 5 的情況
下，應如何進行公開市場操作？　(A)買入 100 億元債券　(B)買入
2,500 億元債券　(C)賣出 100 億元債券　(D)賣出 2,500 億元債券

（　）15.以下哪一項屬於中央銀行的擴張性貨幣政策？　(A)減少貨幣供給
(B)在公開市場賣出公債　(C)調降重貼現率　(D)調升存款準備率

一位美國總統曾表示，他以後一定要僱用一個獨臂的經濟學家，免得經濟學
家老是告訴他「從這方面來看是如此，從另一方面 (on the other hand) 又是
怎樣」。

第13章

均衡所得的決定：IS-LM 模型、AD-AS 模型

在前面討論國民所得的決定因素時，貨幣並沒有扮演影響所得的角色，在本章我們把貨幣數量與利率加進簡單凱因斯模型中，利用 IS-LM 模型分析產品市場與貨幣市場的同時均衡條件，以及財政政策和貨幣政策如何影響利率與所得水準。並透過物價水準的變動，以 IS-LM 模型為基礎導引出總合需求曲線，然後再由 AD-AS 模型探討物價水準與所得是如何決定的。

學習目標

1. 能掌握產品市場與貨幣市場的共同均衡條件。
2. 能分析財政政策與貨幣政策如何影響利率與所得。
3. 瞭解總合供給與總合需求的性質及影響因素。
4. 能分辨長期與短期均衡的不同。
5. 能應用總合供給與總合需求分析物價與所得的變動。

一、IS 曲線

㈠產品市場與 IS 曲線的意義

在總體經濟活動中，產品市場是最終產品與勞務交換的地方，但在簡單凱因斯模型中，所得的決定並沒有考慮到利率與總合需求之間的關係。當利率下跌，企業的資金成本降低，於是投資支出增加，總合需求上升而使均衡所得增加。反之，利率上升則導致均衡所得減少。所以在產品市場上，利率與所得之間是呈現反向的變動關係。

由於利率取決於貨幣市場，加入利率這個變數後，貨幣市場的變動就會影響到產品市場。因此，所得的決定並非只從產品市場單獨考慮的，必須是兩個市場共同形成，這一節我們先討論實質面的產品市場。在產品市場達成均衡時，所有利率與所得組合的軌跡稱為 IS 曲線，也可稱為產品市場均衡線。之所以名為 "IS"，是因為在線上任何一點，都滿足投資 (I) 等於儲蓄 (S) 的產品市場均衡條件，換言之，IS 曲線上代表產品市場的總合需求等於總產出。

㈡IS 曲線的推導

我們可以用圖 13.1 (A) 至 (C) 來導引出 IS 曲線。在圖 13.1 (A) 中，當利率為 r_1 時，投資數量為 I_1，可得出圖 13.1 (B) 中對應的總合需求曲線 AE_1，AE_1 與 45 度線交點的所得水準為 Y_1。若利率下降至 r_2，投資數量增加至 I_2，於是總合需求曲線上升至 AE_2，與 45 度線交點的所得水準為 Y_2，因此把 r_1 及對應的 Y_1 和 r_2 及對應的 Y_2 畫在圖 13.1 (C) 中 a 和 b 兩均衡點，再連接起來就得出利率與所得之組合，即為 IS 曲線。由於利率上升會壓抑投資，最後導致所得下降，因此利率與所得兩者走向相反，使得 IS 曲線呈現負斜率。

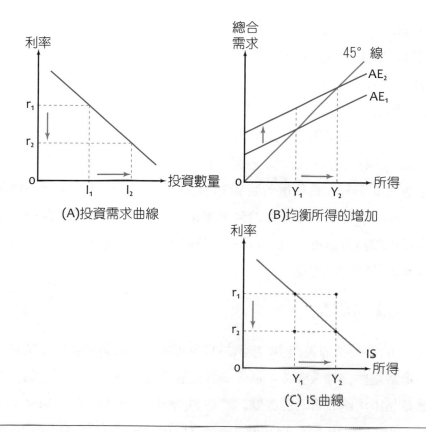

(A)投資需求曲線   (B)均衡所得的增加

(C) IS 曲線

圖 13.1 IS 曲線的推導

　　當產品市場失衡時，可透過所得與利率的調整來恢復均衡狀態。以圖 13.1 (C) 的 c 點為例，c 點與 a 點的利率都是相同的 r_1，但 a 點的所得 Y_1 滿足總合需求等於總產出的條件，而 c 點的所得則高於 Y_1，所以 c 點並非產品市場達成均衡時的利率與所得組合。由於利率 r_1 只能支持 AE_1 的總合需求，進而得出均衡所得 Y_1，因此 c 點的所得必然是因為總合需求不足而未能達到，所以在 IS 曲線右方的區域表示產品市場的總產出大於總合需求，所得會因產品供過於求而下降，最後回到 IS 曲線上供需相等的均衡狀態。從另一個角度看，在相同的所得 Y_2 下，c 點的利率較 b 點的 r_2 為高，而投資與利率高低成反比，所以 c 點的總合需求不足是因為投資較低所造成的，如果利率下

降就可以回到 IS 曲線上。

　　同理，圖 13.1 (C) 中 d 點與 b 點的利率都是相同的 r_2，其中 b 點的所得 Y_2 符合總合需求等於總產出的條件，而 d 點的所得則低於 Y_2，所以 d 點不是產品市場達成均衡時的利率與所得組合。由於在利率 r_2 下 AE_2 的總合需求可得出均衡所得 Y_2，因此 d 點的所得必然是總合需求過多而未達均衡所得，所以在 IS 曲線左方的區域代表產品市場的總合需求大於總產出，所得會因產品供不應求而上升，最後重新回到 IS 曲線上的均衡狀態。由另一個角度觀察，在相同的所得 Y_1 下，d 點的利率較 a 點為低，因此 d 點的總合需求過多是因為投資較高所造成的，如果利率上升就可以降低投資，使總合需求下降，重新回到產品市場的均衡。

㈢IS 曲線的移動

　　在 IS 曲線的推導過程中，我們都假設利率以外影響總合需求的其他條件不變，但當這些條件改變後，例如影響自發性支出任何一項因素的變動，都會透過產品市場總合需求的改變，使 IS 曲線移動。如圖 13.2 (A) 所示，當利率為 r_1，自發性支出增加 ΔAE 時，總合需求由 AE_1 上升至 AE_1'，均衡所得由 Y_1 透過乘數效果增加至 Y_1'，因此 $Y_1' - Y_1 =$ 乘數 $\times \Delta AE$，新的均衡利率與所得組合如圖 13.2 (B) 的 e 點所示。同樣的推理過程，如果利率為 r_2，自發性支出也增加 ΔAE，總合需求由 AE_2 上升至 AE_2'，均衡所得由 Y_2 增加至 Y_2'，所得的增加為 $Y_2' - Y_2 =$ 乘數 $\times \Delta AE$，在圖 13.2 (B) 中新的均衡點為 f。把 e 和 f 兩點連結起來就得出自發性支出增加後的 IS 曲線。

　　由以上討論可知，如果自發性支出增加，IS 曲線會往右移動，表示在同樣利率下所得會較高。反之，當自發性支出減少，則 IS 曲線會左移，代表在相同利率下所得會較低。根據第 11 章的討論結果，影響自發性支出的項目包括：

⑴自發性消費。

⑵自發性投資。

⑶政府支出。

⑷出口。

⑸自發性稅收。

⑹自發性進口。

　　其中⑴至⑷與自發性支出同向變動，而⑸和⑹則與自發性支出呈現反向變動關係。

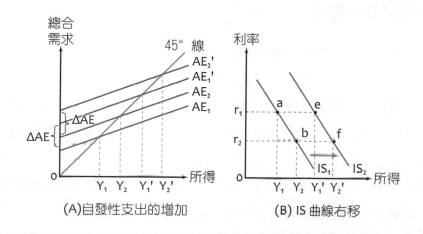

(A)自發性支出的增加　　　(B) IS 曲線右移

圖 13.2　IS 曲線的移動

二、LM 曲線

㈠貨幣市場與 LM 曲線的意義

　　由上一節的分析可知，利率的變動可以影響產品市場的均衡所得。反過來說，所得的變動其實也會影響貨幣市場的利率。因為所得的上升會增加交易和預防動機的貨幣需求，進而使均衡利率上升，因此在貨幣市場上，利率與所得之間是呈現正向的變動關係。

　　由於所得決定在產品市場，加入所得的變化後，產品市場的變動就會影

響到貨幣市場。如果只單獨考慮貨幣市場，將無法得出唯一的均衡利率。在貨幣市場達成均衡時，所有利率與所得組合的軌跡稱為 LM 曲線，也可稱為貨幣市場均衡線。之所以名為 "LM"，是因為在線上任何一點，都滿足貨幣需求等於貨幣供給的貨幣市場均衡條件，其中 L 表示貨幣需求（又稱流動性偏好），M 代表貨幣供給。

㈡LM 曲線的推導

在第 12 章討論貨幣市場時曾分析過,利率水準是由貨幣供給與貨幣需求共同決定的。貨幣供給是一條不受利率影響的垂直線，貨幣需求則主要有三大動機，其中投機動機需求與利率呈負相關，即利率愈低貨幣需求愈高，如圖 13.3 (A) 的 D_{M1} 所示。當所得為 Y_1 時，均衡利率 r_1 決定於貨幣供給 S_M 與貨幣需求 D_{M1} 的交點。但交易和預防動機需求與所得呈正相關，即所得愈高貨幣需求愈高，因此當所得由 Y_1 增加至 Y_2 時，在相同利率下貨幣需求量上升，於是貨幣需求曲線由 D_{M1} 右移至 D_{M2}，均衡利率上升至 r_2，把 r_1 及對應的 Y_1 和 r_2 及對應的 Y_2 畫在圖 13.3 (B) 中 a 和 b 兩均衡點，再連接起來就得出利率與所得之組合，即為 LM 曲線。由於所得上升提高了貨幣需求，導致利率上升，因此利率與所得兩者走向相同，使得 LM 曲線呈現正斜率。

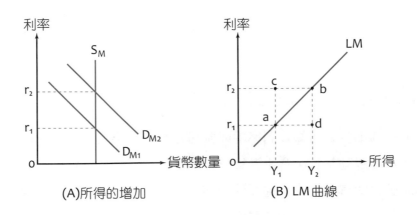

(A)所得的增加　　　(B) LM 曲線

圖 13.3　LM 曲線的推導

　　當貨幣市場失衡時，可透過利率或所得的調整來回到均衡狀態。以圖 13.3 (B) 的 c 點為例，c 點與 a 點的所得都是相同的 Y_1，但 a 點的利率滿足貨幣供給等於貨幣需求的均衡條件，而 c 點對應的利率則高於 a 點，無法達成貨幣市場的均衡。由於所得 Y_1 下只能支持 D_{M1} 的貨幣需求，進而得出利率 r_1，而 c 點的利率高於 r_1，必然導致貨幣需求不足，所以在 LM 曲線的左方區域都表示貨幣市場上的貨幣供給大於貨幣需求，則利率會因貨幣供過於求而下降，最後回到 LM 曲線上供需相等的均衡狀態。從另一個角度看，在相同的利率 r_2 下，c 點的所得較 b 點為低，因此 c 點的貨幣需求不足是因為所得較低所造成，如果所得上升就可以回到 LM 曲線上。

　　同理，d 點與 b 點的所得都是相同的 Y_2，但 b 點的利率下貨幣供給等於貨幣需求，而 d 點對應的利率則低於 b 點，利率過低必然導致貨幣需求過多，所以在 LM 曲線的右方區域都表示貨幣需求大於貨幣供給，則利率會因貨幣供不應求而上升，直至回到 LM 曲線上供需相等的均衡狀態。由另一個角度觀察，在相同的利率 r_1 下，d 點所得較 a 點為高，因此 d 點的貨幣需求過多是因為所得較高所造成，如果所得下降就可以降低貨幣需求，重新回到貨幣市場的均衡。

㈢LM 曲線的移動

　　在 LM 曲線的推導過程中，我們都假設除了所得以外其他條件不變，但是當影響貨幣需求或貨幣供給的條件改變了，LM 曲線就會移動。茲細述如下：

1. 自發性貨幣需求的變動

　　在圖 13.4 (A) 中，如果在所得 Y_1 下自發性貨幣需求增加，貨幣需求曲線將由 D_{M1} 右移至 D'_{M1}，均衡利率由 r_1 上升至 r'_1，新的均衡利率與所得組合如圖 13.4 (B) 中的 c 點所示。同樣地，在所得 Y_2 下自發性貨幣需求的增加將使貨幣需求曲線由 D_{M2} 右移至 D'_{M2}，均衡利率也由 r_2 上升至 r'_2，得出新的均衡利率與所得組合為圖 13.4 (B) 中的 d 點。把 c 和 d 兩點連結起來就得出新

的 LM 曲線 LM_2，LM_2 在 LM_1 上方，表示當所得相同時，自發性貨幣需求的增加會使利率上升，相當於 LM 曲線左移。反之，當自發性貨幣需求減少時，會使 LM 曲線右移。

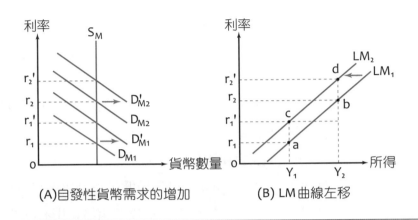

(A)自發性貨幣需求的增加　　　(B) LM 曲線左移

圖 13.4　LM 曲線的移動㈠

2.貨幣供給的變動

在圖 13.5 (A) 中，假設在所得 Y_1 下的貨幣需求曲線為 D_{M1}，由 Y_2 所決定的貨幣需求曲線為 D_{M2}，當貨幣供給由 S_{M1} 增加至 S_{M2} 時，均衡利率分別由 r_1 及 r_2 下跌至 r_1' 和 r_2'，新的均衡利率與所得組合為圖 13.5 (B) 的 e 和 f 點，把兩點連結起來就得出貨幣供給增加後的 LM 曲線 LM_2，由於 LM_2 在 LM_1 下方，表示當所得相同時，貨幣供給的增加會使利率下降，相當於 LM 曲線右移。反之，當貨幣供給減少時，會使 LM 曲線往左移動。

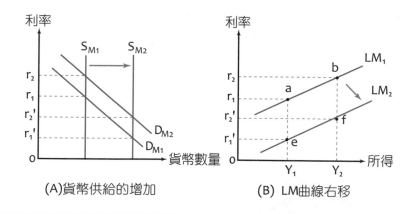

(A)貨幣供給的增加　　　　　(B) LM曲線右移

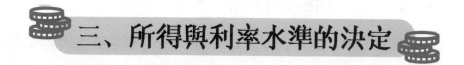

圖 13.5　LM 曲線的移動(二)

三、所得與利率水準的決定

(一)產品市場與貨幣市場均衡

　　IS 曲線上代表產品市場均衡時利率與所得的不同組合，而 LM 曲線上代表貨幣市場均衡時利率與所得的各種組合，如果實質面的產品市場與貨幣面的貨幣市場同時達到均衡，則只存在一組利率與所得。我們就可藉由 IS-LM 模型得出產品市場及貨幣市場同時達到均衡時的所得及利率水準，如果把 IS 曲線與 LM 曲線放在一起，稱之為 IS-LM 模型，如圖 13.6 所示，其相交點 a 就是均衡點，共同決定了均衡利率 r^* 和均衡所得 Y^*，而在 a 點以外的區域都必須透過利率和所得的調整才會恢復到均衡狀態。

　　以圖中 b 點為例，b 點位於 IS 曲線左方，表示產品市場的總合需求大於總產出，所得水準會增加，而 b 點也在 LM 曲線右方，表示貨幣市場的貨幣需求大於貨幣供給，利率水準將上升。由於兩個市場都處於失衡狀況，根據前面兩節的討論結果，經過利率和所得的調整後，就能回復到均衡點 a 的位置。

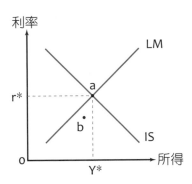

圖 13.6 商品市場與貨幣市場的均衡

㈡IS 曲線與 LM 曲線移動對所得與利率的影響

在 IS-LM 模型中，當 IS 曲線或 LM 曲線移動，都會影響均衡利率和所得水準，茲分析如下：

1. IS 曲線移動的影響

在圖 13.7 (A) 中，當自發性支出增加時，IS 曲線將由 IS_1 右移至 IS_2，最後造成均衡利率上升、均衡所得增加。反之，在圖 13.7 (B) 中，當自發性支出減少時，IS 曲線將會從 IS_1 左移至 IS_2，結果導致均衡利率和均衡所得都下跌。

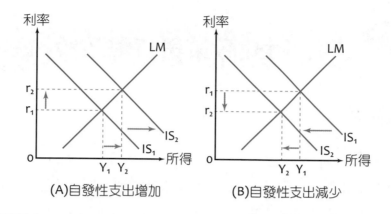

(A)自發性支出增加　　　　　(B)自發性支出減少

圖 13.7 IS 曲線移動的影響

2.LM 曲線移動的影響

　　如圖 13.8 (A) 所示，當貨幣供給增加或貨幣需求減少時，LM 曲線將由 LM_1 右移至 LM_2，最後造成均衡利率下跌、均衡所得增加的結果。反之，如圖 13.8 (B) 所示，當貨幣供給減少或貨幣需求增加時，LM 曲線將由 LM_1 左移至 LM_2，結果導致均衡利率上升、均衡所得減少。

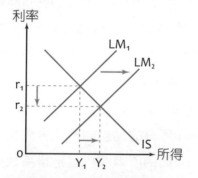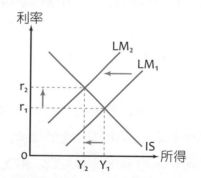

(A)貨幣供給增加或貨幣需求減少　　(B)貨幣供給減少或貨幣需求增加

圖 13.8 LM 曲線移動的影響

四、財政政策與貨幣政策

(一)財政政策

1.排擠效果

　　藉由 IS-LM 模型，我們也可以分析財政政策如何影響均衡所得與利率。如果政府採取擴張性的財政政策，增加政府支出（或減少租稅），如圖 13.9 (A) 所示，將使得 IS 曲線由 IS_1 右移至 IS_2，最後均衡利率由 r_1 上升至 r_2，均衡所得由 Y_1 增加至 Y_2，但由於新的均衡利率上升的關係，將使得廠商的投資受到排擠。這種因政府支出增加的同時，會推升利率的上揚而排擠掉一部分廠商投資，導致所得增量減少的現象，在經濟學上稱為排擠效果 (Crowding-out Effect)。其理由是政府增加支出，將透過乘數效果使所得增加，但是當考慮到貨幣市場時，所得上升就會增加貨幣的需求，在貨幣市場上把利率推高，結果廠商的利息成本上升，就會減少投資，所得就會回跌一些，最後所得的上升幅度並沒有原來預計的高。

　　排擠效果的出現可以用圖形來說明，在圖 13.9 (A) 中，當 IS 曲線移動之後，如果利率維持在 r_1 不變，所得將增加到 Y_3 的水準，如圖中 a 點所示。不過 a 點位在 LM 曲線的右方，表示貨幣需求大於貨幣供給，貨幣市場並未達到均衡，貨幣數量供不應求的壓力將使利率上升，利率上升又使投資減少，進而使所得下跌，於是利率和所得將由 a 點沿著 IS_2 往左上方調整，直至到達 b 點時貨幣市場也同時達到均衡，利率和所得的動態調整才會停止。結果最後的所得水準為 Y_2 而非 Y_3，由 Y_3 至 Y_2 間的所得減少就是排擠效果所造成的，所以排擠效果會抵消掉一部分政府支出增加對經濟的擴張效果。

2.擠入效果

　　當政府採取緊縮性的財政政策，減少政府支出（或增加租稅）的同時，投資卻會因利率下跌而增加，因而抵消掉一部分政府支出下降對所得減少的

效果，這種情況稱為擠入效果 (Crowding-in Effect)。在圖 13.9 (B) 中，政府
支出的減少將使得 IS 曲線由 IS_1 左移至 IS_2，最後均衡利率由 r_1 下跌至 r_2，
所得由 Y_1 減少至 Y_2。如果利率維持在 r_1 不變，所得將下降至 Y_3 的水準，
如圖中 a 點所示。但 a 點位在 LM 曲線的左方，意味著貨幣供給大於貨幣需
求，貨幣數量的供過於求將使利率下跌，進而刺激投資增加、所得回升，於
是利率和所得將由 a 點沿著 IS 曲線往右下方調整，直至到達 b 點時貨幣市場
也達到均衡，利率和所得的動態調整才會結束。結果最後的所得水準為 Y_2 而
非 Y_3，由 Y_3 至 Y_2 間的所得增加是由政府支出的減少帶來的，所以擠入效果
會抵消掉一部分政府支出減少對經濟的緊縮效果。

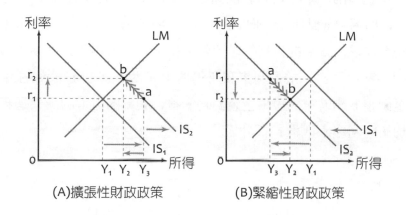

圖 13.9 財政政策的影響

㈡貨幣政策

利用 IS-LM 模型也可以分析貨幣政策如何影響均衡產出與均衡利率。如
圖 13.10 (A) 所示，當中央銀行採取擴張性的貨幣政策時，貨幣供給增加使得
LM 曲線由 LM_1 右移至 LM_2，均衡利率由 r_1 下跌至 r_2，所得由 Y_1 上升至
Y_2。所得的增加是透過利率的下降使投資增加，進而使總合需求增加達成
的。其動態調整過程如下：LM 曲線移動之後，如果所得停留在 Y_1，貨幣供

給的增加會使利率由 r_1 下跌至 r_3，如圖中 a 點所示。不過 a 點位在 IS 曲線左方，表示產品市場並未達到均衡，總合需求大於總產出，因此產品供不應求的壓力將使所得上升，所得上升又使貨幣需求增加，進而使利率回升，於是利率和所得將由 a 點沿著 LM_2 往右上方調整，直至到達 b 點時產品市場也同時達到均衡，利率和所得的動態調整才會停止，結果最後的利率水準為 r_2 而非 r_3。

　　反之，當中央銀行採取緊縮性的貨幣政策時，如圖 13.10 (B) 所示，貨幣供給減少使得 LM 曲線由 LM_1 左移至 LM_2，均衡利率由 r_1 上升至 r_2，所得由 Y_1 下跌至 Y_2。所得的減少是透過利率的上升使投資下降來達成，其動態調整過程是這樣的：當 LM 曲線左移後，如果所得仍停留在 Y_1，利率將由 r_1 上升至 r_3，如圖中 a 點所示。但 a 點在 IS 曲線的右方，表示產品市場的總產出大於總合需求，產品的供過於求將使所得下跌，所得下跌又使貨幣需求減少，進而使利率回跌，於是利率和所得將由 a 點沿著 LM_2 曲線往左下方調整，直至到達 b 點時產品市場也達到均衡後，利率和所得的調整過程才會停止，在均衡時利率水準為 r_2 而非 r_3。

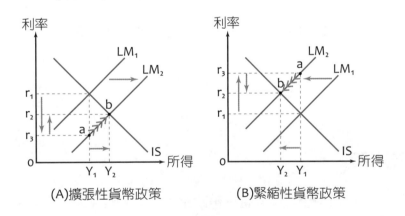

圖 13.10　貨幣政策的影響

⑶財政政策和貨幣政策的配合

　　擴張性的財政政策雖然會產生排擠效果，但如果政府同時採取擴張性的貨幣政策，排擠效果導致的所得增量減少就可以減輕甚至消除。我們可以用圖 13.11 (A) 來說明，擴張性的財政政策實施後使得 IS 曲線由 IS_1 右移至 IS_2，均衡利率由 r_1 上升至 r_2，均衡所得由 Y_1 增加至 Y_2，此時如果擴張性的貨幣政策也一起推出，LM 曲線由 LM_1 右移至 LM_2 時，均衡利率將可維持在 r_1，而均衡所得也可以增加至 Y_3，排擠效果就可以因擴張性貨幣政策的配合而完全消除。理由是政府支出增加所引起的利率上升，完全被貨幣供給增加導致的利率下跌抵消掉，因此最後均衡利率維持不變，但均衡所得增加得更多。當然，如果貨幣供給的增加不夠多，使新的 LM 曲線位於 LM_1 和 LM_2 之間時，則均衡利率將在 r_1 至 r_2 之間，均衡所得還是無法達到 Y_3 的水準，排擠效果將會較小但仍然存在。

　　另一種情況是政府為降低所得而採取緊縮性的財政政策，如果同時採取緊縮性的貨幣政策，擠入效果導致的所得回升就可以減輕甚至消除。在圖 13.11 (B) 中，政府支出減少使得 IS 曲線由 IS_1 左移至 IS_2，均衡利率由 r_1 下跌至 r_2，均衡所得由 Y_1 減少至 Y_2，此時如果也降低貨幣供給，LM 曲線由 LM_1 左移至 LM_2 時，均衡利率 r_1 將會不變，均衡所得減少至 Y_3，在緊縮性的財政政策配合下，擠入效果就可以完全消除。其理由與前述討論類似，因為政府支出減少所引起的利率下跌，完全被貨幣供給減少導致的利率上升抵消掉，所以最後均衡利率沒有變化，均衡所得就可以下跌至 Y_3。不過，如果貨幣供給減少太多，使新的 LM 曲線位於 LM_2 左方時，均衡所得就會下跌至低於 Y_3 的水準，所以貨幣政策的強度也要恰到好處，才能達成政府原先的財政政策目標。

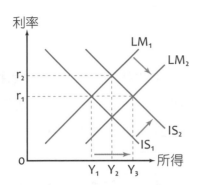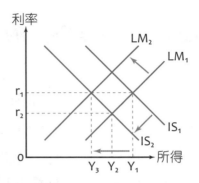

(A)擴張性財政政策與擴張性貨幣政策　　(B)緊縮性財政政策與緊縮性貨幣政策

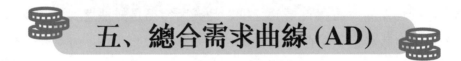

圖 13.11　財政政策與貨幣政策的配合

五、總合需求曲線 (AD)

本章前半部分討論的是均衡利率與所得的決定，後半部分將進一步把物價水準納入模型中，以探討物價與所得之間的關係，使用的分析工具為總合需求與總合供給模型，簡稱 AD-AS 模型，以下將先從需求面來討論。

㈠總合需求曲線

在個體經濟學中，產品的需求曲線表示不同價格下消費者願意購買的需求量。分析總體經濟時，也可以利用同樣的概念來探討物價水準和社會對總產出的需求量。總合需求曲線 (Aggregate Demand Curve, AD) 是代表在不同物價水準下社會總合需求的數量，而總合需求則是由消費、投資、政府支出和淨出口四項支出組成。

㈡總合需求曲線的推導

我們可以用前述的 IS-LM 模型來導引出總合需求曲線。在圖 13.12 (A) 中，假設原來物價水準為 P_1，因此對應的 LM 曲線為 LM_1，與 IS 曲線相交

得出 Y_1 之所得。由於物價上升會增加交易動機的貨幣需求，而貨幣需求的增加會使 LM 曲線左移，因此當物價水準由 P_1 上升至 P_2 時，LM_1 左移至 LM_2，使所得由 Y_1 下降至 Y_2。把 P_1 及對應的 Y_1 和 P_2 及對應的 Y_2 畫在圖 13.12 (B) 中 a 和 b 兩均衡點，再連接起來就得出物價水準與所得之組合，即總合需求曲線。由於是在 IS-LM 模型的均衡點上推導出來的，所以總合需求曲線也代表產品市場與貨幣市場都同時達成均衡時，所有物價水準與所得組合的軌跡。

　　當物價水準上升，貨幣需求的增加就會拉高利率，使得投資減少，最後導致所得下降，所以物價水準與所得具有反向變動的關係，總合需求曲線因而呈現負斜率。換句話說，當物價水準愈高時，總合需求量愈低，使得所得下降。反之，當物價水準愈低時，總合需求量就愈高，使得所得上升。

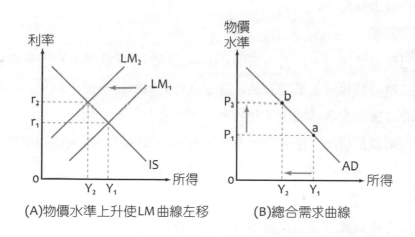

(A)物價水準上升使LM曲線左移　　　(B)總合需求曲線

圖 13.12　總合需求曲線的導出

㈢總合需求曲線的斜率

　　總合需求曲線與個別產品需求曲線雖然都是負斜率的，但兩者所代表的意義不盡相同，個別產品需求曲線呈現負斜率，其中一個原因是市場上有其

他不漲價的替代產品可以購買。例如咖啡漲價，當奶茶價格不變時，有些消費者會改喝奶茶，咖啡的需求量就會減少，所以個別產品需求曲線是負斜率的。但如果一般物價水準上漲，表示包括奶茶在內的大部分產品的價格都上升，消費者自然不會考慮以奶茶替代咖啡。因此總合需求曲線的負斜率並非因為產品間的替代所造成。那為什麼物價水準的上升會使總合需求量減少呢？其原因有以下三點：

1.實質財富影響

以貨幣形式持有的財富稱為名目財富 (Nominal Wealth)，例如現金或銀行中的存款，把名目財富除以物價水準則稱為實質財富 (Real Wealth)，代表財富的實質購買力。當物價水準上升時，同樣的名目財富能買到的東西減少了，表示實質財富的購買力降低，民眾實質上變窮了，消費支出就會下降，總合需求量也就減少。

2.利率影響

交易動機是消費者持有貨幣的其中一個原因，當物價水準上升時，需要更多的貨幣購買相同數量的產品，於是交易動機的貨幣需求增加，當貨幣供給不變時，貨幣需求增加將推升利率，利率的上升不但使投資數量減少，也會導致民眾儲蓄增加。在可支配所得不變下，儲蓄增加代表當期消費減少，利率上升引起的投資和消費下降都會使總合需求量萎縮。

3.進出口影響

如果考慮到國際貿易，產品間的替代會發生在本國與外國產品之間。雖然物價水準的上揚不影響國內產品的相對價格，但在匯率和國外物價不變的情況下，國內物價水準上升表示國內產品相對於國外產品變貴了，國外消費者就會減少對本國產品的購買，使得出口下降。而且因為國外產品相對變便宜了，本國民眾就會增加購買進口品，用以替代本國產品，因此最後淨出口就減少，造成總合需求量下降。

㈣影響總合需求曲線移動的因素

在總合需求曲線的推導過程中，我們都假設物價水準以外的因素不變，

由於總合需求由消費、投資、政府支出和淨出口四項支出組成，因此如圖
13.13 所示，當任何一項支出增加時，總合需求曲線由 AD_1 往右移動至 AD_2，
表示在相同物價水準下，總合需求量都增多了；如果總合需求曲線由 AD_1 往
左移動至 AD_3，則表示在相同物價水準下，總合需求量減少了。

而影響總合需求支出項目變動的因素則包括：

1. 財政政策

如果政府採取擴張性的財政政策來增加政府支出，或者透過減稅來刺激
企業投資和增加家計的可支配所得以促進消費，就會提高總合需求，使總合
需求曲線右移；而當政府採取緊縮性的財政政策就會使總合需求曲線左移。

2. 貨幣政策

當政府採取擴張性的貨幣政策時，貨幣供給的增加會導致利率下跌，使
貸款成本降低，企業投資就因此增加，總合需求曲線會往右移動。反之，緊
縮性的貨幣政策會使總合需求曲線左移。

3. 國外所得

如果國外消費者所得增加，就會增加購買本國產品，本國出口就會提升，
使得總合需求曲線右移。同理，國外消費者所得減少會導致總合需求曲線左
移。

4. 匯　率

當本國貨幣貶值，對國外消費者而言本國產品變得便宜，但對本國消費
者來說外國產品變得昂貴，因此國外消費者就會多買本國產品，本國消費者
少買外國產品，出口增加、進口減少將使總合需求曲線右移，而本國貨幣升
值就會使總合需求曲線往左移動。

5. 對未來的預期

當廠商和消費者對未來景氣預期樂觀，例如看好產品銷售情況或薪水調
漲，就會增加投資和消費，這都會使總合需求曲線右移。如果對未來展望悲
觀，則投資和消費都會減少，使得總合需求曲線左移。

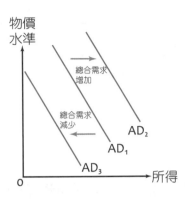

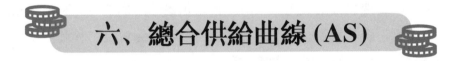

圖 13.13　總合需求曲線的移動

六、總合供給曲線 (AS)

　　總合供給曲線 (Aggregate Supply Curve, AS) 是指在不同的物價水準下，社會對產品和勞務數量的總供給量。不過由於考慮的期限不同，又可分成長期總合供給曲線 (Long Run Aggregate Supply Curve, LAS) 和短期總合供給曲線 (Short Run Aggregate Supply Curve, SAS)，茲分述如下：

㈠長期總合供給曲線

　　長期總合供給曲線是指物價水準與在充分就業下的實質總產出之間的關係。由於所得水準可以用實質總產出來衡量，在這樣的定義下，我們就可以得出長期總合供給曲線是一條垂直線，如圖 13.14 的 LAS_1 所示，表示不管物價水準如何變動，所得水準 Y_F 都不會變化。因為在充分就業下，所有生產要素都已充分利用，沒有生產要素閒置或過度使用。即使物價上漲，廠商也無法多僱用工人或用空出的產能設備增加生產。而且廠商也沒有誘因這樣做，因為當物價水準變動，長期而言生產要素的價格也會跟著調整，對廠商的實質利潤就沒有影響，所以物價變動對社會的實質總產出沒有效果。

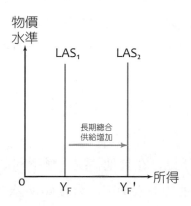

圖 13.14　長期總合供給曲線及其移動

　　例如物價水準上漲 3%，工人的名目工資也會上漲 3%，由於實質工資等於名目工資除以物價水準，當名目工資漲幅與物價水準漲幅一樣時，實質工資並沒有下跌，既然實質工資沒有下跌，廠商對工人的需求量也不會增加，因此社會的實質總產出不會隨物價漲跌而有所增減。換言之，在充分就業下，所得水準是固定不變的。但是在實務上我們的所得長期都在增加，原因是固定的實質總產出是在生產要素數量既定的前提下推導出來的，當生產要素的數量增加，例如人口和機器設備的成長，或是技術進步帶來的生產效率提升，都可以在不改變原有生產要素的充分利用下增加實質總產出，於是長期總合供給曲線就如圖 13.14 所示會由 LAS_1 往右移動至 LAS_2。

(二)短期總合供給曲線

1.短期總合供給曲線的定義

　　雖然長期而言生產要素的價格會隨物價變動而同幅度調整，但一般而言，短期內生產要素價格的變動幅度往往跟不上物價漲幅，甚至是完全沒變動的。其中一個主要原因在於工資屬於一種契約，雙方約定這種工資水準可以持續一段時期，例如大部分上班族和軍公教人員的薪水最多每年調整一次，有時

候甚至好幾年才作調整。當生產要素價格短期內不能變動時，如果物價水準上升，因生產成本不變，表示廠商實質利潤會增加，增產意願就提高，所以社會的實質總產出和物價水準成正向關係，短期總合供給曲線是一條正斜率的曲線，如圖 13.15 的 SAS_1 所示。

2.影響短期總合供給曲線移動的因素

(1)生產成本的變動

當廠商的生產成本下跌，在其他情況不變下利潤會增加，廠商的生產意願就會上升，因此同樣的物價水準下，會使短期總合供給曲線如圖 13.15 所示由 SAS_1 右移至 SAS_2；反之，生產成本上升會使短期總合供給曲線左移至 SAS_3。所以工資、原物料、能源等生產要素價格的變動都會影響短期總合供給曲線。

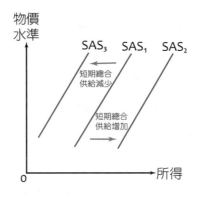

圖 13.15　短期總合供給曲線及其移動

(2)租稅的變動

租稅的變動對供給面的影響理由如同生產成本一樣，如果政府對生產者降稅，就會刺激廠商的生產意願，於是供給量增加，短期總合供給曲線往右移動。

⑶對物價的預期

當廠商預期未來物價會上漲時，會減少供給，等待物價上漲後再賣更高的價錢，導致短期總合供給曲線左移。如果預期未來物價下跌則會增加目前供給，先賣個好價錢，導致短期總合供給曲線往右移動。

⑷人為或自然災害

水災、旱災等自然災害會損害農業的生產與收成，大地震或大海嘯也會造成各種工業生產停頓，罷工、戰爭等人為的災害同樣有破壞效果，使得社會的實質總產出減少，短期總合供給曲線左移。

七、均衡所得水準與物價之決定

㈠短期均衡

討論完總合需求曲線與總合供給曲線後，我們就可以進行總合供需的均衡分析，首先來觀察短期的總合供需均衡。把總合需求曲線和短期總合供給曲線畫在圖 13.16 中，均衡所得 Y^* 與物價水準 P^* 決定在 AD 和 SAS 兩條曲線的交點，如果離開了均衡點 a，物價水準的調整會使經濟體重新回到均衡。例如當物價水準高於 P^* 時，總合供給量大於總合需求量，供過於求會使物價水準下跌，物價水準下跌又使總合需求量增加、總合供給量減少，最後當物價水準下跌至 P^* 時，總合需求量又重新等於總合供給量。反之，當物價水準低於 P^* 時，供不應求會使物價水準上升，結果也會回到均衡狀態。

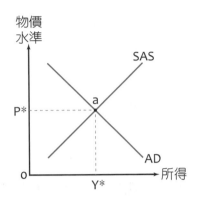

圖 13.16 總合供給與總合需求的短期均衡

㈡長期均衡

接下來我們把長期總合供給曲線也放在一起分析，當經濟體達到短期均衡時，其所得不一定處在充分就業之下，也有可能大於或小於充分就業水準。當短期均衡所得 Y^* 低於充分就業水準下的所得 Y_F 時，如圖 13.17 (A) 所示，就會產生差額 $(Y_F - Y^*)$ 的緊縮缺口，表示社會上的生產要素沒有被充分利用，例如有工人處在失業狀態。而當短期均衡所得 Y^* 高於充分就業水準下的所得 Y_F 時，如圖 13.17 (B) 所示，其差額 $(Y^* - Y_F)$ 就是膨脹缺口，表示社會上的生產要素正在被過度使用，因為 Y_F 一般是在正常使用下計算出來的，例如勞工每天工作 8 小時，但如果工人每天超時加班十幾個小時，則所得是會超過充分就業下的水準。當然最好的狀況是如圖 13.17 (C) 所示，AD、SAS 和 LAS 三線相交，短期均衡所得 Y^* 剛好等於充分就業水準下的所得 Y_F，稱為充分就業均衡 (Full-employment Equilibrium)，這時候所有生產要素既沒有閒置，也沒有被過度使用，是最理想的狀況。

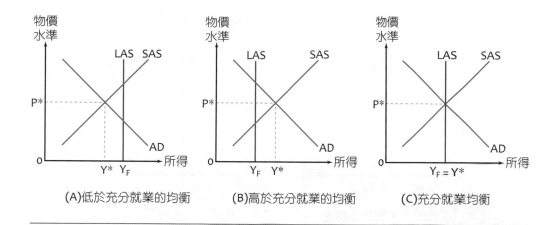

圖 13.17   總合供給與總合需求的長期均衡

　　至於經濟體能否達成充分就業的均衡,古典學派與凱因斯有不同的看法,如果出現緊縮缺口, 古典學派認為, 由於生產要素價格具有完全的伸縮性,可以快速地上下調整, 因此要素市場不會有供需失衡的狀況, 充分就業是常態。如果有失業發生, 勞動市場的供過於求必然使工資下跌, 使廠商的生產成本降低, 短期總合供給曲線由 SAS_1 往右移動至 SAS_2, 如圖 13.18 (A) 所示, 導致物價水準下跌、所得增加,最後 AD、SAS 和 LAS 三條曲線就會相交, 充分就業的所得水準 Y_F 就會達成, 因此長期均衡必然是充分就業的均衡。

　　反之, 如果出現膨脹缺口, 當生產要素被過度使用, 則其價格必然上升,例如勞動市場供不應求, 工人每天要超時加班工作,則一定會導致工資上升,使廠商的生產成本增加, 短期總合供給曲線由 SAS_1 往左移動至 SAS_2, 使得物價水準上揚、所得下降, 最後 AD、SAS 和 LAS 三條曲線就會相交, 重新回到充分就業的所得水準 Y_F。

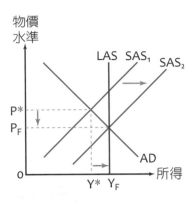
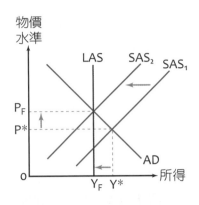

(A)低於充分就業的均衡　　　　(B)高於充分就業的均衡

圖 13.18　古典學派的總體經濟調整過程

　　從上述討論可知，古典學派主張的總體經濟調整過程是透過生產要素價格的快速變動而達成的，但凱因斯認為，由於工資僵硬性的存在，工資易漲難跌，當緊縮缺口出現時，前述的調整過程不會發生，因此無法回到充分就業的所得水準，失業才是常態。至於出現膨脹缺口時，雖然工人樂見工資的上漲，但由於工資的訂定往往是一種契約行為，短期內受契約規範也不易快速改變，即使可以變動也必須要一段時間，所以其調整過程是很緩慢的，因此長期均衡也不一定是充分就業的均衡。換句話說，圖 13.17 (A) 至 (C) 三種情況都有可能是長期均衡。

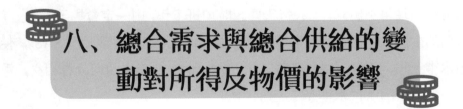

八、總合需求與總合供給的變動對所得及物價的影響

(一)總合需求的變動

　　假設原來經濟體是處在充分就業下的均衡狀態，如圖 13.19 (A) 所示，此

時如果總合需求降低，例如投資、消費或淨出口減少等使得總合需求曲線由 AD_1 左移至 AD_2，均衡物價與所得水準就會下跌，進而出現緊縮缺口。另一種情況剛好相反，假設在充分就業均衡下總合需求增加，如圖 13.19 (B) 所示，會使得總合需求曲線由 AD_1 右移至 AD_2，於是均衡物價與所得水準都會上升，因而出現膨脹缺口。

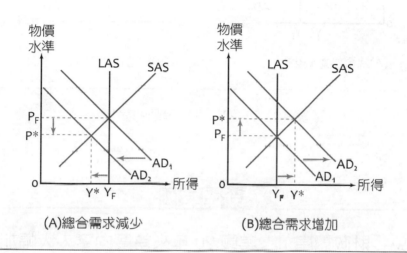

(A)總合需求減少　　　　(B)總合需求增加

圖 13.19　總合需求變動的影響

㈡總合供給的變動

　　如圖 13.20 (A) 所示，假設原來經濟體是處在充分就業下的均衡狀態，由於某些因素發生變動，造成短期總合供給減少，例如工資上漲，增加了廠商的生產成本，使其生產意願下降，於是短期總合供給曲線由 SAS_1 左移至 SAS_2，造成物價上漲、所得下降，並產生緊縮缺口。反之，當有利於短期總合供給的因素發生變動，例如政府對生產者降稅，減輕了廠商的生產成本，於是其生產意願增加，短期總合供給曲線就會由 SAS_1 右移至 SAS_2，導致物價下跌、所得上升，產生膨脹缺口。至於政府該採取什麼政策來恢復充分就業的均衡，我們留待下一章討論失業與通貨膨脹時再作分析。

(A)總合供給減少

(B)總合供給增加

圖 13.20   總合供給變動的影響

新聞案例

避免「財政懸崖」　美國 20 年來首度向富人大幅加稅

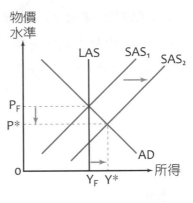

　　2013 年 1 月初，美國參、眾兩院先後表決通過避免「財政懸崖」(Fiscal Cliff) 的預算法案。其中，稅制方面大幅修改後，確立了對富人增稅的政策，這是美國 20 年來首度對高所得者全面加稅。雖然大多數美國納稅人的所得稅率並未調整，但年所得超過 45 萬美元

圖片來源：Shutterstock

的富裕家庭或年所得超過 40 萬美元的個人，一般所得最高稅率將從 2012 年的 35%，提高至 2013 年的 39.6%，投資所得最高稅率由 15% 大幅調升到 23.8%，遺產稅率則由 35% 調高為 40%。透過這次稅制的大調整，美國政府估計可增加 6,200 億美元的稅收。

評　論

　　2007 年美國發生次級房貸危機後，企業投資與民間消費雙雙大幅下降。面臨二戰以來最嚴重的經濟衰退，除了貨幣政策以外，美國政府也採取了許多擴張性的財政政策來拉高總合需求以穩定經濟，一定程度上發揮了正面效果，但同時也會大幅增加美國政府的財政赤字，因此當時就設定了政策期限。不過如此一來，也為日後的財政懸崖埋下了未爆彈。

　　財政懸崖一詞最早是由美國聯準會 (Fed) 前主席伯南克 (Ben Bernanke) 提出的，意指於 2012 年底美國政府的減稅優惠措施到期，同時國會也將啟動削減財政赤字機制，兩者都將造成政府支出驟然緊縮，特別是後者會使政府 2013 年財政支出將如懸崖般陡降，進而使得企業投資減少、人民稅賦增加。財政懸崖被視為是繼歐債危機之後，下一個全球經濟危機的導火線，因為短期內過度削減政府支出，如果用 IS-LM 模型分析，將導致 IS 曲線左移，所得下降，再加上減稅政策到期，等於將對民眾加稅，人民負擔加重後消費支出會減少，IS 曲線進一步左移，所得的下降幅度更大，若以 AD-AS 模型分析，也同樣導致總合需求曲線左移、所得下跌的結果。

　　不過，由於 2013 年財政收入狀況沒有大幅改善，美國政府本來在 2014 年 2 月底再度觸及舉債上限，面臨無錢支付賬單的困境。最後美國參眾兩院還是通過了提高債務上限至 2015 年 3 月 15 日的法案，以免再度發生 2013 年 10 月聯邦政府因預算案未通過而停擺 16 天的事件。當時 80 萬名聯邦政府員工被迫休無薪假，全美國家公園、博物館等紛紛關門停業，導致旅遊業及其相關的運輸、餐飲等產業損失慘重，估算經濟損失高達 240 億美元。

本章重點

1. IS 曲線指在產品市場達成投資等於儲蓄或總合需求等於總產出的均衡時，利率與所得的組合軌跡。其呈現負斜率是因為利率上升會壓抑投資，導致

所得下降。

2. IS 曲線右（左）方表示產品市場的總產出大（小）於總合需求，則所得會
因產品供過於求（供不應求）而下降（上升）。

3. LM 曲線指在貨幣市場達成貨幣需求等於貨幣供給的均衡時，利率與所得
的組合軌跡。其呈現正斜率是因為所得上升提高了貨幣需求，導致利率上
升。

4. LM 曲線左（右）方表示貨幣市場的貨幣供給大（小）於貨幣需求，則利
率會因貨幣供過於求（供不應求）而下降（上升）。

5. IS-LM 模型指 IS 曲線與 LM 曲線共同決定了產品市場與貨幣市場的均衡
利率和均衡所得。

6. 當政府支出或其他自發性支出增加（減少）時，IS 曲線將右（左）移，造
成利率與所得都增加（下跌）。

7. 當央行增加（減少）貨幣供給，或貨幣需求減少（增加）時，LM 曲線將
右（左）移，造成利率下跌（上升）、所得增加（減少）。

8. 排擠效果（擠入效果）指政府支出增加（減少）會推升（降低）利率而排
擠（引發）部分廠商投資，導致所得增量減少（增加）。如果政府同時採取
擴張性（緊縮性）貨幣政策，排擠效果（擠入效果）則可減輕甚至消除。

9. 總合需求曲線可由 IS-LM 模型的均衡點推導出來，代表產品市場與貨幣市
場同時達成均衡時，物價水準與所得組合的軌跡。總合需求由消費、投資、
政府支出和淨出口組成。

10. 總合需求曲線為負斜率，物價與總合需求量或反比，其原因為：

⑴實質財富影響。

⑵利率影響。

⑶進出口影響。

11. 導致總合需求曲線移動的因素有：財政政策、貨幣政策、國內外所得、匯
率、對未來預期。

12. 長期總合供給曲線是垂直線，指充分就業下的實質總產出不會因物價而變
動。但短期內要素價格不變，短期總合供給曲線為正斜率，表示實質總產

出和物價成正向關係，影響其移動的因素有：

(1)生產成本變動。

(2)租稅變動。

(3)對物價的預期。

(4)人為或自然災害。

13.短期均衡指總合需求曲線和短期總合供給曲線的交點所決定的均衡所得與物價水準，如果交點在長期總合供給曲線上，稱為充分就業的均衡。古典學派認為長期均衡必然是充分就業的均衡，凱因斯學派則認為長期均衡有可能低於或高於充分就業的均衡。

14.在充分就業均衡下，當總合需求降低（增加），物價與所得都會下跌（上升）。如果短期總合供給減少（增加），會造成物價上漲（下跌）、所得下降（增加）。

課後練習

( )　1. IS 曲線是產品市場均衡時所有＿＿＿組合的軌跡。　(A)物價與所得　(B)物價與利率　(C)利率與所得　(D)物價與貨幣數量

( )　2. 自發性支出的減少會導致 IS-LM 模型如何變動？　(A) IS 曲線左移　(B) IS 曲線右移　(C) LM 曲線左移　(D) LM 曲線右移

( )　3. 以下哪一現象會使 IS 曲線右移？　(A)貨幣需求增加　(B)貨幣供給增加　(C)自發性投資支出減少　(D)自發性消費增加

( )　4. LM 曲線是＿＿＿均衡時所有利率與所得組合的軌跡。　(A)貨幣市場　(B)產品市場　(C)勞動市場　(D)土地市場

( )　5. 當貨幣供給增加時會導致 IS-LM 模型如何變動？　(A) IS 曲線左移　(B) IS 曲線右移　(C) LM 曲線左移　(D) LM 曲線右移

( )　6. 如果貨幣需求增加，則　(A) IS 曲線左移　(B) IS 曲線右移　(C) LM 曲線左移　(D) LM 曲線右移

( )　7. 在 IS-LM 模型中，當中央銀行採取緊縮性的貨幣政策時，會導致何種現象？　(A)利率下降、所得減少　(B)利率下降、所得增加　(C)利率上升、所得增加　(D)利率上升、所得減少

( )　8. 在 IS-LM 模型中，如果一國採取擴張性的財政政策，將導致何種現象？　(A)利率下降、所得減少　(B)利率下降、所得增加　(C)利率上升、所得增加　(D)利率上升、所得減少

( )　9. 當物價水準上升，總合需求量會減少，原因為何？　(A)實質財富的購買力下降　(B)利率下跌　(C)儲蓄減少　(D)淨出口增加

( )　10. 以下何者不會導致長期總合供給曲線往右移動？　(A)勞動力成長　(B)資本增加　(C)物價上漲　(D)技術進步

( )　11. 短期總合供給曲線是＿＿＿，而長期總合供給曲線是＿＿＿。　(A)正斜率曲線；垂直線　(B)負斜率曲線；水平線　(C)垂直線；正斜率曲線　(D)水平線；負斜率曲線

( )　12. 當政府支出增加時，將會造成何種現象？　(A)短期總合供給曲線左

移　(B)短期總合供給曲線右移　(C)總合需求曲線左移　(D)總合需求曲線右移

(　) 13.以下何者會造成短期總合供給曲線左移？　(A)廠商預期未來物價下跌　(B)政府對生產者降稅　(C)工資下跌　(D)發生自然災害

(　) 14.如果原本處在充分就業均衡下，當總合需求減少時會導致以下何種現象？　(A)物價上漲、所得增加　(B)物價下跌、所得增加　(C)膨脹缺口　(D)緊縮缺口

(　) 15.假設在充分就業均衡下，當短期總合供給增加時會導致何種現象？　(A)物價上漲、所得增加　(B)物價下跌、所得增加　(C)物價上漲、所得減少　(D)物價下跌、所得減少

輕鬆一下

美國總統和俄國總統在一場國際會議的休息時間閒聊。俄國總統對美國總統說：「你知道嗎，我遇到了一個麻煩。我有一百個衛兵，但其中一個是叛徒而我卻無法確認是誰。」聽完美國總統說：「這不算什麼。令我苦惱的是我有一百個經濟學家，而他們當中只有一人講的是事實，可是每一次都不是同一個人。」

第14章

經濟循環：失業與通貨膨脹

在國民所得成長的過程中，常常會出現時高時低的起伏現象，在波動中又往往產生失業和通貨膨脹，前者不但對個人和家庭造成生計的衝擊，也是資源未能充分運用的效率損失，甚至衍生出社會不穩定等問題，後者導致貨幣實質購買力下降、所得和財富重分配。這一章主要分成三部分，首先介紹經濟循環的分類與相關理論，然後分析失業的意義與種類，最後再探討通貨膨脹的類型，以及政府可採取的對策。

學習目標

1. 瞭解經濟循環的性質與類型。
2. 能比較不同的經濟循環理論。
3. 理解失業的定義與類型。
4. 能分析通貨膨脹率與失業率的關係。
5. 能闡明通貨膨脹的成因、影響與對策。

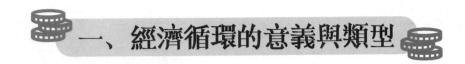

一、經濟循環的意義與類型

㈠經濟循環的意義

從各國的發展經驗觀察，大多數國家的所得長期都呈現成長狀態，但成長率的高低快慢卻和景氣好壞有關。所謂景氣，是指一國經濟活動的頻率，例如生產、銷售、投資、消費等的盛衰狀況，這些經濟活動通常都同時往同一方向變動。

在衡量景氣好壞時，可以用許多經濟指標來做綜合判斷，但一般最簡單的總體指標是實質 GDP。在景氣熱絡時，經濟活動頻繁，實質 GDP 成長較快；當景氣冷淡時，經濟活動低迷，實質 GDP 成長緩慢，甚至發生衰退。因此，在任何國家的經濟發展過程中，所得的成長都並非隨著時間呈現直線的固定速度上升，而是沿著長期成長趨勢線、週期性地上下起伏波動，如圖 14.1 所示。這種循環現象稱為經濟循環 (Economic Cycle) 或景氣循環 (Business Cycle)。

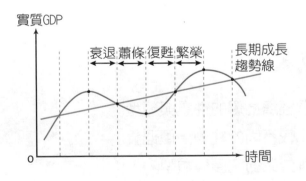

圖 14.1　景氣循環的四個階段

　　每一個循環可分為實質 GDP 上升的擴張期 (Expansion) 與下降的收縮期 (Contraction) 兩個階段，其中在趨勢線下方上升的擴張期稱為復甦 (Recovery)，指景氣已脫離最壞的谷底，經濟活動逐漸加溫。位於趨勢線上方上升的擴張期稱為繁榮 (Prosperity)，表示經濟活動非常熱絡，並繼續增溫。至於收縮期也可分為兩階段，在趨勢線上方下降的部分稱為衰退 (Recession)，即景氣的高峰已過，經濟活動開始減少並持續冷卻。而位於趨勢線下方下降的部分叫做蕭條 (Depression)，表示經濟活動正陷入嚴重的低迷，景氣呈現冰封狀態。

㈡經濟循環的類型

　　經濟循環可以依其影響因素和週期長短而區分為四大類型：存貨循環、設備投資循環、建築循環和技術創新循環，經濟體的整個景氣波動就是這些週期長度不同的循環疊加的結果。茲分述如下：

1.存貨循環

　　1923 年美國經濟學家基欽 (Joseph Kitchin) 觀察廠商存貨的變動狀況後，提出週期約為 3 至 4 年的短期經濟循環。他認為景氣發生短期波動的原因是存貨的變動，例如景氣剛從谷底開始復甦時，由於之前庫存有限，廠商就會大量增加庫存以免錯過景氣回春的銷售機會，於是生產增加，景氣持續往上好轉。不過，存貨中耐久財如汽車、電視等所占比例頗高，一旦景氣高峰過後，民眾對未來前景感到憂心時，耐久財的購買意願將降低，導致實際銷售落後於原先預期。這時在存貨太多的情況下，就必須先出清庫存以免資金積壓，於是廠商開始減產，景氣更加速下滑。由於庫存的調整速度較快，因此存貨循環的週期在各類型循環中是最短的。

2.設備投資循環

　　1862 年法國經濟學者朱格拉 (Clément Juglar) 發現了週期約 10 年的中期經濟波動，稱為設備投資循環。他認為經濟循環是由機械設備的投資變化所帶動的，當有技術改良等因素而必須汰舊換新時，會出現一波設備更新的

投資潮,但機械設備的平均使用年限約為 10 年,因此當新機械設備投入生產之後,設備投資就會減少,直到約 10 年後才會因面臨折舊或出現新技術而再有一波投資高峰。

3.建築循環

　　美國經濟學家顧志耐長期研究 GDP 等總體經濟數據的變化,在 1971 年發現了平均週期約為 20 年的中長期經濟波動。由於住宅和工商大樓的重建、改建週期約為 20 年,他認為這種波動是對建築物投資的變化而導致的,所以稱為建築循環。一般而言,建築物的需求會廣泛帶動許多相關原物料產業及就業的引伸需求,加上建築物價格的漲跌往往導致財富的大幅變動,因而建築循環對總體經濟景氣的影響不但週期較長,而且幅度也較深。

4.技術創新循環

　　1925 年俄國經濟學家康德拉季耶夫 (Nikolai Kondratieff) 提出了週期約 50 年的長期經濟波動,認為是因為人口成長、新資源開發、資本累積和戰爭等因素所形成。後來由奧裔美籍經濟學家熊彼德將其發現理論化,解釋了長期景氣循環背後的推動力來自於重大的技術創新。例如過去三十年來資訊和通訊產業的技術創新,推動了臺灣經濟的長期發展,但近年來相關技術的逐漸成熟,也造成臺灣經濟的成長動力趨緩。

經濟短波

喬瑟夫‧基欽 (Joseph Kitchin, 1861–1932)

　　美國統計學家,基欽從美國與英國的統計數據中,歸納出短期的經濟循環,對後續相關研究影響深遠。著有《經濟要素中的週期與傾向》(*Cycles and Trends in Economic Factors*) 一書。

克萊門‧朱格拉 (Clément Juglar, 1819–1905)

法國經濟學家，出生於巴黎，並於巴黎學醫與行醫，後轉為研究經濟學。朱格拉致力於經濟波動的研究，著有《論法、英、美三國經濟危機及其發展週期》(*Des Crises Commerciales et Leur Retour Périodique en France, en Angleterre, et aux États-Unis*) 一書。

資料來源：林鐘雄 (2004)，《西洋經濟思想史》，臺北市：三民書局。

尼可萊‧康德拉季耶夫 (Nikolai Kondratieff, 1892–1938)

俄國經濟學家，出生於莫斯科北部，曾於聖彼得堡大學求學，後任教於彼得大帝農業學院，1938 年於史達林的大清洗政策 (Great Purge) 中被處死。著有《大經濟週期》(*The Major Economic Cycles*) 一書，其所提出的長期經濟循環也被稱為「康德拉季耶夫波動」(Kondratieff Wave)。

㈢經濟循環的理論

經濟循環雖然有不同的類型，但是形成的原因不外乎總合供給與總合需求的失衡，所以關於經濟循環的理論可分為兩大類，一類認為經濟循環是由總合需求的波動所引起，包括凱因斯學派、貨幣學派和理性預期學派，另一類認為長期總合供給的波動才是景氣循環的主要原因，其中以實質景氣循環理論為代表。

總合需求變化引起的景氣波動可以圖 14.2 來說明，假設原來總合需求曲線、短期總合供給曲線和長期總合供給曲線三線相交的長期均衡點 a 決定了

充分就業下的所得 Y_F，由於生產要素的數量增加，或是技術進步帶來的生產效率提升等，使得長期總合供給隨時間平穩地增加，由 LAS_1 右移至 LAS_2，如果總合需求同時以相同的速度成長，則新的長期均衡點 b 仍可產生充分就業所得 Y_F'，也不會引起經濟波動。不過當總合需求成長較慢，只增加至 AD_L 時，短期均衡點 c 所決定的所得 Y_L 低於 Y_F'，則會出現經濟收縮且差額為 $(Y_F' - Y_L)$ 的緊縮缺口，社會上的生產要素沒有被充分利用。反之，如果總合需求成長較快，且增加至 AD_H 時，短期均衡 d 所決定的所得 Y_H 高於 Y_F'，則會出現經濟擴張且差額為 $(Y_H - Y_F')$ 的膨脹缺口，社會上的生產要素正在被過度使用。

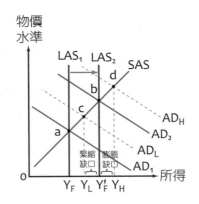

圖 14.2 總合需求變化引起的景氣波動

至於長期總合供給變動引起的經濟循環則可以圖 14.3 來顯示，原來的長期均衡所得為 Y_F，如果總合需求與長期總合供給的成長速度相同，則新的長期均衡所得為 Y_F'，總合供需均衡下不會發生景氣循環。但如果長期總合供給成長較慢，只右移至 LAS_L，短期均衡所得 Y_L 低於 Y_F'，會出現景氣收縮且差額為 $(Y_F' - Y_L)$ 的緊縮缺口。反之，如果長期總合供給增加較快，並右移至 LAS_H 時，短期均衡所得 Y_H 高於 Y_F'，則會出現景氣擴張且差額為 $(Y_H - Y_F')$ 的膨脹缺口。

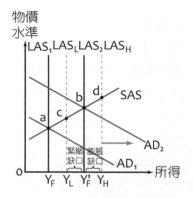

圖 14.3　長期總合供給變化引起的景氣波動

我國歷次經濟循環

　　我國以實質 GDP、工業生產指數、製造業銷售量指數、商業營業額、非農業部門就業人數、實質海關出口值等六項指標作為景氣變化的參考依據。實務上，擴張期與收縮期各別至少需持續 5 個月，全循環至少需 15 個月，才會視為一次循環。

表 14.1　臺灣歷次景氣循環

次　數	谷　底	高　峰	谷　底	擴張期	收縮期	全循環
1	1954 年 11 月	1955 年 11 月	1956 年 9 月	12	10	22
2	1956 年 9 月	1964 年 9 月	1966 年 1 月	96	16	112
3	1966 年 1 月	1968 年 8 月	1969 年 10 月	31	14	45
4	1969 年 10 月	1974 年 2 月	1975 年 2 月	52	12	64
5	1975 年 2 月	1980 年 1 月	1983 年 2 月	59	37	96
6	1983 年 2 月	1984 年 5 月	1985 年 8 月	15	15	30

7	1985 年 8 月	1989 年 5 月	1990 年 8 月	45	15	60
8	1990 年 8 月	1995 年 2 月	1996 年 3 月	54	13	67
9	1996 年 3 月	1997 年 12 月	1998 年 12 月	21	12	33
10	1998 年 12 月	2000 年 9 月	2001 年 9 月	21	12	33
11	2001 年 9 月	2004 年 3 月	2005 年 2 月	30	11	41
12	2005 年 2 月	2008 年 3 月	2009 年 2 月	37	11	48

資料來源：國家發展委員會，〈臺灣景氣循環簡介〉。

　　至於是什麼因素導致總合需求或長期總合供給波動，不同的學派或理論有不同的解讀，茲分述如下：

1. 凱因斯學派

　　凱因斯學派認為，廠商的投資支出是總合需求波動的主因，而投資支出的變化則來自廠商對未來預期的改變。當廠商在進行投資前，必然會對可能的銷售與獲利進行評估，如果預期較樂觀則增加投資，預期較悲觀則降低投資，但這種預期很容易因為經濟環境實際的發展而修正，例如投資信心在景氣好時會更樂觀，在景氣壞時會更悲觀。錯誤的預期往往來自市場訊息的不完全，而使得廠商的投資支出呈現高低起伏的現象，進而導致了景氣循環。

2. 貨幣學派

　　以諾貝爾經濟學獎得主傅利曼為代表的貨幣學派認為，貨幣供給的變化才是總合需求波動的原因。當中央銀行的貨幣供給成長較快時，利率下跌刺激了投資和耐久財消費，總合需求增加較快；反之，當貨幣供給成長較慢時，總合需求的增幅也較小。因此，貨幣學派認為貨幣供給成長率的變動才是造成經濟循環的根源，而主張中央銀行應該採取固定的貨幣供給成長率。

3. 理性預期學派

　　所謂理性預期 (Rational Expectations)，是指人們會盡可能充分利用各種可供使用的資訊進行預測，而平均來說，這種預測是準確的。理性預期學派認為，在充分就業下，如果政府推出的政策完全被外界預期到，則不會對所得產生效果，也不會引起經濟循環，只有非預期到的政策才會對所得有所影

響，進而導致經濟循環。例如中央銀行要增發貨幣，並且會引起物價上漲3%，如果這項貨幣政策未被人們料中，則實質工資也下降3%，生產成本降低後廠商就會多增產，於是所得上升，景氣進入擴張期。反之，當外界預測到貨幣供給的增加和物價漲幅，員工就會要求廠商加薪3%，以免實質工資下跌，在實質工資不變下，廠商就沒有增產意願，因此所得也不會有所變動。換言之，只有預期以外的總合需求變動才會產生經濟循環。

4. 實質景氣循環理論

　　實質景氣循環 (Real Business Cycle) 是由 2004 年諾貝爾經濟學獎得主基德蘭德 (Finn Kydland) 和普雷斯科特 (Edward Prescott) 提出的，認為造成景氣循環的來源是生產力 (Productivity) 的波動，而生產力的波動則來自隨機的供給面衝擊，諸如石油危機、戰爭、氣候、自然災害、罷工、技術創新等外在的實質因素，引致長期總合供給的成長時快時慢。在某些時代，技術進步較快，使得生產力也上升較快，有時候技術進步較慢，生產力的增加也較慢，導致供給面常常波動，造成景氣的擴張或衰退。因此，他們主張政府不需要採行穩定政策應付景氣循環，因為政府只能影響需求面而不是供給面。

費恩・基德蘭德 (Finn Kydland, 1943–)

　　挪威經濟學家，於美國卡內基梅隆大學取得博士學位，研究領域為景氣循環、貨幣政策與勞動經濟學，目前任教於美國加州大學聖塔芭芭拉分校。2004 年因在景氣循環驅動因素的研究成就而獲得諾貝爾經濟學獎。

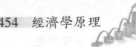

經濟短波

愛德華‧普雷斯科特 (Edward Prescott, 1940–)

美國經濟學家，出生於紐約州，於美國卡內基梅隆大學取得博士學位，目前任教於亞利桑納州立大學，並擔任美國聯邦準備銀行明尼亞波利斯分行的經濟顧問。2004 年與基德蘭德一同因對景氣循環的研究而獲得諾貝爾經濟學獎。

經濟短波

景氣對策燈號

針對國內的經濟景氣狀況，國家發展委員會每月會依據九大景氣指標的變動狀況，轉換成不同顏色的燈號，提供政府作為政策制定的參考。每項景氣指標分數為 5 分，根據年變動百分比來決定分數，其標準如下：

表 14.2　景氣對策燈號分數表

單位：%

	5分	4分	3分	2分	1分
貨幣總計數	← 15	— 12	— 6	— 2.5	→
直接及間接金融	← 10	— 8	— 5	— 3	→
股價指數	← 24	— 11	— −4	— −22	→
工業生產指數	← 9	— 7	— 3	— 0	→
非農業部門就業人數	← 2.6	— 2.2	— 1.2	— 0.6	→
海關出口值	← 15	— 11	— 5	— 1	→
機械及電機設備進口值	← 25	— 16	— 7	— −4	→
製造業銷售值	← 11	— 7	— 3	— 0	→
批發零售及餐飲業營業額指數	← 8	— 5	— 2	— 0	→

以貨幣總計數為例，如果變動百分比超過 15%，則分數為 5 分，如果超過 12% 但未滿 15% 則為 4 分，以此類推。最後將九項指標的分數加總，依據加總的分數決定燈號，可分為：

表 14.3　景氣對策燈號分數對照表

分　數	燈　號	意　義
9～16	藍燈	景氣低迷
17～22	黃藍燈	景氣正轉向低迷
23～31	綠燈	景氣穩定
32～37	黃紅燈	景氣正轉向熱絡
38～45	紅燈	景氣熱絡

資料來源：國家發展委員會。

二、失業的意義與類型

(一)失業的意義

　　經濟循環反映的是實質 GDP 的波動，但景氣循環常伴隨著就業水準的起伏，因為當景氣往上時，生產活動熱絡，廠商需要多聘人員，失業者就減少；反之，景氣往下時，生產活動減少，廠商就會少聘工人，失業者就增加。所以經濟循環與失業一般會呈現反向的變動關係。

　　失業雖然是個耳熟能詳的名詞，不少人以為沒工作就是失業，但在經濟學上還要符合一些條件才能算作失業。例如家庭主婦、學生等即使沒有工作，也不算是失業，因為他們並沒有包括在勞動力 (Labor Force) 內。如圖 14.4 所示，如果把臺灣人口分為 15 歲以上和未滿 15 歲，其中 15 歲以上又可分為武裝勞動力（即現役軍人）、監管人口與民間人口，民間人口再分為勞動力與非勞動力。非勞動力包括因念書或準備升學、照顧家務、高齡、身心障礙、想工作而未找工作等沒有工作者。

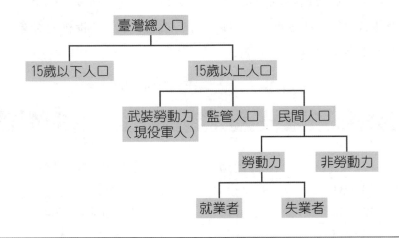

圖 14.4　臺灣勞動力的分類

　　在勞動力中，我們可進一步分為就業者及失業者。而失業者必須是：

⑴無工作。

⑵隨時可以工作。

⑶正在尋找工作或已找工作且正在等待結果。

　　因此失業率 (Unemployment Rate) 的定義為：

$$失業率 = \frac{失業人口}{勞動力} \times 100\%$$

　　由於要具有正在尋找工作的前提才能算是失業人口，當景氣低迷很久時，部分失業者會因長期求職被拒而意志消沉，不願意再去找工作，這時候他們就不再算是失業人口，所以真正的失業人數往往會被低估。另一個相關的用來衡量國民參與經濟活動狀況的指標為勞動力參與率 (Labor Force Participation Rate)，指勞動力占 15 歲以上民間人口的比例。即：

$$勞動力參與率 = \frac{勞動力}{15 \,歲以上民間人口} \times 100\%$$

　　失業除了是個人或家庭沒有所得的經濟問題以外，也會影響到整個社會或總體經濟。當失業人口增加，所得下降讓社會的消費力減弱，造成廠商銷售減少，甚至進一步裁員減薪，形成惡性循環。此外，失業救濟金等社會福利支出如果增加太多，勢必排擠到其他有助於未來經濟發展的項目，在個人和企業稅收已經減少的情況下，政府預算就經常出現財政赤字。如果失業持續惡化，部分失業者可能會因生活困頓而鋌而走險，造成犯罪率增加，影響社會安定。因此，如何降低失業是每個國家都要優先解決的問題。

經濟短波

勞動力參與率

圖片來源：Shutterstock

　　「男主外、女主內」，傳統上認為男性體力較佳，應該在外打拼；而女性則應該在家操持家務。不過這種觀念已經隨時代改變而逐漸淡化，從勞動力參與率的變動我們也可以看出這樣的趨勢。下圖為我國 1980 年至 2012 年的男、女性勞動力參與率與全國勞動力參與率。圖中顯示女性的勞動力參與率呈現增加的趨勢，自 1980 年的 39% 上升為 2012 年的 50%；相對地，男性的勞動力參與率則呈現下降的趨勢，自 1980 年的 77% 下降為 2012 年的 67%；而全國的勞動力參與率變動不大，大致在 57～61% 間波動。

　　女性勞動力參與率上升的原因與前述的傳統觀念改變有關，另外家電科技的進步，如洗衣機、冰箱、洗碗機的發明，使女性從事家務的時間減少；加上節育技術的改善，使家庭小孩人數降低等因素，女性因而有較多的時間與精力投入工作職場中。

　　相對地，男性勞動力參與率下降的因素可能包括男女角色的轉變、在學

期間拉長與退休時間提早有關。在現代社會中，有些家庭選擇由女性在外工作，而男性負責家務的形式，與傳統觀念相反；而女性的勞動力參與率增加也會使原本由男性擔任的工作轉而由女性負責，因而壓縮男性的工作機會。而現在大學林立，許多人大學畢業後選擇繼續進入研究所就讀，延後投入職場的時間。另外，現代人經濟狀況改善，注重休閒生活，因此有能力在更早的時間退休，離開職場後便不計入勞動力中。

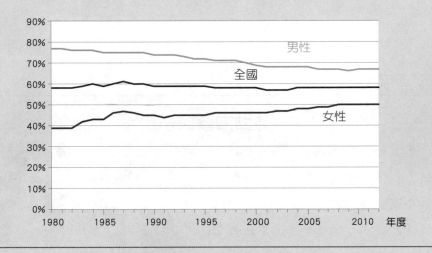

圖 14.5　我國歷年勞動力參與率

資料來源：王銘正譯 (2012)，Gregory Mankiw 著，《經濟學》，新北市：普林斯頓。

㈡失業的類型

　　根據失業的原因，失業的類型可以分成摩擦性失業 (Frictional Unemployment)、結構性失業 (Structural Unemployment) 和循環性失業 (Cyclical Unemployment) 三種，茲分述如下：

1.摩擦性失業

　　是指勞動者正在尋找工作或轉換工作過程中短暫性的失業。形成原因在於勞動市場的訊息不完全，求職者要花費相當時間去蒐集職位空缺的相關資

料，例如從徵才廣告中找出可能的應徵機會、撰寫求職信和履歷表等，求才者也要花時間審查應徵者的書面資料、篩選後安排面談並進行最後評估等。摩擦性失業是勞動市場正常運作下的產物，因為勞動者要尋求另一更適合的就業機會，與此同時雇主也在尋覓更適任的員工，當伯樂遇上千里馬可以讓企業的經營更有效率，相當於資源的重新有效配置。

2.結構性失業

指經濟結構的轉變，導致過去某些具有競爭力的產業失去優勢，甚至被淘汰，原僱用的勞動者也因廠商倒閉或離開市場而失去工作機會。這種國內外大環境的改變，包括本國生產要素價格的上升、消費者品味升級、技術進步等因素。例如汽車發明後，有三千年歷史的馬車就被淘汰，馬車工人就失業了。數位相機普及後，照片沖洗店也大量減少，相關行業的從業人員也受到失業的衝擊。

雖然在產業汰舊換新的轉換過程中，通常有新興產業或新企業出現，提供新的就業機會，但因為不同產業所需專長不同，原來產業的勞動力不易移轉到新產業中，會形成常態性的失業，因此結構性失業往往是一種長期性的現象。例如憑著低成本優勢，1990 年代前臺灣鞋帽、雨傘、自行車等勞力密集產業曾經有一段繁榮時期，但後來因工資上漲，這些產業都搬到成本更低的中國大陸，儘管 1990 年代後資訊和通訊業快速成長，但由於教育水準和技術訓練的要求更高，許多勞力密集產業的過剩勞動力無法順利轉業到科技業，於是一直處於長期的失業狀態。

3.循環性失業

是指因總體經濟狀況變壞、景氣衰退造成勞動者失業。當經濟循環進入衰退甚至蕭條期時，由於大環境欠佳，所有廠商都必須撙節支出，嚴格控制各種成本，在人事上輕則遇缺不補、凍結調薪，重則大放「無薪假」甚至裁員，於是導致失業增加。反之，當景氣復甦時，廠商開始增聘人手，循環性失業也就減少。

高速公路收費員

　　我國高速公路人工收費於 2013 年 12 月 30 日走入歷史，全面改為電子收費，947 名收費員因此面臨失業的困境。儘管負責電子收費系統的遠通公司承諾協助員工轉職，但至 2014 年 1 月為止，共 313 人提出轉職需求，其中僅 56 人轉職成功。無法轉職成功的原因在於遠通所提供的工作機會多半要求大學畢業，或是沒有提供當地的工作機會，而使收費員必須遠赴外地工作。

　　技術進步常會改變產業結構，除了本例中的電子收費取代人工收費外，其他例子還包括數位印刷技術造成傳統鉛字印刷的消失、數位相機的發明使傳統底片的需求大幅降低、打火機的發明讓火柴在市場上絕跡等。為了因應這樣的轉變，舊產業的企業常以創新來找尋新的市場利基，像是目前僅存的鉛字印

圖片來源：Shutterstock

刷廠，已規劃轉型成為觀光工廠；或是過去以製造傳統底片、相機起家的柯達公司 (Kodak)，在經歷了破產的低潮後，以數位影像公司重新出發。企業轉型後需要擁有新技術的人力，若原有員工無法及時學習新技術，就會遭到淘汰，引起結構性失業。

　　處理結構性失業時，除了仰賴政府提供就業輔導、職業訓練以及工作機會的媒合之外，就業者平時多加強本身的專業能力，培養第二專長，在面對產業結構轉換時，才能很快地適應改變，找到新的職涯發展方向。

資料來源：1.張振峰 (2014)，〈國道收費員　僅 56 人轉職成功〉，《臺灣時報》，2014 年
　　　　　　　1 月 14 日。

　　　　　2.〈全台唯一鑄字廠！　60 歲老師傅年收 2 萬咬牙苦撐〉，東森新聞，2013
　　　　　　年 7 月 9 日。

無薪假

　　無薪假一般泛指沒有支薪的休假，包括事假、病假等，但從 2008 年金融海嘯時期開始，多用於指企業因工作量縮減而減少員工上班天數的措施。2008 年金融海嘯後，景氣低迷，科技業尤其深受影響。根據統計，2009 年年初新竹科學園區放無薪假的人數超過 10 萬人，約占園區總人數的 78%。

　　基本上，無薪假的實施需要勞資雙方同意；實施無薪假後的薪資也不得低於基本工資；另外，實施無薪假的企業也必須主動通報行政院勞工委員會。對企業來說，無薪假可以在景氣低迷時減少閒置人力、降低成本，而且若景氣恢復，隨時可將人力再度投入生產，不需重新訓練。但對員工來說，雖然保有工作，但等於變相減薪，可是因為不景氣時轉換工作不易，只好被迫接受。

資料來源：周曉婷等 (2009)，〈園區空盪　竹科 10 萬人休無薪假〉，《中國時報》，2009
　　　　　年 2 月 10 日。

　　對於上述三種失業，可以採取不同的方法紓解。摩擦性失業是由於勞動市場訊息不完全，以及因轉換工作而必須花費的時間成本高昂，在目前資訊科技的時代，可以透過新技術來降低部分時間成本，例如求才者以人力銀行網站或手機 app 為工具，替代過去登報徵人的傳統手法。求職者以 email 替代從郵局寄送履歷，或以視訊會議取代當面面談，縮短應徵者的交通往返時間等，但即使如此還是無法完全消除求職與徵才雙方的時間成本。

　　對於結構性失業，理論上可以加強教育或再培訓第二專長的方式輔導轉業，但不同行業有不同的專長與技術要求，即使原來在鞋帽工廠從事設計的技術工人，也不可能轉行到半導體業負責晶片設計，而且許多結構性失業者多為中年以上人士，要重返校園接受幾年的專業教育也很困難。至於要降低循環性失業，政府可以在景氣衰退時採取擴張性的財政政策或貨幣政策，使

總合需求恢復至原先水準，並帶動所得和就業增加。

　　在經濟發展過程中，勞動力的重新配置和產業的技術升級都有利於提升效率，因此摩擦性失業和結構性失業被認為是一種自然現象，這兩種失業率合計稱為自然失業率 (Natural Rate of Unemployment)。當實際的失業率大於自然失業率時，表示有循環性失業的存在，如果剛好等於自然失業率時，則循環性失業為零，這時候的就業狀態稱為充分就業 (Full employment)。所以充分就業並不表示所有勞動力都在就業，而是仍存在摩擦性失業和結構性失業。充分就業下的實質國內生產毛額，則稱為潛在實質國內生產毛額 (Potential Real GDP)，相當於 AD-AS 模型中的長期總合供給曲線。

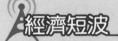

青年失業問題

　　下圖為我國 1980 年至 2013 年各年齡層的失業率變化圖。圖中顯示 15～24 歲的失業率一直都是最高的，比平均失業率高出 2～3 倍。2013 年的平均失業率為 4.18%，其中 15～24 歲的失業率為 13.09%、25～44 歲 4.27%、45～64 歲 2.25%。

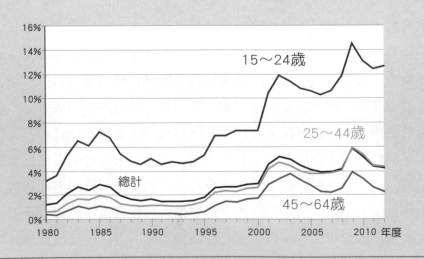

圖 14.6　各年齡層失業率變動

15～24 歲的失業人口多屬於摩擦性失業。此年齡層的勞動者包含許多初次尋找工作的人，由於缺乏工作經驗或經驗較少，相對地較難找到適合的工作。除此之外，勞動力統計只會納入可以工作且正在尋找工作的人，待在家中沒有找工作的人並不算在勞動力中。現在也有許多青年選擇在家依靠父母生活，而不願投入職場中，原因可能在於對工作的期望過高以至於找不到滿意的工作、本身對工作的意願低落，加上父母願意提供經濟來源等。失業或不願就業不僅造成人力資源閒置，使社會的生產力下降，也加重家庭的經濟負擔。

三、通貨膨脹的意義與類型

㈠通貨膨脹的意義

除了失業以外，在經濟循環的過程中常常出現物價波動的現象，因為在景氣往上時經濟活動熱絡，市場容易供不應求，導致物價上漲；反之，在景氣往下時，經濟活動減少，市場往往供過於求，物價上漲趨緩，甚至下跌。所以經濟循環與物價一般會呈現同向的變動關係。在物價上漲時，口袋的錢可以買到的東西愈來愈少，因此物價上漲特別受到人們關注。當一般物價水準在某一時期內持續地以相當幅度上漲時，就稱之為通貨膨脹 (Inflation)。這個定義有必要作進一步解釋：

1.一般物價水準

是指大部分產品的平均價格，通常以物價指數為代表，例如在第 9 章介紹過的消費者物價指數。如果只有少數產品的價格上升，而其他多數產品的價格維持穩定甚至下跌，則不能稱為通貨膨脹，因為算出來的物價指數可能變化不大。舉例來說，柴米油鹽雖然漲價了，但手機、筆電、液晶電視等 3C 用品都跌價，則最後物價指數不一定上漲，而消費者的生活總支出可能也不會增加。

2.某一時期內

指物價水準的上漲是以不同時期作比較，通常以月、季、年來區分各段時期，例如今年通貨膨脹率如果為 3%，即表示和去年相比，物價平均上升了 3%。

3.持續地

是指物價水準不間斷地上升，如果只漲一次或很久才漲一次，則只能稱為物價調整而非通貨膨脹，例如情人節前玫瑰花價格上漲，只是需求大增導致的短期性供需失衡，通常節後價格就會回跌下來。

4.以相當幅度上漲

意思是物價水準漲幅要夠大才能稱為通貨膨脹。至於要多大則沒有嚴格的定義，一般是以有沒有「超過正常平均的上漲幅度」來界定漲幅是否達到「相當幅度」。例如過去 10 年物價水準平均每年上漲 1.5%，但今年卻上漲了 3%，漲幅為過去平均的兩倍，這種遠超出正常水準的情況就符合「相當幅度」的標準。如果物價水準並非以相當幅度上漲而是下跌，這種現象稱為通貨緊縮 (Deflation)。至於通貨膨脹率的計算，一般是以本年度與上年度消費者物價指數的變動率來表示，即：

$$通貨膨脹率 = \frac{本年度消費者物價指數 - 上年度消費者物價指數}{上年度消費者物價指數} \times 100\%$$

㈡通貨膨脹的類型

在第 13 章介紹 AD-AS 模型時我們就討論過，物價水準和所得是由總合供給與總合需求共同決定的，因此當總合供需其中一方發生變化時，物價水準就會產生變動，所以通貨膨脹可依形成的原因分成需求拉動的通貨膨脹 (Demand-pull Inflation) 和成本推動的通貨膨脹 (Cost-push Inflation) 兩種：

1.需求拉動的通貨膨脹

是從需求面來解釋通貨膨脹的成因。指在短期總合供給不變的情況下，

總合需求持續增加，或總合需求的增加一直高於短期總合供給的增加時，造成物價水準不斷上漲。我們可以用圖 14.7 來說明需求拉動的通貨膨脹。假設原來的總合需求曲線 AD_1 與短期總合供給曲線 SAS 決定了均衡物價水準 P_1 和所得 Y_1，當消費不斷增加時，AD_1 右移至 AD_2 和 AD_3，物價水準分別上升至 P_2 和 P_3，此時所得也會持續增加至 Y_2 和 Y_3，因為物價水準上升會導致廠商增產。除了消費以外，投資、政府支出或淨出口持續增加也有同樣的物價拉動效果。

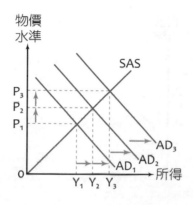

圖 14.7 需求拉動的通貨膨脹

當中央銀行採取擴張性的貨幣政策，增加貨幣供給使利率下降，也會透過刺激投資而拉動總合需求。儘管物價上漲不一定是通貨太多所造成，但通貨長期發行太多卻往往引起物價上漲。「過多的貨幣追逐太少的產品及勞務」往往是造成總合需求過多的原因。如果社會上民眾手中都有很多貨幣，就可能會競相出高價搶購產品而導致物價上漲，所以經濟學家傅利曼就曾說過：「不管何時何地，通貨膨脹都是一個貨幣現象。」

2. 成本推動的通貨膨脹

是從供給面來解釋通貨膨脹的原因。指在總合需求不變的情況下，當工資、石油、原物料等生產成本不斷上升，導致短期總合供給持續減少，或短

期總合供給的減少一直高於總合需求的減少時,引起物價水準連續性地上升,而短期總合供給的減少是由於成本推升所形成的。如圖 14.8 所示,假設原來的均衡物價水準和所得分別為 P_1 和 Y_1,成本不斷增加使得短期總合供給曲線 SAS_1 左移至 SAS_2 和 SAS_3,於是新的物價水準分別為 P_2 和 P_3,雖然物價連續上升,但所得卻持續降低至 Y_2 和 Y_3,這是因為物價水準上升導致總合需求量減少所造成,所以又稱為停滯性通貨膨脹 (Stagnation Inflation),其中停滯指的是所得的衰退,1970 年代發生的兩次石油危機就是最典型的案例。

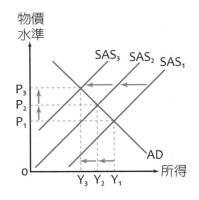

圖 14.8　成本推動的通貨膨脹

四、通貨膨脹的後果及對策

㈠通貨膨脹的後果

1.貨幣實質購買力的下降

　　通貨膨脹最直接的後果,就是同樣的貨幣能買到的東西變少了,例如蛋餅由 20 元漲到 25 元,原來的 100 元可以買到的數量就從 5 個減少到 4 個,因此當支出固定時,消費數量就會下降,等於降低了生活水準。如果要維持

不變的生活水準，那支出就必然要增加，對平常收支兩平的家庭而言就更雪上加霜了。由於通貨膨脹降低了社會大眾的實質財富和購買力，失業則完全剝奪了個人所得，兩者都代表令人痛苦的經濟狀況，因此通貨膨脹率加上失業率合稱為痛苦指數 (Misery Index)，這個指數是在 1970 年代由經濟學家亞瑟・歐肯 (Arthur Okun) 提出的，一定程度上反映出一國的經濟困境。

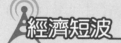

經濟短波

亞瑟・歐肯 (Arthur Okun, 1928–1980)

美國經濟學家，曾任教於耶魯大學經濟系，並於 1960 年代擔任美國經濟顧問委員會的主席。其所提出的觀念除了痛苦指數外，歐肯法則 (Okun's Law) 也廣為人知。歐肯法則探討失業率與 GDP 的關係，認為當失業率上升 1%，經濟成長率會下降 2%。

2. 所得重分配

　　雖然通貨膨脹會導致貨幣實質購買力的下降，但並非對每個人都會造成傷害，領固定薪水的受薪階層，除非事前能準確預測物價漲幅，而且能成功要求調薪，否則通貨膨脹期間其實質所得會降低。如果所得可以隨著物價上漲而增加，則通貨膨脹的影響會相對減輕，例如當產品的售價可以反映成本的上升，或轉嫁新增成本給買方時，廠商受到的影響將較少。當售價的漲幅大於生產成本的漲幅，廠商的利潤甚至可以增加。不過，一旦物價漲幅太大，超過消費者的負擔時，銷售量的下滑最後還是會使廠商的利潤縮小。

3. 財富重分配

　　通貨膨脹是產品價格的普遍性上漲，雖然貨幣實質購買力降低，但對擁有實體資產如房地產、黃金的民眾則相對有利，因為其實體資產的價格也會跟著物價上漲，導致其財富增值。但中、低階層家無恆產者未來要置產將更

為困難，加上手中財富多為現金，通貨膨脹將造成其實質財富減少。

此外，意料之外的通貨膨脹會使貸款的債權人權益受損，但對借款的債務人則相對有利，例如 A 向 B 借入 1 萬元，雙方講好一年期的名目利率 (Nominal Interest Rate) 為 4.5%，一年後 B 可拿回本利和 10,450 元，但如果物價水準最後上漲 10%，結果 B 反而吃虧了，因為購買力已經不如從前，一年後的 10,450 元其實現值只有 9,500 元（$=\dfrac{10,450\ 元}{1.1}$）。由於實質利率約等於名目利率減通貨膨脹率，因此當通貨膨脹率 (10%) 高於名目利率 (4.5%) 時，實質利率就成為負值 (−5.5%)。

4.增加廠商投資風險

廠商許多投資案如交通運輸等的建造時間通常都橫跨好幾年，而且建成營運後才會有營業收入。因此當物價漲幅難以預期時，在不確定的情況下，廠商難以在事前估計投資期的確實成本和潛在利潤，導致投資風險增加。即使已簽訂了買賣契約，但生產過程中如果成本大幅上漲，使廠商覺得吃虧了，最後仍可能會發生偷工減料或要求重新議價等商業糾紛。

5.投機盛行和資源無效率的應用

價格機能的運作可以引導生產，但當所有物價都在上漲時，廠商難以判斷產品的供需狀況而決定生產方向。部分不肖廠商爭相囤積貨品，趁機哄擡價格謀取暴利，或者是把錢投入購買房地產、大宗物資及黃金等投機性或不具生產性用途的產品，結果導致正常的生產性投資反而停頓下來。

而且在通貨膨脹期間，民眾為避免購買力續跌會盡量多買東西，把貨幣換成實物，且為了彌補財富和所得縮水，也紛紛要省錢而勤跑不同的店家比價，購物次數和花在比價的時間就會增加。另一方面，要留住民眾的存款，銀行就要調高利率，而為了減少利息損失，民眾也會增加存款留在銀行的時間，原來一次提領的生活費也寧可分成好幾次提款，勤跑銀行加上到處購物、比價，結果連皮鞋都跑破了，這些相關的成本稱之為皮鞋成本 (Shoe Leather Cost)。此外，在通貨膨脹下價格變動頻繁，廠商必須要為產品重貼價目標籤

和目錄、餐廳要重印菜單等，這統稱為菜單成本 (Menu Cost)。社會上也常常討論與預測物價走勢，執法單位忙著抓囤積貨物者，於是很多人力物力都消耗在對抗與適應通貨膨脹上。這對整個社會而言都是一種浪費，因為這些經濟活動並沒有為社會生產出更多東西。

6.實質稅負提高

由於政府課稅以名目所得為基礎，在通貨膨脹發生期間，即使稅制不變，實質所得或實質利率也沒有增加，民眾也可能要多繳點稅，造成實質稅負提高了。例如原來銀行存款的名目利率為 8%，通貨膨脹率為 5%，實質利率為 3%（= 8% − 5%），如果利息稅為 20%，則稅後的實質利率為 1.4%（= 8% × 0.8 − 5%）。假設現在通貨膨脹率上升至 7%，名目利率調升到 10%，實質利率仍為 3%（= 10% − 7%），但稅後實質利率則降為 1%（= 10% × 0.8 − 7%）。因為原來為彌補通貨膨脹而把名目利率提高 2%，但其中的 20%（2% × 20% = 0.4%）卻被政府課徵了。

7.社會不穩定

當物價上漲的速度與幅度嚴重到失控時，貨幣將完全喪失價值貯藏的功能。因此，民眾都不想保有貨幣，想盡快把錢用掉換取實物，以免財富縮水，於是各種惜售、囤積、搶購、投機風潮四處蔓延，這樣又會進一步推升物價，形成惡性通貨膨脹 (Hyperinflation)。例如根據官方數據，臺北市躉售物價指數就曾經在 1946 年至 1952 年間上漲了 8,342 倍。

在惡性通貨膨脹下，所有經濟、金融活動都失去了依據，再也無法正常運作，結果不僅造成一國的經濟瀕臨崩潰，政治、社會的不安定也伴隨而來。發生惡性通貨膨脹的原因，大多是因為政府背負著龐大的財政赤字，只好濫發貨幣償還鉅額債務，政府這種發鈔帶來的收入，等於是對持有貨幣者的隱藏性課稅，因此稱之為通貨膨脹稅 (Inflation Tax)。

㈡通貨膨脹的對策

1. 需求拉動的通貨膨脹

通貨膨脹發生後，政府必須根據通貨膨脹的成因對症下藥，才能恢復物價穩定。對於需求拉動的通貨膨脹，最直接的對策就是降低總合需求。一是採取緊縮性的財政政策，減少政府支出，或者對企業和消費者加稅，使投資和消費減少，總合需求也就因此下降；二是採用緊縮性的貨幣政策，由中央銀行減少貨幣供給，使利率上升，當利率上升後廠商和消費者的借貸成本增加，投資和消費就因而下降，使得總合需求減少。一般來說，供給面的調整速度較為緩慢，如果社會上的貨幣數量增加太快，一定會造成需求拉動的通貨膨脹。因此，中央銀行必須謹慎控制資金供應，才能維持物價穩定。

2. 成本推動的通貨膨脹

對於成本推動的通貨膨脹，政府能使用的工具相對受限，因為貨幣政策、政府支出的增減或調整對企業和消費者稅收都只能影響總合需求。在成本推動的通貨膨脹下，總合需求減少並無法使一般物價與所得同時回復之前的水準。如圖 14.9 (A) 所示，當生產成本上升後，短期總合供給由 SAS_1 左移至 SAS_2，物價水準由 P_1 上升至 P_2，所得由 Y_1 下降至 Y_2，如果政府要讓物價水準降回 P_1，可以用緊縮性的貨幣政策與財政政策使總合需求曲線由 AD_1 左移至 AD_2，但這時候所得會更進一步降至 Y_3，景氣衰退和失業的情況將更嚴重。反之，如果政府要讓所得回升到原來 Y_1 的水準，則可以用擴張性的貨幣政策與財政政策使總合需求曲線由 AD_1 右移至 AD_3，但此時物價水準更上升至 P_3，因此政府在控制通貨膨脹與失業之間，面臨著兩難的窘境。所以政府只能從供給面著手，紓解成本推動造成的通貨膨脹，例如在圖 14.9 (B) 中，對生產者採取減稅或補貼的方式，可使廠商的成本回跌一些，於是總合供給曲線由 SAS_2 右移至 SAS_3，一定程度上可以讓物價下跌，所得回升，但當成本的漲幅太大時，對生產者減稅或補貼的效果還是有限的。

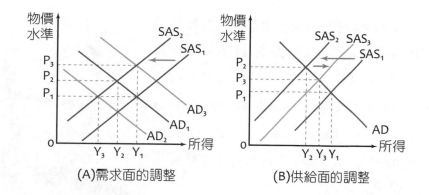

(A)需求面的調整　　　　　　(B)供給面的調整

圖 14.9　成本推動型通貨膨脹的對策

五、菲力普曲線

　　失業率和通貨膨脹率都是反映總體經濟狀況的重要變數，1958 年紐西蘭經濟學家菲力普 (Alban Phillips) 根據英國 1861–1957 年的總體經濟數據發現，失業和貨幣工資變動率之間存在著反向關係，其後薩繆爾森 (Paul Samuelson) 和梭羅 (Robert Solow) 兩位諾貝爾經濟學獎得主，進一步將菲力普的研究成果加以延伸，提出可以用來表示失業率與通貨膨脹率之間交替關係的曲線，稱之為菲力普曲線 (Phillip's Curve)，因為觀察的時間長短不同，又可分成短期菲力普曲線和長期菲力普曲線。

奧朋・菲力普 (Alban Phillips, 1914–1975)

　　紐西蘭經濟學家，1937 年移居英國，並曾於第二次世界大戰時從軍，1946 年戰爭結束後，菲力普才開始於倫敦經濟學院學習社會學，期間他開始

對經濟學產生興趣，隨後放棄社會學而改投經濟學的領域。1958 年，菲力普發表論文《1861–1957 年英國失業率與名目工資變化率間的關係》(*The Relation Between Unemployment and the Rate of Change of Money Wage Rates in the United Kingdom, 1861–1957*)，其研究成果為往後發展菲力普曲線的基礎。

1967 年，菲力普回到澳洲，並於澳洲國立大學擔任教職，並致力於研究中國經濟。

圖片來源：維基百科

經濟短波

保羅・薩繆爾森 (Paul Samuelson, 1915–2009)

美國經濟學家，大學時代修習文學，獲得哈佛大學文學碩士，直至攻讀博士才開始走向經濟學的領域，後任教於麻省理工學院。薩繆爾森為第一屆美國克拉克獎 (John Bates Clark Medal) 得獎者，克拉克獎為美國經濟學會自 1947 年創立，其提名的條件為「在經濟學思想與知識上提供卓越貢獻的 40 歲以下美國經濟學者」，有「小諾貝爾經濟學獎」之稱。1970 年薩繆爾森獲得諾貝爾經濟學獎，為第一位獲得該獎項的美國學者。

薩繆爾森擅長於將數學工具應用於經濟分析上，其著作《經濟分析之基礎》(*Foundations of Economic Analysis*) 奠定了數理經濟學的理論基礎；而 1948 年出版的《經濟學》(*Economics: An Introductory Analysis*) 一書，更成為現今使用最為廣泛的經濟學教科書之一，多次改版並被譯成四十種語言。

資料來源：林鐘雄 (2004)，《西洋經濟思想史》，臺北市：三民書局。

經濟短波

羅伯・梭羅 (Robert Solow, 1924-)

美國經濟學家，出生於紐約布魯克林，於哈佛大學攻讀博士學位時為經濟學家李昂鐵夫 (Wassily Leontief) 的學生，後任教於麻省理工學院，1987 年獲得諾貝爾經濟學獎。其研究以新古典成長理論 (Neoclassical Growth Theory) (參見第 15 章) 較廣為人知，該理論強調經濟成長來自於技術進步。

㈠短期菲力普曲線

短期菲力普曲線如圖 14.10 (B) 所示，其中橫軸為失業率，縱軸為通貨膨脹率。當通貨膨脹率高時，失業率就較低，反之當通貨膨脹率低時，失業率就較高，失業率和通膨之間呈現反向的變動關係。其原因我們可以利用 AD-AS 模型來分析。

如圖 14.10 (A) 所示，當短期總合供給曲線不變時，總合需求增加會使總合需求曲線由 AD_1 右移至 AD_2 和 AD_3，於是物價指數由 100 上漲至 102 和 104，因此通貨膨脹率分別為 2% 和 4%，但此時所得也增加至 Y_2 和 Y_3，對應的失業率為 U_2 和 U_3，因所得愈高失業率愈低，所以 $U_3 < U_2$，把通貨膨脹率 (2%、4%) 和對應的失業率 (U_2、U_3) 畫在圖 14.10 (B) 中並把兩點連結起來，就得出一條負斜率的短期菲力普曲線。

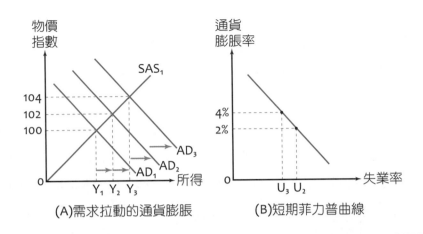

圖 14.10　短期菲力普曲線的推導

　　短期菲力普曲線隱含的意義是，當短期總合供給固定時，表示名目薪資等要素成本不變，廠商的供給量與物價成正比，如果物價水準上漲，必然是由最終產品價格帶動，這樣會使實質工資下跌，廠商的產品實質利潤增加，就更有意願增產，當產量增加時就必須多僱用工人，於是導致就業上升，失業率下降。反之，如果物價水準下跌，實質利潤降低後廠商就寧可減產，產量減少就會少僱用工人，導致就業減少、失業率增加。所以短期而言失業率與通貨膨脹率兩者存在一定的抵換關係。箇中原理其實和前述需求帶動型的通貨膨脹是一樣的。

　　不過，1970 年代兩次石油危機發生時，短期菲力普曲線就不能解釋失業率與通貨膨脹率同時上升的情況，因為當時的通貨膨脹屬於成本推動型，在產品實質利潤下降的情況下廠商寧可減產，導致就業減少，失業率增加，形成停滯性通貨膨脹。由於通貨膨脹並非由總合需求帶動，於是短期菲力普曲線就不適用了。

(二)長期菲力普曲線

　　從之前 AD-AS 模型的討論我們知道，總體經濟要達到長期均衡必須是

總合需求曲線、短期總合供給曲線與長期總合供給曲線共同相交，而且對應的所得為充分就業下的水準，如圖 14.11 (A) 所示，此時沒有循環性失業，失業率等於自然失業率 U_F。如果此時政府採取擴張性的貨幣政策或財政政策，總合需求由 AD_1 增至 AD_2，短期內景氣會進一步加溫，使所得由 Y_F 增加至 Y_2，失業率將低於自然失業率 U_F，物價指數由 100 上漲至 102，短期間失業率與通貨膨脹率還是有抵換關係。

但因 Y_2 超出了充分就業的所得水準 Y_F，表示社會上的資源處在過度使用狀態。長期來說，資源價格會因資源數量供不應求而上升，使短期總供給減少，因此 SAS_1 左移至 SAS_2，最後導致物價指數進一步上升至 104，所得回落到充分就業水準 Y_F，失業率回復到自然失業率 U_F 的水準。因此長期而言，在充分就業下，政府刺激總合需求只會導致物價上漲，失業率與通貨膨脹率之間並沒有抵換的關係。換言之，不管通貨膨脹率如何變化，長期來說失業率都不變，且相等於自然失業率 U_F，因此長期的菲力普曲線為一條垂直線，如圖 14.11 (B) 所示。

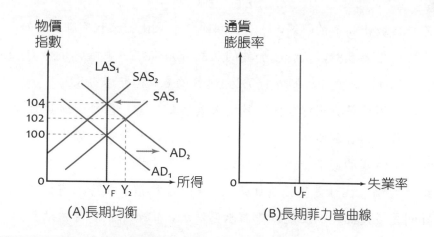

圖 14.11　長期菲力普曲線的推導

新聞案例

臺灣痛苦指數突破 7　亞洲四小龍中最高

2012 年 9 月，行政院主計總處公布 8 月份臺灣失業率上升至 4.40%，與同月物價年增率 3.42% 合計，痛苦指數達到 7.82%，高於南韓的 4.3%、新加坡的 6.7% 和香港的 6.9%。不過，飽受歐債危機困擾的西班牙，雖然身為歐洲第四大經濟體，通貨膨脹率只有 2.2%，但

圖片來源：Shutterstock

由於失業率飆升至 24.63%，所以同月痛苦指數竟高達 26.83%，為全歐之首，第二名為曾獲兩度紓困的希臘，痛苦指數為 23.9%，整個歐元區的平均指數為 13.6%。相較之下，臺灣的「痛苦」狀況其實並不嚴重。

評　論

痛苦指數數值高低的解讀，應以長期的觀察來比較才較客觀，例如 2011 年臺灣的痛苦指數為 5.81，低於新加坡的 7.2、南韓的 7.4 和香港的 8.7；2012 年 1 至 6 月為 5.64，仍低於新加坡的 7.2、南韓的 6.1 和香港的 8.0。

而且，利用痛苦指數作跨國比較時有其盲點，當一國發生通貨緊縮，則正的失業率和負的通貨膨脹率可能部分或全部抵消，而使得痛苦指數偏低，或甚至是負的，但該國的經濟狀況不見得比適度物價上漲的國家來得好。因為通貨緊縮對經濟的傷害往往更甚於通貨膨脹：一是當物價下跌時，消費者同樣的所得可以買到更多產品，照理說消費需求應增加，但如果消費者預期物價仍將持續下跌，貨幣的購買力會隨著時間增加，就會因而延後消費，使當期的總合需求減少，通貨緊縮將會更嚴重，國民所得進一步下降。二是如果產品生產出來後，售價卻愈來愈低，廠商利潤減少甚至虧損；加上消費延後的效應，產品無法順利賣出，廠商存貨不斷增加，就寧可減少下一期的生產，先出清庫存，這

樣不但沒有新投資，原有設備的產能利用率也下滑，工人的僱用量或開工天數等都會減少，造成失業率上升和國民所得持續降低。

根據短期菲力普曲線，通貨膨脹率和失業率有一定的抵換關係，因此在2008 年金融海嘯發生後，各國為避免讓低迷的景氣陷入通貨緊縮與失業增加的惡性循環之中，紛紛採用擴張性的貨幣政策大量增發貨幣，希望短期內就業情況能穩定下來，所以近年來各國通貨膨脹率普遍都偏高，這也是使景氣盡快復甦所必須付出的代價。

本章重點

1. 景氣指經濟活動的頻率，一國的所得成長是沿著長期成長趨勢線、周期性地上下起伏波動，此循環現象稱為經濟循環。在趨勢線下方（上方）上升的擴張期稱為復甦（繁榮），在趨勢線上方（下方）下降的收縮期稱為衰退（蕭條）。

2. 經濟循環的類型可按週期由短至長依序分為：存貨循環、設備投資循環、建築循環、技術創新循環。

3. 經濟循環理論可分為兩大類，一類認為經濟循環由總合需求的波動引起，當總合需求的成長慢（快）於長期總合供給時，會出現經濟收縮（擴張），以凱因斯學派、貨幣學派和理性預期學派為代表。另一類認為生產力的波動導致長期總合供給變動才是景氣循環主因，當長期總合供給的成長慢（快）於總合需求時，會出現經濟收縮（擴張），以實質景氣循環理論為代表。

4. 總合需求波動的原因為：

(1)凱因斯學派認為投資支出的變化來自廠商預期的改變。

(2)貨幣學派認為來自貨幣供給的變化。

(3)理性預期學派認為來自預期以外的總合需求變動。

5. 失業者指合符下列條件的勞動力：⑴無工作⑵隨時可以工作⑶正在尋找工作。失業率 $=(\dfrac{失業人口}{勞動力})\times 100\%$，勞動力參與率 $=(\dfrac{勞動力}{15\ 歲以上民間人口})\times 100\%$。

6. 失業的類型可分成磨擦性失業、結構性失業和循環性失業，前兩種失業率合計稱自然失業率，循環性失業為 0 的狀態稱為充分就業。

7. 通貨膨脹（緊縮）指一般物價水準在某一時期內持續地以相當幅度上漲（下跌）。通貨膨脹率指本年度與上年度消費者物價指數的變動率，通貨膨脹率加上失業率稱為痛苦指數。

8. 通貨膨脹可依成因分成需求拉動和成本推動兩種，前者由總合需求持續增加造成，後者由短期總合供給持續減少（即生產成本不斷上升）導致。

9. 通貨膨脹的後果包括：
   ⑴貨幣實質購買力下降。
   ⑵所得重分配。
   ⑶財富重分配。
   ⑷增加廠商投資風險。
   ⑸投機盛行和資源無效率的應用。
   ⑹實質稅負提高。
   ⑺社會不穩定。

10. 對付需求拉動的通貨膨脹，可直接減少總合需求：一是減少政府支出或加稅使投資和消費減少，二是由央行減少貨幣供給使利率上升，投資和消費就會下降。

11. 對付成本上升的通貨膨脹，只能從供給面著手，對生產者減稅或補貼，紓解成本上升所造成的供給減少。

12. 短期菲力普曲線為負斜率，即失業率與通貨膨脹率之間有著替代關係，長期菲利浦曲線則為垂直線，表示不管通貨膨脹率如何變化，在長期失業率都不變。

課後練習

( )　1.以下哪一項是經濟循環過程的正確順序？　(A)復甦、繁榮、衰退、蕭條　(B)復甦、衰退、繁榮、蕭條　(C)復甦、蕭條、繁榮、衰退　(D)復甦、衰退、蕭條、繁榮

( )　2.以下哪一項屬於週期約為 3 至 4 年的短期經濟循環？　(A)存貨循環　(B)設備投資循環　(C)建築循環　(D)技術創新循環

( )　3.凱因斯學派認為影響總合需求波動的主要因素為何？　(A)戰爭、自然災害等外在因素　(B)人們的理性預期　(C)廠商對未來的預期　(D)貨幣供給的變化

( )　4.實質景氣循環理論認為以下哪一項會導致經濟循環？　(A)貨幣供給的波動　(B)利率的波動　(C)對外貿易的波動　(D)技術進步的波動

( )　5.臺灣的總人口為 2,300 萬人，如果 15 歲以上的民間人口為 1,840 萬人，勞動力為 1,150 萬人，失業人口為 46 萬人，則臺灣的失業率約為多少？　(A) 2%　(B) 2.5%　(C) 3%　(D) 4%

( )　6.摩擦性失業是由以下哪一種原因導致的？　(A)經濟景氣下滑造成各行各業裁員　(B)工人發動罷工　(C)換工作過程中的短期失業　(D)經濟結構轉變造成某些產業的工人失去工作

( )　7.當景氣衰退，導致總合需求減少所產生的失業稱之為　(A)摩擦性失業　(B)結構性失業　(C)循環性失業　(D)自然失業

( )　8.充分就業是指　(A)不存在摩擦性失業　(B)不存在結構性失業　(C)不存在循環性失業　(D)所有國民都找到工作

( )　9.如果去年的消費者物價指數為 110，今年的消費者物價指數是 121，則今年的通貨膨脹率為何？　(A) 10%　(B) 11%　(C) 20%　(D) 21%

( )　10.意料之外的通貨膨脹對下列何者有利？　(A)債務人　(B)債權人　(C)固定收入者　(D)無自用住宅者

( )　11.需求拉動所導致的通貨膨脹原因為何？　(A)總合需求曲線持續地往左方移動　(B)總合需求曲線往右方移動一次　(C)短期總合供給曲線

持續地以相當幅度往左方移動　(D)總合需求曲線持續地以相當幅度往右方移動

( )　12.以下哪一項會導致需求拉動的通貨膨脹？　(A)工資提高　(B)原物料價格提高　(C)貨幣供給減少　(D)廠商投資增加

( )　13.要應付成本推動的通貨膨脹，政府應該採取何項措施？　(A)調高政府支出使總合需求增加　(B)降低政府支出使總合需求減少　(C)對生產者減稅　(D)對消費者減稅

( )　14.在菲力普曲線上所表示的是哪兩種經濟變數之間的關係？　(A)利率與所得　(B)物價水準與所得　(C)通貨膨脹率與失業率　(D)通貨膨脹率與就業水準

( )　15.以下哪一項關於菲力普曲線的敘述是正確的？　(A)短期是垂直線、長期是負斜率曲線　(B)短期是負斜率曲線、長期是垂直線　(C)長短期都是垂直線　(D)長短期都是負斜率曲線

輕鬆一下

經濟學家預測出了過去 5 次衰退中的 9 次。

第15章

經濟成長與經濟政策

　　即使景氣時常有波動，但大部分國家的國民所得長期而言仍是增加的，不過增加的速度卻差異甚大。本章主要分成三部分，首先探討決定一國國民所得長期成長的因素、相關的經濟成長理論，以及追求成長的代價與障礙。接著討論落後國家的一般特性，還有擺脫貧窮應採用的經濟發展策略。最後綜合分析經濟政策在推動經濟發展過程中的作用與目標，包括財政、貨幣和所得政策。

 學習目標

1. 瞭解經濟成長的前提和決定因素。
2. 能比較各種經濟成長理論的內容。
3. 能說明落後國家的特徵及發展障礙。
4. 能闡述經濟政策的目標。
5. 能分辨財政、貨幣和所得政策的措施和限制。

一、決定成長的重要因素

(一)經濟成長的定義

在生活上經濟成長 (Economic Growth) 和經濟發展 (Economic Development) 是兩個容易混淆的名詞,但在經濟學上兩者的定義是有區別的。經濟成長指的是一國實質 GDP 或人均實質 GDP(即人均所得)在某一段時期的成長,分別反映國家的富裕程度和人民的平均生活水準。而經濟發展的意義則更為寬廣,除了包括經濟成長帶來的所得增加以外,還包括其他非金錢的福利項目,例如產業結構、科技、教育、醫療、人權、法治、環境品質、社會服務、都市化等經濟與非經濟層面質與量的改變,所以經濟發展的最終目的是要提高人民的整體生活水準。不過經濟成長與經濟發展通常有密切關聯,所得高的國家,經濟發展的表現通常也會較好,因為所得高就比較有財力改善社會上非金錢的福利項目,所以這一節我們只集中討論經濟成長。

至於經濟成長的高低則以經濟成長率為衡量標準,假如一國在 t 年的實質 GDP 為 Y_t,前一年的實質 GDP 為 Y_{t-1},則該國在 t 年的經濟成長率為:

$$\frac{Y_t - Y_{t-1}}{Y_{t-1}} \times 100\%$$

此外,我們也可以用人均實質 GDP 的變動幅度來計算經濟成長率,只要把人均實質 GDP 代替上式中的實質 GDP 即可算出,其中:

$$人均實質\ GDP = \frac{實質\ GDP}{人口總數}$$

㈡經濟成長的來源

　　產出與其決定因素之間的對應關係稱為生產函數 (Production Function)，最常用以表達一國總產出的生產函數為柯布——道格拉斯生產函數 (Cobb-Douglas Function)，即 $Y = AK^{\alpha}L^{1-\alpha}$，其中 Y 為總產出，即實質 GDP，也代表一國的所得水準，A 代表技術水準，K 為資本，L 為勞動數量，α 為參數，且 $0 < \alpha < 1$，α 和 $(1-\alpha)$ 分別代表資本和勞動在生產過程中的重要性，如果數值愈大，則其重要性愈高。因此一國的實質 GDP 是技術、資本和勞動三項創造的，雖然土地（以及土地上下的自然資源）也是生產要素之一，不過依據各國的發展經驗，自然資源豐富與否與一國經濟成長率的高低沒有必然關係，而且一國土地是固定的，自然資源要增加也有限，所以一般在討論經濟成長時會略過自然資源。把柯布——道格拉斯生產函數取自然對數後可得出：

$$\ln Y = \ln A + \alpha \ln K + (1-\alpha) \ln L$$

再把上式全微分後得出：

$$\frac{\Delta Y}{Y} = \frac{\Delta A}{A} + \alpha \frac{\Delta K}{K} + (1-\alpha)\frac{\Delta L}{L}$$

　　上式表示，經濟成長率 $\frac{\Delta Y}{Y}$ 決定於技術進步率 $\frac{\Delta A}{A}$，資本成長率 $\frac{\Delta K}{K}$ 和勞動成長率 $\frac{\Delta L}{L}$。如果要提高一國的總產出，一是增加生產要素的投入數量，包括資本和勞動，二是促成技術進步。由於技術進步較為抽象，難有具體和直接的指標和工具衡量，因此一般是以間接的方法估算其變化率。1987 年諾貝爾經濟學獎得主梭羅提出直接將技術進步率當作一種殘差的概念處理，並不深究技術進步的原因，以數學式表示即 $\frac{\Delta A}{A} = \frac{\Delta Y}{Y} - \alpha \frac{\Delta K}{K} - (1-\alpha)\frac{\Delta L}{L}$。因勞動成長率、資本成長率和經濟成長率較容易觀察，一旦得出這些數據，就可算出技術進步率，所以技術進步對經濟成長的貢獻也稱為梭羅殘差 (Solow Residual)。如果把柯布——道格拉斯生產函數除以勞動，則得出：

$$\frac{Y}{L} = A(\frac{K}{L})^{\alpha} \quad , \quad 或 \quad y = Ak^{\alpha}$$

其中 $y = \frac{Y}{L}$，$k = \frac{K}{L}$，上式表示人均所得 y 決定於技術水準 A 和人均資本 k，取自然對數後得出 $\ln y = \ln A + \alpha \ln k$

再把上式全微分後得出：

$$\frac{\Delta y}{y} = \frac{\Delta A}{A} + \alpha \frac{\Delta k}{k}$$

根據上式，可知人均所得的增加 $\frac{\Delta y}{y}$，一是來自技術的進步 $\frac{\Delta A}{A}$，二是來自人均資本的增加 $\frac{\Delta k}{k}$，即在生產過程中每個工人使用更多的機器設備。如圖 15.1 所示，生產曲線 f_1 可以顯示人均所得與人均資本的關係。當人均資本由 k_1 增至 k_2 時，產出由 y_1 增至 y_2，這是人均資本增加的效果。但如果發生技術進步時，由於生產效率提高，在人均資本固定的情況下都可生產更多產出，因此整條生產曲線就會由 f_1 往上移動至 f_2。例如在 k_2 時，產出可由 y_2 增至 y_3，這是技術進步所帶動的產出增加。

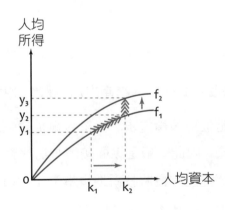

圖 15.1 人均資本增加與技術進步

㈢經濟成長的前提條件

儘管經濟成長來自資本、勞動的增加和技術進步，但長期以來世界各國的經濟成長率差異甚大，可見必須在某些前提或環境下經濟才會快速成長。經濟學家發現，有些國家之所以富裕，優良的制度和有效的誘因機制扮演了重要的角色，以下三種制度安排，是促進經濟成長的前提條件：

1. 自由市場

除非市場失靈等因素需要政府干預之外，原則上要尊重市場機能的運作，避免人為的操控。自由市場對交易是相當重要的。自由市場的存在可以節省買賣過程中的交易成本 (Transaction Cost)，即為了達成一項交易所耗的費用，包括搜索成本、運輸成本和討價還價的成本，同時讓市場在資源配置、分工、專業化生產和交易上充分發揮效率。

2. 財產權制度

指資源的擁有、使用和處置三種權利的制度。私有產權制度有利於市場機能的發揮與效率的提升，一國如果能夠明確界定和有效保護人民的財產權，人民才有努力工作的誘因，同時也可以避免資源的濫用與浪費。

3. 各種降低交易成本的制度

例如完善的法律體系、公開透明的資訊、先進的金融環境和穩定的貨幣制度、有效率的經濟組織等，都可以降低交易成本。

二、經濟成長理論

一國持續的經濟成長，除了要具備成長的前提條件以外，還有賴資本、勞動的增加和技術進步，但導致這三項因素成長的原因是什麼？在經濟學上有三種理論嘗試解答這個問題，分別為古典成長理論 (Classical Growth Theory)、新古典成長理論 (Neoclassical Growth Theory) 和新成長理論 (New Growth Theory)。

㈠古典成長理論

　　古典成長理論以馬爾薩斯 (Thomas Malthus) 的《人口論》(*An Essay on the Principle of Population*) 為代表，認為人口（即勞動力）是以幾何級數的速度成長，例如呈現 1、2、4、8 的倍數膨脹，但糧食（即一國的總產出）卻僅以算術級數增加，例如呈現 1、1.1、1.2、1.3 的相等差額成長，因此糧食增加會跟不上人口成長，多增加的人口總是要以某種方式被消滅掉，人類將永遠在生存的邊緣掙扎。

　　古典成長理論認為所得水準與人口成長之間有著同向的變動關係，當工人的實質工資低於生存所需的最低工資 —— 生存工資 (Subsistence Wage) 時，因貧窮產生的飢餓、疾病等因素會導致人口下降，人們也會少生小孩，於是勞動供給減少，工資將會上升，直至往上調整到生存工資時，人口才不再減少。反之，如果實質工資高於生存工資，由於生活得到溫飽，人口自然就上升，工資將會下降，直至往下跌到生存工資時，人口才不再成長。所以長期來看，只有當實質工資等於生存工資時，人口數量才會停止變動，達到均衡狀態。

　　圖 15.2 可以說明古典成長理論的觀點，假設生產曲線為 f_1，生存工資為 y^*，當人均資本由 k_1 增至 k_2 時，所對應的人均所得 y_2 高於 y^*，將導致人口增加，而使人均資本下降，進一步使人均所得減少，但只要人均所得仍高於 y^* 時，人口就持續成長，直至人均所得回降為 y^* 時，人口成長才停止。反之，如果人均資本由 k_1 降至 k_3 時，人均所得 y_3 低於 y^*，將導致人口減少，人均資本上升，當人均所得回升為 y^* 時，人口才停止減少。

　　在古典成長理論的模型中，技術進步所帶來的人均所得成長是短暫的，最終會衰退至原來的水準。以圖 15.2 為例，當技術進步發生時，生產曲線由 f_1 上移至 f_2，在原來的人均資本 k_1 下，人均所得上升至 y_4，由於 y_4 高於 y^*，就會使人口增加、人均資本下降，最後人均所得下降至 y^* 時人口才重新達到均衡。

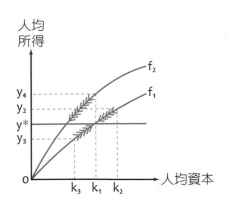

圖 15.2　古典成長理論

　　因此古典成長理論認為，長期來說經濟成長不會出現，人均所得就等於生存工資。以現代的觀點看來，古典成長理論的看法過於悲觀，僅適用於人口很龐大的低度開發國家。至於開發中國家和已開發國家的經濟成長經驗，則比較適合用新古典成長理論來解釋。

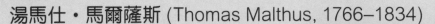

經濟短波

湯馬仕・馬爾薩斯 (Thomas Malthus, 1766–1834)

　　英國經濟學家，畢業於劍橋大學，曾於教會擔任牧師，後成為東印度公司學院的政治經濟學教授。1798 年出版《人口論》(*An Essay on the Principle of Population*)，提出人口成長與糧食的不對等關係，因其對經濟成長的看法過於悲觀，也讓經濟學被稱呼為「憂鬱的科學」(Dismal Science)。馬爾薩斯另著有闡述經濟分析的《政治經濟學原理》(*Principles of Political Economy*) 一書，後代如凱因斯等人受其觀念影響深遠。

圖片來源：維基百科

㈡新古典成長理論

　　梭羅在 1950 年代提出了新古典成長理論,他發現如果養兒育女的費用很高, 加上婦女不工作在家帶小孩的機會成本, 則愈富裕的社會其人口出生率反而愈低, 但是高所得國家因醫療發達, 死亡率偏低, 與出生率相抵後, 梭羅認為人均所得與人口成長沒有關聯性, 因此人均所得增加不會導致人均資本下跌, 人均所得可以一直高於生存工資。

　　新古典成長理論認為各種生產要素都有邊際報酬遞減的現象, 在技術水準不變下, 每增加 1 單位人均資本所新增的人均所得會逐漸減少, 所以即使人均資本不斷增加, 一國的經濟成長率還是會逐漸降低, 最後收斂為零。如圖 15.3 所示, 當人均資本由 k_1 倍增至 $2k_1$ 及 $3k_1$ 時, 產出的增幅逐漸變小, 所以 $(y_3 - y_2)$ 會小於 $(y_2 - y_1)$, 即生產曲線的斜率會隨著 k 的增加而愈來愈小。除非有技術進步, 生產曲線由 f_1 上移至 f_2, 在原來的人均資本下使人均所得增加, 否則一國經濟早晚會進入零成長。如果技術進步只發生一次, 由於邊際報酬遞減定律的限制, 經濟成長最後還是不能持續的。

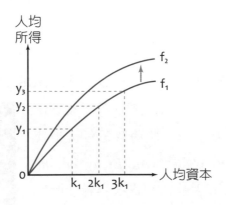

圖 15.3　新古典成長理論

　　在新古典成長理論的模型中, 資本的多寡決定了一國的產出水準, 而資

本是由過去的投資累積而成，投資（包括淨投資和資本折舊）又由儲蓄轉化而來，如果一國的儲蓄率愈高，資本累積速度就愈快，一國的經濟成長率就愈高。當儲蓄大於資本折舊，資本就會一直增加，所得水準也不斷上升，直至儲蓄等於資本折舊時，資本才會停止增加。

雖然新古典成長理論指出技術進步對所得成長有正面作用，但未能解釋技術進步發生的原因，而且認為技術進步純粹受外在因素的影響，與經濟體系的內部因素無關。但如果技術進步只是一種意外，為什麼主要發生在教育發達的國家？如果各國經濟成長率最終收斂為零，為什麼窮國的所得水準一直未能趕上富國，對於這些問題，新成長理論反而提供了答案。

(三)新成長理論

1995 年諾貝爾經濟學獎得主盧卡斯 (Robert Lucas) 和另一位經濟學家羅莫 (Paul Romer) 在 1980 年代初提出了新成長理論，著重分析技術進步和經濟成長的關係，認為知識或人力資本 (Human Capital) 可視為一種生產要素。所謂人力資本，是指存在於人們身上具有經濟價值的知識、技能和體力等因素的集合。技術進步的過程可用經濟體系內知識或人力資本累積的過程來解釋，所以又稱為內生成長理論 (Endogenous Growth Theory)。

新成長理論認為，雖然技術進步可能都是意外，但新技術的出現還是得靠人們努力研發，社會的技術水準和所投入的人力和物力成正比。即使勞動數量不變，當知識累積和研發成果愈多，人力資本就愈多，勞動的技術水準就會提升，例如當工人更會運作機器，在同樣的實體資本下就可增加更多的產出，且由於知識具有外溢效果 (Spillover Effect)，一旦產生後可以不斷擴散到整個社會，例如我們學習的知識都是他人的成果，因此人力資本可以無限制地累積下去，不會有邊際報酬遞減的現象，技術進步可以是無止境的，經濟成長也就可以不停地持續下去。而且人力資本提升或實體資本增加，其實都隱含著技術進步，例如工人經訓練後其生產力會提高，新設備往往也採用新的科技。此外，人力資本和實體資本也是互補的要素，如果廠商購買了更先進的機器，也會需要技能更高的工人來操作。

　　圖 15.4 可以說明以上推論，假設原來的人均資本為 k_1，人均所得為 y_1，當廠商增加人均資本至 k_2 時，由於新設備內含著新科技，人力資本也會提升，例如今天的電腦就比 5 年前的速度更快，功能更多，而且廠商也需要電腦知識更強的員工來使用新的電腦，這兩項因素都可以使生產力提高，相等於生產技術的進步，使得生產曲線由 f_1 上移至 f_2，因此人均所得為 y_2。同理，當人均資本為 k_3 時，生產曲線上移至 f_3，人均所得應為 y_3，如果把圖中 a、b、c 三點連起來稱為 Ak 線，就得出人均資本和人均所得的關係，所以真正的生產曲線應為 Ak 線，由於其斜率是固定的，表示人均所得不受邊際報酬遞減法則的限制。

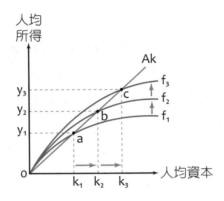

圖 15.4　新成長理論

經濟短波

羅伯・盧卡斯 (Robert Lucas, 1937–)

　　美國經濟學家，畢業於芝加哥大學，而後也於芝加哥大學擔任教職。其著名的研究結果包括「盧卡斯批判」(Lucas Critique) 與「盧卡斯悖論」(Lucas Paradox)。前者指出許多經濟數據間的相關性會隨著經濟政策的改變而變動；後者則為盧卡斯觀察到資本並未如古典經濟理論所指出的由已開發國家流向開發中國家。

經濟短波

保羅・羅莫 (Paul Romer, 1955–)

　　美國經濟學家，畢業於芝加哥大學，目前任教於紐約大學。其研究領域主要為經濟成長，被視為諾貝爾經濟學獎的熱門人選。

三、經濟成長的代價與障礙

㈠經濟成長的代價

　　經濟成長給人類帶來了富裕的物質生活,但在追求高度經濟成長的同時，也付出不少代價，產生一些負面的效應，包括:

1. 放棄休閒

　　為追求經濟成長，生產更多的產品和勞務，人們必須增加工作時間的投入，因此犧牲了休閒，增加了生活壓力。例如日本在 1990 年以前有很高的經

濟成長率，但人民工作時數之長也是全球之冠，過勞的現象相當普遍，不但家庭相聚減少，甚至要以犧牲身體健康為代價。

2. 破壞環境

在追求經濟成長的過程中，產業結構從農業升級到工業，但工業化往往造成自然環境汙染嚴重，例如工廠排放廢氣、廢水汙染了空氣和河川，二氧化碳的增加導致全球氣溫升高，廢棄的金屬、塑膠和有毒的工業原料不斷累積和破壞生態，不但危害到民眾的健康，地球環境也漸漸惡化。即使是農業和畜牧產品，也大量使用化肥和藥物促進產量，這些問題都使得人民的生活品質下降。

3. 犧牲穩定

經濟成長與經濟穩定常常是不可兼得的兩難問題，要達到高速的經濟成長，總合需求與總合供給必須同時大幅增加，但只要供需其中一方增幅稍低，就會出現嚴重供不應求或供過於求的現象，導致景氣動盪激烈，往往也帶來了物價與失業率大幅波動的情況。

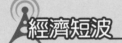

主要國家工作時數

　　下圖為 2011 年我國與其他 8 個國家的每年工作時數統計，由圖可以看出經濟情況相對較佳的已開發國家的工作時數都較低，例如德國、英國、日本、美國、澳洲等；而比較晚近才邁入已開發國家行列的我國與韓國，工作時數仍然偏高，但有逐年下降的趨勢；而其他開發中國家如墨西哥，則持續維持高工作時數。

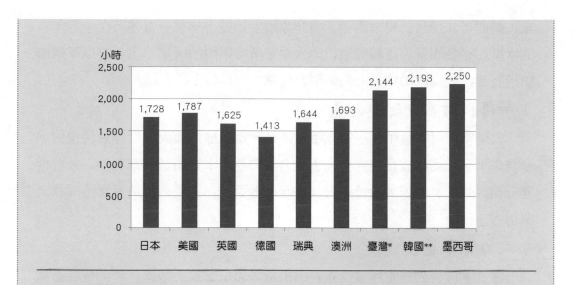

圖 15.5　主要國家工作時數

*我國統計資料為每月工作時數，此處數據為每月工作時數 × 12。
**韓國為 2010 年數據。

資料來源：OECD 網站，取自：http://www.oecd-ilibrary.org/economics/country-sta
tistical-profiles-key-tables-from-oecd_20752288。

㈡經濟成長的障礙

　　儘管追求經濟成長要付出代價，但目前全球許多國家的所得水準僅處於小康甚至是貧窮的狀態，因此莫不以追求快速的經濟成長為目標，但有些國家一旦脫離了極度貧困之後，往往就面臨中等所得陷阱 (Middle Income Trap) 的問題，即一直停留在不高不低的所得水準。

　　原因在於早期的低所得使這些國家具有低勞動成本的競爭優勢，可以依賴廉價的勞動力和資源帶動出口成長，但經濟成長到一定階段後，由於工資和資源價格不再便宜，加上出口品品質低，使原有的優勢逐漸失去，無法和別國的低成本產品競爭，但新的優勢尚未形成，難以把資源轉移到高技術、高附加價值和創新的產品上，當然就不能在這方面與富裕國家競爭，因此長期難以突破中等所得的關卡。但經濟結構轉變之路是相當艱困的，例如阿根

廷、墨西哥、智利、馬來西亞、南非等國家，幾十年來一直停留在中等所得的水準。從各國發展經驗觀察，陷入中等所得陷阱的國家，主要有以下經濟結構特性，成為經濟成長上的障礙，包括：

1.所得和財富分配差距大

　　當所得和財富集中在少數人手上，社會消費難以擴大，會導致嚴重的總合需求不足，經濟成長將完全失去動力。有些國家還由於貧富懸殊，社會極度分化，並引發激烈的動盪不安，甚至政權更迭，對長期經濟發展造成極大的傷害。

2.人力資本累積緩慢

　　當資本成長到一定程度之後，由於邊際產量遞減的效應，經濟成長必然會放慢。要克服這一瓶頸，就需要依賴技術進步帶動成長，孕育新的競爭優勢。但許多中等所得國家的高等教育不普及，人力資本累積緩慢，國家投入的研發經費也偏低，生產技術沒有突破，經濟結構轉型不成功，就會陷入長期成長停滯。

3.總體經濟政策不穩定

　　許多中等所得國家在早期經濟起飛階段就大量借貸推動經濟發展，導致政府債臺高築，只好濫發鈔票因應支出，因此常發生惡性通貨膨脹，加上其總體經濟政策也缺乏穩定性和持續性，金融風暴頻頻發生，造成經濟成長常出現大幅波動，即便在短期內取得高成長也難以持續，這一特徵在拉丁美洲國家尤其明顯。

4.制度改革嚴重落後

　　在許多中等所得國家，由於民主化步伐緩慢，政策由少數政要把持，既得利益者阻擾在社會結構、價值觀念和權力分配等各方面進行變革，例如不改善教育水準和所得分配等。由於制度改革嚴重落後於經濟發展所需，加上利益團體勢力龐大，造成投機和腐敗現象，市場配置資源的功能嚴重扭曲。

5.國內市場過度封閉

　　中等所得國家為培養本國產業，在發展階段往往採取各種政策保護國內

市場，例如不開放外商直接投資、限制進口品輸入等。不過一旦被保護後，國內企業就會缺乏努力誘因，長期來說競爭力難以提升，加上貿易夥伴國家也會對等的對該國出口設限，導致出口部門無法持續成長。

四、落後經濟一般的共同特徵

落後經濟 (Backward Economy) 一般是指開發中國家 (Developing Country)，其人均所得在較低的水準，至於多低則沒有一個絕對的標準。根據世界銀行 (World Bank) 在 2012 年的分類，2010 年人均所得在 11,905 美元以下的國家稱之為開發中國家，而之上則歸類為已開發國家 (Developed Country)，按照這定義，全球約有三分之二的國家屬於開發中國家。一般來說，落後經濟有以下的共同特徵：

㈠資源無效率運用

一國資源的豐富與否對其發展很重要，但更重要的是能否有效率地運用資源，有些自然資源缺乏的國家，如日本和亞洲四小龍，善用其人力資源，透過進口原料和零組件，作高附加價值的加工，再出口產品因而得以發展起來。反之，有些資源豐富的國家如中國大陸和前蘇聯，因過去採取社會主義的公有財產制度，不管是國營企業或人民都缺乏努力誘因，造成資源無效率的使用。非洲和南亞的落後國家，即使沒有推動社會主義，也由於缺乏技術等各種原因，導致資源的使用效率低落。

㈡技術落後

落後經濟無效率運用資源的其中一個原因是技術落後，例如非洲國家都有廣大的農地，但缺乏先進農業技術，農業產量不但無法供應人民所需，甚至饑荒連年；工業技術則更為缺乏，即使有工業也只能做手工藝品或勞力密

集產品，從事低附加價值的加工活動，就算從國外引進技術，也可能因缺乏技術人才而無法普及應用。

㈢人口多且素質低

由於節育觀念缺乏引致生育率偏高，落後國家的人口增加快速，甚至相當於不高的經濟成長率，導致人均所得難以成長，長期陷入偏低的發展水準。例如 2013 年超過 1 億人口的國家共有 12 個，其中墨西哥和中國大陸的人均所得分別為 11,224 美元和 6,569 美元，其餘如菲律賓、印度、奈及利亞、孟加拉、巴基斯坦、印尼等 6 國都在 4,000 美元以下。不止人口數量多，且人口素質低，受過中等以上教育者稀少，文盲比例也高，一般勞動力無法從事技術性或知識性工作。落後經濟缺乏技術，其中一個原因就是人民教育程度低落，沒辦法吸收、應用甚至研發技術。

㈣儲蓄率低與資本不足

經濟成長必須以資本增加帶動，而資本卻是由儲蓄轉化而來，但落後國家所得低，甚至處於貧窮與不得溫飽的狀態，所得都用於當期生活上的消費，導致儲蓄率低，沒有閒置的資金進行投資和資本累積，加上政府財政能力不足，使得道路、港口、機場、交通等設施都很缺乏。因此民間資本更不會增加投資，這樣又導致經濟成長率低，可能一直貧困下去，陷入貧窮的惡性循環 (Vicious Circle of Poverty) 之中。

如果落後經濟向國外借錢，但國內缺乏技術和人才，也難以善用這筆資金。不過，落後國家還可以引進外商在國內直接設廠投資，一方面不必還本付息，另方面外商更帶來生產技術和管理人才，但假如落後國家缺乏基礎設施，也難以吸引外商進駐。而且外商通常只利用落後國家的廉價資源，成為外商的經濟殖民地，一旦資源昂貴甚至耗盡，外商就會遷移他國，落後國家要依賴外商來永續發展實在不容易。

㈤政治不穩定

　　經濟成長與政治穩定具有相當的關聯性，不穩定的政局下企業投資面臨高度不確定性和風險，政府政策也會朝令夕改，因而阻礙一國的經濟發展。落後國家的政治發展一般比經濟發展更為遲緩，嚴重還會拖累其經濟成長，例如採取獨裁專制的體制，常發生權力鬥爭和政變，加上民主化進程緩慢，缺乏制衡力量導致政府部門容易貪汙腐敗，有時候政府部門也刻意推出許多管制措施，方便官員以權謀私，這些都有礙落後國家的經濟發展。

五、落後經濟的發展途徑

　　落後經濟要擺脫貧窮和提高所得，並追趕已開發國家，一般而言可以有兩種發展途徑：平衡成長策略和不平衡成長策略。茲分別細述如下：

㈠平衡成長策略

　　平衡成長策略是指落後國家應同時把資源投入許多不同的產業部門，讓各部門能夠同步平衡發展，才能打破貧窮的惡性循環。因為任何一個部門失衡，都足以阻礙整體經濟的正常發展。以 1979 年諾貝爾經濟學獎得主劉易斯 (William Lewis) 為代表的學者認為，平衡成長策略對落後國家較為適合。其理由有二：一是如果只發展單一產業，很快就會面臨邊際報酬遞減的現象，不利於該國的永續發展；二是落後國家要完全透過拓展農礦產品的出口來帶動經濟發展是不大容易的，只有同時投資多項產業才能擴大國內市場，如果只對某單一產業投資，可能會導致該產品銷售困難，但各部門同時發展則可以相互支援和帶動供需，以避免成長不均導致各部門相互牽制。例如農業不發達就無法提供足夠棉花給紡織工業作為原料，如果紡織工業不發展起來也沒法帶動對棉花的需求，而且基礎設施如公路、水電和交通等也必須供應充足才能推動一國經濟的成長。

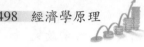

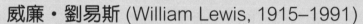

經濟短波

威廉‧劉易斯 (William Lewis, 1915–1991)

　　聖露西亞經濟學家，在倫敦經濟學院取得博士學位，曾於普林斯頓大學任教，致力於研究開發中國家的貧困與經濟發展緩慢等問題。「雙部門模型」(Dual Sector Model) 為其著名的研究成果，也被人稱為「劉易斯模型」(Lewis Model)。該模型指出開發中國家的經濟發展是由傳統部門（農業、零星商業）與現代部門（工業、近代商業）的消長所構成，現代部門依靠傳統部門的廉價勞力來累積資本，進一步帶動經濟成長；而當傳統部門多餘的勞動力都被現代部門所吸收後，就必須提高薪資才能僱用到額外的勞動力，而薪資提高的這個時機也被稱為「劉易斯轉折點」(Lewis Turning Point)。劉易斯於 1979 年獲得諾貝爾獎，也是第一位拿到諾貝爾和平獎以外獎項的黑人。

(二)不平衡成長策略

　　反對平衡成長策略的學者認為，多項產業同時並重的平衡成長對落後國家來說是相當困難的，其理由有三點：一是經濟發展必須循序漸進，由低附加價值產業到高附加價值產業。例如大部分國家都是從農業開始發展，然後再由工業到服務業，過程中將資源從生產力較低的農業轉移到生產力較高的工業和服務業，平衡成長策略忽略了這段經濟結構必要的轉變過程。二是落後國家的資源有限，如果有能力採取平衡成長的策略，它就不是落後國家了。要是把有限的資源投入所有部門，資源分散的結果反而使發展受阻。三是任何一個國家，不論經濟如何落後，仍會有一些優勢，例如具有出口競爭力的低價農產品或礦物品，這些出口部門相對上比較發達就是由於過去的不平衡發展所致。因此應把出口賺取到的資本集中於如製造業等其他部門，藉以改正過去造成的不平衡。

　　所以不平衡成長策略認為，經濟發展應該由領導部門 (Leading Sector) 的

成長來驅動其他相關部門，形成良性循環，例如汽車工業的發展會產生帶動效應，推動輪胎工業的崛起，再來促進橡膠工業的成長。這種帶動效應稱為產業關聯效果 (Linkage Effect)，其中又可分為「向後關聯效果」(Backward Linkage Effect) 及「向前關聯效果」(Forward Linkage Effect)。前者是指某一產業建立後需要其他產業提供零組件或原料，因此「向後」誘發上游產業的發展，如上述的汽車業。後者是指一項產業建立後，可作為其他產業的投入，例如汽車工業的發展可「向前」刺激運輸業、旅遊業等的成長。一般而言，上中下游產業鏈較長的產業，其關聯效果較大，所以落後經濟應選擇發展這類產業來推動經濟成長。

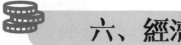 # 六、經濟政策的目標

　　經濟政策是指政府為達成某些經濟目標而採取的各種措施之指導原則，除了常用的財政政策和貨幣政策外，有時也會採用所得政策 (Income Policy)。而經濟政策的目標，主要在於達成經濟效率、經濟公平、經濟穩定和經濟成長這四大任務。

㈠經濟效率

　　在不同市場結構下，只有完全競爭市場可以達到經濟效率，但在現實中完全競爭市場的必要條件很難同時存在，使得經濟效率經常無法達成。即使讓市場供需自行運作決定價格，再由價格配置資源，但價格機能並非萬能，當市場失靈時，政府適度干預市場可矯正資源配置不當的現象，例如政府對獨占廠商採取邊際成本訂價法可以消除社會的無謂損失。

㈡經濟公平

　　指的是所得分配要公平。如果一個社會貧富懸殊太大，將影響社會安定，犯罪、詐騙等違法行為充斥，使市場活動充滿不確定性。但所得完全均等分配又會降低人們努力工作的誘因，損及經濟效率，所以目前大部分國家的所

得分配制度，都把公平與效率分開處理，即以效率為優先，個人所得先按在生產過程中的貢獻度分配，然後再由政府用課稅的方式進行所得重分配，以降低貧富差距。

(三)經濟穩定

指的是景氣不要波動太大，物價平穩和充分就業。經濟不穩定會傷害經濟的長期發展，原因有二：一是景氣波幅大會讓企業的經營充滿風險，增加了投資獲利的不確定性；二是市場調整有時候需要很久的時間，當不景氣持續太久，有些企業支持不下去而倒閉，失業人口就會增加。

(四)經濟成長

持續的經濟成長可以生產更多的產品和勞務給我們使用，不但讓人民物質生活水準不斷提升，一般情況下人口每年都會增加，經濟成長更可以帶來新的就業機會，紓解新增勞動力的就業壓力，確保人民能夠安居樂業。

七、財政政策

在前面的章節已經介紹過財政政策的原理、工具及內容，這一節我們對財政政策的目標與限制作一綜合討論。財政政策是指政府透過增加或減少公共支出，以及加稅或減稅的措施來達成前述四項總體經濟目標，而財政政策的做法包括：

1.經濟效率

主要透過稅收影響資源配置，例如廠商研發經費可以抵稅，補貼教育以增強人力資本，促進生產效率的提升。

2.經濟公平

以累進所得稅進行所得重分配，在此稅制下高所得者多繳稅，財政收入增加後，再以移轉性支出救助低所得者，藉以降低貧富差距。

3.經濟穩定

當景氣過熱時，政府可採用緊縮性的財政政策，減少政府支出或加稅，使總合需求減少，達到為景氣降溫的效果。反之，當景氣衰退時，政府應採用擴張性的財政政策，增加政府支出或減稅，刺激投資和消費，使總合需求增加，為景氣加溫。

4.經濟成長

除了政府支出的增加以外，對新設備的投資抵稅也可以促進資本累積，刺激所得成長。

開發中國家通常更為重視財政政策對經濟成長的效果，尤其是低所得會產生貧窮的惡性循環。由於政府有課稅的權力，透過財政收支來動員和集中一國資源，再把資源投入在高報酬的投資上，例如水電等設施，才能建立未來進一步成長的基礎。此外，財政政策也可以達成一些非經濟目標，例如對菸酒課重稅，不但可增加財政收入，也可以減少民眾的菸酒消費量，提高國民健康。

不過，財政政策在推動時也有其困難及限制，減弱了最終的效果。一是財政政策會存在時間落後性與排擠效果的問題，在前面章節已經說明過。二是有些財政政策會遇到實際的阻力，例如加稅會引起社會的普遍不滿；減少公共建設支出可能會招致大財團的反對；削減轉移性支付則會遭到弱勢族群的抗議，在民主國家這都會影響執政黨的選票。三是社會大眾的行為可能會偏離財政政策的目標，例如政府增加支出或減稅擴大總合需求時，民眾並不一定會把增加的所得用於增加消費，也可能轉化為儲蓄。四是財政政策的實施還會受到政治因素的影響，例如在國會中受到民意代表干擾而使預算案未能通過。

 # 八、貨幣政策

貨幣政策是指中央銀行透過控制貨幣供給或調整利率，以達成金融與物價穩定，並促進經濟長遠發展之兩大經濟政策目標。貨幣政策的特點是具有

普遍性，即適用於所有對象，而非像財政政策可以只影響特定產業、個體或經濟行為等，因此貨幣政策主要用於維持經濟穩定和推動經濟成長。

1.經濟穩定

對於需求拉動的通貨膨脹，可採用緊縮性的貨幣政策，由中央銀行減少貨幣供給而使利率上升，當利率上升後借貸成本增加，投資和消費因而下降，使得總合需求減少。當總需求不足，失業率上升時，中央銀行可採取擴張性的貨幣政策，寬鬆貨幣供給使利率下跌，投資和消費因而增加，使就業機會回升。

2.經濟成長

一般來說，中央銀行可以增加貨幣供給或降低利率來促進投資，或者透過控制通貨膨脹率，消除物價波動所產生的不確定性對投資的負面影響。

與財政政策一樣，貨幣政策也有其實施上的限制。一是貨幣政策只能間接影響投資與消費，不像政府支出可以直接影響總合需求，如果新增的貨幣不進入生產性領域，而只進入金融市場，例如股市、房市或投機性買賣，則貨幣政策對景氣的拉動作用更為減弱。二是在景氣衰退時期，擴張性的貨幣政策效果就不明顯，因為廠商對經濟前景普遍悲觀，即使利率再低，也不願意貸款投資，銀行為安全起見，也不肯輕易貸款。特別是流動性陷阱出現時，不論貨幣如何寬鬆，利率都不會再降低。三是貨幣政策只能影響總合需求，對於成本推動的通貨膨脹產生不了作用。四是貨幣政策的效果也有時間落後性。由於中央銀行具備獨立性，改變貨幣供給並不需要國會通過，決策時間較財政政策要短，但利率變動以後，投資並不會很快地相應變動，例如利率下跌以後，廠商想擴大生產規模也需要一段時間建廠房、買設備；利率上升之後，廠商要縮小生產規模更不容易。而且在貨幣政策執行後到產生效果的過程中，經濟情勢有可能與原先預料的相反。例如經濟衰退時中央銀行要增加貨幣供給，但當政策效果尚未完全發揮出來時經濟有可能已轉入繁榮，導致物價開始較快地上漲，則原來擴張性的貨幣政策非但不是抗衰退，反而是加劇了通貨膨脹的幅度。

九、所得政策

所得政策是指政府為了避免通貨膨脹，而採取限制工資和價格的政策。所得政策以成本推動的通貨膨脹為理論基礎，認為現代社會中的工資和產品價格取決於工會和廠商的壟斷力量，即使開工不足或失業時也能提高工資和價格。工人透過工會力量要求廠商調高工資，但同時廠商也會提高售價以抵消上升的成本，結果造成了通貨膨脹。但這樣對雙方都不一定有好處，工人的實質工資最後可能沒增加，廠商的利潤也可能因售價與成本同時上升而不變，但其他民眾的實質工資卻會因物價上漲而降低。因此，為抑制工資和物價的上升，政府有必要訂定一些規則和指標，通常可以採取以下做法：

1. 由政府根據長期勞動生產力的成長來確定工資和物價的成長限度，把工資和物價的成長限制在勞動生產力的平均成長幅度內。

2. 對特定工會或廠商進行道德勸說或施加政府壓力，讓工資或物價能維持不變。

3. 實施工資與物價管制，即由政府頒布法令對工資和物價進行管制，甚至實施硬性凍結。

NEWS 新聞案例

2013 年中國大陸 GDP 成長率為 7.7%　14 年來最低

2014 年 1 月中國大陸國家統計局公布，2013 年大陸經濟成長率為 7.7%，是 14 年來的最低。2010 年大陸 GDP 已經超越日本，成為世界第二大經濟體。2012 年的貿易金額更超過美國，成為全球第一大貿易國。世界銀行預估，大陸 GDP 將在 2030 年前就會超過美國，成

圖片來源：Shutterstock

為全球第一大經濟體。但根據國際貨幣基金會 (IMF) 的統計，2013 年美國與中國大陸的 GDP 分別為 16.2 兆美元和 9.0 兆美元，大陸 GDP 約只有美國的 55.6%，而人均 GDP 為 6,569 美元，僅有美國的八分之一，在 IMF 統計的 183 個國家中排名第 85 位，顯示兩國經濟實力的差距還是很大。

評　論

　　根據新古典成長理論，開發中國家由於原來的資本存量不高，因此在資本累積的過程中，資本的邊際產出較高，人均資本增加可以讓開發中國家享有高成長率。從 1978 年改革開放以來，中國大陸年均經濟成長率為 9.8%，經歷了三十多年的高速成長，也無可避免地遇到發展瓶頸，面臨落入中等所得陷阱的風險。中國大陸過去的經濟成長主要依賴投資帶動，這種成長模式建立在兩個條件之上：一是低價生產要素的大量供給，由於生產成本低，企業（包括內外資）可以在產品價格低廉的同時仍保有可觀的獲利，然後再以利潤去大舉擴張產能，形成了良性循環。二是龐大的國內外市場需求，包括 1980 年代中國大陸內部潛在需求的釋放，以及 1990 年代國外需求的增加，即使亞洲金融風暴讓其產能過剩的問題逐漸浮現，但 2001 年加入 WTO 又延長了投資帶動模式的生命週期，靠著海外市場再維持了七年的高成長。

　　2008 年金融海嘯之後，這兩項條件都消失了，本身經濟發展的結果，以及美國量化寬鬆貨幣政策造成的全球性通貨膨脹，讓中國大陸的生產要素不再便宜，成本的永久性上升使企業不能再依靠低成本擴張。不只是價格上升，長期的一胎化政策也使勞動力數量開始下降，而且政府掌握的龐大國營企業並未移轉給民間經營，土地的所有權仍然不得私有，不但貧富差距日漸擴大，也導致國富民窮，社會消費潛力未能釋放出來。加上歐美經濟短期內不易強勁復甦，出口難以恢復高成長，使得中國大陸未來的經濟成長充滿障礙。

本章重點

1. 經濟成長指一國實質 GDP 或人均實質 GDP 在某一期間的成長，分別反映國家的富裕程度和人民的平均生活水準，其成長速度稱經濟成長率。經濟發展指除經濟成長外，尚包括其他非金錢福利項目的提升。

2. 一國持續的經濟成長，前提條件為：

   (1)自由市場。

   (2)財產權制度。

   (3)降低交易成本的制度。

3. 經濟成長率取決於技術進步率、資本成長率和勞動成長率。要提高一國的總產出，一是增加要素的投入量，二是技術進步。人均所得的增加，一是來自技術進步，二是人均資本的增加。

4. 經濟成長理論主要有古典成長理論、新古典成長理論和新成長理論。

5. 古典成長理論認為只有當實質工資等於生存工資時，人口數量才會停止變動，達到均衡狀態。長期來說經濟成長不會出現，人均所得最終等於生存所需的最低工資——生存工資。

6. 新古典成長理論認為資本存量決定一國的產出，由於邊際報酬遞減定律，經濟成長不能持續。除非不斷有技術進步，在原有的人均資本下使人均所得增加，否則一國經濟最後會零成長。

7. 新成長理論認為人力資本可視為生產要素，其累積過程促進了技術進步。人力資本可以無限地累積，不會出現邊際報酬遞減，技術進步與經濟成長可以永續。

8. 經濟成長的代價包括：放棄休閒、破壞環境、犧牲穩定。

9. 落入中等所得陷阱國家的經濟成長障礙包括：

   (1)所得和財富分配差距大。

   (2)人力資本累積緩慢。

   (3)總體經濟政策不穩定。

   (4)制度改革嚴重落後。

⑸國內市場過度封閉。

10.落後經濟的共同特徵有：

⑴資源無效率運用。

⑵技術落後。

⑶人口多且素質低。

⑷儲蓄率低與資本不足。

⑸政治不穩定。

11.落後經濟可用平衡成長策略和不平衡成長策略兩種發展途徑。前者認為應同時把資源投入不同部門，讓各部門能平衡發展，才能打破貧窮的惡性循環。後者認為應該由領導部門的成長來驅動其他部門，形成良性循環。

12.經濟政策的目標為經濟效率、經濟公平、經濟穩定和經濟成長。

13.財政政策的限制包括：

⑴存在時間落後性與排擠效果。

⑵遇到利益受損者的阻力。

⑶民眾行為可能會偏離政策目標。

⑷受到政治因素影響。

14.貨幣政策的限制包括：

⑴只能間接影響投資與消費。

⑵在景氣衰退時擴張性貨幣政策效果不明顯。

⑶只能影響總合需求，對成本推動的通貨膨脹沒有作用。

⑷存在時間落後性。

15.所得政策指政府為避免通貨膨脹而採取限制工資和物價上漲的政策。

課後練習

（　） 1.以下哪一項的成長率可用來衡量一國的經濟成長？　(A)勞動　(B)技術水準　(C)薪資　(D)實質 GDP

（　） 2.假設 2012 年臺灣實質 GDP 為 15 兆元新臺幣，2013 年增加至 15.6 兆元新臺幣，則 2013 年臺灣的經濟成長率為何？　(A) 3%　(B) 4%　(C) 5%　(D) 6%

（　） 3.下列何者是促進經濟成長的重要因素？　(A)所得　(B)物價　(C)技術進步　(D)中間材料

（　） 4.在古典成長理論中，認為長期時會有何種現象？　(A)人均所得可以不斷增加　(B)人口數量不會隨人均所得變動　(C)技術進步會帶動人均所得成長　(D)人均所得等於生存工資

（　） 5.以下何者為新古典成長理論的觀點？　(A)人口數量會隨人均所得增加而增加　(B)如果沒有技術進步，一國的經濟成長率會逐漸降低　(C)一國資本累積的速度與儲蓄率成反比　(D)人力資本有助於經濟成長

（　） 6.以下何者是新成長理論的觀點？　(A)技術進步難以持續發生　(B)知識具有外溢效果　(C)人力資本的提升對經濟成長沒影響　(D)人力資本的累積會產生邊際報酬遞減的現象

（　） 7.以下哪一項是追求經濟成長所付出的代價？　(A)創新產品減少　(B)生態環境易被破壞　(C)所得分配惡化　(D)實質工資下降

（　） 8.下列何者屬於經濟成長的障礙？　(A)所得分配平均　(B)人力資本不斷提升和累積　(C)總體經濟政策穩定　(D)國內市場高度封閉

（　） 9.以下哪一項是落後經濟的共同特徵？　(A)人口少且素質高　(B)技術落後　(C)儲蓄率高　(D)政治穩定

（　） 10.平衡成長策略是指落後國家應採取何項發展措施？　(A)同時讓各部門平衡地發展　(B)由領導部門的成長驅動其他部門　(C)專注發展關聯效果大的產業　(D)專注發展工業

（　）11.當某一產業建立後可以誘發其上游產業的發展，這稱之為　(A)平衡成長策略　(B)不平衡成長策略　(C)向後關聯效果　(D)向前關聯效果

（　）12.以下哪一項並非政府經濟政策要達成的目標？　(A)經濟效率　(B)經濟公平　(C)經濟循環　(D)經濟成長

（　）13.為了追求經濟公平的目標，在財政政策上應該採取何種措施？　(A)減少政府支出　(B)採行累進所得稅　(C)讓投資新設備可以抵稅　(D)讓廠商研發經費可以抵稅

（　）14.下列何者會減弱貨幣政策的效果？　(A)貨幣政策只能直接影響投資與消費　(B)貨幣政策的變動需要國會同意　(C)投資對利率變動的反應有時間落後性　(D)利率或貨幣供給都只能影響總合供給

（　）15.政府為了避免通貨膨脹，而限制工資和價格上漲的做法是屬於以下哪一種政策？　(A)財政政策　(B)貨幣政策　(C)所得政策　(D)貿易政策

輕鬆一下

有人說哥倫布是第一個經濟學家。他的發現美洲之旅，啟程的時候根本不知道目的地在哪；踏上美洲時，又不知道自己到了何處。最重要的，所有這一切，都是拿政府的補助做的。

第 16 章

國際收支與金融

國際經濟活動涉及到兩種以上貨幣的兌換。當國際貿易發生後，貨幣面就有對應的資金流進與流出，相關問題都屬於國際金融研究的範圍。本章重點在討論外匯市場的運作與匯率的決定因素，接著分析一國對外的收入和支出，包括國際收支帳戶的內容與失衡時的調整方式，以及不同匯率制度下的衝擊程度，最後則探討外匯與貿易管制的措施與影響。

學習目標

1. 瞭解外匯的意義及影響外匯供需的因素。
2. 能掌握國際收支平衡帳戶的內容。
3. 能辨別各種匯率制度的特性與優劣點。
4. 能分析國際收支失衡時的調整。
5. 能比較各種外匯和貿易管制措施。

一、外匯市場之建立與運行

㈠外匯與匯率的意義

由於各國使用的貨幣不同，為了方便國際間貿易與投資的進行，各國必須擁有一些可兌換通貨 (Convertible Currency) 作為交易媒介。所謂可兌換通貨是指無須獲得中央銀行之特別許可，而可自由兌換黃金或他國貨幣的通貨，目前國際上主要為美元。可兌換通貨也統稱為外匯，中央銀行所保有的外匯數量則稱為外匯存底，而外匯市場 (Foreign Exchange Market) 是指提供各國貨幣買賣交換的市場。

跨國間交易牽涉到兩種貨幣的兌換問題，例如在國外旅遊必須先以本國貨幣（本幣）購買外國貨幣（外幣）才能消費，另一方面，出口商收到外幣貨款後也要兌換成本幣才能在國內流通。本幣與外幣的兌換比例就稱為匯率，通常是以 1 元外幣能兌換多少本幣來表示，即以本幣來計算外匯的價格。如果新臺幣兌換美元的匯率是 30，表示 1 美元的價格為 30 元新臺幣。當匯率由 30 上升到 33，1 美元可多換 3 元新臺幣，美元價值上升了，稱為升值 (Appreciation)，而新臺幣價值貶低了，稱為貶值 (Depreciation)。反之，當匯率由 30 下跌到 28，1 美元少換 2 元新臺幣，代表美元貶值，相對的就是新臺幣升值了。

㈡市場匯率的決定

至於市場匯率如何決定則可以用圖 16.1 來說明。圖中縱軸代表匯率，即外匯的價格，表示每 1 元外幣能換多少本幣，橫軸則代表外匯的交易數量。當外匯的價格愈高，即購買 1 元外幣需要更多的本幣，等於外匯變貴了，外匯的需求量就愈少，所以外匯需求是負斜率的曲線。例如一臺售價 500 美元的 iPad，當美元匯率由 30 元升值至 33 元，以新臺幣計算的售價從 15,000 元增加至 16,500 元，儘管美元售價沒變，但以新臺幣計價上漲了 1,500 元，於

是有些消費者嫌貴就不買了，外匯需求量自然就會下降。反之，如果美元貶值，新臺幣售價變便宜後，外匯需求量就會增加。

　　在供給方面，當匯率愈高，出售 1 元外幣可拿回更多的本幣，於是供給量就會增加，因此外匯供給為正斜率的曲線。例如美元匯率從 30 元升值至 33 元，賣掉 1 美元可以多賺 3 元新臺幣，於是本來手中有美元者，例如出口商、銀行或一般民眾就會多賣一些，市場上美元供給量就會增加。最後市場均衡匯率 e^* 與交易數量 Q^* 就取決於外匯的供給與需求。

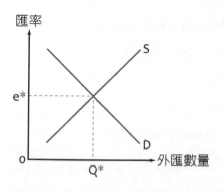

圖 16.1　市場匯率的決定

(三)外匯市場供給與需求的來源

1.外匯供給

　　外匯供給來自外國對本國的支付行為，本國收到外匯主要有以下幾個來源：

(1)本國出口產品或勞務收到的貨款。

(2)外國國民在國內觀光、留學、探親、經商等支出。

(3)外國廠商給本國國民的投資利息、股利等，及本國對外投資結帳匯回國內之款項。

(4)外國使用本國專利權、著作權與商標等的費用。

⑸外國對本國的移轉性支出，例如子女從海外匯給國內父母的款項。

⑹外國在本國投資所匯進來之款項。

⑺外國支付本國債務的本金和利息。

⑻中央銀行在外匯市場賣出的外匯。

2.外匯需求

外匯需求來自本國對外國的支付行為，本國支付外匯的原因包括：

⑴本國進口產品或勞務支付的款項。

⑵本國國民在外國觀光、留學、探親、經商等支出。

⑶支付給外國廠商在國內投資的所得，例如利息、股利，及匯回母國之款項。

⑷本國使用外國專利權、著作權與商標等的費用。

⑸對外國的移轉性支出，例如國內父母匯給海外子女的生活費。

⑹本國對外投資的匯款。

⑺本國對外債務所支付的本金和利息。

⑻中央銀行在外匯市場買入的外匯。

㈣影響外匯供需的因素

匯率由外匯的供給和需求決定，而導致市場供需變動的因素則有以下四項：

1.國內外物價的相對漲幅

當國內物價漲幅高於國外時，一方面本國出口品變貴，導致出口量下降，外匯供給就會減少，同時進口品變便宜了，於是進口量成長，外匯需求隨之增加，最終導致匯率上升。反之，當國外物價漲幅高於國內時，出口品變便宜、進口品變貴下，出口增加使外匯供給也增加，但進口量減少引致外匯需求減少，最終造成匯率下跌。

2.國內外利率的相對變動

如果國內利率相對於國外上升時，存款在本國有更多利息，於是國外資金會進入本國追求更高的報酬，造成外匯供給增加、匯率下跌。但如果國外

利率相對國內上升時，國內資金就會流到國外追求更高報酬，導致外匯需求增加、匯率上升。

3.國內外所得的相對成長

當本國景氣較好，所得增加較快，就會增加進口國外產品，因此外匯需求也增加，造成匯率上升。反之，當國外景氣較好，本國出口成長，外匯供給也增加，造成匯率下跌。

4.對未來匯率的預期

如果預期匯率將會上升，表示本期外匯較便宜、下期較昂貴，對外匯有需求者就會提前購買，這樣會增加本期對外匯的需求，但對已持有外匯者來說，就會等到下期外匯升值時再出售，於是減少本期外匯的供給，導致匯率最後真的上升。反之，當預期匯率未來下跌時，市場上外匯的需求將減少，但供給會增加，最後匯率在這種預期下真的會下跌，這種現象稱為自我實現的預期 (Self-fulfilling Expectation)。

經濟短波

大麥克指數

大麥克指數 (Big Mac Index) 為《經濟學人》(*The Economist*) 雜誌於 1986 年所提出，是一種以麥當勞大麥克漢堡的價格來衡量匯率是否合理的經濟指標。為什麼要選大麥克漢堡作為比較的標準呢？原因在於麥當勞在世界各地幾乎都有分店，而且每間分店的漢堡品質差異不大。

其計算方法為先將各國麥當勞大

圖片來源：Shutterstock

麥克漢堡的當地價格，依匯率換算為以美元表示，再與美國的大麥克漢堡價格做比較。理論上大麥克漢堡應該在每一個國家的價值都相同，因此，若當地價格比美元價格高，表示該國貨幣的價值被高估；反之，若當地價格比美元價格低，則表示該國貨幣的價值被低估。而兩國間的價差除以該國價格則是被高估與低估的比例。

　　下表為 2013 年 7 月各主要國家的大麥克指數（美國價格為 4.56 美元）：

表 16.1　主要國家的大麥克指數

國　家	當地價格（美元）	高估或低估的比例	國　家	當地價格（美元）	高估或低估的比例
挪　威	7.51	64.01%	英　國	4.02	−11.84%
瑞　士	7.15	47.35%	新加坡	3.69	−19.14%
巴　西	5.28	15.90%	南　韓	3.43	−24.69%
加拿大	5.26	15.36%	日　本	3.20	−29.90%
歐元區*	3.62	2.18%	墨西哥	2.86	−37.30%
澳　洲	4.62	1.31%	臺　灣	2.63	−42.31%
土耳其	4.34	−4.77%	中國大陸	2.61	−42.80%
紐西蘭	4.30	−5.72%	印　度**	1.50	−67.09%

*歐元區的當地價格為各國平均。
**印度使用大麥克雞漢堡 (Maharaja Mac) 的價格。

資料來源：《經濟學人》(The Economist)。

二、國際收支帳戶的內容

　　國際收支是指在一定時間內（通常為 1 年），一國與世界各國之間收入和支出的總額。如果把這些收支數字彙總起來就得出了國際收支帳戶 (Balance of Payments Account)，或稱為國際收支平衡表，表中有系統地記錄了一國與其他國家之間各種經濟交易，當外國支付本國而有外匯流入時，導致外匯供給的交易項目都以正號 (+) 表示，例如出口。當本國支付外國而有外匯流出

時，造成外匯需求之交易項目均以負號 (−) 表示。表 16.2 顯示臺灣在 2012 年的國際收支平衡表，主要內容可分為五大類：

表 16.2　2012 年臺灣國際收支平衡表

單位：百萬美元

項目	金額	合計
1. 經常帳		49,923
(1) 商品出口與進口	31,004	
(2) 服務出口與進口	6,273	
(3) 所得	15,249	
(4) 經常轉移	−2,603	
2. 資本帳		−83
3. 金融帳		−31,593
(1) 直接投資	−9,843	
(2) 證券投資	−42,091	
(3) 衍生性金融商品	328	
(4) 其他投資	20,013	
4. 誤差與遺漏		−2,763
5. 官方準備帳		−15,484

資料來源：中央銀行經濟研究處編，《中華民國國際收支平衡表季報》，民國 102 年 8 月。

㈠經常帳 (Current Account)

經常帳內容包括四大項：

1. 商品進口與出口

是經常帳的主要項目。如果出口大於進口，則有外匯淨流入，應以正號表示，如表 16.2 所示，反之則有外匯淨流出，應以負號表示。

2. 服務進口與出口

例如外籍人士來臺工作，等於是臺灣的服務進口，當他們的薪資匯回母國，就造成外匯流出。反之，如果臺灣民眾在海外上班，則相當於服務出口，形成外匯流入。

3.所　得

包括薪資所得與投資所得。投資所得主要是本（外）國國民持有外（本）國的股票、債券及其他資產所支付的股利或股息，以及本（外）國向外（本）國借款或外（本）國廠商到本（外）國投資，所產生的利息支出與紅利支出等。

4.經常轉移

國際間無償移轉支付的收支，包括實物的捐贈、救濟或現金等，例如311大地震我國對日本的捐贈，或海外子女匯錢奉養在臺父母。

㈡資本帳 (Capital Account)

主要包括資本移轉，例如債務的免除、投資的贈與，以及非生產性、非金融性資產，例如專利權、商標等無形資產的交易。

㈢金融帳 (Financial Account)

記載一國對外的金融資產與負債的交易，內容包括四大項：

1.直接投資

主要指外（本）國廠商到本（外）國購買土地設廠生產等。

2.證券投資

主要為股權證券與債權證券投資，例如股票和債券。

3.衍生性金融商品

指依附於其他資產標的物上的金融商品，其價值高低取決於其所依附的資產標的物之價值，例如期貨及選擇權等。

4.其他投資

凡不屬於以上三種均歸類在其他投資。

㈣官方準備帳 (Official Reserve Transaction)

又稱為國際清償帳 (International Settlement Account)，官方準備包括黃金

與外匯等，如果經常帳、資本帳和金融帳三者的餘額加總大於零，表示國際收支有盈餘，外國需要支付同等金額的外匯給本國，作為國際清償，於是本國的外匯存底增加，等同於對外投資，例如增加持有外國公債或外幣存款，因此以負號表示。但如果餘額加總小於 0，表示國際收支有赤字，本國需支付外國同等金額的外匯，於是本國的外匯存底減少，此時以正號表示。

(五)誤差與遺漏 (Errors and Omissions)

理論上前述四類項目的餘額加總應等於零，但實際上一國對外的經濟活動相當繁多，因此在記錄上可能遺漏了一些交易。而且因為統計時間與資料來源不同，或各項目的統計數據可能出現錯誤等因素，於是有這一平衡項目加以調整，最後使國際收支帳戶上各類餘額的加總等於零，如表 16.2 所示。

三、國際收支失衡的調整

在經濟學上將國際收支定義為經常帳、資本帳和金融帳三者的餘額加總，如果其值為正，表示國際收入大於國際支出，稱為國際收支盈餘 (Surplus) 或國際收支順差，外匯存底將增加。反之，當其值為負，表示國際支出大於國際收入，稱為國際收支赤字 (Deficit) 或國際收支逆差，外匯存底會減少。兩者都是國際收支失衡 (Disequilibrium) 的表現，如果持續發生對一國經濟將有以下影響：

(一)國際收支持續赤字的影響

(1)會導致外匯供給不斷減少，本幣貶值。如果貶值過度，導致對本幣完全不信任，則國內資本會大量流出，國際收支赤字將更嚴重，甚至引發金融風暴。

(2)外匯的流出影響到設備和原料的進口，使生產以及出口受到限制，衝擊一國的所得以及就業。

⑶如果一國以對外舉債來平衡國際收支赤字，而且借入的外債使用效率低，
到期時仍無法償還本利，則可能陷入惡性循環的債務危機。

㈡國際收支持續盈餘的影響

⑴導致外匯供給不斷增加，本幣升值，最後會使出口成長趨緩、進口增加，
不利於長期經濟成長。而且本幣升值後，一國的外匯存底以本幣計算還會
有匯兌損失。

⑵造成其他貿易夥伴國際收支持續出現逆差，影響其他國家的經濟發展，容
易招致對方採取貿易報復措施。

⑶如果屬於資源型國家，則表示國內資源連續流到國外，對未來經濟發展的
潛力帶來隱憂。

⑷外匯流入本國後換成本幣流通，將使一國的貨幣供給大量增加，形成通貨
膨脹壓力。

㈢失衡的調整方式

在國際收支失衡的情況下，為免對總體經濟產生衝擊，一國必須設法改
善國際收支，可採取的調整方式包括以下幾種：

1. 匯　率

一國若處在國際收支失衡的狀態，最直接的解決方法就是調整匯率來消
除失衡情況。當有國際收支赤字時，中央銀行可在外匯市場買入外匯，外匯
需求上升後本幣的貶值可以刺激出口和減少進口，增加外匯淨流入，將有助
於改善國際收支赤字。如果有國際收支盈餘時，中央銀行可在外匯市場賣出
外匯，外匯供給增加後本幣的升值可以減少出口和增加進口，降低外匯的淨
流入，改善國際收支盈餘的問題。

2. 物　價

本國物價的漲跌與匯率升貶一樣可以調整國際收支。當國際收支出現赤
字時，中央銀行可以採取緊縮性貨幣政策來減少貨幣供給，或是採用緊縮性

財政政策降低社會總需求，使國內物價下跌，本國產品變得便宜後出口就會增加，同時進口會減少，國際收支赤字得以改善。反之，出現國際收支盈餘時，則應反方向採取擴張性貨幣政策來調整，增加貨幣供給或是用擴張性財政政策使國內物價上漲，可以減少出口和增加進口，降低外匯淨流入，國際收支盈餘將會減少。

3.利　率

利率的調整可以影響資本的流入和流出，因而可以調整國際收支。當發生國際收支赤字時，一國可以透過降低貨幣供給提高利率，吸引國外資本流入本國，金融帳改善後，國際收支赤字將減少。反過來說，增加貨幣供給可使利率下跌，資金外流會減少國際收支盈餘。

4.所　得

一國若發生國際收支赤字時，可以用緊縮性的財政或貨幣政策降低總合需求使所得減少，所得下降後進口的減少可使國際收支赤字降低。而擴張性的財政或貨幣政策可以提高所得，進口增加後國際收支盈餘就會降低。

(四)匯率制度與國際收支調整

以上的討論都沒有考慮到不同的匯率制度 (Exchange Rate System)，所謂匯率制度是指匯率的決定方式。在不同匯率制度下，國際收支失衡對經濟的影響程度會有差異。按照匯率變動的難易程度，可以把各國匯率的決定方式分為以下三種：

1.純粹浮動匯率制度 (Pure Floating Exchange Rate System)

(1)制度的意義

純粹浮動匯率制度指匯率水準完全是由外匯市場的供給和需求決定，中央銀行對市場匯率不做任何干預。如圖 16.2 所示，均衡匯率 e^* 決定於外匯供給和需求，外匯成交量為 Q^*。當市場匯率 e_1 高於 e^* 時會出現外匯的供過於求 $(Q_{S1} - Q_{D1})$，此時外幣被高估 (Overvalue)，而本幣則被低估 (Undervalue)，供過於求下匯率將下跌，最後回到 e^* 的均衡水準。反之，如

果市場匯率 e_2 低於 e^* 時，會產生外匯的供不應求 $(Q_{D2}-Q_{S2})$，這時候外幣被低估，本幣則被高估，外匯的供不應求使匯率上升，最後回到 e^* 的水準。

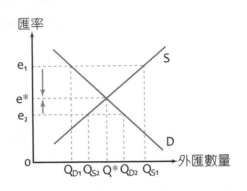

圖 16.2 純粹浮動匯率制度的意義

(2)制度的優點

①匯率有自動穩定經濟的作用

可透過匯率的調整紓緩失衡的情況，例如當一國有國際收支盈餘時，由於外匯供給增加，使本幣升值、外幣貶值，導致出口減少且進口增加，最後國際收支盈餘將減少，本幣升幅也趨緩。反之，當發生國際收支赤字時，本幣將貶值，導致出口增加、進口減少，最後國際收支赤字減少，本幣貶幅趨緩。這種機制不需要透過物價、利率或所得來調整，影響層面較小。且一國的國際收支長期將處於平衡狀態，本國貨幣供給量不會受到外匯市場影響。

②國外景氣波動對本國的衝擊較小

比如當國際不景氣造成國外物價相對於國內下跌，會導致出口減少而進口增加，淨出口的減少會帶動總合需求下降，可能造成本國所得下跌，但在純粹浮動匯率制下由於淨出口減少會使得本幣貶值，抵消了國外物價相對變便宜的效果，於是淨出口的減少將較小，最後對降低本國所得的效果也有限。如圖 16.3 所示，假設國外物價相對於國內下跌，由於本國出口減少，外匯供給由 S_1 減少至 S_2，但進口增加的結果導致外匯需求由 D_1 增加至 D_2，造成匯

率由 e_1 上升至 e_2，本幣貶值後，對外國來說本國商品變便宜了，對本國來說進口變貴了，因此本國的淨出口減少會較匯率不變時來得小，對降低本國所得的效果也會較小。

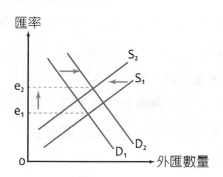

圖 16.3 純粹浮動匯率制度下的匯率調整

③本國貨幣政策的自主性較高

　　例如當一國物價上漲，導致國際收支出現逆差時，可以透過本幣的貶值來調節，不一定要採取緊縮性的貨幣政策降低物價，否則貨幣緊縮將造成總合需求減少，所得下降。所以純粹浮動匯率制度下貨幣政策的獨立性比較強，不會因國際收支出現盈餘或赤字所影響，有利於維持國內經濟穩定。

④可以防止外匯存底流失

　　在純粹浮動匯率制度下，中央銀行不會干預市場運作。當外匯市場出現供不應求時，中央銀行沒有義務賣出外匯維持匯率穩定，因而不會出現被迫賣出外匯造成的外匯存底大量流失，也不需要保有太多外匯作為干預市場之用。

⑶制度的缺點

①匯率波動不定

　　純粹浮動匯率制度下有時候匯率波動太大且頻繁，使進出口不易準確計算成本，對貿易商來說有相當大的風險，因為從下單到銷售完畢、拿到貨款

之間往往有一段時間，這時候如果匯率波動太大，廠商可能會得不償失，因此不利國際貿易及國際投資的進行。例如目前新臺幣對美元匯率為 30，臺灣出口商接到一份 1 萬美元的訂單，生產成本為 28 萬元新臺幣，預計可賺 2 萬元新臺幣（$= (1\ 萬 \times 30) - 28\ 萬$），不過 3 個月後完成出口並收到貨款時新臺幣卻升值了，新臺幣對美元匯率變成 27，這時候出口商反而賠了 1 萬元新臺幣（$= (1\ 萬 \times 27) - 28\ 萬$）。

②投機買賣會加劇匯率的波動幅度

　　由於純粹浮動匯率制度下匯率波動頻繁且幅度大，投機者容易有機可乘，例如一國貨幣開始升值就會有短期資金進入賺取差價，一旦停止升值就會迅速獲利離開，使外匯市場容易動盪。

③市場預期容易造成各國貶值競賽

　　在浮動匯率制度下，當甲、乙兩國為出口競爭國時，若甲國產生國際收支赤字，其貨幣會貶值，有利於甲國爭奪乙國的出口市場，導致乙國出口衰退。在預期乙國即將發生國際收支赤字下，乙國外匯市場上會出現自我實現的預期，引發乙國貨幣也貶值。此時甲國外匯市場又會預期甲國貨幣必須進一步貶值才能改善國際收支赤字，於是甲、乙兩國就展開了貶值競賽，結果兩國的國際收支狀況依然不變，但國家之間的經濟關係將更為惡化。

2. 固定匯率制度 (Fixed Exchange Rate System)

(1) 制度的意義

　　在固定匯率制度下，不管市場供需如何變動，外匯匯率是固定不變的。為維持此制度，中央銀行必須在國際收支失衡時進入市場買入或賣出外匯，因此一國外匯存底的數量會變動。圖 16.4 可以說明固定匯率制度的運作原理，假設 e^* 為市場原來的均衡匯率，如果固定匯率設定為 e_1，則由於 $e_1 < e^*$，表示外幣低估、本幣高估，因此外匯供給量 Q_{S1} 小於外匯需求量 Q_{D1}，如果匯率要維持在 e_1，中央銀行必須賣出 $(Q_{D1} - Q_{S1})$ 數量的外匯，來消除外匯市場上的供不應求，而政府的外匯存底也會隨之減少。反之，如果固定匯率設定在 e_2，由於 $e_2 > e^*$，表示外幣高估、本幣低估，因此外匯供給量 Q_{S2} 大

於外匯需求量 Q_{D2}，如果要維持匯率在 e_2，中央銀行必須買進 $(Q_{S2}-Q_{D2})$ 數量的外匯，消除外匯的供過於求，而政府的外匯存底也會隨之增加。

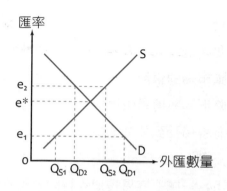

圖 16.4   固定匯率制度的意義

(2)制度的優點
①匯率穩定
　　固定匯率制度的優點是完全沒有匯率波動的風險，廠商可以確定外匯價格，有利於國際貿易及跨國投資的進行。
②減少投機行為
　　由於匯率固定不變，只想賺取匯率差價的投機性跨國資本——即所謂熱錢——不會進入本國，一國的金融環境將較為安定。

(3)制度的缺點
①失衡時衝擊程度較大
　　當發生國際收支失衡時，固定匯率制度對總體經濟的衝擊程度較大，調整期限也較長。例如當一國出現國際收支赤字時，本幣貶值或物價下跌都可以刺激出口或吸引外商投資，以恢復國際收支平衡。但在固定匯率下，政策選擇只剩下物價下跌才能對外匯流入有刺激效果，如此一來物價的跌幅要更大才能達成原來雙管齊下效果，這樣不但可能對總體經濟形成通貨緊縮的惡性循環，不景氣時也只能靠內部需求的成長脫離循環谷底，導致谷底期將更

漫長。

②失去貨幣政策自主性

　　如果新臺幣兌美元採取固定匯率，當影響美元升貶的因素變化時，臺灣也要採取同樣的政策措施，才能維持住兌美元的固定匯率不變。例如美國降低利率，臺灣利率也要降低相同幅度，否則美國資本就會流入臺灣追求較高報酬，影響到臺灣外匯市場的供給，最後使固定匯率難以維持。但如果此時臺灣景氣仍然熱絡，降低利率將導致景氣過熱與物價膨脹，因此失去貨幣政策自主性後本國經濟將容易受到外來衝擊。

③制度難以長期維持

　　在外匯存底有限下，一國不容易長期維持固定匯率制度。如果匯率訂在低於均衡匯率，外匯供不應求，若國際收支又經常有赤字，中央銀行必須有足夠多的外匯存底，長期持續地進場拋售外匯來維持本幣被高估，這樣外匯存底早晚會有用完的危機，此時本幣的貶值幅度將遠比之前要來得大。反之，當匯率訂在高於均衡匯率，外匯供過於求，若國際收支又經常有盈餘，中央銀行必須不斷進場買入外匯來防止本幣升值，以維持本幣被低估，於是外匯存底就會持續增加。由於中央銀行買入外匯要用本幣，等於不斷增加本幣的數量，導致本國有通貨膨脹壓力。

3. 管理浮動匯率制度 (Managed Floating Exchange Rate System)

⑴制度的意義

　　實際上，今天沒有一個國家實施純粹浮動或固定匯率制度，大部分國家都對外匯市場進行不同程度的干預。管理浮動匯率制度是介於純粹浮動和固定匯率兩者之間的匯率制度，匯率原則上由外匯市場的供給與需求決定，但中央銀行隨時會進場作適度的干預，以免匯率在短期內波動太大或太頻繁，影響對外貿易。一般來說中央銀行會把匯率波動設定在某個範圍內，當超出這界限時就會進場干預。

　　圖 16.5 (A) 可以說明這種情況，假設原均衡匯率水準為 e*，中央銀行設

定的匯率波動區間在 e_1 和 e_2 間，當一國國際收支有盈餘時，外匯供給由 S_1
增加至 S_2，新的均衡匯率水準下降至 e_3，$e_3 < e_1$，低於原先設定的浮動下限，
於是中央銀行就會進場買進外匯，使外匯需求由 D_1 增加到 D_2，均衡匯率會
上升至 e_1 的水準。反之，以圖 16.5 (B) 為例，當一國國際收支有赤字時，外
匯供給由 S_1 減少至 S_2，新的均衡匯率上升至 e_4，$e_4 > e_2$，高於浮動上限，則
中央銀行可以進場賣出外匯，使外匯供給由 S_2 增加到 S_3，均衡匯率會回跌
至 e_2 的水準。

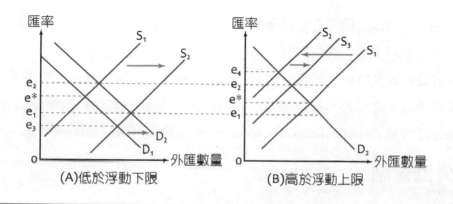

圖 16.5　管理浮動匯率制度的意義

(2)制度的優點

①匯率不會過度波動

　　透過中央銀行的適當干預，避免了純粹浮動下匯率產生的過度波動。

②避免長期失衡問題

　　由於一國可以視其外匯存底的多少來決定干預匯率的程度，避免了固定
匯率下國際收支長期呈現失衡的問題，同時也不需保有太多的外匯存底。

(3)制度的缺點

①會影響貨幣供給

　　在此制度下中央銀行仍會在市場買賣外匯，還是會影響到國內的貨幣供

給，也進一步影響到本國利率，不像純粹浮動匯率制度就沒有這種影響。此外，中央銀行也需要保有一定的外匯作干預市場之用。

②干預缺乏透明度

有時中央銀行的買賣外匯行為缺乏透明度，容易讓外界產生預期，助長了投機心態，可能增加市場上的不確定性。

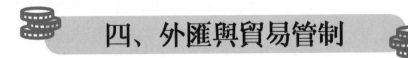

四、外匯與貿易管制

上一節討論的國際收支失衡調整方式，不論是匯率、物價、利率或所得，都是透過市場來進行間接調整，並不一定能使國際收支恢復平衡，而且有時效果甚微。因此有些逆差國，尤其是開發中國家，乃採取直接管制的手段，促使國際收支趨於均衡的狀態。直接管制是指一國政府運用行政命令的方法，透過外匯管制 (Foreign Exchange Control) 和貿易管制來調節國際收支。

㈠外匯管制

1.外匯管制的方式

外匯管制是指一國為了達到維持本幣的匯率穩定，以及平衡國際收支的目的，對於外匯收支及外匯交易實行限制性的措施。外匯管制可分為數量管制和價格管制。數量管制是指政府對外匯買賣的數量直接進行限制和分配，且根據外匯收支來源又可分為對貿易與資本兩種。

對貿易的外匯管制中，出口商必須把出口所得到的外匯收入按官定匯價賣給指定銀行，進口商只有得到政府部門的批准，才能在指定銀行購買一定數量的外匯進口產品。外匯短缺時，政府可對各種進口外匯需求，依其認為的重要性順序做數量上分配。例如臺灣在 1950 年代就實行過外匯分配制度，透過控制外匯數量，政府又可達到限制進口的目的，而且本幣不管是出境還是入境也都受到嚴格的限制。

有些國家採取限制資本流入的措施，通常是為了穩定國內金融市場和穩

定匯率，例如對外國國民的存款不付利息，限制非本國國民購買本國股票、債券等金融資產和房地產等，用意在避免資本流入造成金融市場動盪和匯率過度波動。而面臨國際收支嚴重逆差的國家，常會採取一些限制資本流出的政策，包括限制企業對外投資的金額、國別和部門，規定銀行對外貸款的最高額度，對國民境外投資課稅等。

　　價格管制往往是指政府對外匯買賣實行複式匯率，複式匯率指本幣與外幣間存在兩種或兩種以上的匯率。例如臺灣在過去經濟發展初期，曾對資本設備採用較低的匯率供應外匯，進口消費品則必須以較高的匯率購買外匯。利用外匯買賣成本的差異，調整進口品結構。

2.外匯管制的缺點

　　外匯管制雖可避免國際收支惡化，同時與其他的調整方式相較，對經濟的衝擊程度較低，但是匯率被扭曲後，造成資源配置的低效率，會有以下幾方面的弊端。短期而言，一是進口商無法自由選擇進口產品，難以買到最便宜的投入；二是進口受到外匯管制而受壓抑，不能滿足國內需求，導致進口品國內價格上升，進口商有經濟利潤；三是國產品價格也會跟著上揚，等於保護了原應被淘汰的國內企業；四是會出現外匯黑市市場，外匯交易走入地下化，使政府不易掌握真正的金融狀況。

　　長期而言外匯管制也有不利影響，一是不易吸引外商進入本國投資，抑制了經濟成長速度；二是外匯被高估後，阻礙了國內進口部門例如進口百貨、汽車業的發展；三是影響國際貿易的成長，享受不到國際分工帶來的利益。

㈡貿易管制

1.貿易管制的目的

　　完全的自由貿易在現實中從來沒有實施過，每一個國家對國際貿易都有不同程度的管制，其目的不外乎以下六項：

⑴避免國際收支惡化

　　開發中國家由於普遍缺乏外匯，推動工業化又要進口許多機器設備，但

國內產品尚未具有出口競爭力，容易使得國際收支惡化，於是可能對某些進口產品設限，同時以補貼或其他方式鼓勵出口，藉此累積外匯存底、改善貿易赤字。

⑵促進經濟成長

由於淨出口是 GDP 的重要組成項目，如果淨出口增加經濟就會成長，所以開發中國家大都限制進口、鼓勵出口以追求貿易順差。

⑶保護國內幼稚產業

有些具發展潛力的產業，由於技術未成熟、產量不夠多，沒達到規模經濟效益，生產成本較高，無法馬上面對國際間的競爭，因此要透過適當的貿易政策保護，扶植幼稚產業 (Infant Industry) 盡快成長與壯大起來。

⑷保護廠商與就業機會

進口品會促進國內市場競爭，但可能衝擊國內業者，以及相關行業勞工的就業機會，為了維護國內經濟的穩定，政府往往採取限制進口的措施，最後犧牲了消費者可以買到便宜產品的權利。

⑸維持貿易公平

進口品有時以低於其國內價格或生產成本來搶占國際市場，這稱為傾銷 (Dumping)，此時受影響國家會對該進口品課徵反傾銷稅 (Anti-dumping Tariff) 進行反制。有時出口國對出口品進行補貼，形成不公平競爭，則本國針對該進口產品可課徵平衡稅 (Countervailing Tax)，以平衡對方受補貼而擁有的價格競爭優勢。

⑹國家安全與經濟穩定

即使進口品價格較國內生產為低，很多國家都對國內農業、重要生產原料、民生用品等加以保護，以維持一定程度的自給自足，避免因過度依賴他國此等物資而影響到國家安全和自主權。

2.貿易管制的方式

為了達成貿易管制的目的，一國可以採取出口管制 (Export Control) 和進口限制 (Import Restriction) 的措施。

⑴出口管制

出口管制可分為出口獎勵和出口限制兩種。出口獎勵是為了刺激出口而給予廠商獎勵或補貼，包括減稅、出口退稅、低利貸款或優先貸款等，藉以降低出口廠商的生產成本，增加出口產品的價格競爭力，提升廠商的出口誘因。

出口限制則是抑制某些產品或技術的出口，一般而言其原因有三：一是國家安全或政治理由，防止某些產品或技術出口到特定國家，例如目前美國政府依然禁止核子和尖端電腦技術等出口至中國大陸，或對北韓實施貿易制裁。二是經濟理由，防止技術流入貿易競爭國手上，或避免資源被他國控制以及過度開發等。三是以減少出口數量來提高出口產品的國際價格，不過這通常只有在國際市場上屬於獨占或寡占廠商時才有效，例如石油輸出國家組織就經常為了支撐國際油價而採取減產的措施。有時候限制出口是為了平抑國內物價，減少出口以優先滿足國內需求，避免國內供給下降而造成物價上揚。其中最常用的工具是出口許可證制度，即只允許取得政府批准的許可證才能出口。

⑵進口限制

進口限制主要分為關稅 (Tariff) 和配額 (Quota) 兩種。關稅是進口品到達本國海關時要繳納的稅收，目的在保護國內廠商與其雇員的就業機會。圖 16.6 (A) 可以說明課徵關稅前進口品對國內市場的衝擊。如果沒有進口時，產品的價格 P_d 由國內需求 D_d 與國內供給 S_d 決定，市場交易量為 Q_d。假設本國規模小，購買量不能影響國際價格 P_i，因此 P_i 為一水平線並由全球供需決定，而且 P_i 低於 P_d。當開放進口品後，國內外市場融為一體，產品國內價格由 P_d 下降至 P_i，市場交易量為 Q_i。因此開放進口會使價格下跌，交易量增加，不過國內產量卻由 Q_d 減為 Q_j，而 $(Q_i - Q_j)$ 是進口品數量。開放進口後，社會福利由 abc 面積增至 abfe 面積，其中消費者剩餘多出了 $P_dP_i$ec 面積，但國內廠商生產者剩餘卻少了 $P_dP_i$fc 面積，因此國內廠商以及因產量減少而失業的工人其福利受到損害，對進口品課徵關稅是可以減少其福利損失

的一種措施。

　　圖 16.6 (B) 顯示關稅的保護作用與福利效果，當政府對每單位進口產品課徵關稅 t，進口品價格由 P_i 上升至 P_t，其中 $P_t - P_i = t$，交易量由 Q_i 減少至 Q_t，與沒有關稅時比較，關稅的課徵會導致以下福利效果：

①由於進口品的國內價格上升，國內產量由 Q_j 增至 Q_k，進口量則由 $(Q_i - Q_j)$ 減至 $(Q_t - Q_k)$，因此消費者會多購買本國生產的產品而少購買進口品，但因為國內產品價格也同時上漲，整體上消費者的購買量 Q_t 會較不課徵關稅時的 Q_i 來得少，也使得消費者剩餘由 aP_ie 面積減少至 aP_tg 面積，民眾福利受損。

②國內廠商由於關稅的保護，可以較高的價格出售較多的產量，生產者剩餘由 P_ibf 面積增至 P_tbh 面積，其增量是來自消費者剩餘的減少，所以是課徵關稅的受益者。

③政府可獲得關稅收入 $t \times (Q_t - Q_k)$，即長方形 ghij 的面積，也是來自消費者剩餘的減少。

④社會無謂損失為 gje 和 hfi 兩個小三角形面積，因為並沒有任何人得到這部分所減少的消費者剩餘。

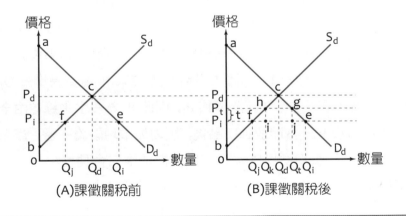

(A)課徵關稅前　　　　　　(B)課徵關稅後

圖 16.6　關稅的保護作用與福利效果

　　除關稅外，配額也可以達成同樣的保護效果。配額是指對產品的進口數量設定一個上限。與沒有進口配額時相比，配額同樣會導致上述①、②和④的福利效果，但原來由政府收取的關稅收入，將會全部轉移給拿到配額的進口商。我們仍可沿用圖 16.6 (B) 說明，假設政府要把進口量從沒有關稅下的數量 $(Q_i - Q_j)$，減少至配額 $(Q_t - Q_k)$，之後產品價格、生產者剩餘、消費者剩餘的變化都和上述關稅的效果一樣，但配額下政府沒有關稅收入，所以長方形 ghij 的面積成為拿到配額的進口商收益的一部分，因為沒有實施配額時的進口量 $(Q_i - Q_j)$ 只能賣 P_i 的價格，但實施配額後，如果進口商拿到配額其售價可調高至 P_t，所以在配額下並非所有進口商的福利都受損。

　　雖然政府拿不到關稅收入，但是配額的保護效果比關稅更強。在關稅保護下，如果消費者願意付出較高的價格購買，進口品還是可以不斷地進入國內市場。但在配額保護下，進口品的數量最多只能到達上限，超過上限後就算消費者出多高的價格也買不到，所以國內廠商的銷售就不會受到衝擊。

首季 GDP 較預期腰斬　業者呼籲貶值救經濟

　　2013 年 4 月底，行政院主計總處公布了臺灣第一季的 GDP 數據，由於出口與民間消費不振，經濟成長率只有 1.54%，不到 2 月份預測數 3.26% 的一半，大幅下修了 1.72 個百分點，不但未能「保三」，甚至意外「破二」。其中出口成長率僅有 2.4%，低於原先估計的

圖片來源：Shutterstock

4.7%。由於從 1 月至 7 月底，日圓貶幅高達 12.57%，韓圓也貶了 3.65%，但新臺幣只貶值 2.72%。面對不景氣和因應貿易對手國日本及韓國貨幣的貶值效應，部分學者和廠商呼籲中央銀行應放手讓新臺幣貶值，以提升臺灣產品的競爭力。

評　論

　　理論上貨幣貶值可使一國出口價格相對較便宜,並在國際上替代別國產品,因此可促進淨出口上升,帶動總合需求增加,而使得就業和所得成長。但實際上貶值是一把雙面刃,代價是外匯變貴了,會傷害到需要用外匯的經濟活動,使得貶值對刺激經濟的最終效果打了折扣,甚至得不償失。包括:

1. 許多規模較大的企業都在海外生產和出口,本國貨幣貶值對其出口沒有影響。但在國際分工下,國內出口廠商也要進口生產所需的原料和零組件,貶值後進口成本上升,減少了廠商出口增加的獲利空間。

2. 能源、大宗物資如麵粉、水果等內銷產品的進口成本增加後,會帶動國內成本上推的物價上漲,導致全民所得和財富縮水,內需市場消費需求會因此萎縮。出國觀光和留學等活動也因變貴而減少,犧牲了民眾福利。

3. 如果一國或企業有美元負債,貶值將造成以本國貨幣計算的負債增加。

4. 本國的順差是以他國逆差為代價,刻意過度貶值容易招致逆差國的抗議,甚至採取貿易報復行為。

5. 貶值不利企業對外進行併購和全球化布局,以及利用國際資源提升在國際分工架構中的地位。

　　因此,匯率政策不能只考量出口部門。日本在長期通貨緊縮的陰霾下,不必擔心日圓貶值後的物價上漲問題,韓圓的貶值當然也會推升其出口,但三星、LG、現代等韓國品牌的崛起,絕非只靠匯率貶值就能達到的。出口表現除了價格以外,還有非價格競爭力,如果臺灣不積極提升產品品質,新臺幣貶值也不易大幅替代日韓產品。

本章重點

1. 外匯指無須獲得央行之特別許可,而可自由兌換黃金或他國貨幣的通貨,央行保有的外匯數量稱為外匯存底。本幣與外幣的兌換比例稱為匯率,一

元外幣能兌換更多（少）本幣稱為外幣升值（貶值）、本幣貶值（升值）。

2. 影響外匯供需的因素有：

　(1)國內外物價相對漲幅。

　(2)國內外利率相對變動。

　(3)國內外所得相對成長。

　(4)對未來匯率預期。

3. 國際收支平衡表記錄了一國與他國間各種經濟交易，主要分為五大類：

　(1)經常帳。

　(2)資本帳。

　(3)金融帳。

　(4)官方準備帳。

　(5)誤差與遺漏。

4. 國際收支為經常帳、資本帳和金融帳的餘額加總，其值為正（負）表示國際收入大（小）於國際支出，稱為國際收支盈餘（赤字），外匯存底將增加（減少），會導致本幣升值（貶值）。持續的國際收支失衡對總體經濟會產生衝擊，調整工具包括：匯率、價格、利率、所得。

5. 匯率的決定方式分為：

　(1)純粹浮動匯率制度。

　(2)固定匯率制度。

　(3)管理浮動匯率制度。

6. 純粹浮動匯率制度指匯率完全由外匯市場供需決定。優點有：匯率可自動穩定經濟、國外景氣波動對本國衝擊較小、本國貨幣政策自主性較高、防止外匯存底流失。缺點有：匯率波動不定、匯率波動幅度加劇、市場預期易造成各國貶值競賽。

7. 固定匯率制度下匯率是固定不變，央行必須在國際收支失衡時買賣外匯。優點有：匯率穩定、減少投機行為。缺點有：失衡時衝擊程度較大、失去貨幣政策自主性、制度難以長期維持。

8. 管理浮動匯率制度下匯率原則上由外匯市場供需決定，但央行會適度干預

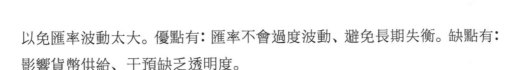

以免匯率波動太大。優點有：匯率不會過度波動、避免長期失衡。缺點有：影響貨幣供給、干預缺乏透明度。

9. 外匯管制指為穩定本幣匯率與平衡國際收支,對外匯收支及交易實行限制。可分為數量管制和價格管制。前者指對外匯買賣的數量直接進行限制和分配，後者通常指存在兩種或以上的匯率。

10. 貿易管制的目的為：

　(1)避免國際收支惡化。

　(2)促進經濟成長。

　(3)保護國內幼稚產業。

　(4)保護廠商與就業機會。

　(5)維持貿易公平。

　(6)國家安全與經濟穩定。

11. 貿易管制包括出口管制和進口限制。出口管制分為出口獎勵和出口限制，前者獎勵或補貼廠商以刺激出口，後者則是抑制某些產品或技術的出口。進口限制主要有關稅和配額，關稅屬於價格管制，是進口品入關時所繳納的稅收；配額屬於數量管制，是對進口量設定上限，其保護效果比關稅更強。

課後練習

( ) 1. 一國擁有的外匯數量稱為該國的　(A)貿易順差　(B)貨幣供給　(C)外匯匯率　(D)外匯存底

( ) 2. 當匯率上升時，其代表的意義為何？　(A)本國貨幣升值　(B)本國貨幣貶值　(C)外國貨幣貶值　(D)外國貨幣不受影響

( ) 3. 以下哪一現象會使本國貨幣貶值？　(A)國內物價下跌　(B)國內利率上升　(C)國外所得增加較快　(D)預期本國貨幣貶值

( ) 4. 一國國內物價上漲將會導致何種現象？　(A)進口減少、出口增加　(B)進口與出口都減少　(C)本國貨幣升值　(D)本國貨幣貶值

( ) 5. 商品的進出口是屬於國際收支平衡表的哪一項？　(A)經常帳　(B)資本帳　(C)金融帳　(D)誤差與遺漏

( ) 6. 以下哪一項屬於國際收支平衡表中的金融帳交易？　(A)出口電腦到日本　(B)從美國進口牛肉　(C)到澳洲打工　(D)臺商赴越南投資

( ) 7. 一國的國際收支持續發生赤字，將導致何種現象？　(A)貨幣供給增加　(B)外匯存底上升　(C)貨幣貶值　(D)貿易夥伴國採取報復措施

( ) 8. 一國的國際收支持續發生盈餘，將導致何種現象？　(A)外匯存底流失　(B)貨幣貶值　(C)債務危機　(D)貨幣供給增加

( ) 9. 當一國國際收支出現盈餘時，哪一種情況可恢復國際收支平衡？　(A)本國貨幣貶值　(B)物價上漲　(C)利率上升　(D)所得下降

( ) 10. 以下何者為純粹浮動匯率制度的優點？　(A)沒有匯率波動的風險　(B)國外經濟環境對本國的衝擊較小　(C)金融市場較穩定　(D)降低進出口貿易的風險

( ) 11. 在固定匯率制度下，當臺灣的國際收支有盈餘時，將發生以下何種現象？　(A)新臺幣貶值　(B)新臺幣升值　(C)中央銀行進場買入美元　(D)中央銀行進場賣出美元

( ) 12. 在管理浮動匯率制度下，當新臺幣貶值超過波動範圍，中央銀行會如何因應？　(A)減少貨幣供給　(B)提高利率　(C)進場買入美元　(D)

進場賣出美元

( ) 13.以下哪一項不屬於外匯管制？ (A)出口的外匯收入要按官定匯率賣給指定銀行 (B)經批准後進口商才能在指定銀行購買外匯 (C)限制企業對外投資的金額 (D)限制進口產品的數量

( ) 14.對進口產品課徵關稅後，本國哪些社會部門的福利會受損？ (A)廠商 (B)工人 (C)消費者 (D)政府

( ) 15.對進口產品實施配額後，哪些社會部門會受益？ (A)拿到配額的進口商 (B)所有進口商 (C)消費者 (D)政府

輕鬆一下

一位專業管理顧問到一處小島度假，他在海邊躺椅上欣賞海景時，看見一位漁夫正在整理魚網，他開口問道：

「捕魚的生活過得好嗎？」

「除了餬口之外，還能存點小錢，每天日出而做、日落而息。」

「你應該拿這些錢去買更好的魚網，這樣就可以抓更多的魚。」

「然後呢？」

「更多的魚帶來更多的收入，累積資金後，你就可以購買漁船與捕魚設備，到外海去捕撈經濟效益更大的魚類，再繼續購買第二、第三艘漁船；接著你可以開設一間公司，負責漁獲的銷售。等營運狀況穩定，便可往開始國外發展，開拓更大的市場；整個企業規模夠大後，你就可以找個專業的經理人幫忙管理公司，到海外的小島度假，在海邊每天看著日出與日落。」

「這就是我現在的生活啊！」

中文索引

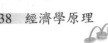

英文索引

個體經濟學——理論與應用　　黃金樹／著

　　本書用語平易近人，只要是對經濟學有基本的認識，又想更進一步了解個體經濟學，但同時也擔心過於艱澀的數學模型推導會成為理解阻礙的讀者，本書提供一個完善的學習平臺，內容將個體經濟學之重要概念及要點清楚提及，從基本的消費者選擇理論、廠商行為相關理論，一直到近代經濟學發展應用最廣泛的賽局理論、不對稱資訊等理論皆有詳盡分析說明。

總體經濟學　　盧靜儀／著

　　本書旨在針對總體經濟學的基本概念及理論，做一初步的介紹，希望讀者對整個經濟體系的運作以及體系中各部門間的關聯性，能有基本的認識與瞭解。本書另設有「經濟話題漫談」的單元，以近期國內外的經濟新聞或話題為中心，對照內文中介紹的經濟概念或理論，來說明如何用理論解讀日常生活中所遇到的經濟事件，期望能用輕鬆簡單的方法，讓讀者熟悉經濟理論的運用。

貨幣銀行學　　楊雅惠／編著

　　本書以完整的架構，精簡而有條理的說明，闡釋貨幣銀行學的要義。全書共分 26 章，內容涵蓋貨幣概論、金融體系、銀行業與金融發展、貨幣供給、貨幣需求、利率理論、總體貨幣理論、央行貨幣政策、與國際金融等篇。每章均採用架構圖與有層次的標題來引導讀者建立整體的概念。此外，並配合各章節理論之介紹，引用臺灣近期的金融資訊來佐證，期能讓理論與實際之間互相結合。

金融市場　　于政長／著

　　本書共計 9 章，前五章介紹傳統金融市場，如存貸業務、股票投資及外匯買賣等；後四章則進一步介紹衍生金融市場，包括期貨市場、遠期市場、選擇權市場、金融交換市場以及近年來相當熱門的結構型證券。本書採用列點說明的方式，避免使用大篇幅的敘述，並以圖表輔助說明。此外，書中的小百科與金融知識單元，亦可使讀者瞭解相關金融知識。章末附有習題，供讀者自我評量，以達事半功倍之效。

投資學

張光文／著

　　本書以投資組合理論為解說主軸，並依此理論為出發點，分別介紹金融市場的經濟功能、證券商品以及市場運作，並探討金融市場之證券的評價與運用策略。此外，本書從理論與實務並重的角度出發，將內容區分為四大部分，依序為投資學概論、投資組合理論、資本市場的均衡以及證券的分析與評價。為了方便讀者檢視學習成果，各章末均附有練習題。本書適用於大專院校投資學相關課程，同時更可為實務界參考之用。

消費者行為

沈永正／著

　　本書在每個主要理論之後設有「行銷一分鐘」及「行銷實戰應用」等單元，舉例說明該理論在行銷策略上的應用。本書同時納入了近年來熱門的主題，如網路消費者行為、體驗行銷及神經行銷學等。在每章結束後，設有選擇題及思考應用題，題目強調概念與理論的應用，期使讀者能將該章的主要理論應用在日常的消費現象中。本書內容兼顧消費者行為的理論與應用，適合學校教師教學與實務界人士修習之用。